2021年度河北省哲学社会科学学术著作出版资助

2019年度河北师范大学学术著作出版资助

易卫华 ◎ 著

宋代学术文化思潮与《诗经》研究

人民出版社

序

 这本书是易卫华博士的国家社科基金结项成果，同时也是他多年《诗经》学研究的一个阶段性总结。说实话，看着卫华在学术道路上一步一个脚印地不断成长，我打心眼里感到高兴。在他这部《宋代学术文化思潮与〈诗经〉研究》专著即将出版之际，作为他的导师，我想在这里结合他的成长经历说几句自己看到的和读这本书的感受。

 易卫华自 2000 年攻读硕士学位开始，就一直保持着对《诗经》学研究的浓厚兴趣，并曾做过一个大致明确的读书研究规划：从先秦开始，分阶段系统地对《诗经》学史进行梳理和讨论。这个规划体现出一个年轻学人的理想，设计是宏伟的，但真正实现起来却比当初设想的艰难很多。首先，《诗经》学史相关文献众多，据统计，仅存世的古代《诗经》学专著就多达七百余部，此外还有散见在别集、笔记、诗话等其他文献中的大量资料，就史料而言，如果想做到穷尽，其难度之大可想而知。其次，《诗经》学史作为一个传统研究领域，前人的研究成果，无论是通史，还是断代史，以及难以胜数的专人专书研究，《诗经》学史相关领域研究成果已经比较多了，一个积累并不算丰厚的年轻人在这样的研究基础上如何避开围堵，于众说纷纭中选择一个专题，有所发现，有所创新，说实在话，这在当时我和他的心里都不敢说十分有底。但话说回来，历史自有常理，眼见文学史上"一代有一代文学"之变换更替，学术史当然也不会例外。随着社会的发展，我们这个时代也有着相较于此前时代独有的学术问题和学术资源，比如随着进入20世纪以来大量相关出土文献的面世，先秦两汉《诗经》学的一些新问题随之呈现出新面貌；随着海内外学术交往的日益频繁，海外一些新研究方法的流入和引进，对当代《诗经》研究也产生了重要影响，等等。总之，我们这个时代的《诗经》研究仍然大有可为，对此保持足够的学术信心和定力就反而显得更重要了。

卫华就是在面对上述学术环境的大势下，来进行他的问题过滤和问题筛选的。为此，他做了较长时间的摸索，大体来说，这个过程可以分成两个阶段。第一个阶段是从其攻读硕士学位到硕士毕业以后的几年。这个阶段他开始对《诗经》学产生了兴趣。研究生培养之初，我开设了一门"先秦两汉诗歌研究"课，通过我和学生们之间在课堂上的讨论，我体察到卫华由浅入深渐渐对《诗经》产生了感情。他不仅结合历代注疏认真研读文本，而且还在研读过程中慢慢明确了自己的研究方向和路径。这个阶段他主要集中于对《诗经》文本的解读和汉、唐《诗经》学史的关注，其硕士学位论文——《〈诗经〉祭祀诗研究》顺利通过答辩。与此同时及以后一段时间，我们师生还一起完成了《从〈诗经〉看先秦理性精神的发展与演变》《汉代河间儒学与〈毛诗〉》《汉初〈毛诗〉"不列于学"原因再探讨》《〈毛诗〉与汉代文化精神》《孔颖达〈诗〉学观略论》等论文，以及再往后我们两人合作完成的国家社科基金项目《〈毛诗〉与中国文化精神》部分章节的写作。实践中，他也在努力引历史学的治学方法和研究视域进入《诗经》学研究，研究思路也一步步趋于明晰。

第二个阶段是其从攻读博士学位到完成国家社科基金项目。2007年卫华顺利通过入学考试开始攻读博士学位，按照此前对自己学术道路的设计，自然而然，在确定学位论文选题时，他选择了宋代《诗经》学史作为研究对象。其时，宋代《诗经》学史研究成果也已不少，谭德兴、郝桂敏、陈战峰、李冬梅等学者已出版了颇有质量的著作或论文，宋代《诗经》学还有研究的空间吗？如果仅仅盯着传统、狭义的《诗经》学，可以说宋代《诗经》学基本上就没什么空间了，但如前所说，很幸运我们这个时代有了很多此前未见的新的学术资源可供研究利用，所以在研讨展开的过程中，我们师生也形成了一个共识，就是努力引入历史学的治学模式和研究视域，以"知识考古"的方式，对宋代《诗经》学史研究的疆域进行二次开拓，努力在前人研究的基础上把宋代《诗经》学研究引向新深入和实施再拓展。这个方向明确之后，卫华阅读了大量文史文献，余英时《朱熹的历史世界》、葛兆光《中国思想史课堂讲录》、卢国龙《宋儒微言》、米歇尔·福柯《知识考古学》等一度成为他案头的日常读物。随着思考的深入，遂逐渐明确了以北宋《诗经》学为讨论对象，主要从政治文化的角度切入的研究思路。之所以有此选择，卫华无疑是建立在对中国古代学术与政治文化关系理解基础之上的。政治变革是北宋《诗经》学发展重要的推动力之一，北宋复杂的政治形势，士大夫强烈的政治参与意识和积极的政治行动共同构成了北宋《诗经》学发生、发展的土壤，从而使《诗经》的接受和阐释带上了强烈的政治色彩。因此，与政治的这种亲缘关系是研究北宋《诗经》学必不可少的一个维度，因为它不仅涉及北宋《诗经》学复兴的所以然之故，而且还关涉对北宋《诗经》学理论特质和基本性质的判定，依据这一维度研究北宋《诗经》学可准确把握各个学派《诗经》学共同的问题意识、思想逻辑和理论宗旨，从而避免单纯靠概念演绎而导致的诠释随意性和内涵虚化的流弊。对此，我也是认同的。基于上述认识，他最终完成了《北宋政治变革与〈诗经〉学发展》这篇博士学位论文的写作，并在答辩过程中得到了答辩委员会专家的一致认可和好评。博士毕业后，卫华又在对北宋《诗经》学已有研究的基础上，对整个宋代《诗经》学进行了较为系统深入的考察。2013年以《宋代学术文化思潮与〈诗经〉研究》为题成功获批国家社科基金项目，并在

2019 年顺利结项，不用说这是他多年研究积累的一个必然结果。这部书稿就是在国家社科基金项目结项成果基础之上，又经过两年多认真打磨修改之后完成的，为此他的确花费了很多心血。作为这部专著的最早读者，我读后觉得它主要有以下几个特点。

一是角度独特，充分注意到了宋代学术发展与政治文化的密切关系。结合两宋学术、政治发展实际，卫华将整个宋代《诗经》学史分为六个大的阶段进行讨论，即北宋以庆历新政、熙宁变法为界分为三个阶段。南宋以高宗朝为第一阶段，因为这一阶段的主要任务是政治秩序的重建；孝宗至宁宗为第二阶段，属于政治统治的巩固发展期；理宗至南宋灭亡为第三阶段，属于政治统治的没落期。自始至终，卫华一直在努力揭示学术文化思潮对《诗经》学产生的影响，以及《诗经》学对时代政治、学术思潮回应的方式和特点。以书中着力讨论的北宋学术、政治发展与《诗经》学的关系为例，庆历新政、熙宁变法、元祐更化构成了北宋政治变革的"三部曲"。庆历新政的目标是革除弊政，而其改革的动力之一就是希望凭借对儒家思想的重新挖掘和利用重建政治宪纲，从而试图为社会发展寻得一条光明之途，因而这一阶段关于如何"师古以用今"的问题就摆在了庆历学者面前，这也是其时欧阳修、刘敞《诗经》学需要面对的问题。熙宁变法可看作庆历新政的延续，在改革的总目标和一些具体举措上，二者多有类似，但王安石等人除了颁布新法推动改革外，还走上了更为彻底的以学术引导政治改革方向、学术直接参与政治构建的路子，由此也就不可避免地带来了学术研究泛政治化的新倾向，这对王安石等人的《诗经》学产生了相当大的影响。元祐更化的基本精神则是要将熙宁变法转化为温和的政治改良，虽然时间短暂，但由此带来的对熙宁变法的反思成为推动学术进一步发展的新动力。从某种意义上来讲，苏辙、二程等元祐学者的经义新解正是为澄清王安石新学派的指导思想而作，他们与新学派最大的不同之处并不在经义训释本身，而在于由经义训释所彰显出的指导思想，他们的《诗经》研究明确体现出这一特点。在考察过程中，卫华一方面注意分析不同历史阶段政治变革与学术革新之间的关系以及这种关系在《诗经》学中的具体反映；另一方面则将欧阳修、王安石等人的《诗经》学置于其学术思想的产生、发展过程中进行细致的分析，并结合这些学者对有关不同经学文本的解读，确定其各个历史时期的价值取向，为准确揭示政治变革与《诗经》学之间的关系提供了更为全面可靠的依据。这些对宋代《诗经》学史研究而言，都是有新的学术意义和价值的。

二是视野开阔，充分利用了宋代《诗经》学的各类文献。为了能对宋代《诗经》学著述进行全面收集和整理，尽可能做到竭泽而渔，作者除了深入研读《诗》学著述外，还将史著、笔记和类书等文献中涉及宋代《诗经》学的内容钩稽出来，如《全宋文》中就有大量的单篇文章涉及《诗经》学的多方面问题，将这些内容纳入研究视野，必将有新的发现。同时，《宋史》《宋大诏令集》《宋会要辑稿》《文献通考》等文献中也有数量可观的《诗》学资料，如果将这些文字加以整理利用，对北宋《诗经》学研究一定极有价值。除此之外，作者还借鉴和吸收了除《诗经》之外其他经学领域的研究成果，由于面对的时代政治问题是一致的，因而经学各经讨论中必然存在着众多共同的话题，比如正统、国是、君臣关系，等等。基于对经书性质、作用的不同认识以及对时代政治问题的不同理解，宋代士大夫在选择经书作为载体来阐释这些政治思想时往往有所偏重，如为了配合宋王朝与少数民族政权争正统的需要，《春秋》中"尊王攘夷"的思想一再被强调，《三礼》对礼仪制度的详明记载也成为宋代改革运动中启发士大夫政治"灵感"的重要来源。而"尊王攘夷"以及礼仪制度等内容在宋代的《诗经》学中也或隐或显地存在着，借助《春秋》等经学研究领域的成果就可以使《诗经》学中那些隐含的内容更为清晰地呈现出来，而很多单纯从《诗经》学的角度不太容易说清楚的问题也能够更加清楚地予以说明了。对相关文献资料的充分利用，不仅使书中各种观点更具说服力，同时也拓展了《诗经》学研究的领域。这也是本书的一个重要成绩。

三是方法得当，最大限度还原了宋代《诗经》学的文化生态。宋代《诗经》学的发展离不开其时文化环境的影响，因此研究中需要尽可能还原包括《诗经》学在内的宋代学术赖以存在的历史环境，比如其时的教育、科举，还有出版印刷等，以及这种综合历史环境对《诗经》的传播和研究带来的影响。只有将诸如此类的问题一一纳入考察讨论之中，才能使研究结果真正贴近宋人的《诗经》学世界。卫华在这方面也做出了富有成效的努力，附录中的《印刷术普及与宋代〈诗经〉学》《乡先生与宋代〈诗经〉学》《经筵讲读与宋代〈诗经〉学》三篇文章即是作者对宋代《诗经》学文化环境考察的结果。之前学界对宋代《诗经》学文化环境的讨论多属于背景性简介，缺乏深入的梳理和分析，本书则言人之所略，对与宋代《诗经》学发展关涉较大的教育、出版印刷等问题进行了颇为扎实的讨论。以《印刷术普及与宋代〈诗经〉学》为例，作者认为印刷术普及在宋人《诗》学一般观念的构筑过程中发挥了巨大作用，《诗经》著述刻印过程中精审的校勘在一定程度上促成了宋代《诗经》学疑古风气的形成。同时，由于宋代《诗》学著作极易获得，治《诗》方式也由之前的记诵向文本意涵的深入理解转变，宋代《诗经》学思辨之风的产生实与此有着直接的关联。另如《乡先生与宋代〈诗经〉学》一文，作者认为宋代"乡先生"的教学满足了平民阶层接受教育的客观需要，他们以传播儒家伦理为己任，维系了儒家典籍的代际传承。乡先生的《诗经》教学侧重于《毛诗序》等前代经典的传授，是平民阶层《诗》学观念形成的主要推动者，同时他们也是宋代《诗经》学话语重建的积极参与人。由于有了这一群体的加入，使得宋代《诗》学研究风格的转变不再仅仅局限于少量重要学者身上，而是在一个更为广阔的范围内推动了宋代《诗》学风格的形成和发展。这些讨论对进一步深入了解宋代《诗经》学特点的形成都是有帮助的。

总之，作为一部《诗经》学史的断代研究之作，该书很值得一读。当然，书中存在不足仍在所难免，请学界同人不吝赐教。同时，我也希望卫华能够继续沉下心来，兼顾学术研究和行政事务，合理科学地分配时间，以便能够更加用力、更为从容地完成自己既定的研究计划，以期在学术研究上不断取得新成绩，这也是我作为老师的一个美好的希望和祝福。

拉杂写了上面这些话，是为序。

王长华

2022 年 2 月 19 日于北京

目　录

第三章　学术与政治的联姻

第四章　多元路径的探索

第五章　理学与疑古的拓展

第六章　守正与变革的高潮

前　言

一、研究意义与价值

纵观整个《诗经》学史，宋代（960—1279）无疑是继汉、唐之后的又一个高峰。这一时期《诗经》研究名家辈出，欧阳修、苏辙、王安石、朱熹、吕祖谦等对后世《诗经》学发展均产生了重要影响，相关著述不仅数量多，而且与汉、唐相较，在注解体例、内容等方面也有着众多鲜明的特点。据刘毓庆《历代〈诗经〉著述考》、陈文采《两宋〈诗经〉著述考》、郝桂敏《宋代〈诗经〉文献研究》、牟玉亭《历代〈诗经〉著述存佚书目》、李冬梅《网罗散佚 精选细校——读〈全宋文〉之〈诗〉学文献》等著作和论文的统计，宋代《诗经》学著述多达二百余种①，仅从数量上来讲，超过了汉、唐《诗

---

① 刘毓庆《历代〈诗经〉著述考》（中华书局 2002 年版）统计为 299 种；陈文采《两宋〈诗经〉著述考》（台湾花木兰文化工作坊 2005 年版）"附录一《历代书目著录两宋〈诗经〉著述一览表》通过对《郡斋读书志》《遂初书目》《直斋书录解题》《文献通考》《四库全书总目》《四库未收书目》《经义考》等宋、元、明、清书目类文献的梳理，共整理出宋代《诗经》学著述 207 种；郝桂敏《宋代〈诗经〉文献研究》（中国社会科学出版社 2006 年版）附录《宋代〈诗经〉著述目录》统计宋代《诗经》学著作为 188 种；牟玉亭《历代〈诗经〉著述存佚书目》（天马图书出版公司 2009 年版）统计宋代《诗经》著述共 276 种，其中现存 70 种，亡佚 206 种。另据李冬梅《网罗散佚 精选细校——读〈全宋文〉之〈诗〉学文献》（《社会科学研究》2007 年第 3 期）统计，宋人别集中亦有191 篇讨论《诗经》的文章。借鉴这些研究成果，同时进一步通过对各类方志文献的梳理，最后笔者共整理出宋代《诗经》学著作 279 部，文章 191 篇，合计 470 种，这个数字大体能够反映宋代《诗经》学著述的基本情况。

经》著述的总和。① 同时，宋代《诗经》著述的体例相较于前代也更加丰富。据郝桂敏《宋代〈诗经〉文献研究》一书整理，宋代《诗经》文献的体式包括了集解体、集传体、纂集体、总闻体、论说体、通释体、博物体、目录体、辑佚体，此外还有讲义体、讲章体、音义体、校勘体、图解体等众多体式，其中既有对前代注解体式的继承，例如集解体、博物体、论说体等，又有总闻体、辑佚体等的创新。② 需要注意的是，这种创新不仅仅是一种注解形式的改造，其中还蕴含着治《诗》者独特的学术理念和在研究方法上突破旧有体式限制的自觉追求，对此，后面将进行详细讨论，此处不赘。

此外，宋代《诗经》学相较于汉、唐，在学术发展环境、治学方法以及学术理念等诸多方面都有了新的变化，由此也塑造了其独特的品格，使其成为《诗经》学发展链条中极为重要的一环。

首先，从学术发展环境上来讲，宋代治《诗》者有着汉、唐时代学者所不具备的得天独厚的条件和优势，例如这一时期印刷术的发展，使得各类《诗经》著述被大量刻印出来，各种相关知识和思想的传播速度也随之加快，并且带来了学习和研究《诗经》方法上的巨大改变，宋代《诗经》学特点的形成与此也有着密切的关系。③ 同时，在统治者重文轻武、重视科举、发展教育等一系列政策的推动下，治《诗》者获得了较为宽松的外部环境，这一时期从朝廷的经筵讲读，到科举考试和大臣策问，再到书院以及民间乡先生讲学，都可以看到对《诗经》的学习和使用，由此也形成了一个数量庞大的学习和研究群体，这也应当是促成宋代《诗经》学高峰形成的一个重要动因。

---

① 汉唐《诗经》著述的数量，刘毓庆《历代〈诗经〉著述考》统计为先秦两汉著述 54 种，三国晋南北朝著述 110 种，隋唐五代著述 24 种；牟玉亭《历代〈诗经〉著述存佚书目》统计为先秦两汉著述 55 种，三国晋南北朝著述 101 种，隋唐五代著述 26 种。两者统计结果差别不大，自先秦至晚唐五代，《诗经》著述合计为 180 余种。

② 详见郝桂敏《宋代〈诗经〉文献研究》第六章"宋代《诗经》文献体式研究"，中国社会科学出版社 2006 年版。

③ 关于印刷术普及对宋代《诗经》学的影响，可参见李兆禄《文本载体对〈诗经〉学的影响》（《宁夏社会科学》2008 年第 6 期）等论文，本书附录一《印刷术普及与宋代〈诗经〉学》亦有讨论。

此外，宋代学术流派众多，各学派基于自身政治、学术立场，对《诗经》的地位、题旨、作用等的认识也存在差异，并且随着学术交流的日益频繁，各学派和学者间围绕若干《诗经》学公案展开的讨论，也极大地推动了相关问题的研究，例如北宋后期和南宋关于王安石《诗经新义》价值的认定，以及朱熹、吕祖谦等关于《毛诗序》存废的争论①，等等。尽管这些问题的讨论中掺杂着政治因素的影响，但其对《诗经》学本身的发展无疑也是有一定意义和价值的。

其次，这一时期治《诗》者的治学方法和学术理念也有着鲜明的特点，使其与汉、唐《诗经》学相比有了不同的面貌。《四库全书总目·经部总叙》云："洛、闽继起，道学大昌，摆落汉、唐，独研义理，凡经师旧说，俱排斥以为不足信，其学务别是非，及其弊也悍。"② 这是对宋代经学整体特点也是最重要学术成就的一个概括。宋代学术最为后世称道的无疑是"道学"，亦即以二程、朱熹等为代表强调道德心性的学术流派，尽管其中也存在众多差异，但在学术方法上大体遵循的都是"摆落汉唐"的路子，通过对汉、唐经学批判性地吸收和改造，在其中融入"义理"，进而建构起一整套伦理道德、社会治理的思想法则，这也是宋代《诗经》学最突出的一个特点。

以上是对宋代《诗经》学产生、发展背景及特点的粗略介绍，一些学者在研究中对上述问题也时有论及，尤其是其特点更是大家热衷讨论的话题之一。概而言之，学界对宋代《诗经》学特点的研究和认识主要集中在以下几个方面：一是如上述强调宋代《诗经》学的理学化特征；二是挖掘《诗经》学与政治的关系，凸显其"经世致用"的特点；三是结合宋儒对汉、唐学者

---

① 王安石《诗经新义》对后世《诗经》学的影响，以及围绕其展开的论证，可参见孙宝《试论王安石〈诗新义〉在〈诗经〉阐释史上的地位及影响》（《诗经研究丛刊》第 11 辑，学苑出版社 2006 年版）及易卫华《北宋政治变革与〈诗经〉学发展》第三章第四节《王安石〈诗经〉学的影响》（河北师范大学 2010 年博士学位论文）。朱熹与吕祖谦关于《诗经》的论辩，可参见姚永辉《朱熹、吕祖谦关于〈诗经〉的四大论辩平议》，《第七届〈诗经〉国际学术研讨会论文集》（三），学苑出版社 2008 年版。

② （清）永瑢等纂：《四库全书总目·经部总叙》，广西师范大学出版社 2019 年版，第 1 页。

的质疑，探析汉学、宋学之争在《诗经》学中的反映及其疑辨的风格。① 这些成果对我们全面把握宋代《诗经》学的特质无疑是有重要参考价值的，但这一问题仍有深化的空间和讨论的必要，例如"理学化"是我们对宋代《诗经》学的整体印象和评价，但理学的发展其实是一个非常复杂的问题，这不仅在于其同样经历了萌芽、发展、成熟等不同的阶段，而且即使是同一时期的理学家，受学术背景、政治理念等影响，其思想也是千差万别的，例如朱熹有朱熹的理学，陆九渊有陆九渊的理学，所以用"理学化"笼统地概括宋代《诗经》学的特点，肯定会遮蔽其在发展过程中更为丰富、更为复杂的一些面相，而用"经世致用"来概括宋代《诗经》学的特点就更加存在宽泛化的问题了。自先秦孔子即提出"不学《诗》，无以言""《诗》可以兴，可以观，可以群，可以怨"等众多具有经世致用色彩的观点，其后孟、荀、汉代四家《诗》、唐代《毛诗注疏》等众多《诗》学著述，无不是以有益于世道人心、伦理教化作为阐释的旨归，表现出浓重的"经世致用"色彩，但我们知道，每一个时代都有其特殊的社会和政治问题，治《诗》者在通过《诗经》回应这些问题的过程中，其解读也必然会带上鲜明的时代烙印，或者说不同时代的学者对《诗经》的"价值期待"是不同的，所谓"经世致用"也必然会有不同的内涵和表现，例如南宋袁燮（1144—1224）《絜斋毛诗经筵讲义》，《四库本书前提要》云，此书"于振兴恢复之事，尤再三致意。如论《式微》篇，则极称太王、勾践转弱为强，而贬黎侯无奋发之心；论《扬之水》篇，则谓平王柔弱为可怜；论《黍离》篇，则直以汴京宗庙宫阙为言"②。就其中提到的论《黍离》云：

> 我国家建都于汴既九朝矣，宗庙宫阙于是乎在靖康之祸鞠为禾

---

① 历代不乏对宋代《诗经》学特点的评述，如《四库全书·经部·诗类》中各篇提要，可参见刘红妹《〈四库全书·经部·诗类〉提要研究》，河北师范大学 2017 年硕士学位论文。

② （宋）袁燮撰：《絜斋毛诗经筵讲义》，景印文渊阁《四库全书》本，台湾商务印书馆 1986 年版。

黍，非能如东周之在境内，神臬未复，敌久据之，往时朝会之地，今为敌人之居，此天地之大变，国家之大耻也……圣主诚能反其所为，卧薪尝胆，以复仇刷耻自期，则大勋之集，指日可候也，人情之惨戚将转而为歌谣，岂不伟哉！惟圣主亟图之。①

袁氏认为历靖康之祸后，国都为金人所居，这是国家的奇耻大辱，圣主应该卧薪尝胆，复仇雪耻，早日收复失地。明显可见，他的解读与其所处时代面临的政治问题存在着直接的关联，是有着特定政治指向的。

总之，宋代《诗经》学还有很多具体而微的问题没有搞清楚，清晰而生动的学术史图谱也还没有完全建立起来，所以只有通过更为细致深入的考察，通过一个个碎片的拼接、一条条线索的梳理，才能最终还原一幅更为完整立体的宋代《诗经》学图像。那么，如何具体展开呢？笔者认为站在宋代学术思潮萌芽、发展、成熟的角度来审视和研究这一问题，无疑是一条较为可行的路径。在充分借鉴前人观点的基础上，将《诗经》学置于不同阶段的政治以及与之相伴而生的学术大环境中进行考察，通过时代政治、学术环境对《诗经》学的影响，以及《诗经》学对政治、其他学术研究领域的反哺等不同层面问题的讨论，最终肯定能够勾勒出一幅相对更为清晰的宋代《诗经》学图景，而其特点以及背后蕴含的丰富复杂的学术史细节问题也有可能被揭示得更加清楚。

二、研究综述

宋代《诗经》学是学界研究的一个重要领域，相关成果众多，这些成果梳理了宋代《诗经》学的发展脉络，归纳了其在义理、考据、文学诠释等方面的特点，根据本书将要讨论的问题，现将其分为以下四种类型。

---

① （宋）袁燮撰：《絜斋毛诗经筵讲义》，景印文渊阁《四库全书》本，台湾商务印书馆1986年版。

（一）宋代学术文化思潮与《诗经》学关系研究

随着《诗经》学史研究的不断深入，学术文化思潮逐渐成为学界讨论宋代《诗经》学的一个切入角度，比较有代表性的著作如陈战峰《宋代〈诗经〉学与理学——关于〈诗经〉学的思想学术史考察》①、日本学者种村和史《宋代〈诗经〉学的继承与演变》②，以及张民权《宋代古音学与吴棫〈诗补音〉研究》③等，其中陈战峰《宋代〈诗经〉学与理学——关于〈诗经〉学的思想学术史考察》围绕"义理解《诗》不断增强和演变"这条线索，通过对欧阳修、王安石、朱熹、王柏等学者《诗经》学的剖析，努力挖掘理学与《诗经》学发展的内在关系，呈现了一幅更为清晰的宋代理学《诗经》研究图谱，具有重要的参考价值。种村和史《宋代〈诗经〉学的继承与演变》是近年有关宋代《诗经》学研究的一部力作，该书以专题的形式，对欧阳修《诗本义》、王安石《诗经新义》、苏辙《诗集传》的特点以及唐宋《诗经》学的关系、宋代治《诗》者之间的关系等问题进行了深入的讨论，对于深入探究宋代《诗经》学特点及其成因无疑有很大的帮助。张民权《宋代古音学与吴棫〈诗补音〉研究》则在宋代音韵学发展的大背景下，梳理了吴棫《诗补音》的体例、性质、特点以及影响等问题，对了解宋代《诗经》音韵学亦有帮助。

此外，谭德兴《宋代〈诗经〉学研究》④、郝桂敏《宋代〈诗经〉文献研究》⑤、李冬梅《宋代〈诗经〉专题研究》⑥、犹家仲《〈诗经〉的解释学研

---

① 陈战峰著：《宋代〈诗经〉学与理学——关于〈诗经〉学的思想学术史考察》，陕西人民出版社 2006 年版。
② ［日］种村和史著：《宋代〈诗经〉学的继承与演变》，李栋译，上海古籍出版社 2017 年版。
③ 张民权著：《宋代古音学与吴棫〈诗补音〉研究》，商务印书馆 2005 年版。
④ 谭德兴著：《宋代〈诗经〉学研究》，贵州人民出版社 2005 年版。
⑤ 郝桂敏著：《宋代〈诗经〉文献研究》，中国社会科学出版社 2006 年版。
⑥ 李冬梅：《宋代〈诗经〉专题研究》，四川大学 2007 年博士学位论文。

究》①、石文英《宋代学风变古中的〈诗经〉研究》②、杨新勋《宋代疑经研究》③ 等也对宋代学术文化思潮嬗变、政治发展与《诗经》学发展的关系有一定讨论。还有一些学者从文学的角度对宋代《诗经》学进行了解读，如胡晓军《宋代〈诗经〉文学阐释研究》④、张瑞君《宋代诗话之〈诗经〉论探析》⑤ 等。其中，胡晓军《宋代〈诗经〉文学阐释研究》分别从"《诗》之本义""情理求《诗》""简易说《诗》""据文求义""以意逆志""比兴新论"等几个角度总结了宋代学者解读《诗经》的方法、特点。张瑞君《宋代诗话之〈诗经〉论探析》则主要从儒家审美理想、诗学风格、学诗方法等层面阐述了宋代诗话文献中涉及的《诗经》学资料的价值，这些成果也为相关领域研究提供了参考和借鉴。

（二）宋代《诗经》学个案研究

个案研究是 20 世纪以来宋代《诗经》学研究的主要模式，取得的研究成果也最多，其中讨论较为集中的有欧阳修、苏辙、王安石、郑樵、吕祖谦、朱熹等数人。总结这些研究成果，主要包括：1. 治《诗》方法及著述体例研究；2.《诗》学思想研究；3.《诗》学思想形成、发展与影响研究；4.《诗》学著述版本研究四个方面，其中成绩突出者如张祝平《朱熹〈诗经〉学论稿》⑥、邹其昌《朱熹〈诗经〉诠释学美学研究》⑦、李冬梅《苏辙〈诗集传〉

---

① 犹家仲著：《〈诗经〉的解释学研究》，广西师范大学出版社 2005 年版。
② 石文英著：《宋代学风变古中的〈诗经〉研究》，《厦门大学学报》（哲学社会科学版）1985 年第 4 期。
③ 杨新勋著：《宋代疑经研究》，中华书局 2007 年版。
④ 胡晓军：《宋代〈诗经〉文学阐释研究》，四川大学 2007 年博士学位论文。
⑤ 张瑞君著：《宋代诗话之〈诗经〉论探析》，《山西师大学报》（哲学社会科学版）2000 年第 2 期。
⑥ 张祝平著：《朱熹〈诗经〉学论稿》，吉林人民出版社 2000 年版。
⑦ 邹其昌著：《朱熹〈诗经〉诠释学美学研究》，商务印书馆 2004 年版。

新探》① 等。此外，还有裴普贤《欧阳修〈诗本义〉研究》②、赵制阳《〈诗经〉名著评介》③ 对欧阳修《诗本义》、朱熹《诗集传》等著述的评析、李家树《〈诗经〉专题研究》④ 对王质、程大昌、朱熹等的讨论。为免行文累赘，下面先以王安石《诗经新义》相关研究为例做一较为详细的介绍，其他相关文献可参见寇淑慧《二十世纪〈诗经〉研究文献目录》⑤ 及寇淑慧、马辉洪《中国香港、台湾地区〈诗经〉研究文献目录》等相关目录索引。⑥

王安石《诗经新义》是宋代《诗经》学研究的一个热点，由于《诗经新义》宋以后亡佚，因此对它进行专门研究的较少，许多著作提到《诗经新义》均作为王安石新学的一部分予以介绍。伴随着《诗经新义》辑佚工作的逐渐深入⑦，对于《新义》的研究也成为学界的一个热点，主要成果如邱汉生《王安石〈诗义〉的法家思想》⑧ 针对《诗经新义》中实用性强的法家观念做了详细的阐释。山西大学张洁的硕士论文《〈诗经新义〉研究》⑨ 另辟蹊径，对《诗经新义》的内在体例以及诗学价值进行了探究。陈战峰《宋代〈诗经〉学与理学》也单列一节讨论了王安石的《诗经》学与其学术思想，总结王安石《诗经》学的学术思想包含了"阴阳之论""性命之理""天人之辨""德仁之见"四个方面。⑩ 另外，郝桂敏《宋代〈诗经〉文献研究》也指出"王安石表面上极力推崇《诗序》，实际上却借解诗为推行新法服务，因此他十分注重对《诗经》义理的阐发，借以表达自己的政治主张"，并分别从理想

① 李冬梅著：《苏辙〈诗集传〉新探》，四川大学出版社 2006 年版。
② 裴普贤著：《欧阳修〈诗本义〉研究》，台湾东大图书有限公司 1981 年版。
③ 赵制阳著：《〈诗经〉名著评介》，台北学生书局 1983 年版。
④ 李家树著：《〈诗经〉专题研究》，太白文艺出版社 2001 年版。
⑤ 寇淑慧著：《二十世纪〈诗经〉研究文献目录》，学苑出版社 2001 年版。
⑥ 寇淑慧、马辉洪著：《中国香港、台湾地区〈诗经〉研究文献目录》，学苑出版社 2012 年版。
⑦ 《诗经新义》的辑本有邱汉生辑校《诗义钩沉》，中华书局 1982 年版；程元敏辑校：《三经新义辑考汇评（一）——诗经》，中国台湾"国立"编译馆 1986 年版。
⑧ 邱汉生：《王安石〈诗义〉的法家思想》，《天津师院学报》（社会科学版）1974 年第 1 期。
⑨ 张洁：《〈诗经新义〉研究》，山西大学 2007 年硕士学位论文。
⑩ 陈战峰著：《宋代〈诗经〉学与理学——关于〈诗经〉学的思想学术史考察》，陕西人民出版社 2006 年版。

政治蓝图的描绘、借古讽今、法度思想以及民本思想等几个方面分析了王安石的《诗》学思想。① 这些学者的研究大体涉及王安石《诗经》学学术思想的内容、训解的方法、诗学价值和影响等几个方面，对于了解王安石《诗经》学是有一定参考价值的，但王安石为什么在熙宁变法中选择《诗经》为其变法理论张目？其《诗》学思想的形成过程是怎样的？《诗经新义》与变法的具体内容之间存在着怎样的内在联系？对当时和其后的政治、学术发展产生了哪些影响？这些问题尚待进一步深入思考。

对宋代其他学者的《诗经》学研究，现有成果绝大多数也主要集中在学术思想的梳理及相关学术背景的宏观介绍上，如对朱熹《诗集传》的研究较多侧重于"淫诗说"、《诗》教思想、"赋比兴"论等几个方面，有关郑樵《诗辨妄》的研究聚焦于发掘其实学批判精神，有关欧阳修《诗本义》的研究重点阐发其对宋代《诗经》学的创新之功，等等。② 此外，20 世纪以来，夏传才《〈诗经〉研究史概要（修订版）》③、戴维《〈诗经〉研究史》④、洪湛侯《〈诗经〉学史》⑤、鲁洪生《〈诗经〉学概论》⑥ 等《诗经》学通论类著作对宋代《诗经》学的发展脉络、著名学者及相关著作做了一定的勾勒，对尊《序》、废《序》等问题进行了分析，也为宋代《诗经》学的进一步研究打下了坚实的基础。

不难发现，上述研究成果：一来主要集中在朱熹、欧阳修、郑樵、王安石等少数大家上，而对张耒、袁燮、魏了翁等学者的关注不够；二来以单个学者研究为主，缺乏学者与学者之间的比较研究和对于某些学派的研究，研究层次较为单一，并且已有研究成果对宋代《诗经》学的学术文化背景及政

---

① 郝桂敏著：《宋代〈诗经〉文献研究》，中国社会科学出版社 2006 年版。
② 参见寇淑惠《二十世纪诗经研究文献目录》，学苑出版社 2001 年版；寇淑惠《2002—2007 年诗经研究论文篇目索引》，《第八届诗经国际学术研讨会》会议论文。
③ 夏传才著：《〈诗经〉研究史概要》（修订版），清华大学出版社 2007 年版。
④ 戴维著：《〈诗经〉研究史》，湖南教育出版社 2001 年版。
⑤ 洪湛侯著：《〈诗经〉学史》，中华书局 2002 年版。
⑥ 鲁洪生著：《〈诗经〉学概论》，辽海出版社 1998 年版。

治指向虽有认识，但尚未进行深入挖掘，这就为本书的研究提供了空间。

（三）宋代《诗经》学相关著述整理与研究

《诗经》学研究离不开基础的文献整理工作，这项工作的好坏也在一定程度上制约着其后相关研究的品质，所以必须要引起足够的重视。就宋代《诗经》学文献而言，《四库全书》《四部丛刊》《丛书集成》《续修四库全书》等收录了众多专著，为本书的研究提供了必要的保障。自 20 世纪 90 年代以来，学界逐渐开始对《诗经》学相关文献进行专门整理，出现了众多研究成果，这些成果又可大体分为《诗经》文献汇编整理与《诗经》学目录编校两个方面。

就《诗经》文献汇编整理而言，成就突出者如夏传才主编《〈诗经〉要籍集成》①《〈诗经〉要籍集成二编》②、鲁洪生主编《〈诗经〉集校集注集评》③、田国福主编《历代〈诗经〉版本丛刊》。④ 其中，夏传才主编《〈诗经〉要籍集成》《〈诗经〉要籍集成二编》、田国福主编《历代〈诗经〉版本丛刊》，广采善本，收录了众多宋代《诗经》著述，从文献的角度为本书的研究提供了参考。此外，宋代《诗经》学重要著述的点校工作近年也取得了很多成绩，如周春健校注《宋人经筵诗讲义四种》⑤、北京大学《儒藏》收录欧阳修《诗本义》、苏辙《诗集传》、吕祖谦《吕氏家塾读诗记》、朱熹《诗集传》、杨简《慈湖诗传》、王应麟《诗地理考》等⑥，这些著述的点校整理为学界进一步研究提供了便利。

就《诗经》学目录编校而言，成就突出者如刘毓庆《历代〈诗经〉著述

---

① 夏传才主编：《〈诗经〉要籍集成》，学苑出版社 2003 年版。
② 夏传才主编：《〈诗经〉要籍集成二编》，学苑出版社 2015 年版。
③ 鲁洪生主编：《诗经集校集注集评》，现代出版社 2016 年版。
④ 田国福主编：《历代〈诗经〉版本丛刊》，齐鲁书社 2008 年版。
⑤ 周春健校注：《宋人经筵诗讲义四种》，华夏出版社 2016 年版。
⑥ 北京大学《儒藏》编纂中心：《〈儒藏〉精华编》第 24、25、26 册，北京大学出版社 2009 年版。

考（先秦—元代）》①、陈文采《两宋〈诗经〉著述考》②、郝桂敏《宋代〈诗经〉文献研究》③ 等。刘毓庆先生《历代〈诗经〉著述考（先秦—元代）》共收录宋代《诗经》著述 299 种，依时代先后对每种文献存佚、著录、内容、特点等详加说明，对全面梳理和把握这一时代《诗经》学面貌极有助益；陈文采《两宋〈诗经〉著述考》以两宋 48 种《诗经》著述为主，对每种著述分别从作者、内容、评述、卷本四个方面进行了介绍，全书主体部分分为"现存书籍""辑佚书录""未见书录"三大部分，其中"现存书籍"又按著述体例细分为"集解""传注义疏""名物典制""问辨考证""通论杂纂"五部分，条分缕析，对全面把握宋代《诗经》著述特点有很好的参考价值。郝桂敏《宋代〈诗经〉文献研究》则在第六章"宋代《诗经》文献体式研究"中按照集解体、集传体、纂集体、总闻体、论说体、通释体、博物体、目录体、辑佚体以及其他体式将宋代《诗经》著述分为十个门类，这种细分无疑更有利于对宋代《诗经》学文献特质的认识。

　　总之，上述成果为进一步研究宋代《诗经》学提供了有益借鉴和参考。④但值得注意的是，就目前研究现状而言，对宋代《诗经》学文献学术价值关注和讨论的较多，相对缺乏对学术文化思潮嬗变与《诗经》学发展之间关系的讨论。学术文化思潮嬗变是宋代《诗经》学发展走向、研究模式最为关键的因素之一。因此，有必要在前人研究的基础之上，以宋代学术文化思潮嬗变为一个重要维度，来考察其与宋代《诗经》学发展之间的诸多关联，唯其如此，方能更加全面深入地认识这一时期《诗经》学若干深层次的问题。

――――――――――

　　① 刘毓庆著：《历代〈诗经〉著述考（先秦—元代）》，中华书局 2002 年版。
　　② 陈文采著：《两宋〈诗经〉著述考》，台湾花木兰文化工作坊 2005 年版。
　　③ 郝桂敏：《宋代〈诗经〉文献研究》，中国社会科学出版社 2006 年版。
　　④ 关于宋代《诗经》学的研究状况，亦可参考傅建忠《宋代〈诗经〉学研究百年综述》，《中国韵文学刊》2008 年第 1 期；郝桂敏《宋代〈诗经〉文献研究》"引言"，中国社会科学出版社 2006 年版；陈战峰《宋代〈诗经〉学与理学——关于〈诗经〉学的思想学术史考察》"导论"，陕西人民出版社 2006 年版。

（四）宋代学术思想研究

宋代学术思想史历来是学界研究的热点，其研究范围涉及宋学流变、宋学特质、学术流派、学者学术思想等几个主要领域，如对宋学流变及特质的研究，关于"宋学"的演变过程及每一阶段的特质，清代《四库全书总目》云："王弼、王肃稍持异议，流风所扇，或信或疑，越孔、贾、啖、赵以及北宋孙复、刘敞等，各自论说，不相统摄，及其弊也杂。洛、闽继起，道学大昌，摆落汉、唐，独研义理，凡经师旧说，俱排斥以为不足信，其学务别是非，及其弊也悍（如王柏、吴澄攻驳经文，动辄删改之类）。学脉旁分，攀缘日众，驱除异己，务定一尊，自宋末以逮明初，其学见异不迁，及其弊也党。……宋学具有精微，读书者以空疏薄之，亦不足服宋儒也。"① 这里其实是将宋学分为了三个大的阶段，即北宋初期宋学初兴、北宋中期至南宋中期道学渐昌、南宋后期道学衰落，这主要还是程朱理学的发展脉络，不足以展现宋代学术发展的全貌和特点。其后，关于汉、宋学术的异同等问题成为学界讨论的热点话题。进入 20 世纪后半期，对这一问题的讨论也日益深入，其中代表性成果如漆侠《宋学的发展和演变》②，该书对"宋学"的概念、发展流变的历程等进行了细致讨论，为其后的宋学研究奠定了基础。此外，如美国学者包弼德《斯文：唐宋思想的转型》③ 一书围绕"文"对中唐到北宋士大夫思想转型的轨迹进行了描绘和分析。另如，卢国龙《宋儒微言》④、杨新勋《宋代疑经研究》⑤、冯兵《儒学的自我革新与儒释道三教论衡——宋学形

---

① （清）永瑢等纂：《四库全书总目·经部总叙》，广西师范大学出版社 2019 年版，第 1 页。

② 漆侠著：《宋学的发展和演变》，河北人民出版社 2002 年版。

③ ［美］包弼德：《斯文：唐宋思想的转型》，刘宁译，江苏人民出版社 2001 年版。

④ 卢国龙著：《宋儒微言》，华夏出版社 2001 年版。

⑤ 杨新勋著：《宋代疑经研究》，中华书局 2007 年版。

成路径的思想史考察》①、杨世文《宋代经学变古的几个问题》② 等著作或论文也对宋代学术疑古惑经、经世致用等特点进行了梳理。

此外，关于宋代学术流派的研究，古代较有代表性的成果如明末清初黄宗羲《宋元学案》③ 等；20 世纪以来的研究成果更加丰富，如胡昭曦等著《宋代蜀学研究》④、陈晓兰《南宋四明地区教育和学术研究》⑤、刘京菊《承洛启闽——道南学派思想研究》⑥ 等；关于学者学术思想的研究，如余英时《朱熹的历史世界：宋代士大夫政治文化的研究》⑦、李祥俊《王安石学术思想研究》⑧、顾永新《欧阳修学术研究》⑨ 等，这些研究成果对于全面深入了解宋代学术文化思潮产生、发展、演变的轨迹及其特点无疑都有着很好的参考价值。

三、研究思路与方法

本书旨在以宋代学术文化思潮的嬗变为背景审视宋代《诗经》学的发展，着重探讨宋代学术文化思潮背景下，经世致用、疑古惑经、理学、考据、诗学等学术思潮以及出版、科举等与《诗经》学发展的内在联系，力求在前贤研究基础上，拓展宋代《诗经》学的研究视域。基于以上考虑，本书的研究思路和方法如下。

---

① 冯兵著：《儒学的自我革新与儒释道三教论衡——宋学形成路径的思想史考察》，《江苏社会科学》2018 年第 3 期。
② 杨世文著：《宋代经学变古的几个问题》，《四川大学学报》（哲学社会科学版）2006 年第 6 期。
③ （清）黄宗羲撰：《宋元学案》，中华书局 1996 年版。
④ 胡昭曦等著：《宋代蜀学研究》，巴蜀书社 2007 年版。
⑤ 陈晓兰著：《南宋四明地区教育和学术研究》，凤凰出版社 2008 年版。
⑥ 刘京菊著：《承洛启闽——道南学派思想研究》，人民出版社 2007 年版。
⑦ 余英时著：《朱熹的历史世界——宋代士大夫政治文化的研究》，生活·读书·新知三联书店 2004 年版。
⑧ 李祥俊著：《王安石学术思想研究》，北京师范大学出版社 2000 年版。
⑨ 顾永新著：《欧阳修学术研究》，人民文学出版社 2003 年版。

（一）进一步补充、丰富宋代《诗经》学研究史料

宋代《诗经》学相关史料非常丰富。除专著外，主要还有以下几种类型文献：一是宋代其他经解类文献中有关《诗经》的内容，有宋一代，《论语》《孟子》《左传》等经典也被广泛注解，并出现了《四书集注》等大量著作，其中涉及《诗经》的内容亦有很多，如宋儒在注解《论语》时，对其中"《诗》三百，一言以蔽之，曰思无邪"① "《诗》可以兴、可以观、可以群、可以怨"② 等必然会有众多解读，而这些资料对丰富我们对宋人《诗经》观的认识，无疑是有帮助的；二是散见于宋人别集中的文章，如据李冬梅《网罗散佚 精选细校——读〈全宋文〉之〈诗〉学文献》一文介绍"（《全宋文》）将两宋涉及《诗经》学的单篇文献尽行汇录，较前人又有极大突破。其所收宋代《诗经》学单篇论说之文为 146 篇，序跋之文 38 篇，共计 184 篇"③。此外，李冬梅还补充了陈日强《〈诗总闻〉跋》、洪迈《〈诗外传〉跋》、徐蒇《〈毛诗叶韵补音〉序》、郑樵《〈诗辨妄〉序》、刘克《〈诗说〉序》、刘坦《〈诗说〉跋》、苏辙《诗说》等 7 篇文章，加上《全宋文》中的 184 篇，合计 191 篇文章，数量还是很可观的；三是史著及目录中涉及宋代《诗经》学的材料，《宋史》《建炎以来系年要录》等史书以及后世有关宋人的各类年谱中有众多关于宋代治《诗》学者生平、成就的介绍，此外如陈振孙《直斋书录解题》等目录中也收录了众多《诗经》学著述，本着"知人论世"的思路，通过对这些资料的拼接、整合，肯定能呈现一个更为全面生动的宋代《诗经》学图谱。总之，本书将尽可能全面收集整理宋代《诗经》学史料，并结合这些文献，使讨论更加丰富、细致。

---

① 杨伯峻著：《论语译注》，中华书局 2017 年版，第 15 页。
② 杨伯峻著：《论语译注》，中华书局 2017 年版，第 262—263 页。
③ 李冬梅：《网罗散佚 精选细校——读〈全宋文〉之〈诗〉学文献》，《社会科学研究》2007 年第 3 期。

（二）充分借鉴、吸收前人研究方法，努力做到点面结合

就《诗经》学史的研究现状来看，以往较多注重专家精英的重点研究，这种研究的模式，赵沛霖先生名之曰"列传式"的建构①，这种模式有其优长之处，但也先天存在着一些无法克服的缺陷，也就是专家精英构成的是一个一个的"点"，而连接这些"点"的那些"线"却被无形之中遗忘甚至舍弃了。诚然，"点"的深入挖掘会深化人们对于某些问题的认识，但如果离开了"线"的连接，那么这一个一个"点"是如何勾连在一起的，这个"点"的若干特点又是如何形成的就缺乏更为深入的解释了。因而，有必要在已有研究成果的基础之上，开拓思路，改进研究方法，除注意精英的重点研究之外，把一般学者及非专业人士的研究也纳入研究视野，以注重精英、大众、群体、政治、心理、教育、社会、传播、接受、时间、地域等因素相互影响下的"整体情境了解与传播接受角度"的"开放式"的建构模式来重新审视研究对象，这样才能写出不同于前人，也更为丰富充实的学术史著作。以上述标准来衡量宋代《诗经》学研究，这一领域虽已有几部专著问世，但基本延续的是以往"列传式"的撰写路数，其中虽也涉及一些宋代《诗经》学产生的历史背景，然均作为一种外在于研究对象的原因介绍出现在作者构建的学术史体系中，没有真正能够与宋代《诗经》学发生、发展的具体实际状况结合起来，所以以"开放式"的建构模式重新审视宋代《诗经》学在当下就显得尤为必要了。基于此，本书结合宋代《诗经》学发展的实际，将其分成若干阶段，主要结合宋代政治、学术发展的状况深入剖析其发生的内在动因，同时将个案研究融入其中，努力做到"点"与"线"的结合。

---

① 赵沛霖著：《现代学术文化思潮与〈诗经〉研究——二十世纪〈诗经〉研究史》"绪论"，学苑出版社 2006 年版。

（三）努力结合宋代历史文化生态，还原《诗经》学语境

历史研究的最终目的是要尽可能地还原事实真相，但历史的真相能否从文献的记载中找到？如果能够找到，又如何还原？历史的真相肯定是存在的，然而由于时代的影响、记述者立场的差异，文献的记载中往往存在着许多远离事实的谬误，影响了解读，但这并不是说无法认识真实的历史，恰恰相反，可以通过重构文化生态、还原言说语境的方式最大限度地揭示历史真相，如李春青教授所说："通过对历史的、哲学的、宗教的、民俗的等各类文化文本的深入分析，确定特定时期占主导地位的文化观念的基本价值取向，把握这个时期话语意义生成的基本模式——各种有着不同方向的'力'之间构成的关系样式。这样我们就可以在大体上掌握这个早已逝去的历史时期文化方面的基本格局，为准确揭示所研究的文学文本隐含的意义世界提供前提，从而弥补我们在细节方面对历史事实的无知。"[1] 这就需要做好以下几项工作：一是尽可能复现包括《诗经》学在内的宋代学术赖以存在的历史环境，例如当时的教育、科举、印刷等，以及这种历史环境对《诗经》的传播和研究带来的影响，唯其如此，才能真正贴近宋人的《诗》学世界；二是要细致充分地挖掘各类《诗经》著述提供的信息，不仅要了解其中说了哪些内容，同时还要进一步弄清楚作者为什么这么说；三是努力做到政治史、文化史与学术史研究的结合，由于中国古代社会强烈的政治主体意识的影响，学术在发展过程中不断调整着与政治之间的关系，以自己的方式回应着时代政治的新问题，以期能够适应新的政治形势的需要，为新的统治秩序提供价值理论的支撑，同时也获得自身发展所需要的外部环境。二者在中国古代历史的发展过程中是密不可分的，因而研究中国古代学术史，必然要将政治史、文化史纳入研究的视野中来，而且这种纳入不是外在于研究对象的，也不是仅仅作为一种

---

① 李春青著：《诗与意识形态——西周至两汉诗歌功能的演变与中国古代诗学的生成》，北京大学出版社 2005 年版，第 7 页。

背景的交代，而是要真正将学术的发展与政治、文化的发展结合在一起来研究，唯其如此，这种研究才是鲜活的和有生命力的。

　　基于上述考虑，本书将首先结合宋代印刷术普及、科举制度演进以及诗歌、诗话创作的情况，讨论宋代文化环境与《诗经》传播和研究的关系，对推动《诗经》学发展的外部原因进行必要的考察。① 其次结合两宋学术、政治发展状况，将整个宋代《诗经》学史分为六个大的阶段进行讨论，即北宋以庆历新政、熙宁变法为界分为三个阶段；南宋以高宗朝为第一阶段，因为这一阶段的主要任务是政治秩序的重建；孝宗至宁宗为第二阶段，属于政治统治的巩固发展期；理宗至南宋灭亡为第三阶段，属于政治统治的没落期。② 通过对不同阶段典型学者《诗经》学思想的梳理，努力揭示学术文化思潮对《诗经》学产生的影响，以及《诗经》学对时代政治、学术思潮回应的方式和特点。③

---

　　①　关于宋代教育对《诗经》学的影响，可参见易卫华《乡先生与宋代〈诗经〉学》（《河北师范大学学报》（哲学社会科学版）2010 年第 6 期）、易卫华《论宋仁宗时代的经筵讲〈诗〉》（《诗经研究丛刊》第 24 辑，学苑出版社 2013 年版）及王长华《〈毛诗〉与中国文化精神》第十二章《〈毛诗〉与宋代文化精神建构》（人民出版社 2014 年版）；关于《诗经》在辽、金的流传与研究，可参看《〈毛诗〉与中国文化精神》第十四章《〈毛诗〉在辽金的流传与接受》。

　　②　详见文后附录《宋代学术状况与〈诗经〉研究一览表》。本文分类参考了陈战峰《宋代〈诗经〉学与理学——关于〈诗经〉学的思想学术史考察》（陕西人民出版社 2006 年版）、郝桂敏《宋代〈诗经〉文献研究》（中国社会科学出版社 2006 年版）等诸家观点，依据政治及学术发展的整体发展特点和趋势进行时间段的划分，当然这种划分在时间节点的确定上并不绝对，政治、学术思潮的发展是连续的，往往会超过朝代的断限，例如仁宗朝庆历之前即经常被归为宋初。为使我们的讨论在时间线索上更加清楚，本书大体依照朝代来划分不同的阶段，但在具体讨论中会兼顾上述政治、学术发展的实际情况，尽可能进行较为全面的讨论。

　　③　关于北宋学术、政治思潮与《诗经》学的关系，可参见易卫华《北宋政治变革与〈诗经〉学发展》（河北师范大学 2010 年博士学位论文），亦可参见易卫华《庆历学风与王安石的〈诗经〉学》（《河北学刊》2012 年第 4 期）、易卫华《试论宋初四朝〈诗经〉接受的政治化倾向》（《燕赵学术》2009 年春之卷）。

第一章　保守与革新的交融

——中晚唐及宋初三朝的《诗经》研究

第一节　由科举文献看中晚唐《诗经》学的新变

自初唐孔颖达编纂《毛诗正义》，终唐一代，它始终是唐代经学教育和科举考试最权威的读本，正如《四库全书总目》所说："（《毛诗正义》）融贯群言，包罗古义。终唐之世，人无异词。"[①] 皮锡瑞《经学历史》也指出："自《正义》《定本》颁之国胄，用以取士，天下奉为圭臬。唐至宋初数百年，士子皆谨守官书，莫敢异议矣。故论经学，为统一最久时代。"[②] 皮氏此论肯定《毛诗正义》等在唐代经学建构中的巨大作用，并谓之为经学统一的时代，这一判断大致不错，但云"唐至宋初数百年，士子皆谨守官书，莫敢异议"则与历史事实有所偏离。终唐一代，在《毛诗正义》这一"统一"底色之中还隐藏着一些变革色彩，这些色彩在中唐至五代的《诗经》学发展中表现得尤为明显，而它们的存在和不断发展又成为宋代《诗经》学整体突破的前奏。

---

① （清）永瑢等纂：《四库全书总目·经部·诗类·〈毛诗正义〉》，广西师范大学出版社 2019 年版，第 376 页。

② （清）皮锡瑞著，周予同注释：《经学历史》，中华书局 2008 年版，第 207 页。

近年来，随着经学研究的不断深入，唐代经学在经学史上的地位和价值日益受到学者们的重视，并出现了一些较好的研究成果。① 本书即在总结前人研究成果基础之上，从中晚唐科举文献入手，进一步深入地考察中唐之后直至五代《诗经》学研究的一些具体表现，希望能够从中发现其与宋代《诗经》学的某种关联。

科举是统治集团选拔人才的重要手段，同时也是文人士子获得功名的必经之途，因而在唐代社会受到空前的重视。之前的南北朝时期，随着南北方政治上的对峙，南学与北学之争应之而起。儒学内部群经异说，诸师异论，纷纷攘攘，甚至大有互为水火之势。这对于建立稳固的政治统治无疑是极为不利的，因而在结束了南北朝政治纷争局面的同时，唐王朝通过学术建构以统一思想和网罗天下人才为目的的意识形态建设工程便很快开始运作。《旧唐书·儒学传》载："太宗又以经籍去圣久远，文字多讹谬，诏前中书侍郎颜师古考定《五经》，颁于天下，命学者习焉。又以儒学多门，章句繁杂，诏国子祭酒孔颖达与诸儒撰定《五经》义疏，凡一百七十卷，名曰《五经正义》，令天下传习。"② 高宗永徽四年（653）颁孔颖达《五经正义》于天下，明令依此考试。其后，科举考试凡引述《诗经》中诗句，无不据《毛诗》传、笺和《正义》立意。然而，唐代有近三百年的历史，如果按照目前学界通行的初盛中晚四个时期的划分方式，则这四个阶段有着不同的时代政治课题需要解决。与之相应，和政治关系密切的儒家经学也随之发生一些微妙的变化，其中最明显的表现就是科举考试策问中对《五经》等经典在接受和阐释过程中侧重点的调整与改变。策问是依照皇帝名义颁布策题，由治国思想到历史经验总结，从经济、政治领域到军事、文化领域，纵论古今成败得失，指陈朝廷弊政，备述当世之务，同时也兼及经史问题，每于疑似之间发问，带有质疑问难的性质。由于策问的这种性质使其不可避免地带上了时代思想的烙印，因

---

① 参见赵棚鸽《唐代〈诗经〉学研究》，河北师范大学 2011 年博士学位论文。
② （后晋）刘昫等撰：《旧唐书》卷一八九，中华书局 1975 年版，第 4941 页。

而通过考察不同历史时期策问的变化，便可更好地了解各阶层政治观念以及与之相应的经学观念的发展变化，这对于揭示中唐之后《诗经》学的新变，无疑也是有所助益的。为更好地说明《诗经》学在其中的发展及变化，兹先列表如表1-1所示。①

表1-1　唐代科举考试策问、策对引《诗》/论《诗》统计表

	开科时间	引《诗》/论《诗》	出处
初盛唐	武则天光宅元年（684）甲申科	皇甫琼《对词标文苑科策》："忧在进贤，道叶《采苓》之化；恩德无逮，德合《樛木》之风。"	（1）《唐风·采苓》 （2）《周南·樛木》
	武则天证圣元年（695）乙未科	张漪《对长才广度沈迹下僚策》："《诗》曰'南山有台，北山有莱，乐只君子，邦家之基'言人君得其贤臣，所以成其美化，广其基业也。……《由庚》入咏，《天保》为诗，下怀报主之心，上荷受天之禄。……《诗》称济济多士，文王以宁。……《伐檀》所以兴刺，《黍苗》所以劳歌，无他故焉，贤人不得进也。"	（1）《小雅·南山有台》 （2）《小雅·由庚》 （3）《小雅·天保》 （4）《大雅·文王》 （5）《魏风·伐檀》 （6）《小雅·黍苗》
	唐睿宗太极元年（712）壬子科	张九龄《应道侔伊吕科对策第三道》："咏《子衿》之诗，义形乎辞，真吾君之子也，天下幸甚。"	《郑风·子衿》

---

① 本表据《中华状元卷·大唐状元卷》《文苑英华》统计。参见杨寄林、宋大川、金山《中华状元卷·大唐状元卷》，山西教育出版社2001年版；（宋）李昉等编《文苑英华》，中华书局1982年版。

开科时间	引《诗》/论《诗》	出处
初盛唐	唐玄宗开元七年（719）己未科	《策文词雅丽科问》："《桑扈》《谷风》，屡动诗人之刺。"（1）苗晋卿《应文词雅丽科对策》："《桑扈》《谷风》之刺，三归、八佾之嫌，人用僭忒，一至于此。"（2）邢巨《应文词雅丽科对策》："故轻乐见诸于《国风》。"（3）彭殷贤《应文词雅丽科对策》："《大明》咏其功。""《大田》咏其事。""《桑柔》病而叹之，故其诗曰：自西徂东，靡所定处。""《南山》疾而刺之，故其诗曰：赫赫师尹，不平谓何。""《大东》又刺之，曰：小东大东，杼柚其空……又云：东人之子，职劳不来。西人之子，粲粲衣服。""《诗》云：高岸为谷，深谷为陵。""《大雅》云：仪刑文王，威用六极。""诒厥孙谋""《诗》云：肃雍和鸣，先祖是听。"	（1）《小雅·桑扈》（2）《小雅·谷风》（3）《豳风·七月》（4）《大雅·大明》（5）《大雅·大田》（6）《小雅·桑柔》（7）《小雅·节南山》（8）《小雅·大东》（9）《大雅·文王》（10）《大雅·文王有声》（11）《周颂·有瞽》

	唐玄宗开元十四年（726）丙寅科	袁映《应封神岳举对贤良方正策》："敦《诗》《书》，悦礼乐，济济多士，开元以宁。"	《大雅·文王》

中晚唐	唐德宗建中元年（780）庚申科	姜公辅《对直言极谏策》："《诗》云：靡不有初，鲜有克终。抑臣以为，知终终之可以存义者，其为圣人乎!"	《大雅·荡》
	唐德宗贞元元年（785）乙丑科	穆质《对直言极谏策》："然《诗》《书》天人之际，皇王经纬之道。"	
	唐德宗贞元十六年（800）庚辰科	《策进士问五道》："《诗》称'既明且哲，以保其身。'"	《大雅·烝民》

续表

	开科时间	引《诗》/论《诗》	出处
中晚唐	唐宪宗元和元年（806）丙戌科	韦处厚《对才识兼茂明于体用策》："文王之为德也宏矣，《诗》美其功，曰'小心翼翼'。"	《大雅·大明》
	唐敬宗宝历元年（826）丙午科	舒元褒《对贤良方正直言极谏策》："臣闻《诗》曰：'济济多士，文王以宁'，言内外各用其人为理，而天下安宁也。"	《大雅·文王》

表1-1内容反映了唐代科举考试中引《诗》、论《诗》的一些基本情况，大体说来，有唐一代统治者在科举中都非常重视《诗经》的学习和考察，如表1-1唐玄宗开元七年（719）己未科《策文词雅丽科问》："《桑扈》《谷风》，屡动诗人之刺。"唐德宗贞元十六年（800）庚辰科《策进士问五道》："《诗》称'既明且哲，以保其身。'"以《诗经》作为策问的题目，恰可反映出统治阶层对《诗经》较为重视的态度。另外，整个唐代科举考试中引《诗》论《诗》均据《毛诗》序、传、笺以及《正义》立说，落脚点也都重在发挥所引、所论诗句的政治意蕴上。对此，谢建忠《〈毛诗〉及其经学阐释对唐诗的影响研究》一书已经做了较为充分的阐释，不再赘述。① 本书重点考察初盛唐和中晚唐两个大的历史时期科举策问中引《诗》论《诗》的不同情况，通过这种不同情况的比较才能更为清楚地看到中晚唐《诗经》学出现了哪些新的变化。

比较初盛唐与中晚唐的引《诗》、论《诗》，如果仅从引用诗篇比例的角度来看，可以发现这两个时代存在着明显的不同之处。初盛唐科举策问的引

---

① 参见谢建忠《〈毛诗〉在唐代教育科举中的地位和作用》《〈毛诗〉及其经学阐释对唐代统治阶层的影响》的相关论述。载谢建忠著《〈毛诗〉及其经学阐释对唐诗的影响研究》，巴蜀书社2007年版，第19—79页。

《诗》、论《诗》涉及内容较为全面，数量较多，如表 1-1 中初盛唐策问引《诗》、论《诗》共涉及《诗经》中的 21 篇诗作，其中《国风》5 篇、《小雅》9 篇、《大雅》6 篇、《颂》1 篇，除去《大雅·文王》重出的 2 篇，则所引诗篇共计 19 篇，而在这 19 篇中，《风》和《小雅》有 14 篇之多，《大雅》和《颂》仅为 5 篇。与之相比，中晚唐科举策问中的引《诗》、论《诗》数量明显少于前代，总共才出现了 5 次，且所引诗篇也较多地集中在《大雅》之中。明显可见，《诗经》在初盛唐较中晚唐更受重视，而这在当时应该是一种普遍现象，兹再举唐代册命公主的敕文以明之（见表 1-2）。

表 1-2　唐代册公主文用《诗》统计表①

时　间	册文名称	用《诗》	出　处
唐玄宗开元二十五年（737）	册信成公主文	《诗》称下嫁，所以正风化，厚人伦也	《毛诗大序》
唐玄宗开元二十五年（737）	册昌乐公主文	肃雍之德……颇识采苹之事。素以为绚……	《召南·采苹》
唐玄宗开元二十五年（737）	册高都公主文	克慎言容，鲁馆于归	《大雅·抑》《周南·桃夭》
唐玄宗开元二十五年（737）	册建平公主文	河洲在咏，将叶于好仇	《周南·关雎》
唐玄宗开元二十六年（738）	册永宁公主文	人伦是序，以正国风……终温且惠……	《邶风·燕燕》

---

① 此表出自谢建忠《〈毛诗〉及其经学阐释对唐代统治阶层的影响》，略有改动。见谢建忠著《〈毛诗〉及其经学阐释对唐诗的影响研究》，巴蜀书社 2007 年版，第 64 页。

时　间	册文名称	用《诗》	出　处
唐玄宗开元二十六年（738）	册临晋公主文	昭肃雍之令德	《召南·何彼秾矣》
唐玄宗开元二十八年（739）	册真阳公主文	河洲之训，厚人伦也	《周南·关雎》
唐代宗大历四年（769）	册华阳公主文	肃雍是宪	《召南·何彼秾矣》
唐昭宗乾宁元年（894）	册益昌公主文	肃雍懿范……所以示《鸣鸠》均养之仁，乐《螽斯》宜尔之庆。夙兴夜寐……	《鸣鸠》当为《曹风·鸤鸠》；《周南·螽斯》；"夙兴夜寐"，《诗经》中凡三见：《卫风·氓》《小雅·小宛》《大雅·抑》

由表 1-2 可见，盛唐时期玄宗朝的引《诗》明显多于中晚唐，而且所引诗句几乎全部取自《国风》，这与科举考试引《诗》论《诗》反映出的情况是一致的。

那么，为何在中晚唐的策问中《诗经》的引用会有所减少呢？中晚唐对策中对涉及文王的诗篇又为何明显表现出一种特别的喜好呢？这主要应该从唐人经学观的变化来作解释。

经"安史之乱"，唐王朝国力渐衰，经学领域也面临着极大的危机与挑战。中唐以后，《诗经》在现实政治运作中所发挥的政教功能已明显不及前代。初唐、盛唐时期的《诗经》接受明显地表现出一种强烈的致用倾向。不仅太祖、太宗等国君非常重视《诗经》①，士大夫阶层更是将《诗经》的教化功用进行了充分的实践。如《旧唐书·姚崇传》载："开元四年，山东蝗虫大

---

① 谢建忠对此有较为全面的总结，参见谢建忠著《〈毛诗〉及其经学阐释对唐诗的影响研究》，巴蜀书社 2007 年版，第 57 页。

起，崇奏曰：《毛诗》云'秉彼蟊贼，以付炎火。'"① 借《诗经》提供的经验来扑灭蝗虫。又如《旧唐书·崔日用传》载："（崔日用）尝采《毛诗·大雅》《小雅》二十篇及司马相如《封禅书》，因上生日表上之，以申规讽，并述告成之事。（玄宗）手诏答曰：'夫诗者，动天地，感鬼神，厚于人，美于教矣。朕志之所尚，思与之齐，庶乎采诗之官，补朕之阙。'"② 崔日用借《大雅》《小雅》二十篇要对玄宗进行讽劝，而玄宗则同样借《毛诗大序》中的话来应答，表明自己接受劝谏的态度。再如贞元十七年，杜佑云："夫《孝经》、《尚书》、《毛诗》、《周易》、《三传》，皆父子君臣之要道，十伦五教之宏纲，如日月之下临，天地之大德，百王是式，终古攸遵。"③ 更是强调了《诗经》等儒家经典的政教功能。再如《旧唐书·吐蕃传》载："时吐蕃使奏云：'（金城）公主请《毛诗》、《礼记》、《左传》、《文选》各一部。'……正字于休烈上疏请曰：'……深于《诗》，则知武夫有师干之试。'"④ 此事发生在中宗朝，"师干之试"出自《小雅·采芑》。《毛诗序》云："《采芑》，宣王南征也。"《毛诗故训传》云："师，众；干，扞；试，用也。"郑玄《笺》云："方叔临视此戎车三千乘，其士卒皆有佐师扞敌之用尔。《司马法》：'兵车一乘，甲士三人，步卒七十二人。'宣王承乱，羡卒尽起。"⑤ 据此可见，于休烈认为《诗经》包含了一定的军事内容，他担心吐蕃如果掌握了这些军事技术，有朝一日也会像宣王一样"承乱，羡卒尽起"，因而主张拒绝吐蕃的请求，其中一方面可以看出唐王朝对周边少数民族政权的警惕；另一方面也可见当时社会对于《诗经》致用性质的理解。在这里《诗经》不仅是一部简单意义上的经典，它还拥有着包括军事斗争经验在内的其他功用，这是对《诗

---

① （后晋）刘昫撰：《旧唐书》卷九六，中华书局 1975 年版，第 3023 页。
② （后晋）刘昫撰：《旧唐书》卷九九，中华书局 1975 年版，第 3088 页。
③ （后晋）刘昫撰：《旧唐书》卷一四七，中华书局 1975 年版，第 3983 页。
④ （后晋）刘昫撰：《旧唐书》卷一九六，中华书局 1975 年版，第 5232 页。
⑤ （汉）毛亨传，（汉）郑玄笺，（唐）孔颖达疏，（唐）陆德明音释，朱杰人、李慧玲整理：《毛诗注疏》，上海古籍出版社 2013 年版，第 913—914 页。

经》乃至其他经典致用性质的一种极端化理解。这种致用思想也直接影响到了策对中用《诗》的选择。《诗经》中最为切近世用的是《国风》和《小雅》，如《毛诗序》所云："风，风也，教也，风以动之，教以化之。……上以风化下，下以风刺上，主文而谲谏，言之者无罪，闻之者足以戒，故曰风。……雅者，正也，言王政之所由废兴也。政有小大，故有《小雅》焉，有《大雅》焉。"① 在具体的政治活动中，这两部分诗作恰可以发挥其讽谏的功能。这也就是初盛唐策对中引《诗》、论《诗》多用《国风》和《小雅》的原因所在。与此不同的是，中唐以后，除穆宗、文宗较为重视《诗经》外②，其他几朝的国君均无大的建树。③《诗经》在统治阶层中影响力日趋衰落，这种衰落同时又是统治集团思想控制松弛的表现，但思想控制的松弛又为《诗经》学乃至整个经学的革新提供了必要的条件，这也是以韩愈为代表的中唐经学变革的时代背景之一。

另外，中晚唐策对中的引《诗》论《诗》表现出对"文王"的特别喜好，这是安史乱后士人共同心态的一种反映。"安史之乱"的爆发很大程度上与玄宗的荒淫和治国无方有关，因而平定叛乱后，如何实现唐帝国的中兴，成为当时士人思考的一个关键问题。答案是不言而喻的，那就是迫切需要一位能够励精图治、有所作为的国君。这一点在中唐之后的文章、诗歌中得到了印证，在中唐文人的诗文中充满着对文王、武王、周公等圣贤的赞美，其中隐含的价值取向就是希望当代国君也能像这些圣贤君主学习。为说明这一问题，下面我们再以唐诗中的文献来做一些佐证。为保证所选材料的典型性，

---

① （汉）毛亨传，（汉）郑玄笺，（唐）孔颖达疏，（唐）陆德明音释，朱杰人、李慧玲整理：《毛诗注疏》，上海古籍出版社 2013 年版，第 6—21 页。

② 参见谢建忠《〈毛诗〉及其经学阐释对唐代统治阶层的影响》的相关论述。载谢建忠著《〈毛诗〉及其经学阐释对唐诗的影响研究》，巴蜀书社 2007 年版，第 55 页。

③ 以"毛诗"为关键词检索《旧唐书》《新唐书》，得 66 条记录，其中《旧唐书·经籍志》《新唐书·艺文志》涉及书目名称的 36 条，《旧唐书·职官志》《新唐书·百官志》各涉及 1 条，在剩下的 28 条记录中，涉及初盛唐的 19 条，中晚唐的仅 9 条。此虽非唐代引《诗》、论《诗》的全部，但也从一个侧面反映了中晚唐《诗经》地位的下降。

采取抽样的方法先选取几个关键词：文王、周公、《关雎》《鹿鸣》。这四个关键词大体可以反映唐代诗人创作中对《诗经》的基本态度，其中对"文王""周公"的使用频率大体可以说明不同时代对这两位圣贤思想的需要程度，而《关雎》《鹿鸣》又是历代诗人熟悉和喜爱的。《关雎》《鹿鸣》被大量写入诗中，且《关雎》乃《国风》之始，表现的是"夫妇有别，则父子亲；父子亲，则君臣敬；君臣敬，则朝廷正；朝廷正，则王化成"[①] 的政教主题；《鹿鸣》是《小雅》之始，表现的是"人有以德善我者，我则置之于周之列位，言己维贤是用"[②] 的纳贤主题，这两首诗歌引用频率的变化也可折射出时代思想的变迁。据此，兹列表如表1-3所示。

表1-3 唐诗引《诗》情况统计表

时代	诗人	引"文王"次数	引"周公"次数	引"《关雎》"次数	引"《鹿鸣》"次数
初盛唐	王 绩		1		
	李 白	3	3		
	韦嗣立	1			
	常 建	1			
	李 颀		1		
	杜 甫	1			
	王 翰				1
中晚唐	薛 据	2			
	程弥纶		1		
	卢 仝	1	2		
	刘 叉	3		1	

① （汉）毛亨传，（汉）郑玄笺，（唐）孔颖达疏，（唐）陆德明音释，朱杰人、李慧玲整理：《毛诗注疏》，上海古籍出版社2013年版，第28页。

② （汉）毛亨传，（汉）郑玄笺，（唐）孔颖达疏，（唐）陆德明音释，朱杰人、李慧玲整理：《毛诗注疏》，上海古籍出版社2013年版，第792页。

续表

时代	诗人	引"文王"次数	引"周公"次数	引"《关雎》"次数	引"《鹿鸣》"次数
中晚唐	顾 况				2
	耿 沣				1
	罗 珦				1
	刘长卿		1		
	元 稹	1	2	2	2
	白居易	1	2		2
	韩 愈		5		1
	柳宗元				1
	许 浑	1			
	李商隐	1			
	杜 牧		1		
	温庭筠				1
	姚 合				1
	李咸用		2		
	唐彦谦	1			
	罗 隐				1
	吴 融	1			
	齐 己				1
	徐 夤		1		
	周 昙	2	1		
	李 中	1			
	徐 铉	1			
	齐 己	1			
	李 瀚		1		
	吴 兢			1	
	薛 能			1	
	吴 筠	1			
合　计		24	24	5	15

通过对比，不难发现，中晚唐诗人对"文王""周公"的喜好明显超过了初盛

唐的诗人，尽管这仅是诗歌中所反映出的价值倾向，但结合中晚唐的社会现实，这种倾向性恰恰体现了中晚唐士人阶层对理想政治的一种向往，对理想政治的回忆和向往同时也构成了中唐古文运动以及其后经学革新的一个内在要素，激励着士人阶层改革的信心和勇气，也成为这一时期《诗经》学革新萌芽的内在动因之一。这种影响一直持续到宋代，宋儒《诗经》学中频繁表达出的直追"三代"的政治理想或许可以从中唐开始的经学变革中发现其思想的渊源。

晚唐五代尽管社会动荡，学术发展受到了极大的影响，但民间仍保留着儒家思想的"星星之火"，如晁补之《张穆之〈触鳞集〉序》云："鲁俗当周之盛及孔子时，文学为他国矜式。周衰，诸侯并争，而鲁为弱国，文学亦微。然其故俗由秦汉迄今，尚多经儒忠信之士，分裂大坏如五季，文物荡尽，而鲁儒犹往往抱经伏农野，守死善道。盖五十年而不改也。"① 从这段文字中可以看出五代民间对于儒家思想的接受情况。由于鲁地自古受到儒家思想的熏染，在整个五代时期，鲁地儒者依然保持着"抱经伏农野"的传统，并且鲁地父老对儒者抱有一种敬意和期待，"此曹出天下太平矣"。鲁地只是这一时代一个较有代表性的地域，除鲁地外，其他如蜀地民间也较好地保持着尊儒宗经的传统。正是这种来自基层儒生的坚守和普通百姓的认同感，构成了五代时期经学传播的基本背景。同时，这种民间的学术传播确保了儒家思想和儒家经典的薪火相传，延续了儒学命脉，为宋初儒学的复兴提供了较好的发展基础。宋代仁宗朝出现"回向三代"的儒家理想，以及宋代《诗经》研究中侧重于阐发"治道"等学术现象，都应当回溯到五代这一普遍的社会心理，这也是宋初儒学复兴的动力之一。

除此之外，这一时期的封诰和石刻文献也值得注意，如《旧五代史》卷一二一《周书·后妃传》载：

---

① （宋）晁补之撰：《济北晁先生鸡肋集》卷三四《序·〈张穆之《触鳞集》序〉》，《四部丛刊》本，第233页。

太祖即位，乃下制曰："义之深无先于作配，礼之重莫大于追崇。朕当宁载思，抚存怀旧。河洲令德，犹传荇菜之诗；妫汭大名，不及珩璜之贵。俾盛副笄之礼，以伸求剑之情。故夫人柴氏，代籍贻芳，湘灵集庆。体柔仪而陈阙翟，芬若椒兰；持贞操以选中珰，誉光图史。懿范尚留于闺闱，昌言有助于箴规。深唯望气之艰，弥叹藏舟之速，将开宝祚，俄谢璧台。宜正号于轩宫，俾潜耀于坤象，可追命为皇后。仍令所司定谥，备礼册命。"①

这是周太祖为圣穆皇后柴氏下的一段制词，其中"河洲令德，犹传荇菜之诗"明显是化用《周南·关雎》中的诗句，同时也借用了《毛诗序》对诗意的解释。《毛诗序》云："《关雎》，后妃之德也。"意谓此诗是赞美文王妻子太姒美德的，周太祖也要用此意来歌颂柴氏。同书云："太祖壮年，喜饮博，好任侠，不拘细行，后规其太过，每有内助之力焉。"② 柴氏的德行正符合《关雎》所歌颂的"后妃之德"。周太祖对《毛诗》熟悉与否，史料阙如，无从考见，但可以肯定的是，对于《诗经》中诸如《关雎》等经典篇目，后周的宫廷内外、朝廷上下应当是了解并深谙其意的，在使用时也基本沿用了前代对诗篇的解释（这种解释来源于汉唐《诗经》学，往往带有浓厚的政治教化意味）。另外，在晚唐五代的一些碑刻上，也经常出现引《诗》、用《诗》的现象，如后汉刘衡的墓碑上有"孝子不匮，永赐尔类"的诗句；又如后梁《牛知业版筑新子州墙记》有"乐只君子，邦家之基"，又有"显允君子，宜民宜人"等，这些都是直接引用《诗经》的例子。还有很多虽非直接引用，但化用了《诗经》中的经典诗句或典故。③ 这些例子可以证明，晚唐五代虽然经历了社会的分裂和动荡，但汉唐以来的《诗经》学传统仍在社会的各个阶层保存和流传，于此亦大体可见汉唐《诗经》学对五代政教民风的影响。

---

① （宋）薛居正等编修：《旧五代史》卷一二一，中华书局 1976 年版，第 1599—1600 页。
② （宋）薛居正等编修：《旧五代史》卷一二一，中华书局 1976 年版，第 1599 页。
③ 参见孙茜《隋唐五代石刻引用〈诗经〉研究》，华东师范大学 2013 年博士学位论文。

第二节　中唐经学变革背景中的《诗经》学革新

从中晚唐《诗经》学发展的整体背景，可以看到这一时期《诗经》学发展已经具备了一个相对宽松的政治环境，这为韩愈等人提出《诗经》新说提供了外部条件，同时这一时期对先王之政的回忆和追求又成为经学阐释的一种新动向。这些因素融合在一起，共同促成了中唐时期的经学变革。

中唐韩愈、柳宗元、李翱等掀起"古文运动"，排击佛老，大胆怀疑传统经学，宣扬儒家道统观念，不啻为宋代儒学变革运动的先驱。韩愈等人对儒家道统的重新捡拾与强调，除了与佛老思想抗衡的考虑外，究其实质，主要还是在"安史之乱"后对如何解决当时政治出路问题的一种理论思考。韩愈不仅是文学家，更是一位忧国忧民的政治家，他的现存诗文中有相当一部分表现出对现实政治问题的忧虑，如《守戒》，注云："唐自安史乱后，河南、河北地裂为七八。蔡在当时最为近地，而成德、淄青连结为援，所谓今之通都大邑介于屈强之间而不知为之备者，此公《守戒》之所以作。"① 又如《古风》一诗，注云："樊云：安史乱后，方镇相望于内地，大者连州十余，小者不下三四，兵骄则逐帅，帅强则叛上，不廷不贡，往往而是。故托古风以寓意。观诗意当在德宗之世，与《峰火》诗意相表思云。"② 唐王朝为何会出现如此严重的政治危机？又如何解决这些危机？这显然已经成为韩愈必须要认真思考和加以解决的重要问题。韩愈认为，之所以会出现"安史之乱"以及其后藩镇割据的乱象，不仅是由于皇帝的昏庸无能，更关键的原因乃是由于佛老思想盛行，使儒家之"道"无法彰显，在政治活动中也无法充分发挥作用，因而造成社会伦常秩序的破坏，这才是中唐以后政治危机的根源。因而，

---

① （唐）韩愈著，刘真伦、岳珍校注：《韩愈文集汇校笺注》，中华书局2010年版，第202页。
② （唐）韩愈著，（清）方世举编年笺注，郝润华、丁俊丽整理：《韩昌黎诗集编年笺注》，中华书局2012年版，第26页。

只有重新提倡儒家道统，用儒家思想来管理社会，才能使国家重新步入正轨。这种思想较为集中地体现在韩愈的《原道》等作品中。针对佛老空谈心性，不务实业的主张，韩愈引《大学》："古之欲明明德于天下者，先治其国；欲治其国者，先齐其家；欲齐其家者，先修其身；欲修其身者，先正其心；欲正其心者，先诚其意。"认为"古之所谓正心而诚意者，将以有为也"。佛老"欲治其心，而外天下国家，灭其天常"的做法，只会造成"子焉而不父其父，臣焉而不君其君，民焉而不事其事"的局面，而社会秩序赖以存在的这种伦常关系的破坏带来的直接后果就是政治统治的无法维系。因此，解决现实政治危机唯一有效的办法就是重新捡拾起儒家的"道"。在《原道》文末，韩愈对这种"道"的内涵做了一番具体描述：

> 夫所谓先王之教者何也？博爱之谓仁，行而宜之之谓义，由是而之焉之谓道，足乎己无待于外之谓德。其文：《诗》、《书》、《易》、《春秋》；其法：礼、乐、刑、政；其民：士、农、工、贾；其位：君臣、父子、师友、宾主、昆弟、夫妇；其服：麻、丝；其居：宫室；其食：粟米、果蔬、鱼肉。其为道易明，而其为教易行也。是故以之为己，则顺而祥；以之为人，则爱而公；以之为心，则和而平；以之为天下国家，无所处而不当。是故生则得其情，死则尽其常，郊焉而天神假，庙焉而人鬼飨。

> 曰：斯道也，何道也？曰：斯吾所谓道也，非向所谓老与佛之道也。尧以是传之舜，舜以是传之禹，禹以是传之汤，汤以是传之文、武、周公，文、武、周公传之孔子，孔子传之孟轲。轲之死，不得其传焉。荀与扬也，择焉而不精，语焉而不详。由周公而上，上而为君，故其事行；由周公而下，下而为臣，故其说长。然则如之何而可也？曰：不塞不流，不止不行。人其人，火其书，庐其居，

明先王之道以道之，鳏寡孤独废疾者有养也。其亦庶乎其可也。①

"先王之教""先王之道"成为韩愈心目中理想社会的标准，它们又具体化为文、法、民、位、服、居、食等不同内容，体现着儒家的仁义思想和等级观念。社会以"道"为规范，不仅可以使人祥顺和平，而且在国家的治理中也"无所处而不当"，这就是韩愈为根治社会顽疾开出的良方，当然，这种良方在绝大多数历史阶段往往只是士大夫们的一厢情愿。另外，在这段文字中，韩愈同时强调儒家道统不同于佛老之道，而是以仁义为内核的先王之道，这种"道"经尧、舜、禹传至文、武、周公，周公又传之孔子，孔子又传之孟子，但在孟子之后就中断了。在韩愈看来，汉唐儒学并没有继承"先王之道"，汉唐儒者对"道"的认识是"择焉而不精，语焉而不详"的，因而有必要重新接续久已中断的道统，这当中其实包含着韩愈对汉唐儒学特质深刻的认识。这种超越汉唐、直追孔孟三代的学术追求也成为其后宋代士大夫治学的一种基本价值取向，如程颐《春秋传序》云："夫子当周之末，以圣人不复作也，顺天应时之治不复有也，于是作《春秋》为百王不易之大法。……后王知《春秋》之意，则虽德非禹、汤，尚可以法三代之治。自秦而下，其学不传。予悼夫圣人之志不明于后世也，故作《传》以明之，俾后之人通其文而求其义，得其意而法其用，则三代可复也。"② 这种价值追求又同时成为宋儒疑古创新的精神动力，韩愈对此功不可没。③

具体到《诗经》研究，韩愈及其同时代学者也以恢复儒家道统为目标，一方面继承前代《诗经》学思想；另一方面又对其大胆质疑，突破创新，在《诗经》学由中唐向宋过渡的过程中起到了开风气之先的作用。韩愈充分表现

---

① （唐）韩愈著，刘真伦、岳珍校注：《韩愈文集汇校笺注》，中华书局 2010 年版，第 4 页。
② （宋）程颐、程颢：《二程集》，中华书局 1981 年版，第 583—584 页。对宋代政治文化中"回向三代"思想的研究，可参看余英时《朱熹的历史世界——宋代士大夫政治文化的研究》第一章《回向"三代"——宋代政治文化的开端》，生活·读书·新知三联书店 2004 年版，第 184—198 页。
③ 宋儒对韩愈的接受可参见杨国安《宋代韩学研究》一书中的相关论述。载杨国安《宋代韩学研究》，中国社会科学出版社 2006 年版。

出对《诗经》经典地位的认可和强调，如上文中提到的"博爱之谓仁，行而宜之之谓义，由是而之焉之谓道，足乎己无待于外之谓德。其文，《诗》、《书》、《易》、《春秋》"。另如《进学解》中"《春秋》谨严，《左氏》浮夸，《易》奇而法，《诗》正而葩"①。《荐士》诗"周诗三百篇，雅丽理训诂。曾经圣人手，议论安敢到"②，等等。《诗经》经圣人删定，不仅语词雅丽，而且还包含着丰富的仁义道德思想，这无疑是对《诗经》经典地位的重新确认，而对于前代《毛诗小序》和《毛传》等解读《诗经》的文献，韩愈也进行了充分的吸收和利用，如《上宰相书》：

> 正月二十七日，前乡贡进士韩愈谨伏光范门下，再拜献书相公阁下。《诗》之序曰："《菁菁者莪》，乐育材也。君子能长育人材，则天下喜乐之矣。"其《诗》曰："菁菁者莪，在彼中阿。既见君子，乐且有仪。"说者曰："菁菁者，盛也。莪，微草也。阿，大陵也。言君子之长育人材，若大陵之长育微草，能使之菁菁然盛也。'既见君子，乐且有仪'云者，天下美之之辞也。"其三章曰："既见君子，锡我百朋。"说者曰："百朋，多之之辞也。言君子既长育人材，又当爵命以赐之，厚禄以宠贵之云尔。"其卒章曰："泛泛杨舟，载沉载浮。既见君子，我心则休。"说者曰："载者，舟也。沈浮者，物也。作以言君子之于人材无所不取，若舟之于物，浮沈皆载之云尔。'既见君子，我心则休'云者，言若此，则天下之心美之也。"③

《五百家注昌黎文集》注此文云："公贞元八年登第，其后以博学宏辞三试于吏部无成，故十一年上宰相书求仕，凡三上不报。时宰相赵憬、贾耽、

---

① （唐）韩愈著，刘真伦、岳珍校注：《韩愈文集汇校笺注》，中华书局2010年版，第147页。

② （唐）韩愈著，（清）方世举编年笺注，郝润华、丁俊丽整理：《韩昌黎诗集编年笺注》，中华书局2012年版，第62页。

③ （唐）韩愈著，刘真伦、岳珍校注：《韩愈文集汇校笺注》，中华书局2010年版，第645页。

卢迈皆庸人，故不能用公，是年五月遂东归。"① 贞元乃唐德宗年号，贞元十一年即公元 795 年。据注文可见，韩愈写作此文是希望得到引荐，文中举《小雅·菁菁者莪》，反复申说每章语词的意思和主旨，乃是希望当时的宰相能像古之君子一样不拘一格降人才，提拔重用自己。文中对《诗》主旨的判断完全依据《毛诗序》，而在具体解释中也基本上是发挥《毛诗故训传》，如释"菁菁者莪，在彼中阿。既见君子，乐且有仪"。云："说者曰：'菁菁者，盛也。莪，微草也。阿，大陵也。'言君子之长育人材，若大陵之长育微草，能使之菁菁然盛也。"《毛传》曰："菁菁，盛貌。莪，萝蒿也。中阿，阿中也。大陵曰阿。君子能长育人材，如阿之长莪菁菁然。"② 除对"莪"的解释略有不同外，其他全同于《毛传》，而将"莪"解释为"微草"，也重在突出此物的卑微，正是作者对自身境遇的写照，这种改造有其解决现实问题的考虑。韩愈在文中也部分地改变了对一些诗句的解释，如文中"'既见君子，乐且有仪'云者，天下美之之辞也"。"'既见君子，我心则休'云者，言若此，则天下之心美之也。""既见君子，乐且有仪"，郑玄《笺》云："既见君子者，官爵之而得见也。见则心既喜乐，又以礼仪见接。"《毛诗正义》亦云："此学士所以致德盛者，由升在彼学中，得君之长育，故使德盛。人君既能长育人材，教学之，又能官而用之，故此学士，既见君子，则心喜乐，且又有礼仪见接也。"③《笺》和《正义》的理解重在表现学士见到君子之后的欢乐心态，而韩愈的解释则侧重于表现天下人才对君子的赞美之情，二者理解的侧重点有所不同，这也是韩愈迫切希望得到引荐而对掌权者充满期望心态的一种表现，但整体而言，韩愈对《诗经》的理解仍没有越出此前《毛诗》解

---

① （唐）韩愈著，（宋）魏仲举编：《五百家注昌黎文集》卷十六，景印文渊阁《四库全书》本，台湾商务印书馆 1986 年版，第 291 页。

② （汉）毛亨传，（汉）郑玄笺，（唐）陆德明音义，孔祥军点校：《毛诗传笺》，中华书局 2018 年版，第 894 页。

③ （汉）毛亨传，（汉）郑玄笺，（唐）孔颖达疏，（唐）陆德明音释，朱杰人、李慧玲整理：《毛诗注疏》，上海古籍出版社 2013 年版，第 894 页。

释的范围。

值得一提的是，正如前文所说，在追求"先王之教""先王之道"的思想背景中，韩愈力图突破前人成说，还原经典的本来面貌，因而其《诗》说中就必然地出现了一些不同于前代尤其是《毛诗正义》的新观点，如其《诗之序议》云："故子夏不序诗之道有三焉：知不及，一也；暴扬中遘之私，春秋所不明不道，二也；诸侯犹世，不敢以云，三也。察夫诗序，其汉之学者欲自显立其传，因藉之子夏。"① 此前在《毛诗序》作者的问题上，学者们或云子夏，或云卫宏②，其中以子夏作《序》说是主流，韩愈敢于向这一传统观点挑战，怀疑子夏作《序》，提出汉儒作《序》说，这一点对宋代的《诗序》作者研究影响是很大的。又如《进士策问十三首》其一，"问：夫子之序帝王之书，而系以秦、鲁。及次列国之风，而宋、鲁独称颂焉。秦穆之德不逾于二霸，宋、鲁之君不贤乎齐、晋。其位等，其德同，升黜取舍如是之相远，亦将有由乎？愿闻所以辨之之说。"③ 这则策问作于何时已不可考，其中他指出《尚书》中有《费誓》《秦誓》言秦、鲁之事，而在《诗经》中鲁列为《颂》诗，而秦却仅列为《风》诗，齐和晋"其位等，其德同"，然《诗经》中又仅有《齐诗》，而无晋诗，尽管郑《笺》和《正义》对这些问题已有一定的解释，韩愈却再次将这些问题提出来，显见他对郑《笺》和《正义》的解释是不太满意的，从中可以隐约看到韩愈治《诗》力求突破的追求。

另外，这一时期成伯玙的《毛诗指说》也透露出一些《诗经》学变革的

---

① （唐）韩愈著，刘真伦、岳珍校注：《韩愈文集汇校笺注》，中华书局 2010 年版，第 3062 页。

② 主子夏作《序》说的有沈重、王肃、孔颖达以及《隋书·经籍志》；主卫宏作《序》说的有范晔、陆玑等。韩愈弟子李翱也仍主"子夏作《序》说"，如其《论语笔解》中"子曰：《诗三百》，一言以蔽之曰：思无邪"。李翱云："《诗》三百篇断在一言，终于《颂》而已，子夏曰：'发乎情，民之性也'，故《诗》始于《风》，止乎礼义，先王之泽也，故终无邪。"其中"发乎情，民之性也"乃《毛诗大序》之文。

③ （唐）韩愈著，刘真伦、岳珍校注：《韩愈文集汇校笺注》，中华书局 2010 年版，第 434 页。

先声。① 此书有两点最值得注意：其一，关于《诗序》作者的问题，成伯玙较韩愈又向前迈进了一步，正如清代范家相《诗沈》所云："疑《序》者始于韩昌黎，发于成伯玙，而宋儒从而力排之。"② 即是对成伯玙在《诗经》学史上贡献的中肯评价。成氏云："学者以《诗》大小序皆子夏所作，未能无惑。如《关雎》之序，首尾相接，冠束二南，故昭明太子亦云《大序》是子夏全制，编入文什。其余众篇之《小序》，子夏惟裁初句耳……其下皆是大毛公自以诗中之意系其辞也。"不同于韩愈的"汉儒作《序》说"，成伯玙既有对当时影响较大的"子夏作《序》说"的继承，同时又对其进行了更为细致的考察。他主张《大序》和每篇诗作《小序》的首句是子夏所作，而首句之后的内容是汉儒所作，这种观点是有其合理性的，《四库全书总目》云其"定《诗序》首句为子夏所传，其下为毛苌所续，实伯玙此书发其端。则决别疑似，于说《诗》亦深有功矣"③。其后北宋苏辙《诗集传》于《诗序》只存其发端一语，实则肇端于伯玙。其二，在解诗上，《指说》不管毛、郑说法如何，往往按照己意来阐释诗义，影响所及，开启了宋儒以己意解《诗》的风气，如他据《毛诗序》和郑玄《诗谱》的《风》《雅》正变说进行类推，指出《颂》也应当有正变，"风雅既有正，颂亦有正"④。这一观点也颇有新意，亦可见成伯玙于《毛诗指说》创发新义的学术旨趣。⑤

综上可见，韩愈和成伯玙等人已经开始了对《诗经》学的革新，尽管他们对《诗经》的理解整体上仍未跳脱出《毛诗》解释体系的范畴，但其中部

---

① 成伯玙，生年爵里无考。王应麟《玉海》卷三八"唐《毛诗指说》"条："《志》，成伯玙《毛诗指说》一卷。《毛诗断章》二卷。"其注《毛诗断章》云："取《春秋》赋诗断章之义，钞《诗》语，汇而出之。凡百门，序云贞元十年撰。"贞元是唐德宗的年号，即公元 794 年，则大体可以推知，《毛诗指说》也当作于此期前后。

② （清）范家相撰：《诗沈》卷二《诗序四》，景印文渊阁《四库全书》本，台湾商务印书馆1986 年版。

③ （清）永瑢等纂：《四库全书总目·经部》，广西师范大学出版社 2019 年版，第 379 页。

④ （唐）成伯玙撰：《毛诗指说》，景印文渊阁《四库全书》本，台湾商务印书馆 1986 年版。

⑤ 学界对《毛诗指说》已有一定的讨论，如侯美珍《成伯玙〈毛诗指说〉之研究》，《河北学刊》1997 年第 2 期；张启成《成伯玙〈毛诗指说〉新探》，《贵州教育学院学报》1997 年第 4 期。

分不同于前代观点的提出已经昭示了《诗经》学变革的先声。此后,《诗经》学的变革以此为起点不断发展,直至北宋中期之后,实现了《诗经》学的整体突破,韩愈等人的开启之功是不容忽视的。另外,需要注意的是,这一时期《诗经》变革的动因除政治因素外,是否还有其他一些因素在其中也发挥了一定的作用,如唐代佛教的兴盛以及由此带来的对儒家思想的冲击和传统思维方式的改变、韩愈等人突破传统《诗》学过程中吸纳的新的学术资源。又如《韩诗外传》,在唐代不同阶段《韩诗外传》被引用的比重是不同的,初唐《经典释文》《艺文类聚》《北堂书钞》以及韦叔夏的奏议等大量文献资料中引用了《韩诗外传》,但自高宗永徽四年(653)颁孔颖达《五经正义》于天下,《正义》官方学说的地位确立之后,《韩诗外传》的引用几乎绝迹。直至中唐,才有一些迹象表明《韩诗外传》重新成为士人学习研究的对象,如韩愈《答张彻》诗中:"渐阶羣振鹭,入学诲蜈蛉。"《韩集点勘》注云:"按扬雄《剧秦美新》云:'振鹭之声充庭,鸿鸾之党渐阶。'又《韩诗》《振鹭篇》'于彼西雍',《薛君章句》曰:'鹭,洁白之鸟。西雍,文王之雍。言文王之辟雍,学士皆洁白之人。'则'渐阶'句语本扬子而义取《韩诗》。"① 由此可见,韩愈对《韩诗》亦有一定的学习。另如晚唐皮日休有《读〈韩诗外传〉》一文,丘光庭《兼明书》考证中引用《韩诗外传》。《外传》逐渐受到重视,至宋人《诗》学著作中《外传》更是被大量引用。由此可以推定,《韩诗外传》也应当是中唐之后《诗经》学革新的重要学术资源之一。

第三节　丘光庭的《诗经》研究
——晚唐《诗经》学的个案考察

　　目前《诗经》学界对唐代《诗经》学的研究主要集中在《毛诗正义》以

---

① (唐)韩愈著:《东雅堂昌黎集注韩集点勘》,景印文渊阁《四库全书》本,台湾商务印书馆1986年版。

及韩愈、成伯玙等少数几位大家上，而对晚唐《诗经》学的研究关注度明显不够，似乎唐宋《诗经》学的发展由初盛唐到中唐，然后直接就到了宋代的刘敞、欧阳修。描绘这一学术史进路的思想基础——衰世、乱世的学术发展必定也处于低谷，这一观念带有很强的进化论色彩，而历史的真实面相永远比史书的记载要丰富，很多时候我们往往囿于某种观念，而采取一种想当然的方式对真实的历史进行简单化的处理。难道晚唐《诗经》学真的乏善可陈吗？其实不然。据现有史料可见，晚唐学者继承了韩愈、成伯玙在经学研究中的革新精神，他们对汉唐《诗经》学进行了持续的反思和批判，正如有学者指出的："《诗经》在晚唐的解读方式已不同于前代，从中已经可以看出宋代《诗经》学的某些特点。"① 因而从构建学术史更为完整的链条考虑，有必要对这一阶段的《诗经》学进行重新审视。需要说明的是，晚唐《诗经》学史上最值得一提的当数丘光庭，他的《诗经》研究充分体现了这一时期《诗经》学的风格特点，因此有必要以其为例进行一些个案的考察。

关于丘光庭的生平，《四库全书总目》云："光庭，乌程人。官太学博士。陈振孙《书录解题》称光庭为唐人，《续百川学海》及《汇秘笈》则题曰宋人。考书中世字皆作代，当为唐人。然《罗隐集》有赠光庭诗，则当已入五代。其为唐讳，犹孟昶石经世民等字犹沿旧制阙笔耳。"可见丘光庭大约生活在晚唐五代之际。② 他的著作有《兼明书》五卷、《康教论》一卷、《海潮论》一卷和《同姓名录》一卷，其中《兼明书》乃其对群经的考证之作，尤有代表性，《四库全书总目》云："是书皆考证之文。《宋史·艺文志》作十二卷，《书录解题》作二卷，此本五卷，疑后人所更定。首为诸书二十二条。次为《周易》五条，《尚书》四条，《毛诗》十三条。次为《春秋》十条，《礼记》

---

① 赵栅鸽：《皮日休的〈诗经〉阐释》，《河北师范大学学报》（哲学社会科学版）2009 年第5 期。

② 晁公武《郡斋读书志》、尤袤《遂初堂书目》均云丘光庭为唐人，据此将《兼明书》定为晚唐著作。

五条,《论语》十三条,《孝经》二条,《尔雅》三条。次为《文选》二十二条。次为杂说十八条,字书十二条……在唐人考证书中,与颜师古《匡谬正俗》可以齐驱。苏鹗之《演义》、李涪之《刊误》、李匡乂之《资暇集》,抑亦其次。封演《见闻记》颇杂琐事,又其次矣。"① 此书对《周易》《尚书》《毛诗》《春秋》《礼记》《论语》《孝经》《尔雅》等儒家经典均有考证,可见丘光庭对经学是非常熟悉的,其后直至清代王夫之等仍对该书有所引录,其价值亦非同一般。这本书中专论《毛诗》的十三个条目充分体现了丘光庭对《诗经》的理解,其成就主要表现在以下几个方面。

第一,对于《毛诗序》作者的讨论。《毛诗序》的作者问题表面上看是一个作品版权的归属问题,但究其实质,对于《序》作者的不同认识又直接决定了对作品内容和性质的理解,因而这个问题也就成为《诗经》学史的"第一争诟之端"②。丘光庭在《兼明书·毛诗·序》中提出了对《毛诗序》作者问题的认识:

> 先儒言《诗序》并《小序》子夏所作,或云毛苌所作。明曰非毛苌作也,何以知之?按《郑风·出其东门》,《序》云:"民人思保其室家。"经曰:"缟衣綦巾,聊乐我员。"《毛传》曰:"愿其室家得相乐也。"据此,《传》意与《序》不同,是自又一取义也。何者?以"有女如云"者皆男女相弃,不能保其室家,即"缟衣綦巾"是作诗者之妻也。既不能保其妻,乃思念之。言愿更得聊且与我为乐也,如此则与《序》合。今毛以"缟衣綦巾"为他人之女,愿为室家,得以相乐,此与《序》意相违,故知《序》非毛作也。此类实繁,不可具举。或曰:"既非毛作,毛为《传》之时何不解其《序》也?"答曰:"以《序》文明白,无烦解也。"③

---

① (清) 永瑢等纂:《四库全书总目》,河北人民出版社 2000 年版,第 3052 页。
② (清) 永瑢等纂:《四库全书总目·经部》,广西师范大学出版社 2019 年版,第 374 页。
③ (五代) 丘光庭撰,王云五主编:《兼明书》,商务印书馆 1935—1937 年版,第 15 页。

丘光庭以《毛诗序》和《传》在解释《郑风·出其东门》时出现的矛盾为例，说明《毛诗小序》的作者并非毛苌，至于《序》的作者究竟是谁，文中并未明言，但据其首句"先儒言《诗序》并《小序》子夏所作，或云毛苌所作。明曰非毛苌作也"，似乎他较为认可子夏作《序》之说，这不同于成伯玙提出的"《诗序》首句为子夏所传，其下为毛苌所续"的观点，也不同于韩愈的"汉儒作《序》"说，体现出其对《诗序》作者问题独立的思考，这种大胆怀疑前人成说的精神也体现着晚唐《诗经》学者试图有所突破和建树的精神特质，这当是宋代经学疑古思辨学风的前奏。同时，丘光庭这一观点的提出又明显受到《毛诗正义》的影响，如《郑风·出其东门》"缟衣綦巾，聊乐我员"句，《毛传》释云："缟衣，白色，男服也。綦巾，苍艾色，女服也。愿室家得相乐也。"[1] 郑《笺》云："缟衣綦巾，所为作者之妻服也。时亦弃之，迫兵革之难，不能相畜，心不忍绝，故言且留乐我员。此思保其室家，穷困不得有其妻，而以衣巾言之，恩不忍斥之。"[2] 对此，《正义》指出："《笺》以《序》称'民人思保其室家'，言夫思保妻也。经称'有女如云'，是男言有女也。经、《序》皆据男为文，则缟衣綦巾是男之所言，不得分为男女二服。衣巾既共为女服，则此章所言皆是夫自言妻，非他人言之，故首尾皆易《传》。则诗人为诗虽举一国之事，但其辞有为而发，故言'缟衣綦巾，所为作者之妻服也。'己谓诗人自己，既相弃又原且留，是心不忍绝也。"[3] 这正是丘光庭文中"以'有女如云'者皆男女相弃，不能保其室家，即'缟衣綦巾'是作诗者之妻也"之所本，但丘光庭并未照引《正义》原文，而是做了一种更为凝练的概括，本自《正义》，又较《正义》之说简明，可见其对《正义》是非常熟悉的。这也反映出《毛诗正义》在晚唐仍是学者们言说

---

[1] （汉）毛亨传，杜泽逊审定：《宋本毛诗故训传》，国家图书馆出版社 2017 年版，第 153 页。

[2] （汉）毛亨传，（汉）郑玄笺，（唐）陆德明音义，孔祥军点校：《毛诗传笺》，中华书局 2018 年版，第 122 页。

[3] （汉）毛亨传，（汉）郑玄笺，（唐）孔颖达疏，（唐）陆德明音释，朱杰人、李慧玲整理：《毛诗注疏》，上海古籍出版社 2013 年版，第 442 页。

《诗经》的主要思想来源，其言说内容、策略均受到《正义》的影响。另外，还有一点需要注意，这段文字中丘光庭对《毛诗序》是非常崇信的，正如文中最后所言"《序》文明白无烦解也"，他关于《诗经》考证的文字也完全以《序》说为据，详见下文分析，此处不赘。这种对《诗序》的推崇也是这一时期《诗经》学发展过程中的一个新动向，此后到宋代欧阳修、王安石等据《序》言《诗》更是这一新动向的继承和发展。

另外，在《毛诗故训传》作者问题上，丘光庭与《毛诗正义》也有着不同的观点。如《项领》篇云："其诗又曰：之子既命，四牡项领。臣良曰：项领者，驾木项上也。明曰：按《毛诗·节南山》篇云'驾彼四牡，四牡项领'，毛苌曰：项，大也。言四马之肥，其领大也。今士衡取此意以美文黑之行，亦宜训项为大，而云驾木项上，其义安在？"① 文中"项，大也"出自《毛诗故训传》，丘光庭指出这是毛苌的解释，非常明显，他认为《传》的作者是毛苌。《毛诗故训传》的作者，此前曾有二说：一主毛亨作《传》说，以郑玄《毛诗谱》、陆玑《毛诗草木鸟兽虫鱼疏》为代表。《毛诗谱》云："鲁人大毛公为《故训传》于其家，河间献王得而献之，以小毛公为博士。"《毛诗草木虫鱼疏》亦云："毛亨作《故训传》以授赵国毛苌，时人谓亨为大毛公，苌为小毛公。"一主毛苌作《传》说，以《后汉书·儒林传》《隋书·经籍志》为代表。《后汉书·儒林传》云："赵人毛苌传《诗》，是为《毛诗》。"② 《隋书·经籍志》云："汉初又有赵人毛苌善《诗》，自云子夏所传，作《诂训传》，是为'《毛诗》古学'。"③其后孔颖达调和两种观点，提出"大毛公为其传，由小毛公而题毛也"④，但这种观点基本上还是毛亨作《传》说。丘光庭持毛苌作《传》说表现出不同于《毛诗正义》的观念，是否有意

① （五代）丘光庭著撰，王云五主编：《兼明书》，商务印书馆1935—1937年版，第40页。
② （南朝宋）范晔撰，（唐）李贤等注：《后汉书》卷七九，中华书局1965年版，第2569页。
③ （唐）魏徵、（唐）令狐德棻撰：《隋书》卷三二，中华书局1973年版，第918页。
④ （汉）毛亨传，（汉）郑玄笺，（唐）孔颖达疏，（唐）陆德明音释，朱杰人、李慧玲整理：《毛诗注疏》，上海古籍出版社2013年版，第2页。

表现出与《正义》说法的不同，今天已无法做出准确判断，但可以肯定的是，这一观点的形成并非空穴来风，除《后汉书》《隋书》可能是来源外，唐人的群体性观念也产生了重要的影响。贞观二十一年（647），太宗皇帝颁布诏书："二十一年诏曰：左丘明、卜子夏、公羊高、穀梁赤、伏胜、高堂生、戴圣、毛苌、孔安国、刘向、郑众、杜子春、马融、卢植、郑玄、服虔、何休、王肃、王弼、杜预、范甯等二十有一人，并用其书，垂于国胄。既行其道，理合褒崇，自今有事于太学，可并配享尼父庙堂。"① 通过配享的形式，毛苌获得了官方意识形态的认可。这种观念带来的直接后果就是在唐人观念中毛苌才是《传》的作者，这一观念一直影响到宋代欧阳修编写《新唐书》，在《新唐书·艺文志》中明确写道"毛苌《传》十卷"。丘光庭对《毛诗故训传》作者的认识应当也离不开这种普遍观念的影响，在他这里，毛苌作《传》已经成为常识性知识。这一点也恰恰说明，晚唐《诗经》学对前代《诗》学观念的继承，一定程度上也是其保守性的体现。

第二，驳斥异说，维护《毛诗》的经典地位。随着中晚唐经学的发展，一些有别于传统观念的解释也随之出现，并不断冲击着儒家经典的统一性和完整性。这虽然属于经学内部的变化，但在如丘光庭等一些士人看来这是极为有害的，因而他们极力反对对经典进行随意改造。如丘光庭《新添毛诗序》云：

> 大中年中，《毛诗》博士沈朗进《新添毛诗四篇表》，云："《关雎》，后妃之德，不可为三百篇之首，盖先儒编次不当尔，今别撰二篇为尧舜诗，取《虞人之箴》为禹诗，取《大雅·文王》之篇为文王诗，请以此四诗置《关雎》之前，所以先帝王而后后妃，尊卑之义也。"朝廷嘉之。明曰：沈朗论《诗》一何狂谬。虽《诗》之篇次，今古或殊，其以《关雎》居先不可易也，古人为文语事，莫不

---

① （唐）吴兢撰，谢保成集校：《贞观政要集校》，中华书局2009年版，第379页。

从微至著，自家形国，故《序》曰："《关雎》，后妃之德也。风之始也，所以风天下而正夫妇也。故用之乡人焉，用之邦国焉。"经曰："刑于寡妻，至于兄弟，以御于家邦。"由此而论，则《关雎》居三百篇之首不亦宜乎。《语》曰："师挚之始，《关雎》之乱，洋洋乎盈耳哉。"则孔子以《关雎》为首训，子曰："人而不为《周南》《召南》，其犹正墙面而立也与。"则《关雎》居《周南》先矣。且诗有四始：一曰风，二曰小雅，三曰大雅，四曰颂。《周南》实国风，而以帝王之事冠之，则失四始之伦也，甚矣。不知沈朗自谓新添四篇，为风乎？为雅乎？为风也，则不宜歌帝王之道；为雅也，则不宜置《关雎》之前。非惟首尾乖张，实谓自相矛盾，其为妄作无乃甚乎！①

沈朗，新、旧《唐书》均无传。上述文字反映了两方面的内容：第一，大中年间《毛诗》博士沈朗进《新添毛诗四篇表》对《毛诗》编排顺序的改造；第二，丘光庭的反驳意见。大中是唐懿宗年号，这时距唐灭亡仅剩四十余年，懿宗朝宦官专权，皇帝荒淫堕落，大肆挥霍，终日游宴，"听乐观优，不知厌倦"②，朝政极度腐败。作为《毛诗》博士的沈朗却在这一时期上了一份《新添毛诗四篇表》，并且得到了朝廷的肯定和嘉奖，这种现象就值得认真思考了。先来看沈朗是如何来改造《毛诗》的，他认为将体现"后妃之德"的《关雎》置于三百篇之首是不合适的，而主张另撰两首诗作为尧舜时代的诗，取《虞人之箴》作为大禹时代的诗，用《大雅·文王》作为文王时代的诗，并将这四首诗置于《关雎》之前。通过往《诗经》中添加诗作，改变诗作前后的排列顺序，将表现帝王的诗作放到表现后妃诗作的前面，以此来体现"先帝王而后后妃"的"尊卑之义"，这种强调帝王至高无上的思想和做法

---

① （五代）丘光庭：《兼明书》，商务印书馆1936年版，第15—16页。
② （宋）司马光编撰：《资治通鉴》卷二五〇《懿宗昭圣恭惠孝皇帝上》，中华书局1956年版，第8117页。

当然迎合了统治阶级的趣味，因而被表彰也在情理之中了。还有一点需要注意，即沈朗为何主张往《诗经》中补充表现尧、舜、禹的诗作呢？这一方面反映出这一时期经学权威地位的衰落，学者可以根据自己的理解来改造经典；另一方面也是沈朗本人政治理想的一种反映。正如前文所说，韩愈之后，回向"三代"成为士人集团普遍的政治理想，越是纷乱的年代，对于理想政治的期待越强烈，沈朗这样做也是有着明确政治指向的，但理想是一回事，现实又是一回事，这种理想只能存在于这些博士官的经学著述中，而于积重难返的现实政治可能毫无用处。此外，这种排列诗篇顺序的做法与郑玄的《毛诗谱》存在着一定的相似之处，其后宋代欧阳修重新考订《诗谱》作《诗谱补亡》，以及明代何楷《诗经世本古义》将《诗经》中的诗作分为"夏少康之世诗""殷盘庚之世诗""殷高宗之世诗""殷祖庚之世诗""殷武乙之世诗"①……更是对这种治《诗》方式的充分运用。

关于丘光庭的反驳意见，丘光庭也承认《诗经》的篇次在历史上曾经出现过不同，但他认为不论哪个版本，都不可能将《关雎》放到后面去。一方面，《论语》的记载表明，《关雎》在其产生之时就是置于三百篇之首的；另一方面，《关雎》体现了儒家修齐治平的政治思想，即《毛诗故训传》所云："夫妇有别，则父子亲，父子亲，则君臣敬。"② 因此，将以体现"后妃之德""正夫妇"为主旨的《关雎》作为《诗经》的第一篇是再合适不过的。此外，丘光庭认为如果将表现尧、舜、禹和文王的诗作置于《关雎》之前，则与《周南》"风"的性质不符，因此沈朗的做法是自相矛盾的。丘光庭完全站在维护《诗经》作为经典的完整性角度来立说，他的经学观带有更为鲜明的正统色彩。

由上述分析可以看出，尽管丘光庭对沈朗多有指责，但二人对《诗经》

---

① 详见（明）何楷《诗经世本古义》，景印文渊阁《四库全书》，台湾商务印书馆 1986 年版。
② （汉）毛亨传，（汉）郑玄笺，（唐）孔颖达疏，（唐）陆德明音释，朱杰人、李慧玲整理：《毛诗注疏》，上海古籍出版社 2013 年版，第 5 页。

根本性质的认识还是一致的，都来源于《毛诗序》，且都重在强调《诗经》的政治教化功能。

第三，以经文和《毛诗序》为出发点，考证前代《诗》说得失，并且表现出一定的理论意识和方法意识。尽管晚唐对于《诗经》的理解仍然是《毛诗序》《传》《笺》和《正义》的天下，但受中唐经学革新思想以及晚唐特殊历史环境的影响，丘光庭已经开始表现出对经典的怀疑态度，并且将其落实到了对《诗经》具体内容的考证中，从而体现出晚唐《诗经》学新的发展动向。

丘光庭依据对《诗经》经文的理解和《毛诗序》的解释，对《匡谬正俗》《毛诗故训传》《笺》以及《正义》中的内容进行了大胆的质疑和细致的考证。如《兼明书》卷二《毛诗·美目扬兮》云："《齐风·猗嗟》篇云'美目扬兮'，《毛传》曰'好目扬眉也'，孔颖达曰'眉毛扬起，故名眉为扬'。明曰：经无'眉'文，毛何得以为'扬眉'，孔又以为'眉毛扬起'，是其不顾经文，妄为臆说。盖扬者，目之开大之貌，《礼记》云'扬其目而视之'是也。"①《毛传》和孔《疏》释"扬"为"扬眉""眉毛扬起"，丘光庭认为经文中并无"眉"字，因而不应在解释的时候无中生有，并且据《礼记》"扬其目而视之"将"扬"释为"目之开大之貌"。其后南宋范处义《诗补传》解释"美目扬兮"曰："谓其瞻视之明也，《礼记》云'扬其目而视之'。"②与之相比，丘光庭的解释更为清楚，也更为贴近诗意，丘氏的见解不输宋人。又如《毛诗·其带伊丝》云："《曹风·鸤鸠》云'淑人君子，其带伊丝，其弁伊骐'，《笺》云'刺不称其服也'。明曰：按下文云'淑人君子，其仪不忒'，《序》云：'在位无君子，用心之不一'即此，刺无君子。诗人思时，君子以其在位，故上章言君子之心，下章言君子之治，此章言君子之服，皆谓

---

① （五代）丘光庭撰，王云五主编：《兼明书》，商务印书馆1935—1937年版，第16页。
② （宋）范处义撰：《诗补传》卷八，《四库全书荟要》本。

今在位无此君子也，非谓刺不称其服，且经云‘淑人君子’，安得不称其服耶?"① 丘氏对诗篇主旨的理解完全来自《诗序》，并通过对文本层次结构的分析，指出诗的本义是刺"在位无君子"的，郑《笺》所释"刺不称其服也"过于表面化，没有抓住诗作的核心。再与范处义《诗补传》比较，《补传》云："一章言在位之君子威仪一于外而心亦结于一……二章言在位之君子冠服之有常……三章言在位之君子威仪无差忒，故远而可以正四国……四章言在位之君子既能治其国，则君正莫不正。"② 范氏的解释较丘光庭略全面些，但二者对诗篇内容以及结构的分析是一致的。由上述两例可见丘光庭对《诗经》文本和《诗序》的重视，而对毛苌、郑玄和孔颖达的解释则表现出普遍的怀疑态度，如《兼明书·毛诗》中频繁出现的"颖达之言失也""（毛苌、孔颖达）二说皆非也""孔云‘飞而振羽，索索作声’，是其不识莎鸡，妄为臆说""康成、颖达直以鸱鸮为巧妇，非也"等，其语气是非常尖锐的，由此进一步证明晚唐《毛诗》的解释体系正在逐步瓦解。丘光庭对《诗经》经文本身解读的重视，在一定程度上昭示了宋代《诗经》变革的一个重要方向。

同时，丘光庭的《诗经》解读中已经出现了一定的理论意识和方法意识，如《兼明书·毛诗·硕鼠》云："《魏风·硕鼠》，刺重敛也。孔颖达曰：‘硕，大也。其鼠头似兔，尾黄色。’又引许慎云：‘硕鼠有五伎，皆不长’，陆玑《虫鱼疏》云：‘今河东有大鼠，亦有五伎，或谓之雀鼠’。明曰经文坦然，义理无隐，何为广引他物，自取混淆。"③ 丘光庭认为孔颖达的解释过于啰唆，本来很清楚的事情，因为引用的文献过多，结果反而造成了不必要的混淆。他认为老鼠偷窃、贪婪的习性已经是百姓日用的常识，借鼠来讽刺统治者的贪得无厌，这层意义大家是明白的，也就是说经文本身包含"义理"是明确化的，无须解释。其中提到的"义理"一词实有重要的意义，"义理"

---

① （五代）丘光庭撰，王云五主编：《兼明书》，商务印书馆 1935—1937 年版，第 18 页。

② （宋）范处义撰：《诗补传》卷一四，《四库全书荟要》本。

③ （五代）丘光庭撰，王云五主编：《兼明书》，商务印书馆 1935—1937 年版，第 17 页。

何谓？对于《诗经》而言，就是隐含在诗句起兴之物背后的象征意义，也就是六义中的"兴"。尽管丘光庭对此没有进一步深入的阐释，这一思想还处于萌芽阶段，但不能忽视它在《诗经》学史上的意义，因为有宋一代追求"义理"始终是《诗经》学一个基本的价值取向。①

另外，如果不以传、笺和《正义》为据，如何才能更好地解读《诗经》？丘光庭提出了"据《诗》之文势"的方法。他在《鹳鸣于垤》中云："《东山》云：'鹳鸣于垤，妇叹于室'，毛苌云：'垤，螘冢也，将阴雨，则穴处先知之。'明曰：据诗之文势，此垤不得为蚁冢，盖是土之隆耸近水者也。按《左传》云：'敛及于垤皇，谓寝门阙也'，又云：'葬于垤皇，谓墓门阙也'，凡阙者，聚土为之，故知此垤谓土之隆耸。近水者，若坻沚之类也。鹳，水鸟也，天将阴雨，则鸣于隆土之上，妇人闻之，忧雨思夫，故叹于室。若以'于垤'是蚁上于冢，则鹳鸣竟于何处？岂文章之体当如是耶？且经无蚁文，何得凿空生义。"② 这里丘光庭有些强词夺理，他认为将《毛传》"垤，蚁冢也"的理解放在诗句整体当中，诗篇的意义难以做到通畅的解释。姑且不论丘氏的观点是否正确③，应当注意的是他的解《诗》方法——依据诗篇内在的逻辑关系来判断诗中语词的含义。这同样体现出对《诗经》经文本身的重视，同时"于经文中求真意"也是一种重要的训诂方法，这一点在宋儒《诗经》的训解中也被频繁地使用，其中最为极端的一个例子就是王安石的《诗经新义》，下有详述，此处不赘。

第四，自作新诗，补《诗经》之不足。《左传·昭公二十五年》载："叔孙昭子聘于宋，公享之。赋《新宫》，又燕礼，升歌《鹿鸣》，下管《新宫》。"④ 又襄公二十八年载："齐庆封奔鲁，叔孙穆子食庆封。庆封氾祭，穆

---

① 参见陈战峰著《宋代〈诗经〉学与理学——关于〈诗经〉学的思想学术史考察》，陕西人民出版社2006年版。

② （五代）丘光庭撰，王云五主编：《兼明书》，商务印书馆1935—1937年版，第18页。

③ 此后宋儒多取《毛传》"垤，蚁冢也"之义。

④ 转引自（五代）丘光庭撰，王云五主编《兼明书》，商务印书馆1935—1937年版，第19页。

子不说，使工为之讽《茅鸱》。"① 但《新宫》与《茅鸱》均不见于《诗经》，丘光庭认为这是由于春秋时代《诗经》本身的散佚以及孔子删诗造成的，因而依据文献资料中对这两首诗的评述，丘氏创作了《补新宫》和《补茅鸱》二诗。这两首诗全依《毛诗》体制，有诗、有序、有解。这两首诗作的艺术水准并不很高，但其中的《序》解却是晚唐经学史重要的文献资料。对此，谢建忠先生已有相当的研究，不赘。② 通过仿作，试图恢复《诗三百》原始面貌的尝试，也充分体现出丘光庭深厚的经学素养，而这种尝试背后其实暗含着作者对《诗经》经典地位的重视与强调，同时也是这一时期统治阶层思想控制松弛的反映——只有在一个经典不太受统治者重视的时代，才能允许个人对其做如此的改造。

由上可见，丘光庭的《诗经》研究已经表现出一些宋代《诗经》学的特点，正如蒋方所说："中唐以后兴起的《诗经》讨论，着重于三个方面的问题，一是大小《序》的作者，二是诗的编纂意义，三是字句的疏通理解。这些讨论虽然尚未深入，却已经显现出从训诂向经义转变的趋向，开启了宋人变革《诗经》之学的路径。"③ 从丘光庭的《诗经》研究中可以清楚地看到这些新特点的出现。和韩愈、成伯玙比较，他对《毛诗》《传》《笺》和孔《疏》的批判更为全面有力，更为深入细致。这种新特点的出现不仅仅是个案，而是有着深刻的社会根源和学术背景。对晚唐学术背景的介绍，丘光庭的著作中言之甚少，但学术的发展在某一历史时期有着共同的课题和特点，已为学术史研究所证明，因此选取一个时代有代表性的学者，通过他的研究当能反映时代学术发展的某些典型特点。这里，我们选择与丘光庭大体同时的司空图为例再进行一些必要的讨论。

司空图（837—908）官至中书舍人、知制诰，唐僖宗光启三年（887）归

---

① 转引自（五代）丘光庭撰，王云五主编《兼明书》，商务印书馆 1935—1937 年版，第 21 页。
② 谢建忠著：《〈毛诗〉及其经学阐释对唐诗的影响研究》，巴蜀书社 2007 年版，第 97—98 页。
③ 蒋方：《〈诗经〉与唐代国家教育》，《北方论丛》2008 年第 4 期。

隐中条山王官谷，自号知非子、耐辱居士，有《司空表圣文集》行世。在《与惠生书》中，司空图云："故文之外，往探治乱之本……壮心未决，俯仰人郡，今遇先生，俾仆得以尽论。愿修本讨源，然后次第及于济时之机也。"①面对晚唐五代纷乱的政治局面，他思考的问题是如何"修本讨源"来找到"治乱之本"，可以肯定这是当时学者共同面对的问题。这种"修本讨源"中一个重要的方面就是对儒家经典不适用于当代社会政治建设的内容进行改造，如其《疑经》就是这一思想的产物：

> 经曰"天王使来求金"，又曰"求车"。岂天王之使，私有求于鲁耶？不然，传闻之误耳。若诸侯之使来求金，则谓求可矣。若致天子之命，征于诸侯，其可谓之求耶？且率土之人与其货殖，皆一人之所有，父之材守于其子，则用否莫不恭命，其可谓之求乎？《春秋》之旨，尊君卑臣，岂圣人为鲁不为周耶？《书》云"天王狩于河阳"，尚为晋侯讳召天子，岂可不为周讳其过哉？纵天子制用失节，多取于诸侯，而欲垂诫，即书于周史可矣，若书于诸侯之史，是悔吝其货而侮王命也，王祭亦不供矣，必非圣人之文也。必若王人责其稽命，曷不书曰"天王使某责贡金"？傥以取金为不文，曷不曰"天王使某来征贡金"，亦讥在其中矣。以是愚疑仲尼书"天王使来求金"，是使私自求而惩之也。不然，求与责文或相近，传写之误焉。不尔，何子夏之徒不能措一言哉？舍此而讥诃，皆小小者耳。②

"天王使来求金""求车"见于《春秋》，"（桓公）十有五年春二月，天王使家父来求车"③，"（文公）九年春，毛伯来求金"④。司空图认为天子不

---

① （清）董诰等编：《全唐文》卷八〇七《司空图〈与惠生书〉》，中华书局1983年版，第8486页。

② （清）董诰等编：《全唐文》卷八〇九《司空图〈疑经〉》，中华书局1983年版，第8502页。

③ 杨伯峻编著：《春秋左传注》，中华书局2016年版，第152页。

④ 杨伯峻编著：《春秋左传注》，中华书局2016年版，第622页。

可能向诸侯求车、求金，因为"溥天之下，莫非王土。率土之滨，莫非王臣"①。天下的财物均是周天子一人所有，因而不能用"求"字。这与《春秋》要表达的"尊君卑臣"的主旨是不一致的，因而这肯定不是圣人的文辞。以这种理解为基础，他认为《春秋》的这条记载可能是"传写之误"，应予修正，如改为"天王使某责贡金"或"天王使某来征贡金"，则意思更加显豁——天子使者征贡金纯属个人行为，而与天子无关。这样的解释就不会使人错误地认为天子无能，还需向诸侯征求用度之物了。很明显，司空图是在维护天子至高无上的权威和地位。如果将这段文字放在晚唐五代天子失势、政治秩序彻底被破坏的时代背景中来看，则司空图的良苦用心昭然若揭，同时为避免误解，他还特意在《疑经后述》中详细交代了疑经的动机，这段文字有明确的纪年，因而尤显其重要性，兹节录如下：

> 愚为诗为文一也，所务得诸己而已，未尝抚拾前贤之谬误。然为儒证道，又不可皆无也。尝得柳子厚《封建论》，以为三王树置，盖势使之然。又有是茫宏之辨，意其多于救时。今夏县孙郃自淮南缄所著新文而至，愚雅以孙文不尚辞，待之颇易。及见其《卜年论》，又耸然加敬。钟陵秀士陈用拙出其宗人岳所作《春秋折衷论》数十篇，赡博精致，足以下视两汉迂儒矣。因激刚肠，有诋经之说，亦疑经文误耳。盖亟于时病，言或不得其中，亦欲鼓陈君之锐气，当有以复于我耳。时光化中兴二年。②

光化是唐昭宗年号，光化二年即公元899年，这时司空图已经归隐十余年，但仍然关心着国事。在这段文字中，司空图介绍了自己创作《疑经》的历史渊源和现实背景。首先，司空图明确提出自己疑经有着"为儒证道"的

---

① （汉）毛亨传，（汉）郑玄笺，（唐）陆德明音义，孔祥军点校：《毛诗传笺》，中华书局2018年版，第302页。
② （清）董诰等编：《全唐文》卷八〇九《司空图〈疑经后述〉》，中华书局1983年版，第8502页。

理想，与诗文创作只要"得诸己"，不用考虑前贤的谬误不同，经学是治国的宪纲，"经不明则国不治"成为历代士人共同的价值理念，所以在晚唐混乱的政局中更有必要对经书中不符合圣人思想的内容进行廓清。同时，司空图认为自己的这种理想在历史上也不乏同调，如柳宗元作《封建论》等，而自己作《疑经》也是时势使然，同样有着"救时"的现实考虑。司空图还指出创作《疑经》是受着时代学术发展风气的影响，晚唐像孙郃、陈岳等众多学者致力于儒家经典的研究，他们的成就同样不凡，如陈岳《春秋折衷论》"足以下视两汉迂儒"。于是，受同时代学者感染，司空图也"激刚肠，有诋经之说，亦疑经文误"，他清楚地点明自己的观点尽管有"不得其中"之说，但也是"亟于时病"的不得已而为之。正如其后他在《复陈君后书》中所云："足下复所云云，非不知也……吾本朝之臣耳，岂敢诲其苞茅不贡之渐耶?"[1]"苞茅不贡"出自《左传》僖公四年，管仲指责楚国"包茅不入，王祭不共"[2]，楚国不缴纳天子祭祀所用的包茅，明显是对天子权威地位的挑战。司空图借用这一典故，表明自己是站在维护王权权威地位的立场上来立论的。

以上不避繁复引司空图《疑经》为例，说明晚唐学者关心的共同问题和经学研究体现的较为一致的价值取向。明显可见，他们对儒家经典的理解已经不再停留在唐初《五经正义》圈定的范围，而是表现出强烈的疑经改经的追求，这种追求背后又有着改造经学以救时弊的共同价值理念的支持，丘光庭《诗经》考证中表现出的若干特点也正是在这种时代环境和学术背景下出现的。

---

① （清）董诰等编：《全唐文》卷八〇七《司空图〈复陈君后书〉》，中华书局1983年版，第8487页。

② 杨伯峻编著：《春秋左传注》，中华书局2016年版，第317页。

第四节　宋初《诗经》学的文本资源及其传播与研究

自公元 960 年，赵匡胤黄袍加身建立政权，历太祖、太宗、真宗，初步构建了王朝的统治格局，这一时段也习惯性地被称为"宋初"。这一时期，就政治而言，"祖宗之法"逐步确立①；就经济而言，社会生产较为稳定；就文化而言，不论雅俗都有蓬勃发展之势。这些都为宋初学术的发展提供了保障，同时又提出了新的时代课题，宋初包括《诗经》学在内的学术正是在回应和参与这一时期政治、文化的建构过程中，呈现出其自身特点的，这一特点如果用一句话来概括，即带有明显的过渡性特征，也就是说宋初学术呈现出保守与革新两个方面的特质。就其保守而言，如皮锡瑞《经学历史》所云，宋初经学"笃守古义，无取新奇；各承师传，不凭胸臆"②，但通过梳理，又不难发现宋初经学发展过程中也蕴含着一些变革的因素，这些因素的存在也在一定程度上促成了其后《诗经》学变革时代的到来。

一、宋初《诗经》学的文本资源

要深入认识宋初《诗经》学发展的状况，除考察这一时期国家政策、士大夫学术活动等层面问题外，还有一个非常重要的问题需要格外注意，即宋初学者从前代接受了哪些《诗经》学遗产，因为这些遗产直接决定了这一时期的学者将在怎样一个基础之上搭建属于自己的《诗经》学。

（一）政府刻印及散见于民间的《诗经》著述

宋初三朝政府组织刻印了《毛诗》等大量著述，除此之外，社会上还流传着一些《诗》学著作，如欧阳修《〈诗谱补亡〉后序》云："庆历四年

① 参见邓小南著《祖宗之法——北宋前期政治述略》，生活·读书·新知三联书店 2006 年版。
② （清）皮锡瑞撰：《经学历史》，中华书局 1959 年版，第 220 页。

（1044）奉使河东，至于绛州偶得焉。其文有注而不见名氏，然首尾残缺，自'周公致太平'已上皆亡之。其国谱旁行，尤易为讹舛，悉皆颠倒错乱，不可复序。"① 欧阳修提到这个《诗谱》残本"其文有注"，尽管注文内容已无从查考，但此中透露出一个信息，即此前郑玄《诗谱》曾有单行本传世，而欧阳修得到的这个残本对其《诗经》研究也是有所助益的，对此，下文将详述，此处不赘。

此外，唐代学者的《诗经》著述在宋初也有保存和流传，如王禹偁（954—1001）《还工部毕侍郎〈毛诗音义〉诗》尝云："顷年谪宦解梁，收得令狐补阙《毛诗音义》，其本乃会昌三年（会昌乃唐武宗年号，会昌三年即公元843年）所写，数行残缺，后人添之，其笔迹乃工部毕侍郎所补也。昨因问之，乃云亡失多年矣，作四韵以还之。"其诗云："谪宦山州自训童，因求书籍有遭逢。偶收毛郑古诗义，认得欧虞旧笔踪。南郡携行心不足，西斋送去手亲封。尘侵烟染尤堪重，年号标题历武宗。"② 毕侍郎旧藏《毛诗音义》亡佚多年，虽未明言丢失的原因，但据其所处时代推断，社会动荡带来的居处不定当是一个重要原因。王禹偁这则诗注无意之中透露了一个重要信息——宋初社会上仍流传着一些唐写本《诗经》著述。《毛诗音义》已佚，令狐补阙亦不可考，朱彝尊《经义考》云："按：《小畜集》中有《还工部毕侍郎〈毛诗音义〉诗》，第言令狐补阙，不详其名。考《新唐书》，令狐氏止绹曾官左补阙，然历相位，元之不应仍以补阙称之。"③ "补阙"为唐代武则天垂拱元年（685）设置，北宋改为司谏，则此书即使不是令狐止绹所作，也必定为唐人所作无疑。此外，尤需注意的是，王禹偁所见此本"数行残缺"，毕

---

① （宋）欧阳修撰：《〈诗谱补亡〉后序》，《诗本义》，景印文渊阁《四库全书》本，台湾商务印书馆1986年版。

② （清）吴之振、（清）吕留良、（清）吴自牧选，（清）管庭芬、（清）蒋光煦补：《宋诗钞·小畜集钞》，中华书局1986年版，第61—62页。

③ （清）朱彝尊撰：《经义考》卷一〇三，景印文渊阁《四库全书》本，台湾商务印书馆1986年版。

侍郎对这些残缺之处进行了添补，其所添的内容亦不可考，但无外乎经文或注文，而毕侍郎补订时必有所据，其所据亦有可能是其先前读过的《毛诗音义》足本。如果此种推断成立，则直到宋初《音义》仍在社会上有所流传，但这种可能性似乎不大，因为宋初经籍散佚情况严重，普通读者获得足本的可能性很小。毕侍郎添补所据版本最大的可能是前述太宗、真宗曾组织刻印的经籍，这说明其时如《毛诗注疏》等一些经典的《诗经》著述已经广为流传，而且形成了若干"定本"，毕侍郎正是据此对《音义》进行添补的。

需要强调的是，上述欧阳修所得《诗谱》残本、王禹偁所得《毛诗音义》残本仅是见于文献记载的。据此推测，当时社会上肯定还流传着其他一些《诗经》著述。汉唐学者留给宋人的文化遗产，对宋初《诗经》学的建构必定会或多或少地产生影响，尽管这些影响有些已被淹没在历史长河之中，无法完全复现，但其的确发生过，而要构建更加全面立体的《诗经》学发展史，就不能忽视这些曾经存在过的学者和著作，对其学术史价值也应当有一个公允的评价。

（二）宋初类书引《诗》的价值

以往《诗经》学史研究，类书作为研究资料往往容易被忽略。类书编纂始于三国曹魏《皇览》，其后唐代出现了《北堂书钞》《艺文类聚》《初学记》《白孔六帖》，为后世类书编纂提供了样板。至宋初，太宗、真宗组织编纂了《太平御览》《册府元龟》等大型类书，更是将类书编纂推向高峰。以往研究中多将这类文献用作辑佚，而缺乏一定深度的研究。类书的内容极其丰富，体现了一个特定历史时期编纂者对宇宙、社会、人生等各个领域的认知程度。对浩如烟海的历史资料进行筛选、加工、整合，这本身就体现了编纂者对于这些文献资料性质、内容的态度，因而类书本身还包含着特定历史阶段人们的思想观念，对于思想史、学术史的研究也应有相当的意义和价值。尤其是《太平御览》，这部类书为宋代学者李昉等奉敕编纂，始于太平兴国二年

（977），成书于太平兴国八年（984），该书对《毛诗》等大量古代《诗经》著述多有引用，从中可见宋初《诗经》学资源之一斑。①

《太平御览》（以下简称《御览》）卷首载有《〈太平御览〉经史图书纲目》（以下简称《图书纲目》），详细记载了引用的1689种书目的名称，其中涉及《诗经》的书目有：《毛诗》、《毛诗正义》、《毛诗义疏》、《毛诗传》、《毛苌诗注》、《毛诗题纲》、《韩诗内传》、《韩诗外传》、陆玑《诗草木虫鱼疏》、韦曜《毛诗问》、刘祯《毛诗义问》、郭璞《毛诗拾遗》、刘芳《诗笺音义正》、《诗含神雾》、《诗推灾度》、《诗纪历枢》，此外《五经异义》《五经通义》《五经正义》中也有一定数量与《诗经》相关的资料。尽管《图书纲目》乃后世好事者所作，并非编者所撰，但从了解《御览》整体文献状况的角度而言，还是有很好的参考价值的。需要注意的是，"《御览》引《诗》并非完全抄录原书，而是有直接转引自前代类书的部分"②，上述涉及《诗经》的书目中，《毛诗题纲》、韦曜《毛诗问》、刘祯《毛诗义问》、郭璞《毛诗拾遗》、刘芳《诗笺音义正》等隋唐时尚存，《毛诗注疏》《艺文类聚》《初学记》等唐代著述多有采撷，而至北宋初年这些作品多已亡佚，幸赖此等类书，后世才能窥见宋前《诗经》著述之一斑。对此，韩图《〈太平御览〉引〈诗〉考论》已经做了较为详细的梳理和讨论，不赘。

总之，尽管宋初的《诗经》学资源相对缺乏，但通过政府刻印、民间藏书等途径，这一时期《诗经》的传播仍不绝如缕，为后来《诗经》学的进一步发展奠定了基础。

二、宋初的传《诗》与用《诗》

随着宋初学术发展环境的日益改善，各阶层学习和研究《诗经》的兴趣

---

① 对《太平御览》中的《诗经》文献讨论，主要研究成果有韩图《〈太平御览〉引〈诗〉考论》，南京师范大学2012年硕士学位论文。该文主要考察《太平御览》引《诗》的异文问题，并通过与《艺文类聚》《初学记》对比，讨论了《御览》引《诗》与前代类书的关系。

② 韩图：《〈太平御览〉引〈诗〉考论》，南京师范大学2012年硕士学位论文，第68页。

也日益浓厚，文学创作以及日常用《诗》的情况相较于五代更为兴盛，尤其是这一时期的士大夫在教学活动中表现出对于《诗经》某种程度的喜好，如胡瑗（993—1059）就非常重视《诗经》在教育过程中感化人心的作用，《宋史》卷一五七《选举志》载：

> 时太学之法宽简，而上之人必求天下贤士，使专教导规矩之事。安定胡瑗设教苏、湖间二十余年，世方尚词赋，湖学独立经义治事斋，以教实学。皇祐末，召瑗为国子监直讲，数年，进天章阁侍讲，犹兼学正。其初人未信服，谤议蜂起，瑗强力不倦，卒以有立。每公私试罢，掌仪率诸生会于首善，雅乐歌诗，乙夜乃散。士或不远数千里来就师之，皆中心悦服。有司请下湖学，取其法以教太学。[①]

又《宋元学案》卷一《安定学案》载：

> 先生在学时，每公私试罢，掌仪率诸生会于肯善堂，合雅乐歌《诗》。至夜，乃散诸斋，亦自歌《诗》奏乐，琴瑟之声彻于外。[②]

《诗经》配乐自汉代就已无法查考，此处胡瑗教学活动过程中"合雅乐歌《诗》"当是其依据某些文献记载对《诗经》的重新配乐。胡瑗曾与阮逸奉敕撰《皇祐新乐图记》，《四库全书总目》云其事："仁宗景祐三年（1036）二月，以李照乐穿凿，特诏校定钟律，依《周礼》及历代史志立议范金。至皇祐五年（1053），乐成奏上，此其图记也。"[③] 由是推测，胡瑗依据其他典籍重新为《诗经》配乐是完全有可能的。那么，胡氏为何要为《诗经》配乐？又为何要在教学过程中率领学生合乐歌《诗》呢？这和胡瑗的政治理想有着必然的联系。胡瑗"十三通五经，即以圣贤自期许"[④]，弟子刘彝曾经评价其师："圣人之道，有体、有用、有文。君臣父子，仁义礼乐，历世不变者，其

---

① （元）脱脱等撰：《宋史》卷一五七，中华书局1985年版，第3659页。
② （清）黄宗羲撰：《宋元学案》卷一《安定学案》，中华书局1986年版，第28页。
③ （清）永瑢等纂：《四库全书总目·经部》，广西师范大学出版社2019年版，第997页。
④ （清）黄宗羲原撰，（清）全祖望补修：《宋元学案》卷一《安定学案》，中华书局1986年版，第24页。

体也。……国家累朝取士，不以体用为本，而尚声律浮华之词，是以风俗偷薄。臣师当宝元、明道之间，尤病其失，遂以明体达用之学授诸生。夙夜勤瘁，二十余年，专切学校，始于苏湖，终于太学，出其门者无虑数千人。故今学者明夫圣人体用，以为政教之本，皆臣师之功。"① "明体达用"乃是胡瑗学术思想的特点，胡氏一生笃信圣人之道，致力于建立一个合乎儒家理想的社会秩序，虽曾屡试进士不第，但这种失败丝毫没有降低他继续探讨经典的热忱，他以授徒讲学的方式自觉传播着儒家思想，如其讲学设立"经义""治事"二斋，"经义则选择其心性疏通、有器局、可任大事者，使之讲明《六经》。治事则一人各治一事，又兼摄一事，如治民以安其生，讲武以御其寇，堰水以利田，算历以明数是也。"②这种门类的划分明显是要为国家培养治国兴邦的人才，而其在教学过程中对于《诗经》的重视与使用也明显是对孔子"兴于《诗》，立于礼，成于乐"③ 理想的一种实践。

这一时期的传授者、学习者都非常注重《诗经》"兴观群怨"的功能，除上述胡瑗外，尚有赵惟吉诵《诗》之例。赵惟吉乃真宗时燕懿王之子，《宋史》载其事迹云：

> 惟吉好学，善属文，性至孝。孝章皇后抚养备至，亲为栉沐。咸平初，以太祖孝章画像、服玩、器用赐惟吉，岁时奠享，哀慕甚至。每诵《诗》至《蓼莪》篇，涕泗交下，宗室推其贤孝。④

《小雅·蓼莪》诗云：

> 蓼蓼者莪，匪莪伊蒿。哀哀父母，生我劬劳。
>
> 蓼蓼者莪，匪莪伊蔚。哀哀父母，生我劳瘁。

① （清）黄宗羲原撰，（清）全祖望补修：《宋元学案》卷一《安定学案》，中华书局1986年版，第25页。

② （清）黄宗羲原撰，（清）全祖望补修：《宋元学案》卷一《安定学案》，中华书局1986年版，第24页。

③ （宋）朱熹撰：《四书章句集注·论语集注》卷四《泰伯第八》，中华书局2012年版，第104—105页。

④ （元）脱脱等撰：《宋史》卷二四四，中华书局1985年版，第8679页。

瓶之罄矣，维罍之耻。鲜民之生，不如死之久矣。无父何怙？无母何恃？出则衔恤，入则靡至。

父兮生我，母兮鞠我。拊我畜我，长我育我，顾我复我，出入腹我。欲报之德。昊天罔极！

南山烈烈，飘风发发。民莫不穀，我独何害！南山律律，飘风弗弗。民莫不穀，我独不卒！①

《毛诗序》曰："《蓼莪》，刺幽王也。民人劳苦，孝子不得终养尔。"显然，赵惟吉诵《诗》并不完全是以《毛诗序》为依据的，而主要是受到诗中的"哀哀父母，生我劬劳""哀哀父母，生我劳瘁""父兮生我，母兮鞠我。抚我畜我，长我育我，顾我复我，出入腹我"等诗句的感染。这种读《诗》方式带有"赋诗言志"的味道，明显是对此前《诗经》"可以兴"传统的承继。尽管像赵惟吉诵《诗》这类的例子在目前所见宋初文献中并不甚多，但已有的这些例证足以说明，宋初《诗经》传播不仅仅有对《毛诗》的继承和发挥，还有"赋诗言志"等方式的存在。

三、宋初的《诗经》研究

（一）专治《诗经》者

为更好呈现宋初治《诗》者的相关情况，兹将搜集所得文献列表整理如表 1-4 所示。

表 1-4　宋初治《诗》情况统计表

人物	事迹	备注
张　雍	治《毛氏诗》，太祖开宝六年（973）及第	参见《宋史》卷三〇七

---

① （汉）毛亨传，（汉）郑玄笺，（唐）孔颖达疏，（唐）陆德明音释，朱杰人、李慧玲整理：《毛诗注疏》，上海古籍出版社 2013 年版，第 1115—1119 页。

人物	事迹	备注
宋 搏	治《毛氏诗》，太祖开宝八年（975），宋准典贡部，得第	参见《宋史》卷三〇七
胡 旦	旦字周父，滨州渤海人，博学能文辞，太宗太平兴国三年（978）举进士第一。喜读书，感于"《易》《诗》《书》《论语》，先儒传注得失参糅"（《崇文总目》语），著《演圣论》四十九卷辩正之，仁宗天圣中尝献于朝。则旦主要活动于太宗、真宗二代。 按：《毛诗演圣论》十卷，佚	《宋史》有传
王昭素	昭素生于904年，卒于982年，《宋史》有传，记其：博通《九经》，兼究《庄》《老》，尤精《诗》《易》	
周 式	真宗大中祥符中拜国子主簿，尝为岳麓书院山长。 《毛诗笺传辨误》二十卷，已佚	周式《毛诗笺传辨误》其书虽佚，然观其书名，乃考辨毛、郑之失所作。且其见称于朱子，则朱子《诗》学思想之变化亦有式之功哉
梅尧臣	生于1002年，卒于1060年，早期诗歌受西昆诗派影响，后强调诗骚传统，诗风随之改变。 《毛诗小传》二十卷，今佚	参见《宋元学案》卷四
李 象	据其《墓表》"熙宁九年（1076）十二月乙未君卒，寿六十三"，可推知其生于真宗大中祥符六年（1014）。 有《诗讲义》二十卷，今佚	参见《宋元学案补遗别附》卷二
宋 咸	咸字贯之。登仁宗天圣二年（1024）进士乙科，庆历元年除太常博士，知琼州。其著有《易训》《毛诗正记》《毛诗外义》《论语增注》《孔丛子注》等。又《福建通志·儒林传》载："宋咸除太常博士，知琼州，奏请设学，赐经史以变夷风，集诸生读经于先圣庙，建尊儒阁，暇日亲为讲授，由是州人始知为学。"	宋咸有《毛诗正记》三卷、《毛诗外义》二卷，均佚。 据《崇文书目》，《毛诗正记》《毛诗外义》作于真宗天禧中

人物	事迹	备注
周尧卿	尧卿字子俞，道州永明县人，天圣二年（1024）登进士第，积官至太常博士，通判饶州。学长于毛、郑《诗》和《左氏春秋》，著有《诗说》《春秋说》各三十卷	《诗说》三十卷，今佚

表1-4中所列人物多跨越真宗和仁宗二代，其中已经显露出《诗经》变革的一些信息。同时需要引起注意的是，这一时期并非完全守旧，一些有识之士也能够冲破传统注疏的限制，创发新义，对其后怀疑、思辨学风有一定的开启之功。如这一时期出现的胡旦《毛诗演圣论》、周尧卿《诗说》、周式《毛诗笺传辨误》，三书均已亡佚，但通过一些书目以及前人评述，仍然可以看到这些著作的一些特点。如《毛诗演圣论》，《崇文总目》记载了此书的撰述宗旨："以《易》、《诗》、《书》、《论语》，先儒传注得失参糅，故作论辨正之。"① 可见此书是为辨正"先儒传注得失"而作。周尧卿《诗说》，曾巩尝云："尧卿之学，不惑传注，问辨思索，以通为期。其学《诗》，以孔子所谓'《诗》三百，一言以蔽之曰，思无邪'，孟子所谓'说《诗》者，以意逆志，是为得之'，考经指归，而见毛、郑之得失，曰：'毛之《传》欲简，或寡于义理，非一言以蔽之者也；《笺》欲详，或远于情性，非以意逆志者也。'是可以无去取乎。"② 以孔子"思无邪"、孟子"以意逆志"为依据来考论毛、郑之失，其中明显可见作者怀疑进而超越汉唐《诗》学价值追求，而其努力的方向就是在"义理"与"情性"上超越汉唐——这也正是整个宋代《诗经》学的两种阐释取向。此外，周式《毛诗笺传辨误》仅从题目上即可见作者辨正"先儒传注得失"的撰述之旨。因而我们大体可以得出这样一个判断，《诗经》研究的疑古思辨之风在宋初即已出现，只不过在当时强大的守旧学风

---

① （宋）王尧臣等编：《崇文总目》，景印文渊阁《四库全书》本，台湾商务印书馆1986年版。
② （宋）曾巩撰，王瑞来校证：《隆平集校证》，中华书局2012年版，第438页。

中，这种研究的影响力是很小的，促进《诗经》学成熟的诸种条件尚在酝酿、成熟的过程之中。

（二）宋初其他学者对《诗经》的讨论

1. 孙奭《孟子注疏》中的《诗经》解读

孙奭（962—1033），博州博平人，也就是今山东茌平博平镇，其经学研究的成绩在宋初无疑是非常突出的，《宋史》载其事迹云：

> 孙奭字宗古，博州博平人。幼与诸生师里中王彻，彻死，有从奭问经者，奭为解析微指，人人惊服，于是门人数百皆从奭。……以经术进，守道自处，即有所言，未尝阿附取悦。……常掇《五经》切于治道者，为《经典徽言》五十卷。又撰《崇祀录》、《乐记图》、《五经节解》、《五服制度》。尝奉诏与邢昺、杜镐校定诸经正义、《庄子》、《尔雅》释文，考正《尚书》、《论语》、《孝经》、《尔雅》谬误及律音义。①

孙奭自幼便与诸生一起师从同乡王彻学习经学，王彻乃五代后唐同光三年（925）的状元，五代虽乱世，但齐鲁大地仍不废讲读，儒学传统被很好地保存下来，邢昺、石介、孙奭等山东诸儒在北宋儒学复兴过程中发挥了巨大的作用，鲁地这种浓厚的地域文化传统不能不说是一个重要的催化剂。孙奭研究经学的目的是"切于治道"，意即通经致用，充分挖掘儒家经典中有益于国家治理的内容。其采用的方法：一是"解析微指"，亦即揭示文本背后的"微言大义"，对其思想进行深入解读；二是校订纠谬，对此前刊刻的儒家经典中的谬误进行订正。由此可见，从其研究目的和方法来看，孙奭的经学研究仍主要是汉唐经学研究的路数。在孙奭众多著述中，《孟子正义》（以下简称《正义》）是其代表作，此书乃奉诏所作，对汉代赵岐《孟子注疏》多有

---

① （元）脱脱等撰：《宋史》卷四三一，中华书局 1985 年版，第 12801—12807 页。

发挥，宋初百余年科举中有关《孟子》的考试当以此为本。此书涉及众多《诗经》评述，且释《诗》一准诸赵岐《章句》，一准诸《毛诗》郑《笺》，兹举数例以明之。

（1）准诸《章句》例

孙奭《正义》往往据赵岐《章句》引申发挥，很多注解基本没有跳出赵注的范围，如《孟子》中"王曰：'大哉言矣！寡人有疾，寡人好勇。'对曰：'王请无好小勇。夫抚剑疾视，曰：彼恶敢当我哉，此匹夫之勇，敌一人者也。王请大之。《诗》云：王赫斯怒，爰整其旅，以遏徂莒，以笃周祜，以对于天下。此文王之勇也。文王一怒而安天下之民。'"① 赵岐注云："《诗·大雅·皇矣》之篇也。言文王赫然斯怒，于是整其师旅，以遏止往伐莒者，以笃周家之福，以扬名于天下。文王一怒而安民，愿王慕其大勇，无论匹夫之小勇。"② 孙奭《正义》曰：

> 《诗》云："王赫斯怒，爰整其旅，以遏徂莒，以笃周祜，以对于天下"者，此《诗·大雅·皇矣》之篇文也，孟子所以引此者，盖欲言文王之勇而陈于王也，故曰此文王之勇也。其《诗》盖言文王赫然大怒，以整其师旅，以止往伐莒，以笃厚周家之福，以扬天下之名也。言文王亦一怒而安天下之民者，谓文王亦以此一怒而安天下之民也。③

孙注与赵注完全一致。对《皇矣》中的这几句诗，郑《笺》云："文王赫然与其群臣尽怒曰：'整其军旅而出，以却止徂国之兵众。'以厚周当王之

---

① （先秦）孟轲撰，（汉）赵岐注，（宋）孙奭疏：《孟子注疏》，《十三经注疏》，中华书局2009年版，第5817—5818页。
② （先秦）孟轲撰，（汉）赵岐注，（宋）孙奭疏：《孟子注疏》，《十三经注疏》，中华书局2009年版，第5818页。
③ （先秦）孟轲撰，（汉）赵岐注，（宋）孙奭疏：《孟子注疏》，《十三经注疏》，中华书局2009年版，第5818页。

福，以答天下乡周之望。"① 赵注与郑《笺》在意思上大体一致，但郑《笺》突出文王出兵的目的是为了"以答天下乡周之望"，而赵注则要突出文王所谓的"扬名于天下"，二者还是略微有些不同的。此外，还有些例子表明赵岐对《诗经》的理解与郑玄等存在明显的差异，而孙奭基本上依据的是赵注，如《孟子》："老而无妻曰鳏，老而无夫曰寡，老而无子曰独，幼而无父曰孤。此四者天下之穷民而无告者，文王发政施仁，必先斯四者。《诗》云：哿矣富人，哀此茕独。"② 赵岐注云："《诗·小雅·正月》之篇。哿，可也。诗人言居今之世可矣，富人但怜悯此茕独羸弱者耳。文王行政如此也。"③ 孙奭《正义》据此发挥："《诗》云：'哿矣富人，哀此茕独'者。哿，可也，盖《诗》之《小雅·正月》之篇文也。其意盖言当今之世可矣，富人但先哀悯此茕独羸弱者耳。"④ 明显可见，《正义》的解释与《章句》几乎完全相同，都是强调在文王行政的感召下，富人怜悯那些茕独羸弱之人。《毛诗序》释《小雅·正月》云："《正月》，大夫刺幽王也。"⑤ 郑玄《毛诗故训传笺》据此解释"哿矣富人，哀此茕独"云："此言王政如是，富人犹可，茕独将困也。"⑥ 意谓在幽王的暴政之下，富人尚可存活，而鳏寡孤独之人则生活将更加困顿。《孟子》引《诗》为证，这种引证明显是服务于其思想表达的，他关注的不是整首诗的题旨，而是其中某些诗句的意思，这和春秋时代"赋诗言志，余取所需"对《诗经》的使用，在方法上是一样的。赵岐据《孟子》之意进行解

---

① （汉）毛亨传，（汉）郑玄笺，（唐）陆德明音义，孔祥军点校：《毛诗传笺》，中华书局 2018 年版，第 371 页。

② （先秦）孟轲撰，（汉）赵岐注，（宋）孙奭疏：《孟子注疏》，《十三经注疏》，中华书局 2009 年版，第 5821 页。

③ （先秦）孟轲撰，（汉）赵岐注，（宋）孙奭疏：《孟子注疏》，《十三经注疏》，中华书局 2009 年版，第 5821 页。

④ （先秦）孟轲撰，（汉）赵岐注，（宋）孙奭疏：《孟子注疏》，《十三经注疏》，中华书局 2009 年版，第 5822 页。

⑤ （汉）毛亨传，（汉）郑玄笺，（唐）孔颖达疏，（唐）陆德明音释，朱杰人、李慧玲整理：《毛诗注疏》，上海古籍出版社 2013 年版，第 1014 页。

⑥ （汉）毛亨传，（汉）郑玄笺，（唐）孔颖达疏，（唐）陆德明音释，朱杰人、李慧玲整理：《毛诗注疏》，上海古籍出版社 2013 年版，第 1014 页。

读，孙奭又对赵岐之意进行发挥，其释《诗》的内在理路也是一致的。

（2）准诸《毛诗》郑《笺》例

如前所述，宋初政府组织刻印了大量《毛诗》典籍，孙奭所处时代基本上是《毛诗》郑《笺》孔《疏》的天下，孙氏身处其中，受其影响自不待言，但我们发现赵岐在注解《孟子》时，对其中涉及《诗经》的内容，往往与《毛诗》郑《笺》多有不同，金前文在《赵岐、高诱〈诗经〉学渊源再考》中曾提出："清陈寿祺、陈乔枞父子在辑考汉《诗经》学齐鲁韩三家遗说时断定赵岐、高诱所习为鲁诗。比照相关文献，这种看法具有极大的主观性和随意性。客观地讲，赵岐、高诱的《诗经》学渊源应该为韩诗。"① 不论赵岐《诗经》学是《鲁诗》，还是《韩诗》，均不同于《毛诗》、郑《笺》。这就造成了孙奭在利用赵注注解《孟子》时，一方面利用引申发挥赵注；另一方面又有不同于赵注对《诗经》的理解，如《孟子》云："齐宣王问曰：'交邻国有道乎？'孟子对曰：'有。惟仁者为能以大事小，是故汤事葛，文王事昆夷。'"② 赵岐注云："葛伯放而不祀，汤先助之祀。《诗》云：'昆夷兑矣，惟其啄矣。'谓文王也。是则圣人行仁政，能以大事小者也。"③ 孙奭《正义》曰：

> "《诗》云：'昆夷兑矣，惟其喙矣'，谓文王也"者，盖引《大雅·绵》之篇文也。《笺》云："昆夷，夷狄国也。见文王之使者将士众过己国，则惶怖惊走，奔突入柞棫之中而逃，甚困剧也。"又云："骃，突也。喙，困也。"赵注引此而证以解作文王事昆夷，大与《诗》注不合。又云："大王避狄，文王伐昆夷，成道兴国，其志一也。"是文王未尝事之也。今孟子乃曰"文王事昆夷"者，昆夷，

① 金前文：《赵岐、高诱〈诗经〉学渊源再考》，《天中学刊》2007 年第 4 期。
② （先秦）孟轲撰，（汉）赵岐注，（宋）孙奭疏：《孟子注疏》，《十三经注疏》，中华书局2009 年版，第 5817 页。
③ （先秦）孟轲撰，（汉）赵岐注，（宋）孙奭疏：《孟子注疏》，《十三经注疏》，中华书局2009 年版，第 5817 页。

西戎之国也，《诗》之《采薇》云"文王之时，西有昆夷之患"，注云"昆夷，西戎也"是也。今据《诗》之笺云乃曰伐昆夷，与孟子不合者，盖文王始初事之，卒不免，故伐之也。始初之时，乃服事殷之时也。赵注引"昆夷兑矣，惟其喙矣"，盖失之矣。①

孙奭认为赵岐注解中"《诗》云：'昆夷兑矣，惟其喙矣'，谓文王也"与郑《笺》大不相合，而从其意思来看是倾向于郑《笺》的。为调和郑《笺》与《孟子》的不同，孙氏做出了"今据《诗》之笺云乃曰伐昆夷，与孟子不合者，盖文王始初事之，卒不免，故伐之也。始初之时，乃服事殷之时也"的解释。又如《孟子》中："狗彘食人食而不知检，涂有饿莩而不知发。"② 赵岐《章句》云："饿死者曰莩。《诗》曰'莩有梅'。莩，零落也。"③ 孙奭《正义》曰："'饿死者曰莩。《诗》曰：莩有梅。莩，零落也者。'案《毛诗》而言也，《毛诗》云：'莩，落也'，《笺》云：'梅实尚余而未落'，是其解也。"④ 赵岐引《诗》作"莩有梅"，而《毛诗》作"摽有梅"，尽管赵注"莩，零落也"与《毛传》"摽，落也"的解释基本相同，但异文的存在表明赵注和《毛诗》应当分属两个不同的《诗》学系统，对此王先谦《诗三家义集疏》有详细介绍，不赘。⑤ 孙注仅仅依据二者解释的相似性，而忽略了其中的异文，直接将赵注判定为是《毛诗》的解释，显然是不对的，由之可见，孙奭对赵岐的《诗经》学背景是缺乏一定了解的。但这个例子同时也说明，《毛诗》郑《笺》在宋初士大夫建构属于自己时代《诗经》

---

① （先秦）孟轲撰，（汉）赵岐注，（宋）孙奭疏：《孟子注疏》，《十三经注疏》，中华书局2009年版，第5818页。

② （先秦）孟轲撰，（汉）赵岐注，（宋）孙奭疏：《孟子注疏》，《十三经注疏》，中华书局2009年版，第5798页。

③ （先秦）孟轲撰，（汉）赵岐注，（宋）孙奭疏：《孟子注疏》，《十三经注疏》，中华书局2009年版，第5798页。

④ （先秦）孟轲撰，（汉）赵岐注，（宋）孙奭疏：《孟子注疏》，《十三经注疏》，中华书局2009年版，第5899页。

⑤ （清）王先谦撰，吴格点校：《诗三家义集疏》，中华书局1987年版，第101页。

学的过程中仍是他们最主要的学术资源。

此外，需要指出的是，《孟子》引《诗》论《诗》对宋代《诗经》阐释也产生了很大的影响，如上举《小雅·正月》例，南宋朱熹《诗集传》释"哿矣富人，哀此茕独"云："乱至于此，富人犹或可胜。茕独甚矣。此孟子所以言文王发政施仁，必先鳏寡孤独也。"① 其中"乱至于此，富人犹或可胜，茕独甚矣"源自郑《笺》"富人犹可，茕独将困也"，而后半句"此孟子所以言文王发政施仁，必先鳏寡孤独也"则出自《孟子》。朱子的解释前后文意不甚连贯，似乎有意在调和《郑笺》和《孟子》的抵牾之处。究其原因，在宋代《孟子》日益受到重视的文化语境下，其解《诗》条目在整个《诗经》解读体系中的价值也越来越大，而朱熹对《孟子》尤为青睐，其释《诗》也肯定会关注到《孟子》中的相关材料。

2. 石介的《诗经》解读

石介（1005—1045）是"宋初三先生"之一，其治学风格带有明显的通经致用特点，如其《乙亥冬富春先生以老儒醇师居我东齐济北张洞》诗中所云：

> 续作六经岂必让，焉无房杜廊庙资。吁嗟斯文敝已久，天生吾辈同扶持。二人勉旃吾不惰，先生大用终有时。当以斯文施天下，岂徒玩书心神疲。②

这几句诗有两点值得注意：一是石介"续作六经"的宏伟抱负，石介对韩愈非常崇拜，并且勾勒了从孔子直至韩愈的一个道统谱系，其《尊韩》篇云：

> 道始于伏羲氏，而成终于孔子。道已成终矣，不生圣人可也。故自孔子来二千余年矣，不生圣人。若孟轲氏、扬雄氏、王通氏、韩愈氏，祖述孔子而师尊之，其智足以为贤。孔子后，道屡塞，辟

---

① （宋）朱熹集撰，赵长征点校：《诗集传》，中华书局 2017 年版，第 204 页。
② （宋）石介撰，陈植锷点校：《徂徕石先生文集》，中华书局 1984 年版，第 19—20 页。

于孟子，而大明于吏部。道已大明矣，不生贤人可也。故自吏部来三百有年矣，不生贤人。①

孟子、扬雄、王通、韩愈构成了孔子之后的"贤人"系统，在其他文章中，石介也曾反复提到这一系统，如《上赵先生书》中"《传》曰：'五百年一贤人生'，孔子至孟子，孟子至杨子，杨子至文中子，文中子至吏部。"②《上范思远书》云其"能存周公、孔子、孟轲、扬雄、文中子、吏部之道"③等。这一系统中的人物均以明道为己任，在石介看来，经过孟子等人的阐发，儒家之道已经昌明于天下，所以从韩愈之后就再没有贤人出现了。问题在于，经过韩愈宣扬的这一道统观，又逐渐在走下坡路，而石介希望他这一时代有担当的学者能够以道统自任，积极承担起传承儒家大道的责任，自然他也是有着这样的理想和目标的。至于如何实现这一理想和目标，一个重要的方式就是对六经的仿作，即石介所谓的"续作六经"，进而确认这些经典的价值和地位，如其曾模仿《诗经》中的三颂创作过《宋颂》九首，这九首作品除每首四言句式同于三颂外，还模仿《毛诗序》，在每一首诗题之下加了一个序，对要歌颂的一些宋代历史事件进行说明，如其中《汤汤》，《序》为："太祖皇帝收蜀，取孟昶也。"其诗曰：

汤汤其江，区区尔孟。一夫当关，不知天命。蚁固于穴，蛙负于井。咫尺之地，为可以骋。彼以险守，我以德怀。王师东来，函谷自开。蜀虏授首，呼号哀哀；蜀人鼓舞，与我偕来。昔时蜀道，绝人来往；今蜀既平，王道荡荡。尉侯一置，朝贡相望，巍巍皇祖，德声远畅。④

诗末还有"《汤汤》三章，章八句"，这完全是《毛诗》的格式。此外，

---

① （宋）石介撰，陈植锷点校：《徂徕石先生文集》，中华书局1984年版，第79页。
② （宋）石介撰，陈植锷点校：《徂徕石先生文集》，中华书局1984年版，第138页。
③ （宋）石介撰，陈植锷点校：《徂徕石先生文集》，中华书局1984年版，第152页。
④ （宋）石介撰，陈植锷点校：《徂徕石先生文集》，中华书局1984年版，第3—4页。

石介在九首诗之前，用了很大的篇幅介绍其创作宗旨，第一句即为"《诗序》曰：颂者，美盛德之形容，以其成功告于神明者也"。明示其创作《宋颂》乃延续《诗经》颂诗创作的传统，其后在列举了太祖、太宗、真宗、仁宗的功绩后说道：

> 天清地明，日烛月霁。其功也如此，鸿烈景铄，乃可作为歌、诗、雅、颂，流于金石，被于管弦，报天地而奏宗庙，感昆虫而和夷貊矣。故周有《清庙》、《生民》、《臣工》、《天作》、《雍》、《潜》、《酌》、《武》，汉有《中和》、《乐职》、《圣主得贤臣》，唐有《晋阳武》、《兽之穷》、《泾水黄》、《奔鲸沛》、《淮夷》、《方城》、《元和圣德》诸篇。臣介窃拟前人，辄取太祖、太宗、真宗、陛下功德之尤著见者，为《宋颂》九篇。[1]

更加明确地指出《宋颂》的创作溯源于《诗经》中的颂诗，这和前面提到的他要"续作六经"的理想是一致的。此外，石介对《诗经》研究尽管极少，但亦能从这些很少的材料中看到其所处时代治《诗》风气的转变。石介在《上范思远书》一文向范思远推荐士建中，云其"通明经术，不由注疏之说"[2]，士建中谙熟经学，而且能够跳出汉唐注疏的束缚，石介明确提出这条推荐理由，在一定程度上说明他是认可这种治经理念和方法的。据陈植锷先生《石介事迹著作编年》考察，《上范思远书》作于仁宗明道二年（1033）九月三十日。这一时期，包括《诗经》学在内的学术革新逐渐形成风气，"不由注疏之说"也成为此期评判学者水准高低的一个重要标尺，这由石介对士建中的评价亦可窥一斑。又如穆修（979—1032），《宋史》卷四四二《文苑传》载其"幼嗜学，不事章句"。而石介本人也有着与之类似的意识，并将其运用于学术实践。如其《释〈汝坟〉卒章》："其末句云：'父母孔迩'，康成谓：'此勤劳之处，或时得罪，父母甚近，当念之，以免于害。'夫纣之苛政

---

① （宋）石介撰，陈植锷点校：《徂徕石先生文集》，中华书局 1984 年版，第 2 页。
② （宋）石介撰，陈植锷点校：《徂徕石先生文集》，中华书局 1984 年版，第 151 页。

亦甚矣，烈如猛火，不可向迩，虽慈父慈母，又岂能恤其子哉？以谓父母，指文王言之。王室虽酷烈，民不堪其苦，文王之化行乎汝坟之国，被文王之德厚，戴之如父母也。……康成似未达诗人之旨，故释之。"① 《汝坟》最后一章中"父母孔迩"，《郑笺》未对"父母"作引申发挥，而石介则认为"以为父母，指文王言之"，将父母释作"文王"，自然这句诗的意思就被理解成文王道德淳厚，对待百姓就像父母对待子女一样。此诗的题旨，《毛诗序》释为："《汝坟》，道化行也。文王之化行乎汝坟之国，妇人能闵其君子，犹勉之以正也。"② 郑《笺》据此发挥："言此妇人被文王之化，厚事其君子。"③ 但在解释"鲂鱼赪尾，王室如燬"时，郑玄则据《毛诗故训传》"赪，赤也。鱼劳则尾赤。燬，火也。"④ 进一步指出这是"君子仕于乱世，其颜色瘦病，如鱼劳则尾赤。所以然者，谓王室之酷烈，是时纣存。"⑤ 将此诗产生的时间定为商纣时期。如依此理解，则的确其后"此勤劳之处，或时得罪，父母甚近，当念之，以免于害"的解释就显得有些牵强，所以石介依据《毛诗序》的解释，将"父母"释作"文王"，这样与《毛诗序》的解释更为贴近，似乎也更圆融一些。石介的这一解读有两点值得注意：一是其解《诗》仍依据的是《毛诗序》，这也是这一时代几乎所有学者理解诗意最主要的依据；二是其对郑《笺》的质疑，这与上述周尧卿等人在学术理念上是一致的，也就是说，石介等人力图使诗意的理解更加圆满周详，这应是此期众多学者治学的一个共同特点，又如冯元（975—1037），《宋史》卷二九四《冯元传》载其事

① （宋）石介著，陈植锷点校：《徂徕石先生文集》，中华书局1984年版，第80页。
② （汉）毛亨传，（汉）郑玄笺，（唐）孔颖达疏，（唐）陆德明音释，朱杰人、李慧玲整理：《毛诗注疏》，上海古籍出版社2013年版，第74页。
③ （汉）毛亨传，（汉）郑玄笺，（唐）孔颖达疏，（唐）陆德明音释，朱杰人、李慧玲整理：《毛诗注疏》，上海古籍出版社2013年版，第74页。
④ （汉）毛亨传，（汉）郑玄笺，（唐）孔颖达疏，（唐）陆德明音释，朱杰人、李慧玲整理：《毛诗注疏》，上海古籍出版社2013年版，第77页。
⑤ （汉）毛亨传，（汉）郑玄笺，（唐）孔颖达疏，（唐）陆德明音释，朱杰人、李慧玲整理：《毛诗注疏》，上海古籍出版社2013年版，第77页。

迹云：

> （冯）元幼从崔颐正、孙奭为《五经》大义，与乐安孙质、吴
> 陆参、谯夏侯圭善，群居讲学，或达旦不寝，号"四友"。进士中
> 第，授江阴尉。时诏流内铨取明经者补学官，（冯）元自荐通《五
> 经》。谢泌笑曰："古治一经，或至皓首，子尚少，能尽通邪？"对
> 曰："达者一以贯之。"更问疑义，辨析无滞。①

治学追求"一以贯之"之道，追求融通，并且能够做到"辨析无滞"，其
中必然包含着对前人注疏的扬弃。或者可以说，石介等人已经逐渐发现了
《毛传》、郑《笺》、孔《疏》与《诗经》文本、《毛诗序》的抵牾之处，并试
图去寻找一些弥合之道。然而，由于新的学风正在形成之中，他们可资参考
的资源必定是非常有限的，因而其对经学的革新也必然是局部的、点滴的，
但涓涓细流必将汇成大江大河，这些点滴、局部的革新也必然会触发后来
者的思考与跟进，成为后世学术革新的一种重要资源，如后来南宋朱熹
《诗集传》释《汝坟》卒章即云："父母，指文王也。……然文王之德如父
母然。……一说，父母甚近，不可以懈于王事而贻其忧。亦通。"② 尽管朱
熹没有明言其解释的来源，但明显可见其与上述石介观点的联系。我们有
理由相信，宋初学者的众多观点也被后世学者或显或隐地继承下来，成为
宋代《诗经》学进一步变革的资源和动力，因而对其在学术史上的地位也
应给以公允的评价。

---

① （元）脱脱等撰：《宋史》卷二九四，中华书局 1985 年版，第 9821 页。
② （宋）朱熹撰，赵长征点校：《诗集传》，中华书局 2017 年版，第 10—11 页。

第二章　师古与用今的结合

——仁宗、英宗朝的《诗经》研究

　　1023 年，仁宗即位，其时年纪尚小，由刘太后垂帘听政处理国事，1033 年刘太后死后仁宗开始亲政，至 1063 年驾崩，统治时间长达四十余年。在仁宗统治期间，大宋王朝社会稳定，经济发展，科技文化进步，堪称有宋一代的盛世，《宋史》评价其云："忠厚之政，有以培壅宋三百余年之基。"① 这一时期也是宋代学术发展的一个关键阶段，对后来宋学的发展产生了深远影响。经过宋初三朝几十年的沉淀，学术领域积累的能量终于在仁宗时代释放出来。同时，尽管仁宗统治期间政治大体平稳，但由于宋初即已逐渐形成的守成理念和由此搭建的治理框架，日益暴露出如"三冗三费"等诸多弊端，因此政治改革在仁宗朝也势在必行，范仲淹"庆历新政"即是这一大的时代背景下出现的。为适应轰轰烈烈的改革运动，为政治改革提供理论参考和支持，欧阳修、范仲淹等延续前辈师古用今的治学传统，努力在儒家经学中寻找着资源。因此，审视这一时期包括《诗经》学在内的经学成绩，就要特别留意其师古用今、切于治道的特点。

　　需要补充说明的是，之所以将仁宗和英宗二朝置于一个大的历史阶段进

---

　　① （元）脱脱等撰：《宋史》卷一二，中华书局 1985 年版，第 251 页。

行考察，原因在于，英宗在位仅 4 年（1064—1067），时间短暂，因此将其归入仁宗朝余绪亦无不可。此外，仁宗在位四十余年，其间学术发展也经历了几个阶段。对此，赵瑞广《庆历之际的文化转型：宋学的历史生成》一文曾将其划分为三个时段，即"天圣—康定年间（1023—1041）：宋学的酝酿发生期""庆历—皇祐年间（1041—1054）：宋学的兴起，疑经变古思潮涌现""至和—嘉祐年间（1054—1063）：宋学的发展期，'道德性命'之学流行，形成众多理学思想体系，文学转型进一步发展"①。考察宋学发展的实际状况，庆历之前的确延续了此前宋初三朝的风格，庆历至皇祐间，得力于范仲淹等人的大力推动，宋学风格才逐渐成型，而至和之后十余年间，邵雍、张载、程颐等开始崭露头角，宋代诸多理学流派也开始酝酿并产生了一定的影响。因此，上述时段的划分是可行的，本书即大体依照这种时段的划分，并将第三个阶段延至英宗治平四年（1067）。

第一节　庆历新政与庆历学术

一、庆历新政的革新之道

经过宋初三朝的发展，到仁宗统治时期，宋王朝在政治、经济、思想等方面都有了一定的基础，但在前期发展过程中积累的一些矛盾在这一时期也集中显现出来，迫切需要一场改革来调整统治策略以去旧立新，实现王朝的长治久安。

北宋政府通过恩荫、科举等制度途径，拓宽了地主阶级以及自耕农阶层出身的知识分子参政的渠道。这些制度的推行为宋王朝的政权建设培养了大批人才，但由此也不可避免地带来了官僚机构日益膨胀的弊病，如阁门祗候一职，太祖末年不过三五员，到真宗天禧元年（1017）已经"逾数百而除授

---

① 赵瑞广：《庆历之际的文化转型：宋学的历史生成》，浙江大学 2010 年博士学位论文。

未已"①，这些"冗官"不仅数量庞大，而且只拿俸禄，不办实事，成为国家财政巨大的负担，同时也是行政效率低下的根源。另外，军队数量逐渐增多，太祖末年，禁军等军队共有 37.8 万人，到真宗天禧年间（1017—1021）达到了 91.2 万人，数量增加了一倍半，仁宗宝元二年（1039），大臣富弼为此感叹："自来天下财货所入，十中八九赡军。军可谓多矣，财可谓耗矣。"② 但庞大的军队数量并未对宋朝边境的稳固发挥多大作用，宋王朝在与少数民族政权的军事斗争中屡吃败仗，边患连年不断。仁宗宝元元年（1038），元昊称帝，继而攻打宋朝，宋夏战争，宋军接连大败；庆历二年（1042），辽国又趁机勒索，这些都从外部刺激了宋王朝变革的迫切要求。除冗官、冗兵外，宋王朝的财政开支也非常巨大，如单郊祀费用一项，真宗景德（1004—1007）年间岁支 600 万缗，到了仁宗皇祐年间（1049—1053）就增加到 1200 万缗，由此也带来了"冗费"的问题，并加重了人民的负担。加之吕夷简、丁谓等宰执大臣为了擅权钩心斗角，结党营私，排挤异己，宋王朝政治风气日益腐朽堕落。其间，各地士卒与平民的暴力反抗也时有发生。

内忧外患，使仁宗感受到了统治的危机。为此，他调整了宰执班子，用晏殊和章得象为相，范仲淹和贾昌朝为参知政事，杜衍为枢密使，韩琦和富弼为枢密副使。庆历三年（1043）九月，范仲淹上《答手诏条陈十事》奏章，拉开了庆历新政的序幕，这十件事分别是：明黜陟、抑侥幸、精贡举、择官长、均公田、厚农桑、修武备、减徭役、覃恩信、重命令，所论的十事，概而言之，包括整顿吏治、改革教育考试制度、加强武备和发展生产四个方面。这些措施是非常具体的，其背后有着一套明确的方针和宗旨，在《答手诏条陈十事》之前，范仲淹曾写下过一段文字，惜之被《宋史》删节，而它是非常重要的，其中对范仲淹推行改革的基本方针多有阐发，今据《全宋文》过录如下：

---

① （宋）李焘撰：《续资治通鉴长编》卷九〇，中华书局 2004 年版，第 2078 页。

② （宋）李焘撰：《续资治通鉴长编》卷一二四，中华书局 2004 年版，第 2928 页。

臣闻历代之政久皆有弊，弊而不救，祸乱必生。何哉？纲纪浸隳，制度日削，恩赏不节，赋敛无度，人情惨怨，天祸暴起。惟尧舜能通其变，使民不倦。《易》曰："穷则变，变则通，通则久。"此言天下之理有所穷塞，则思变通之道；既能变通，则成长久之业。我国家革五代之乱，富有四海，垂八十年，纲纪制度，日削月侵，官壅于下，民困于外，夷狄骄盛，寇盗横炽，不可不更张以救之。然则欲正其末必，端其本；欲清其流，必澄其源。臣敢约前代帝王之道，求今朝祖宗之烈，采其可行者条奏。愿陛下顺天下之心，力行此事，庶几法制有立，纲纪再振，则宗社灵长，天下蒙福。[1]

范仲淹引《周易》"穷则变，变则通，通则久"作为立论依据，强调必须要进行改革，只有改革才能成就长久之业。"穷则变，变则通，通则久"出自《周易·系辞》，按照《周易》的思想，卦爻的阴阳推移到尽头，便会发生相互转化，所以卦象代表一个生生不息的循环系统。范仲淹引用这套理论来评议时事，其所谓"穷"显然指经过八十多年的发展，宋王朝的政治问题日益凸显，已经到了不得不加以解决的地步，如"纲纪制度日削月侵，官壅于下，民困于外，敌人骄盛，寇盗横炽"等积弊如不迅速解决，必然会影响宋王朝统治的长治久安。如何解决这些问题，在范仲淹看来必须运用《易》学原理，采取主动变革。同时，范仲淹认为，重建纲纪法度的根本措施是"约前代帝王之道，求今朝祖宗之烈"，也就是说要汲取前代帝王和祖宗的治国经验来进行改革，依托这些治国经验来推行改革，变法的合理性不证自明。这一措施看似顺理成章，但其中存在的一些理论上的问题也随之凸显出来，即"前代帝王之道"和"今朝祖宗之烈"是否适用于当下的政治？实际上，如果从历史的因果关系上来看，庆历时期暴露的各种积弊其实正是由于长期奉行祖宗法度的结果，因而"求今朝祖宗之烈"作为一种策略的意义可能远大于其实

---

① 曾枣庄、刘琳主编：《全宋文》卷三七二，上海辞书出版社 2006 年版，第 101—102 页。

际意义。另外，前代帝王成功的经验，如汉代的文景之治和唐代的贞观之治等，也可以取以为资，不同于后来的王安石认为汉唐之治只是小康不足为法，推行庆历新政的范仲淹、欧阳修等人对汉文帝和唐太宗的评价是非常高的。但是，庆历年间政治的衰象已成，毕竟与汉唐时代的政治环境有着很大的不同，"文景之治"和"贞观之治"均是一种开国气象，庆历无法相比；仁宗更是无法与汉代文景二帝和唐太宗相比，至于"文景之治"推崇的黄老无为，正是庆历新政力图克服的。所以，完全复制汉唐的治国经验也是不可能的，而由其经验统摄出的政治宪纲也一定不会完全符合革除弊政的时代需要。这种政治环境的差异，决定了庆历诸贤必然会越过汉唐，走向上一路，即从尧、舜、禹和夏、商、周等远古的政治典范中寻求重建政治宪纲的理论依据。远古的政治典范都记录在儒家的"六经"中，因而振兴儒学以扶救时弊就必然成为题中应有之义，如孙复致书范仲淹云："虞夏商周之治，其不在《六经》乎？舍《六经》而求虞夏商周之治，犹泳断湟污渎之中而望属于海也，其可至哉？"① 由之，敦崇经学逐渐成为这一时代的最强音。

二、师古与用今的理论思考

庆历学者选择"六经"并以此作为重建政治宪纲的依据，这一过程伴随着对宋初黄老之学等异质因素的批判和清除，而这也是庆历儒学破沉滞的一个重要突破口。宋初三朝统治者在实际的政治运作中虽然更重视儒家的治世功能，但在政治宪纲的选择上也不断摇摆于儒家"有为"和道家"无为"之间，这从太宗晚年全力倡导清静无为的黄老思想以及真宗对道教的崇信可窥见一斑。真宗在景德三年（1006）即下诏崇道："老氏之言，实宗于妙，能仁垂教，盖诱夫群迷，用广化枢，式资善利。"② 还为《道德经集注》撰序云：

---

① （宋）孙复撰：《孙明复小集·文·寄范天章书二》，景印文渊阁《四库全书》本，台湾商务印书馆 1986 年版。

② （宋）李攸撰：《宋朝事实》卷七，景印文渊阁《四库全书》本，台湾商务印书馆 1986 年版。

"《道》《德》二经，治世之要道。"同时，儒家经典《论语》中也有孔子赞美舜"无为而治者其舜也与?"① 这更容易给"无为"政治理论的支持者以口实，因而要重建政治宪纲，必须对"无为"思想进行辨析，扫除这一政治方针的影响。孙复《无为指》可为这一方面的代表。在文章中，孙复针对孔子赞美舜的典故进行了辨析，指出虞舜所谓的"无为"并非无所事事，不理政务，因为根据《尚书》的记载，舜在位时有过大量的政务活动，但为何孔子会评价其"无为"呢? 这就深入问题的所以然层面了。对此，孙复云：

> 舜既受尧禅，夙夜兢兢，惧德弗类。以天下者，尧之天下也，不以尧之道治之，则其天下之民有不得其所者矣。于是尽履尧之道行之，俾其天下之民，不异于尧之世也。舜居位既久，复以尧之天下、尧之道，尽与之禹，此舜之德，其可谓大德也矣。夫舜之天下，尧之天下也；舜之道，尧之道也。舜始得之于尧，而终传之禹，此舜之无所为也章章矣。②

其中"尧之道"即尧所开创确立的政治宪纲，而舜的"无为"乃是遵循尧的政治宪纲而不改变，因为尧的宪纲足以让百姓安居乐业，因而无须改变。孙复对此的发挥其实有着强烈的所指，在文章中他明确指出写作此文的目的在于"庸为帝天下者戒"，并将批判的矛头直接指向了"后之帝天下者"：

> 后之帝天下者，不思虞帝之德，而慕虞帝之无为，吾未见其可也。三代而下不思虞帝之大德，而冒虞帝之无为者众矣。又以世之险佞偷巧之臣，或启导之，既不陈虞帝之大德，以左右厥治，则枉引佛老虚无清净、报应因果之说，交乱乎其间，败于君德，吁，可痛也!③

---

① 杨伯峻著：《论语译注》，中华书局 2017 年版，第 229 页。

② （宋）孙复撰：《孙明复小集·文·无为指上》，景印文渊阁《四库全书》本，台湾商务印书馆 1986 年版。

③ （宋）孙复撰：《孙明复小集·文·无为指下》，景印文渊阁《四库全书》本，台湾商务印书馆 1986 年版。

引发孙复痛惜之情的不仅仅是历史上那些失败君王的例子，更为重要的是仁宗当时的政事。仁宗"临朝则多羸形倦色，决事如不挂圣怀"① 的表现以及"颇以好名为非，意在遵守故常"② 的保守政治态度引起包括孙复在内朝野众多士大夫的担忧，如田况在庆历新政推行前一个月的上疏中就指出：

> 方今政令宽弛，百职不修，二虏炽结，凌慢中国。朝廷恫矜下
> 民，横罹杀掠，竭沥膏血，以资缮备，而未免侵轶之忧。故屈就讲
> 和，为翕张予夺之术。自非君臣朝夕耻愤，大有为以遏后虞，则势
> 可忧矣。陛下若恐好名而不为，则非臣之所敢知也。陛下倘奋乾刚，
> 明听断，则有英睿之名；行威令，慑奸凶，则有神武之名；斥奢汰，
> 革风俗，则有崇俭之名；澄冗滥，轻会敛，则有广爱之名；悦亮直，
> 恶谄媚，则有纳谏之名；务咨询，达壅蔽，则有勤政之名；责功实，
> 抑偷幸，则有求治之名。今皆非之而不为，则天下何所望乎？抑又
> 圣贤之道曰名教，忠谊之训曰名节，群臣诸儒所以尊辅朝廷，纪纲
> 人伦之大本也。陛下从而非之，则教化微，节义废，无耻之徒争进，
> 而劝沮之方不行矣，岂圣人率下之意耶？③

田况结合政治形势的分析，希望仁宗能够振奋精神，以儒家思想为指导来改变现实不利的政治局面，这在当时已经成为一种共同的呼声，同时也体现着历史发展的必然趋势。由于朝野的呼吁和努力，敦崇儒术终于在庆历革新中取代了黄老思想，"六经"完全确立了其政治纲领的地位。但时代已变，对"六经"的使用也就不能原封不动地照抄照搬，所以随着讨论的逐渐深入，又必然引出对"六经"的诠释问题来。汉唐经学由于章句训诂在内容上的繁复，既不符合建立新时代政治宪纲的要求，也被事实证明其中的经术不足以

---

① （宋）李焘撰：《续资治通鉴长编》卷一一五《仁宗 景祐元年》，中华书局 2004 年版，第 2698 页。

② （元）脱脱等撰：《宋史》卷二九二，中华书局 1985 年版，第 9780 页。

③ （元）脱脱等撰：《宋史》卷二九二，中华书局 1985 年版，第 9781 页。

造士，所以必须突破汉唐经学的樊篱，另辟蹊径，从"六经"中诠释出符合时代要求的新思想，因而其运思的理路必然是将师古与用今结合起来。这一理路同时在政事和学术两个层面展开。体现在政事上，就是借助"六经"中体现的励精图治的精神改变以往的舒缓无为，如上文中范仲淹引《周易》"穷则变，变则通，通则久"作为推行改革的理论依据；体现在学术上，就是倡导"明体达用"之学，发挥"六经"中的微言大义，推演出政治改革所需的思想，如李觏的《礼》学研究，他将"礼"作为制度建设的总纲，结合现实政治状况，由《周礼》经学推演出一套政治制度，他如孙复、石介等人的《春秋》学等莫不是对这一理路的具体实践，章句之学开始转向为义理之学。

　　总之，庆历新政以及由此催生出的新的学术思想极大地推动了宋代学术发展的进程，经学研究在这一时期取得了突破性的进展。陆游尝云："唐及国初，学者不敢议孔安国、郑康成，况圣人乎！自庆历后，诸儒发明经旨，非前人所及。"① 庆历之后经学大昌。尽管庆历新政的推行只有短短不到一年的时间，也没有取得预期的效果，但它却为宋代的政治变革和学术发展指明了经世致用的方向，即发展学术思想以探讨社会变革的出路，其后熙宁、元祐经学也是沿着这一方向展开的。与熙宁、元祐等时代的经学不同，庆历学术在理论上即是直面现实政治问题，立论于经学，很少涉及本体论、心性论的问题，熙宁、元祐尽管延续了经学"经世致用"的整体目标，但其中对"天道""性情"多有阐发，这也是构成庆历学术与其后学术不同特点的一个重要方面。欧阳修、刘敞等庆历学者的《诗经》学即展开于这一时代背景中，尽管他们的《诗经》学从产生到成熟跨越的时间非常长，并不仅仅局限在庆历一个时期，但不可否认，他们《诗经》学的成熟都是在庆历时期完成的，共同体现着庆历学术"师古以用今"的价值取向。

---

① （宋）王应麟撰，（清）翁元圻辑注：《困学纪闻注》卷八，中华书局 2016 年版，第 1192 页。

第二节 庆历年间的经筵讲读与
《诗经》学致用色彩的强化

经筵讲读是宋代学术发展过程中的一个重要现象。经筵之名起于北宋，自太宗始设经筵，到仁宗时已经发展成为一种比较成熟的对皇帝进行经史教育的制度。经筵不仅成为君臣议论时政、探讨治术的重要场合，而且对宋学的形成和发展也起到了推波助澜的作用。就其中《诗经》讲读而言，宋代士大夫借助经筵这一平台将《诗经》解读与政治问题的解决紧密联系在一起，无论是通过解释经义以讽喻时政，还是以提高道德修养为原则的一般性阅读，这两种倾向在经筵讲《诗》过程中都得到了巩固和加强。作为宋代经筵讲《诗》活动真正的开始，仁宗时代的经筵讲《诗》不仅系统全面，而且效果显著，打上了学术和政治发展的鲜明烙印。同时，北宋庆历之后《诗经》学的复兴，除受统治集团抑武佑文政策及此前《诗经》学启示等诸多因素影响外，还与仁宗时代经筵讲《诗》活动有着一定的联系，以往学界对此多有忽略，因此有必要进行认真的梳理和讨论。

一． 仁宗时代经筵讲《诗》的文献考察

宫廷讲读《诗经》早在汉代就已出现，史载汉武帝曾召蔡义说《诗》，其后魏晋南北朝和隋唐的宫廷经学学习也不乏讲读《诗经》的情况，但这些讲读均较为随意，没有明确的制度规定，内容也仅涉及《诗经》中不多的几篇，规模和影响都非常有限。宋初，太祖、太宗、真宗三朝虽设经筵，但其中的讲《诗》基本上与前代差别不大，乏善可陈。

真正将包括讲《诗》在内的经筵讲读制度化是从仁宗皇帝开始的。仁宗时代的经筵讲读逐渐完善并臻至成熟，吕中《宋大事记讲义》卷八"庆历四年著《危竿论》一篇分赐近臣"条云：

　　祖宗好学，世为家法。盖自太祖幸国庠谒先圣，劝宰臣以读书，戒武臣以知学，其所以示后世子孙者，源远而流长矣。自太平兴国开设经筵，而经筵之讲自太宗始。自咸平置侍讲学士，而经筵之官自真宗始，乾兴末，双日御经筵，体务亦不废。而日御经筵自仁宗始，于是崇政殿始置说书，天章阁始制侍读，中丞始预讲席，宰相始预劝讲，旧相始入经筵以观讲，史官始入经筵以侍立，而经筵之上文物宪度始大备矣。……自古经筵之官非天下第一流不在兹选，盖精神气貌之感发，威仪文词之著见于讲磨丽习之间，有熏染浸灌之益，此岂谀闻单见之士所能办。①

　　这段文字清晰梳理了北宋经筵产生、发展的情况并特别肯定了仁宗的贡献。仁宗在位四十余年，除庆历三年（1043）因西夏事起暂罢经筵外，讲读活动从未中断，孙复、赵师民等其时"天下第一流"的人才均参与其中，可谓盛况空前。究其原因，除仁宗对经学喜好这一因素外，还与这一时期政治形势的发展以及经学自身的调整有着直接的关系。仁宗在位期间，发生了北宋历史上的两件大事：一是范仲淹等人推动的庆历新政，谋求通过政治变革，改变宋王朝积贫积弱的局面；二是庆历时期的儒学复兴，并逐渐形成以儒学匡救世衰的思潮。这两件大事又紧密联系，是解决同一个问题的不同进路。所谓同一问题就是北宋自开国以来在确立大政方针、进行制度化建设方面的不足。太祖至仁宗四代国君均以宽柔执政，政治运作的方式基本上是因循旧例，纲纪法度亦即大政方针和制度化建设多所未备。由此带来的不良后果，第一是"三冗三费"等积弊成为北宋中后期政治的最大难题，而政府也明显缺乏克服自身弊病的有效机制来改革时弊；第二是由于宋初没有建立起一套相对健全的法规制度，所以养成政治上诸事的苟且之风。而在范仲淹等人看来，要解决这两个问题，确立政治方针，加强制度化建设，就必须在儒学中

---

　　① （宋）吕中撰：《宋大事记讲义》卷八，景印文渊阁《四库全书》本，台湾商务印书馆 1986 年版。

寻找文化资源，这是由儒学的特质和其不可替代的独特优势决定的。客观的历史需要成就了仁宗时代儒学的复兴，大兴经筵并将其制度化即是对这一潮流的响应。在儒学经典中承载着"经夫妇，成孝敬，厚人伦，美教化，移风俗"功能的《诗经》自然成为皇帝和士大夫们挖掘构建时代政治思想最好的一部典籍，这一时期经筵讲《诗》蔚然成风也自是情理之中的事情了。

仁宗时代经筵讲《诗》的记载主要见于《续资治通鉴长编》，现整理列表如表2-1所示。

表2-1 仁宗朝经筵讲《诗》概况

时　　间	讲读者	讲读内容	出　　处
庆历四年正月辛卯	曾公亮	不　详	《续资治通鉴长编》卷一四六
庆历四年三月丁亥	章得象	不　详	《续资治通鉴长编》卷一四七
庆历五年二月戊戌	曾公亮	《鸡鸣》至《南山》	《续资治通鉴长编》卷一五四
庆历五年三月戊午	丁　度	《匪风》	《续资治通鉴长编》卷一五五
庆历五年三月己卯	杨安国	《六月》	《续资治通鉴长编》卷一五五
庆历五年四月壬辰	赵师民	《小旻》	《续资治通鉴长编》卷一五五
庆历五年四月丁未	不　详	《巷伯》	《续资治通鉴长编》卷一五五
庆历五年十一月甲午	杨安国	《角弓》	《续资治通鉴长编》卷一五七
庆历五年十一月乙未	不　详	《都人士》	《续资治通鉴长编》卷一五七
庆历六年十一月癸巳	不　详	不　详	《续资治通鉴长编》卷一五九

从庆历四年（1044）正月辛卯到庆历六年（1046）十一月癸巳，这一次经筵讲《诗》活动持续了近三年的时间，讲《诗》者计有曾公亮、章得象、丁度、赵师民、杨安国等人，讲读诗篇涵盖了《诗经》中十五国风和二雅等各个部分。不难看出，这一次讲《诗》的规模是很大的。曾公亮等人，《宋史》均有传，皆一时之选，如赵师民，《宋史》传末论曰："欧阳修称师民醇

儒硕学，在仁宗时，并由宿望，先后执经劝讲，庶有所补益矣。"① 可见其在当时士林声望之高。杨安国以五经及第，孙奭、冯元共荐其为国子监直讲，后又兼天章阁侍讲，庆历四年（1044）为直龙图阁，赐三品服。仁宗皇帝曾赞此二人"安国、师民久侍经筵，其行义淳质，乃先朝崔尊度之比"②。这些精通经学人物的参与，一方面提高了经筵讲读的水平；另一方面由于他们在当时士林的威望和地位，也必然会将讲读中新的政治和学术动向传递给广大士子，进而影响学术发展的走向。

二、经筵讲《诗》通经致用的特点

作为皇帝教育重要组成的经筵讲读鲜明地体现了"通经致用"的特点。这种制度的价值预设是希望君主能够通过对经典范式和历史经验的学习，不断提高道德修养，并从中获取正确处理国家事务的能力。因此，以士大夫为主体的经筵讲官往往借诠释经书，在道德修为、政事处理以及政策制定等方面对君主进行明确的方向性引导，甚至直接发表政见，意图影响最高决策，而这也构成了士大夫参政的一个重要途径。宋人论经筵时明确表示："我国家所以为天地立心、为生民立极、为天下开太平者，未有不源流于经也。"③ 又如司马光云："国家本设经筵，欲以发明道谊，裨益圣德。"④ 哲宗时程颐亦认为："天下重任，惟宰相与经筵。天下治乱系宰相，君德成就责经筵"⑤，"朝廷置劝讲之官，辅导人主，岂止讲明经义？所以熏陶性质。"⑥

《诗经》无疑是士大夫向国君宣扬政治理念，熏陶国君道德修养的重要资源。《诗经》三百零五篇中不仅有对文王、武王、周公兴邦建国的歌颂以及对

---

① （元）脱脱等撰：《宋史》卷二九四，中华书局1985年版，第9829页。
② （宋）李焘撰：《续资治通鉴长编》卷一四七，中华书局2004年版，第3555页。
③ （宋）林駧撰：《古今源流至论续集》卷九《经筵》，景印文渊阁《四库全书》本。
④ 曾枣庄、刘琳主编：《全宋文》第五十五册，卷一一八九，上海辞书出版社2006年版，第15页。
⑤ （宋）李焘撰：《续资治通鉴长编》卷三七三，中华书局2004年版，第9031页。
⑥ 曾枣庄、刘琳主编：《全宋文》卷一七五一，第227页。

宣王中兴事迹的描写，还有大量对无道君主的讽刺和劝谏，加之《毛诗》序、传、笺对这些内容的阐释发挥，更增强了《诗经》的政治意味，尤其仁宗庆历之后，如何实现中兴是国君和士大夫们一直在不断思考的问题，因此借着对《诗经》的阐释，挖掘其中的历史和政治经验以培养君主的德行、才能，引导君主励精图治，就自然成为经筵讲官们一个最基本的选择，而仁宗皇帝也对经筵讲《诗》充满了期待，《续资治通鉴长编》庆历四年（1044）三月丁亥条载：

> 帝谓辅臣曰："朕每令讲读官敷经义于前，未尝令有讳避。近讲《诗·国风》，多刺讥乱世之事，殊得以为监戒。"章得象对曰："陛下留思六经，能远监前代兴亡之迹，此诚图治之要也。"①

又《续资治通鉴长编》庆历五年（1045）二月戊戌条载：

> 讲《诗》，起《鸡鸣》，尽《南山》篇。先是，讲官不欲讲《新台》，帝谓曾公亮曰："朕思为君之道，善恶皆欲得闻，况《诗》三百，皆圣人所删定，义存劝戒，岂当有避也。"乃命自今讲读经史，毋得辄遗。②

《新台》，《毛诗序》云："刺卫宣公也。纳伋之妻，作新台于河上而要之，国人恶之，而作是诗也。"③ 这是一首地道的"刺讥乱世之事"的诗，讲官不讲此诗，恐有所忌讳。在君权至上的社会讲这类诗无疑会有影射现实之嫌，出于自身安全的考虑，这类诗自然是不讲为好，但仁宗皇帝对《诗经》讽刺诗的态度是要学习其中寄寓的劝诫之意，并以此完善自身的为君之道，所以表现得反而比讲官更为开明。在他的提倡和引导下，讲官们也积极配合

---

① （宋）李焘撰：《续资治通鉴长编》卷一百四十七《仁宗 庆历四年》，中华书局 2004 年版，第 3567 页。

② （宋）李焘撰：《续资治通鉴长编》卷一百五十四《仁宗 庆历五年》，中华书局 2004 年版，第 3746 页。

③ （汉）毛亨传，（汉）郑玄笺，（唐）陆德明音义，孔祥军点校：《毛诗传笺》，中华书局 2018 年版，第 62 页。

了这一需要，在讲读过程中充分挖掘了《诗经》中有益于治道的内容，庆历五年（1045）四月赵师民讲《诗》"如彼泉流"云：

> 水之初出，喻王政之发。顺行则通，通故清洁；逆乱则壅，壅故浊败。贤人用，则王政通而世清平；邪人进，则王泽壅而世浊败。幽王失道，用邪绌正，正不胜邪，虽有善人，不能为治，亦将相牵而沦于污浊也。①

借题发挥，以水喻政，映射现实，明显可见讲官的良苦用心，这也是庆历士大夫政治参与情结的一个典型例证。仁宗时代经筵讲读对《诗经》政治内涵的阐发说明经过宋初三朝的发展积累，《诗经》在经学体系中的地位已经相当稳固，同时经筵讲官的阐释又强化了世人对《诗经》与政治关系的体认，有助于引导和促进士大夫们对《诗经》政治内涵的深入挖掘。这也同时构成了北宋《诗经》学复兴的基础。值得玩味的是，庆历之前《诗》学著述寥寥可数，而庆历及之后的不长时间，众多学者开始研习《诗经》，并出现了众多有价值的研究成果，如欧阳修《诗本义》、刘敞《诗经小传》、苏子才《毛诗大义》（今佚）等，苏辙也于嘉祐三年（1058）开始作《诗集传》。并且，这些学者研究的整体动向也明显表现出经世致用的价值取向，经筵讲《诗》在这一过程中发挥的作用当不容小觑。

仁宗时代经筵讲《诗》经世致用的价值取向也影响了其后的经筵讲读，神宗熙宁年间的经筵讲《诗》即是典型一例。这次讲《诗》从熙宁五年（1072）一直持续到熙宁八年（1075），讲官计有沈季长、黄履、陆佃、王雱等人。和仁宗一样，神宗皇帝对讲官挖掘《诗经》的政治价值也同样充满了期待，《续资治通鉴长编》载：

> 时黄履、沈季长以讲《诗》毕下殿谢，上谕之曰："《诗》言政，其详载于《雅》、《颂》，而奥义尤在末篇。卿等发明微意，朕

---

① （元）脱脱等撰：《宋史》卷二九四，中华书局1985年版，第9824页。

甚嘉叹。"①

熙宁二年（1069）王安石开始推行变法，这次讲《诗》活动恰值变法期间，沈季长、陆佃各有《诗讲义》，其讲者也多为支持和参与变法的改革派，通过经筵讲《诗》强化了对诗义政治内涵的挖掘，而这种说解也必然会在一定程度上强化变法的理论基础。其后，王安石主持撰写《诗经新义》（以下简称《新义》），吸收了经筵讲《诗》的部分成果，最大限度地阐释了其中的政治思想。他还利用政治地位的优势，借助官方力量，在熙宁八年（1075）以政府诏令的形式将《新义》颁行全国，成为朝廷科举取士的标准，逐渐将学术研究意识形态化，把诗歌的政治功用发挥到了极致。这一时期士大夫的《诗》学著作也骤然增多，如乔执中《毛诗讲义》、彭汝砺《诗义》、刘彝《诗经中义》、鲜于侁《诗传》等，且多为借经言政之作。

三、经筵讲《诗》对前代经典注疏的利用

北宋《诗经》学主要是建立在对《毛诗》《郑笺》等经典注疏的继承和发挥的基础之上。究其原因，除了自初唐以来一直以这些经典注疏作为《诗经》正解而产生的巨大思想惯性作用外，还有宋初科举考试规范和引导的影响。北宋初至庆历，科举取士一以《毛诗》为准，《宋史·选举志》载学究科考试即有"《毛诗》对墨义五十条"的内容，并且《毛诗》和《郑笺》仍是这一时期人们认识《诗经》最重要的依据之一，这从当时士大夫对《毛诗》和《郑笺》的大量称引可窥见一斑。《宋史》卷二九五载：

> 会郭皇后废，绛陈《诗·白华》，引申后、褒姒事以讽，辞甚切至。②

又《宋史》卷二九七载：

> （段少连）与孔道辅等伏阁言郭皇后不当废……又上疏曰……

---

① （宋）李焘撰：《续资治通鉴长编》卷二八五，中华书局2004年版，第6974页。
② （元）脱脱等撰：《宋史》卷二九五，中华书局1985年版，第9846页。

《易》曰："夫夫妇妇而家道正，正家而天下定。"《诗》云："刑于寡妻，以御于家邦。"若然，则君天下修化本者，莫不自内而刑外也。况闻入道降妃之议，出自臣下。且后妃有罪，黜则告宗庙，废则为庶人，安有不示之于天下，不告之于祖宗，而阴行臣下之议乎？①

　　郭皇后被废事在仁宗明道二年（1033），这场纠纷的背后掩藏着复杂的政治角逐，包括谢绛、段少连、范仲淹等在内的许多人都参与了阻止废后的行动，但以失败而告终。对于这场政治斗争的评判不是本书的论题所在，本书关注的是谢绛、段少连上疏中的引《诗》。谢绛引《小雅·白华》篇，《毛诗序》云："《白华》，周人刺幽后也。幽王取申女以为后，又得褒姒而黜申后，故下国化之，以妾为妻，以孽代宗，而王弗能治，周人为之作是诗也。"② 将仁宗的废后与周幽王废申后立褒姒相提并论，其借古讽今的用意是非常明显的。段少连引《小雅·思齐》"刑于寡妻，以御于家邦"，郑《笺》云："寡妻，寡有之妻，言贤也。御，治也。文王以礼法接待其妻，至于宗族，以此又能为政治于家邦也。《书》曰：'乃寡兄勖。'又曰：'越乃御事。'"③ 谢绛、段少连不约而同地以《序》《笺》之意来评判废后之事，这是对春秋以来"赋《诗》言志"传统的继承，同时亦可见其对这些经典注疏的熟悉，《序》《笺》已经是他们知识构成中非常重要的内容，也成为他们理解《诗经》的基础，而这在当时是一种非常普遍的现象。

　　仁宗时代参与经筵讲《诗》的几位大臣也多信从《毛诗》等古注，以赵师民为例，《宋史》卷二九四载：

　　　　（赵师民）累请补郡，除龙图阁直学士，知耀州。帝自写诗宠行，目以"儒林旧德"。将行，上疏曰：近睹太阳食于正朔，此虽阴

① （元）脱脱等撰：《宋史》卷二九七，中华书局1985年版，第9894—9896页。
② （汉）毛亨传，（汉）郑玄笺，（唐）陆德明音义，孔祥军点校：《毛诗传笺》，中华书局2018年版，第343—344页。
③ （汉）毛亨传，（汉）郑玄笺，（唐）陆德明音义，孔祥军点校：《毛诗传笺》，中华书局2018年版，第367页。

阳之事，亦虑是天意欲以感动圣心。臣非瞽史，不知天道，但率愚意言之。其月在亥，亥为水，水为正阴。其日在丙，丙为正阳。月掩日，阴侵阳，下蔽上之象也。《诗》曰："十月之交，朔日辛卯。"又曰："彼月而微，此日而微。"谓以阴奸阳，失其叙也。又曰："百川沸腾，山冢崒崩。高岸为谷，深谷为陵。"谓下陵上，侵其权也。又曰："皇父卿士，番惟司徒。家伯维宰，中允膳夫。棸子内史，蹶维趣马，楀维师氏。"谓大小之臣，有不得其人者也。宗周之间，时王失德。今而引喻，盖事有所譬，固当不讳。①

赵师民引《诗》全出自《小雅·十月之交》，而其解释也没有超出《毛诗》和郑《笺》的范围。《十月之交》"十月之交，朔日辛卯。日有食之，亦孔之丑。"《郑笺》云："阴侵阳，臣侵君之象。""彼月而微，此日而微。"《毛传》云："月，臣道；日，君道。"② 赵师民谓："以阴奸阳，失其叙也。"全用《传》《笺》之意。又"百川沸腾，山冢崒崩。高岸为谷，深谷为陵。"《传》云："言易位也。"《笺》云："易位者，君子居下，小人处上之谓也。"③ 赵师民谓："下陵上，侵其权也。"亦全用《传》《笺》之意。又"皇父卿士，番惟司徒。家伯维宰，中允膳夫。棸子内史，蹶维趣马，楀维师氏"。《笺》云："六人之中，虽官有尊卑，权宠相连，朋党于朝，是以疾焉。"④ 赵师民谓："大小之臣，有不得其人者也。"也是对《笺》意的发挥。

上述时代风气在仁宗经筵讲《诗》活动中也得到了充分体现。《续资治通鉴长编》庆历五年（1045）十一月甲午条载：

> 迩英阁讲《诗》《角弓》篇，上曰："幽王不亲九族，以至于

---

① （元）脱脱等撰：《宋史》卷二九四，中华书局 1985 年版，第 9824—9825 页。

② （汉）毛亨传，（汉）郑玄笺，（唐）陆德明音义，孔祥军点校：《毛诗传笺》，中华书局 2018 年版，第 269 页。

③ （汉）毛亨传，（汉）郑玄笺，（唐）陆德明音义，孔祥军点校：《毛诗传笺》，中华书局 2018 年版，第 270 页。

④ （汉）毛亨传，（汉）郑玄笺，（唐）陆德明音义，孔祥军点校：《毛诗传笺》，中华书局 2018 年版，第 270 页。

亡。"杨安国对曰："冬至日，陛下亲燕宗室，人人抚藉，岂不广骨肉之爱也。"上又曰："《书》载'九族既睦，平章百姓'，此帝尧之圣德也，朕甚慕之。"①

又庆历五年三月己卯条载：

迩英阁讲《诗·六月》篇，上曰："此序自《鹿鸣》至《菁菁者莪》，皆帝王常行之道，或止当时事耶？"杨安国对曰："昔幽王失道，《小雅》尽废，四夷交侵，中国道微，先儒所以作此序，为万世鉴也。"于是上再令讲之。②

《角弓》，《毛诗序》曰："父兄刺幽王也。不亲九族而好谗佞，骨肉相怨，故作是诗也。"③ 仁宗亦能结合《尚书》中"九族既睦，平章百姓"来表达自己希望像帝尧一样能够和睦宗族的政治愿望。而《六月》，《毛诗序》云："宣王北伐也。……《小雅》尽废，则四夷交侵，中国微矣。"④ 杨安国据此言之，无甚新意。《宋史·杨安国传》云："安国讲说，一以注疏为主，无他发明。"虽无新意，但《诗序》所反映的"四夷交侵，中国微矣"的内容正与北宋政治形势类似。自宋开国，边患不断，太祖乾德二年（964）辽败宋于石州；太宗太平兴国四年（979）辽败宋于高梁河；真宗景德元年（1004）契丹大举攻宋，双方订澶渊之盟；仁宗景祐五年（1038）党项首领元昊称帝建夏等，因此体现"宣王北伐"的《六月》便自然成为其特别留意的诗篇，仁宗命杨安国反复讲读也包含了以史为鉴的用意。

作为北宋《诗经》传播过程中的一个重要环节，仁宗经筵讲《诗》以《毛诗》和郑《笺》为准的特征一方面是当时学术思潮的必然产物。同时，它

---

① （宋）李焘撰：《续资治通鉴长编》卷一五七，中华书局2004年版，第3807页。

② （宋）李焘撰：《续资治通鉴长编》卷一五五，中华书局2004年版，第3761页。

③ （汉）毛亨传，（汉）郑玄笺，（唐）陆德明音义，孔祥军点校：《毛诗传笺》，中华书局2018年版，第335页。

④ （汉）毛亨传，（汉）郑玄笺，（唐）陆德明音义，孔祥军点校：《毛诗传笺》，中华书局2018年版，第234—235页。

又作为推动这种思潮的一股重要力量，强化了这种学风，也必然会在一定程度上对当时士大夫的《诗经》研究产生影响。事实上，仁宗及其后的整个北宋中后期产生的众多《诗经》著述基本上都是围绕《毛诗》展开的。在分析讨论这一时代学术风气形成的原因时，绝对不能忽略仁宗时代经筵讲《诗》在其中扮演的重要角色。

四、经筵讲《诗》的革新因素

宋初，经学虽整体较为保守，但也蕴含着很多革新的因素，《诗》学疑古之风也已初见端倪，如宋初孙复在《寄范天章书二》中云："专守毛苌、郑康成之说而求于《诗》，吾未见其能尽于《诗》者也。"① 石介更是在《释〈汝坟〉卒章》中对郑《笺》进行了一次批评的具体尝试，他的解《诗》出现了几个新的特点，即以情理释《诗》，发挥《序》意以及追求"诗人之旨"，尤其是"诗人之旨"的提出已经充分体现出对《诗经》文本的重视。这些无不预示着北宋《诗经》学变革即将开始。

仁宗庆历之后经学大昌，陆游尝云："唐及国初，学者不敢议孔安国、郑康成，况圣人乎！自庆历后，诸儒发明经旨，非前人所及。"② 北宋《诗经》学真正意义上的突破也首先出现在这一时期。"发明经旨"成为仁宗时代士大夫们又一重要的价值取向。以仁宗嘉祐六年（1061）制科阁试中的《既醉备五福论》试题为例，《既醉》乃《诗经·大雅》中的篇目，《毛诗序》云："《既醉》，太平也。醉酒饱德，人有士君子之行焉。" "五福"出自郑玄《笺》："成王，女有万年之寿，天又助女以大德，谓五福也。"围绕这样的题目来作文仅仅熟练掌握前代注疏肯定是不行的，还必须要有一定的挖掘"微言大义"的能力和对社会、民生的观察、思考，这和宋初经学考试只重记诵，

① （宋）孙复：《孙明复小集·文·寄范天章书二》，景印文渊阁《四库全书》本，台湾商务印书馆1986年版。

② （宋）王应麟撰，（清）翁元圻辑注：《困学纪闻注》卷八，第1192页。

墨守注疏已经有了明显的不同。

就经筵讲读而言，其制度设计本身也极有利于酝酿革新的因子。南宋名臣周必大曾云："经筵非为分章析句，欲从容访问，裨圣德，究治体。"① 所谓"非为分章析句，欲从容访问"，即经筵讲官不能株守前代章句训诂，而应当采用皇帝质疑、问对、君臣讨论的形式解读经义；所谓"裨圣德"，即要有益于君主德行的培养，要由正心诚意讲到修齐治平；所谓"究治体"，即要结合政事挖掘经书中的"微言大义"，这些都不是单纯的章句训诂所能解决的，唯有靠对经义的发挥方能获得。皇帝多发疑义，经筵讲官就不得不常出新意，即如曾巩所言："入阁侍读，所以考质疑义，非专诵习而已。"② 此外，《宋史·职官志》载："自庆历以来，台丞多兼侍读。"③ 随着仁宗时代经筵制度的日趋成熟和规范，讲读中还吸纳了宰相、史官、中丞等参与其中，此制也必然会将台谏议论之风带到经筵之上，有助于推动宋学疑经惑传风气的形成，因而有学者指出："有宋台谏兼侍读的制度以及由此促成的'议论多于事功'的风气，更进一步把儒家传统文化与现实政治的距离拉近。……宋学的勃起受北宋大开言路、鼓励台谏并由此推广到学校、经筵的议论之风之推动。"④ 仁宗年间的经筵讲《诗》已经表现出北宋经典诠释风格转变的端倪，《诗经》诠释方式从以名物为主的汉学一路逐步开始过渡到以诠释义理为主的宋学上来，以满足帝王读书择术的现实需求。最明显的表现就是不论皇帝还是讲官都在刻意地挖掘《诗经》中的"微言大义"。就现有仁宗时代的经筵讲《诗》资料来看，几乎没有对《诗经》字词的任何疏解，而全是人生修养或治国道理的阐发。《续资治通鉴长编》庆历五年（1045）四月丁未条载：

> 讲《诗》至《巷伯》篇，注有鲁男子独处之事。帝曰："嫌疑

---

① （元）脱脱等撰：《宋史》卷三九一，中华书局 1985 年版，第 11965 页。
② （宋）曾巩撰：《曾巩集》卷二五，中华书局 1984 年版，第 392 页。
③ （元）脱脱等撰：《宋史》卷一六二，中华书局 1985 年版，第 3813 页。
④ 见陈植锷著《北宋文化史述论》，中国社会科学出版社 1992 年版，第 58 页。

之际，古人所谨，此不著鲁人姓氏，岂圣人特以设教耶。"①

仁宗之言虽依《毛传》，但认为《毛传》不注明鲁人姓氏是圣人的特殊安排，包含着道德训诫的良苦用心，已是在发挥《诗经》的"微言大义"了。又同年三月戊午迩英阁讲《诗》：

> 迩英阁讲《诗·匪风》篇："谁能烹鱼？溉之釜鬵。"帝曰："老子谓治大国若烹小鲜，义与此同否？"丁度对曰："烹鱼烦则碎，治民烦则散，非圣学深远，何以见古人求治之意乎。"②

《桧风·匪风》，《毛诗序》曰："《匪风》，思周道也。国小政乱，忧及祸难，而思周道焉。"③ 《毛诗故训传》释"谁能烹鱼？溉之釜鬵"云："亨（烹）鱼烦则碎，治民烦则散。知亨鱼，则知治民矣。"④ 丁度对仁宗问全用《传》意，而仁宗引老子"治大国若烹小鲜"来理解诗义，虽不出《传》意，但能由此及彼，借他书之说来阐释诗篇的"微言大义"。其后，有宋一代经筵讲《诗》进一步继承并强化了这种诠释义理的讲读之风。北宋王得臣《麈史》载：

> 神宗皇帝圣学渊源，莫窥涯涘。黄安中履任崇政说书，讲《诗》至《噫嘻》《振鹭》《丰年》，上问曰："有祈则有报，间之以《振鹭》何也？"黄曰："得四海之欢心以奉先王，维其如此，乃获丰年之应。"一日，又讲至《祈父》之篇，其卒章"祈父，亶不聪"，上问曰："独言聪而不言明，何也？"黄曰："臣未之思也。"上曰："岂非军事尚谋，聪作谋故耶？"侍臣莫不叹服。⑤

又《宋史》卷四二九载：

---

① （宋）李焘撰：《续资治通鉴长编》卷一五五，中华书局 2004 年版，第 3769 页。
② （宋）李焘撰：《续资治通鉴长编》卷一五五，中华书局 2004 年版，第 3757 页。
③ （汉）毛亨传，（汉）郑玄笺，（唐）陆德明音义，孔祥军点校：《毛诗传笺》，中华书局 2018 年版，第 184 页。
④ （汉）毛亨传，（汉）郑玄笺，（唐）陆德明音义，孔祥军点校：《毛诗传笺》，中华书局 2018 年版，第 185 页。
⑤ （宋）王得臣撰：《麈史》卷一，景印文渊阁《四库全书》本，台湾商务印书馆 1986 年版。

（张栻）兼侍讲，除左司员外郎，讲《诗·葛覃》。进说："治生于敬畏，乱起于骄淫。使为国者每念稼穑之劳，而其后妃不忘织纴之事，则心不存者寡矣。"因上陈祖宗自家刑国之懿，下斥今日兴利扰民之害。上叹曰："此王安石所谓'人言不足恤'者，所以为误国也。"①

黄安中、宋神宗、张栻的讲说已经跃出了《毛诗》和郑《笺》的范围，相较于此前仁宗时代的讲读，他们的新说似乎更多一些，这也构成了整个宋代《诗经》学变革过程不可或缺的重要一环，其价值也当引起充分注意。

经筵讲《诗》体现出仁宗时代士大夫阶层强烈的政治参与情结，借讲习《诗经》向统治者灌输儒家的治国理念，并希望将其变为实际的政治行动，从而影响现实政治的走向，国君在这一过程中也得到了治理国家的一些经验。就现有资料来看，经筵讲《诗》的制度在宋代虽时有中断，但基本上还是一直存在着的，并且伴随经筵讲《诗》活动的开展，还出现了一批专门的《诗》学著作，较著名者如袁燮《絜斋毛诗经筵讲义》、张栻《经筵诗讲义》、徐鹿卿《诗讲义》等。经筵讲《诗》也在儒家思想与政治建设之间架起了一座沟通的桥梁，使得宋代政治建构过程中不断有新的思想资源补充进来，理论的思考与创新成为各个阶段政治改革不可或缺的前提条件。

第三节　欧阳修《诗经》学的形成及特点

对于欧阳修（1007—1072）的经学成就，其子欧阳发《先公事迹》评曰："先公于经术，务明其大本，而本于情性。其所发明，简易明白。""先儒注疏有所不通，务在勇断不惑。"②对于经学，尤其是《诗》《易》，欧阳修孜孜不倦，研究了一辈子。欧阳修的《诗》学著述颇丰，著有《诗本义》十四卷、

---

① （元）脱脱等撰：《宋史》卷四二九，中华书局1985年版，第12773页。

② （宋）欧阳发撰：《先公事迹》，载《欧阳修全集》，中国书店1986年版，第1369—1370页。

《诗图》一卷（佚）、《诗谱补亡》一卷、《诗解》一卷，这些成就在《诗经》学史上是非常突出的，《四库全书总目》评曰："虽老师宿儒，亦谨守《小序》。至宋而新义日增，旧说几废。推原所始，实发于修。"① 其开创之功亦甚巨大。以往学界对于欧阳修《诗经》学的研究，多注意对其思想的挖掘和阐释方法的探讨，而对其思想的产生和发展过程缺乏必要的研究，诸如欧阳修为何重视《诗经》的阐释？他与汉儒的《诗经》研究有何不同之处？出现这种不同的原因何在？等等。这些问题仍需认真思考和解决。

以庆历四年（1044）欧阳修奉使河东，于绛州偶然发现《郑氏诗谱》为界，欧阳修的《诗经》研究大体可以分为前后两个时期。前期是草创期，主要成果是《诗解》八首和《诗图》；后期是成熟期，主要成果是《诗本义》和《诗谱补亡》，其中贯穿着一条主线，即通过对《毛传》、郑《笺》等的批驳来追求"圣人本意"，借此还原《诗经》的原貌，为经学研究提供一个规范可靠的本子，进而对治道、教化有所裨益。

一、"师古用今"思想对欧阳修早年《诗经》学的影响

仁宗景祐（1034—1038）、宝元（1038—1040）间，欧阳修在乾德任上就已经开始研习《诗经》。据刘德清《欧阳修纪年录》"景祐四年（1037）"条云，欧阳修于本年"撰《诗解》八首，訾议毛、郑，力主舍传从经"②。又宝元二年（1039），梅尧臣诗《代书寄欧阳永叔四十韵》亦云："聊咨别后著，

---

① （清）永瑢等纂：《四库全书总目·经部》，广西师范大学出版社 2019 年版，第 380 页。
② 刘德清著：《欧阳修纪年录》，上海古籍出版社 2006 年版，第 107 页。按：裴普贤《欧阳修〈诗本义〉研究》亦认为《诗解》八首和《诗解统序》为欧阳修早年所作，顾永新《欧阳修学术研究》采信之。参见裴普贤《欧阳修〈诗本义〉研究》，台湾东大图书公司 1981 年版。顾永新《欧阳修学术研究》，人民文学出版社 2003 年版，第 224—225 页。

大出箧中篇。问传轻何学,言《诗》抵郑《笺》。飘流信穷厄,探讨愈精专。"① 可为佐证。这一时期正处于宋学又一次变革的前夜,南宋陈傅良曾有宋学三变之说:

> 宋兴,士大夫之学亡虑三变:起建隆,至天圣、明道间,一洗五季之陋,知乡方矣,而守故蹈常之习未化,范子与其徒抗之以名节,天下靡然从之,人人耻无以自见也。欧阳子出,而议论、文章粹然尔雅,轶乎魏、晋之上。久而周子出,又落其华,一本于六艺,学者经术遂庶几乎三代,何其盛也。②

如陈氏所言,从宋太祖建隆(960—963)一直到仁宗天圣(1023—1032)、明道(1032—1033)年间,尽管荡涤了五代颓风,但经学研究整体上仍延续了汉唐的学术研究风格,并无太多的创新性成果出现,这种局面最终依赖于欧阳修的经学研究而有所改变。

针对当时社会上流行的奢谈天道、性命的学风,欧阳修在各种场合发表评论,力图矫正方向,并提出一种"大中之道"为学术思想探讨划分出可知与不可知的界限,如其云:"凡物有常理,而推之不可知者,圣人之所不言也。"③ "万物生于天地之间,其理不可以一概。……圣人治其可知者,置其不可知者,是之谓大中之道。"④ 从认识论上讲,欧阳修为学术思想的探讨设定这样的界限,似乎过于褊狭局促,但在当时,他却凸显出重建儒家文化以为

---

① 见(宋)梅尧臣撰《梅尧臣集编年校注》卷九。按:刘德清《欧阳修纪年录》"宝元二年(1039)"条云本年五月欧阳修前往清风镇会晤谢绛、梅尧臣,"聚会期间,向梅尧臣出示《诗本义》、《春秋论》等经学研究著作。"同样引《代书寄欧阳永叔四十韵》为证,并附按语云:"'问传轻何学'当指《春秋论》、《春秋或问》等著述。'言诗抵郑笺',当指《诗本义》稿本、《诗解》等著述。"梅氏所云"言诗抵郑笺"是否即指《诗本义》稿本而言,在目前没有充分证据证明的情况下,姑且存此一说,不做定论。

② (宋)陈傅良撰:《止庵先生文集》卷三九《温州淹补学田记》,景印文渊阁《四库全书》本,台湾商务印书馆 1986 年版。

③ (宋)欧阳修撰:《笔说》,载《欧阳修全集》,中国书店 1986 年版,第 1045 页。

④ (宋)欧阳修撰:《怪竹辩》,载《欧阳修全集》,中国书店 1986 年版,第 136—137 页。按:此文作于康定元年(1040),是年 34 岁。

世用的急迫感，而且启示了一种政治新思维，即对于政治最高原则的"道"，只可能产生近似之知，不可能获得终极之知，所以政治决策的真实依据是皎然明白的人情风俗、历史理势，所谓"道"便存在于人情风俗、历史理势之中，逾越这个界限凿凿然称言终极之道，都是发挥解释随意性的结果。这种政治新思维的代表人物，就是大受欧阳修激赏的苏轼。从欧阳修到苏轼，似乎可以看作北宋儒学的一个思想流系，欧阳修破浮谈，苏轼立新义，互相呼应。欧阳修破浮谈的议论不少，而且切中时弊，如其云：

> 今学者不深本之，乃乐诞者之言，思混沌于古初，以无形为至道者。无有高下远近，使贤者能之，愚者可勉而至，无过不及，而一本乎大中，故能亘万世可行而不变也，今以谓不足为，而务高远之为胜，以广诞者无用之说，是非学者之所尽心也，宜少下其高而近其远，以及乎中，则庶乎至矣。①

又云：

> 修患世之学者多言性，故常为说曰：夫性非学者之所急，而圣人之所罕言也。《易》六十四卦不言性，其言者动静得失吉凶之常理也；《春秋》二百四十二年不言性，其言者善恶是非之实录也；《诗》三百五篇不言性，其言者政教兴衰之美刺也；《书》五十九篇不言性，其言者尧舜三代之治乱也；《礼》、《乐》之书虽不完，而杂出于诸儒之记，然其大要，治国修身之法也。六经之所载，皆人事之切于世者，是以言之甚详。……或有问曰：性果不足学乎？予曰：性者与身俱生，而人之所皆有也。为君子者，修身治人而已，性之善恶，不必究也。使性果善邪？身不可以不修，人不可以不治。

---

① （宋）欧阳修撰：《与张秀才第二书》，载《欧阳修全集》，中国书店 1986 年版，第 481—482 页。按：此文作于明道二年（1033），是年 27 岁。

使性果恶邪？身不可以不修，人不可以不治。①

当时儒者谈论心性，大概都有一层与佛教、道教相抗衡的用意，而在欧阳修看来，这层用意是末流而不知本，与佛教、道教站在同一层次上较量胜负，争一日之短长，而不知儒学的根本在于礼义之教、王政之施，为此他提出儒学的发展战略应当是"修其本以胜之"，也就是使王政重现辉光，使礼义之教充于天下，使佛教、道教的祸福报应之说无所施于百姓。否则，即使是贲育之勇、孟轲之辩、太公之阴谋，都不可能完成排斥佛教、道教的任务，因为历史的经验已经证明，用行政命令和意识形态斗争的方式排斥佛教、道教只能陷入恶性循环。"已长去矣而复大集，攻之暂破而愈坚，扑之未灭而愈炽。"② 当然，要使王政重现辉光，就必须首先弄清楚"王政"究竟是什么，它与时代政治又是怎样的一种关系。这两个问题，前者是经学学术层面的，需要通过对六经的研究来回答；后者是思想理论层面的，需要将历史感与现实感结合起来进行理性的思考。就经学学术层面而言，欧阳修并不怀疑六经载述了圣人之意，这从其明确提出"六经皆载圣人之道"③ 的言论中可以看出。欧阳修只是有感于秦汉以来伪说乱经的危害，不止一次地指出"宗经"的重要性以及历代经典注释的问题，下面依文章写作先后顺序择要摘录一些，以见欧阳修宗经、明道、致用思想之进路：

1. 君子之于学也，务为道。为道必求知古，知古明道，而后履之以身，施之于事，而又见于文章而发之，以信后世。其道，周公、孔子、孟轲之徒常履而行之者是也；其文章，则六经所载至今而取信者是也。其道易知而可法，其言易明而可行。④

① （宋）欧阳修撰：《答李诩第二书》，载《欧阳修全集》，中国书店 1986 年版，第 319—320 页。按：此文作于康定元年（1040），是年 34 岁。

② （宋）欧阳修撰：《本论》，载《欧阳修全集》，中国书店 1986 年版，第 121—124 页。

③ （宋）欧阳修撰：《送王陶序》，载《欧阳修全集》，中国书店 1986 年版，第 293—294 页。

④ （宋）欧阳修撰：《与张秀才第二书》，载《欧阳修全集》，中国书店 1986 年版，第 481—482 页。按：此文作于明道二年（1033），是年 27 岁。

2. 学者不谋道久矣，然道固不废，而圣人之书如日月，卓乎其可求，苟不为刑祸禄利动其心者，则勉之皆可至也。①

3. 日月，万物皆仰，然不为盲者明，而有物蔽之者，亦不得见也。圣人之意，皎然乎经，惟明者见之，不为他说蔽者见之也。②

4. 若公羊高、穀梁赤、左氏三子者，博学而多闻矣，其传不能无失者也。孔子之于经，三子之于传，有所不同，则学者宁舍经而从传，不信孔子而信三子，甚哉其惑也！③

之所以不避繁复引述欧阳修这一时期的文章，旨在说明他对此强调的程度和认识的深刻，其中贯穿的一条主线就是强调圣人之意包含于经书之中，要求道必于经书中求取，而后世伪说乱经，犹如清水为泥沙所污，因而只有淘去历代注疏的"沙土"才能真正明圣人之意，还经学以纯净，也就是说欧阳修的追求在于越过前代注疏，直接从经文的阅读、研究中获取"履之以身，施之于事"的思想资源，这也是其研究《诗经》"本义"的出发点。

对于《诗经》的价值及在六经中的地位，欧阳修在这一时期所作的《诗解》中进行了一定的思考。《诗解》是认识欧阳修早期《诗》学观的重要文献，其中的《诗解统序》是这组作品的纲领，兹过录如下：

五经之书，世人号为难通者，《易》与《春秋》。夫岂然乎？经皆圣人之言，固无难易，系人之所得有深浅。今考于《诗》，其难亦不让二经，然世人反不难而易之，用是通者亦罕。使其存心一，则人人皆明，而经无不通矣。

大抵谓《诗》为不足通者有三：曰章句之书也，曰淫繁之辞也，

---

① （宋）欧阳修撰：《答孙正之侔第一书》，载《欧阳修全集》，中国书店 1986 年版，第 496 页。按：此文作于景祐二年（1035），是年 29 岁。

② （宋）欧阳修撰：《泰誓论》，载《欧阳修全集》，中国书店 1986 年版，第 135 页。按：此文作于景祐四年（1037），是年 31 岁。

③ （宋）欧阳修撰：《春秋论上》，载《欧阳修全集》，中国书店 1986 年版，第 131—132 页。此文作于景祐四年（1037），是年 31 岁。

曰猥细之记也。若然，孔子为泛儒矣。非唯今人易而不习之，考于先儒亦无几人。是果不足通欤？唐韩文公最为知道之笃者，然亦不过议其序之是否，岂是明圣人本意乎！《易》、《书》、《礼》、《乐》、《春秋》，道所存也。《诗》关此五者，而明圣人之用焉。习其道不知其用之与夺，犹不辨其物之曲直而欲制其方圆，是果于其成乎！故二《南》牵于圣贤，《国风》惑于先后，《豳》居变《风》之末，惑者溺于私见而谓之兼上下，二《雅》混于小、大而不明，三《颂》昧于《商》《鲁》而无辨，此一经大概之体，皆所未正者。先儒既无所取舍，后人因不得其详，由是难易之说兴焉。毛、郑二学，其说炽，辞辩固已广博，然不合于经者亦不为少，或失于疏略，或失于谬妄。盖《诗》载《关雎》，上兼商世，下及武、成、平、桓之间，君臣得失、风俗善恶之事阔广邃邈，有不失者鲜矣，是亦可疑也。予欲志郑学之妄，益毛氏疏略而不至者，合之于经，故先明其统要十篇，庶不为之芜泥云尔。①

针对当时社会上《诗经》学习和研究中的一些误解，欧阳修进行了批驳，明确指出《诗经》与《周易》《春秋》一样，也是六经中较难理解的一部典籍。同时对于《诗经》在"六经"中的地位，欧阳修认为，《易》《书》《礼》《乐》《春秋》保存了儒家的"道"，而《诗经》的价值在于"关此五者"，是"明圣人之用"的，将《诗经》的作用置于群经之首，当作习道明用的载体。欧阳修认为尽管毛、郑的注释已经较为广博，但仍有很多不合经文的注解，因而要立足于经，"志郑学之妄，益毛氏疏略而不至者"，由此可见，其鄙薄传注、宗经明道的理论追求。这种追求同样表现在欧阳修对"二南"问题的探讨上。对于"二南"，《毛诗大序》突出强调了其中的诗教理论，文王受命称王，以道德教化天下，所以文王的"二南"为正风，化行天下；之后道衰

---

① （宋）欧阳修撰：《诗解统序》，载《欧阳修全集》，中国书店 1986 年版，第 431—432 页。

礼废，十三"国风"兴起，为变风，讽刺时政。这种理论含有文王称王的隐性前提，但《大序》又用"是以一国之事，系一人之本"的方法将《周南》系于周公，《召南》系于召公，在"二南"的归属上自相矛盾。欧阳修看到了《大序》的这个矛盾，他承认"二南"是"文王之诗也"①，但在解释上却做了一定的变动，在《诗解·二南为正风解》中他认为："天子诸侯当大治之世，不得有《风》，《风》之生，天下无王矣。故曰：诸侯无正《风》。"② 治世无《风》，商纣不行王道失"王"义，而文王又没有称王，"天下无王"，所以"二南"之《风》产生，这就排除了文王称王的隐性前提。但"二南"何以又成为"正风"？欧阳修接着指出："在商为变，而在周为正乎"，"'二南'起王业，文王正天下"，"推治乱而迹之"故为正风，即"二南"在商为变风，在周因溯"王业"之源而成为正风，彻底肃清了文王称王说的影响。又如《诗解·商颂解》云：

> 古《诗三百》始终于周，而仲尼兼以《商颂》，岂多记而广录者哉？圣人之意，存一《颂》而有三益。大商祖之德，其益一也；予纣之不憾，其益二也；明武王、周公之心，其益三也。曷谓大商祖之德？曰：《颂》具矣。曷谓予纣之不憾？曰：悯废矣。曷谓明武王、周公之心？曰：存商矣。按：《周本纪》称武王伐纣，下车而封武庚于宋，以为商后，及武庚叛，周公又以微子继之。是圣人之意，虽恶纣之暴，而不忘汤之德，故始终不绝其为后焉。或曰：《商颂》之存，岂异是乎？曰：其然也，而人莫之知矣。非仲尼、武王、周公之心殆，而成汤之德微，毒纣之恶有不得其著矣。向所谓存一《颂》而有三益焉者，岂妄云哉！③

---

① （宋）欧阳修撰：《诗本义》卷一四《本末论》，景印文渊阁《四库全书》本，台湾商务印书馆 1986 年版。

② （宋）欧阳修撰：《诗解·二南为正风解》，载《欧阳修全集》，中国书店 1986 年版，第 432 页。

③ （宋）欧阳修撰：《商颂解》，载《欧阳修全集》，中国书店 1986 年版，第 435 页。

关于《商颂》的问题也一直困扰着历代的《诗经》研究者，《毛诗序》认为："微子至于戴公，其间礼乐废坏。有正考甫者，得《商颂》十二篇于周之太师，以《那》为首。"在《序》作者看来，《商颂》是孔子先祖正考甫从周太师那里得来的商诗。从文意可见，欧阳修也认同这一观点，但是圣人为何要将商代的诗歌放入《诗经》中？欧阳修认为这是圣人编排时有意为之，也就是要让读《诗》者通过这些诗篇了解商汤的功德，并从纣的灭亡中引以为戒，也显示出周灭商不绝其后的政治道德，其中包含了圣人的良苦用心，蕴含着极高明的政治智慧和优秀的政治道德品质。此前汉代郑玄《毛诗故训传笺》对《商颂》的解释也基本依据《诗序》，其云："礼乐废坏者，君怠慢于为政，不修祭祀、朝聘、养贤、待宾之事，有司忘其礼之仪制，乐师失其声之曲折，由是散忘也。自正考甫至孔子之时，又无七篇矣。正考甫，孔子之先也，其祖弗甫何，以有宋而授厉公。"[1] 而《毛诗正义》又据《笺》意详言之，这些解释均偏于对《商颂》产生历史背景的解读，而对圣人为何在《诗经》中保存这些商诗多未深究。欧阳修在《笺》《正义》的基础上对这一问题从构建理想政治的角度进行了更为深入的分析，将这一问题的研究向前推进了一步，其中"替圣人立言"的动机是非常明显的。同时，如果将这一观点置于北宋的现实政治中，又似乎包含着欧阳修对现实政治问题的一些思考在内。北宋灭后蜀、南唐、南汉、北汉等政权后，也面临着与西周统治者同样的问题，即如何对待这些投降或被俘的割据势力首脑，欧阳修以《诗经》中保存《商颂》体现了圣人"存亡继绝"的政治理想为例，为统治者提供了一个可以借鉴的方法，由此可见其"师古以用今"的价值取向。

综上可见，欧阳修这一时期的《诗》学观已经较为成熟，其中贯穿的一个基本理念是《诗经》包含了圣人之意，体现了儒家的政治伦理思想，这种政治伦理思想在欧阳修看来是有益于治道的，因而必须荡涤前代传注的遮蔽

---

① （汉）毛亨传，（汉）郑玄笺，（唐）陆德明音义，孔祥军点校：《毛诗传笺》，中华书局2018年版，第490—491页。

直寻《诗经》中的圣人之意，唯其如此方可重建儒家思想世界，也才能以一种纯净的儒家思想为现实政治提供理论的支撑。这种治《诗》的思路贯穿于欧阳修一生，是揭示欧阳修《诗》学观的出发点。尽管欧阳修的《诗》学观中包含了一些从文学角度解《诗》的因素，但从其根本立场出发，他治《诗》并不是为了阐释其文学思想，表达某种文学观念，而是要通过《诗经》来完成儒家思想的重构，发挥《诗经》学对现实政治的辅助作用。只有明确了这一点，才能更好地揭示欧阳修《诗经》学与宋代政治、学术之间的关系。

二、欧阳修对《毛诗》的批驳

在欧阳修早期学术思想建构中，对《诗经》学的一些基本问题已经有了一些思考。其后，欧阳修又于庆历四年（1044）奉使河东时在绛州偶然发现了《郑氏诗谱》，《诗谱补亡后序》云：“庆历四年奉使河东，至于绛州偶得焉。其文有注而不见名氏，然首尾残缺，自‘周公致太平’已上皆亡之。其国谱旁行，尤易为讹舛，悉皆颠倒错乱，不可复序。”① 而在未见《郑谱》之前，欧阳修“尝略考《春秋》、《史记·本纪》、《世家》、《年表》，而合以毛、郑之说，为《诗图》十四篇，今取以补《郑谱》之亡者。”② 又据宋代龚鼎臣《东原录》载：“景初家藏旧《郑氏诗谱》，注人不见名氏，而欧阳永叔庆历四年奉使河东，尝得《郑谱》。自‘周公致太平’以上不完，遂用孔颖达《正义》所载《诗谱》补全之，而复为之序。景初之本甚完，尝为并州牛景胜借去，今乃亡吾之本矣。”③ 或许是由于仕途坎坷，或是力求研究深入、精益求

---

① （宋）欧阳修撰：《诗谱补亡后序》，载《诗本义》，景印文渊阁《四库全书》本，台湾商务印书馆1986年版。

② （宋）欧阳修撰：《诗谱补亡后序》，载《诗本义》，景印文渊阁《四库全书》本，台湾商务印书馆1986年版。

③ （宋）龚鼎臣撰：《东原录》，景印文渊阁《四库全书》本，台湾商务印书馆1986年版。

精，直到熙宁三年（1070）《诗本义》始告完成①，欧阳修在该年给友人颜复
的信中云：

> 某衰病如昨，幸得闲暇偷安，但苦病目，不能看书，无以度日。
> 《诗》义未能精究，第据所得，聊且成书。正恐眼目有妨，不能卒
> 业，盖前人如此者多也。今果目视昏花，若不草草了之，几成后悔。
> 所以未敢示人者，更欲与二三君讲评其可否尔，但未知相见何时
> 也？报笔特艰，莫布万一，渐暖，加啬。②

第二年（1071）秋天，欧阳修又致书王益柔，讨论《诗义》：

> 某承见谕诗义。晚年迫以多病，不能精意，苟欲成其素志，仅
> 且了却，颇多疏谬。若得一经商榷，何幸如之。闲居少人力，俟录
> 一二拜呈，但虑方居禁职，无暇及此也。③

由此可知，欧阳修终其一生一直对《诗经》进行思考与研究，晚年迫于
衰病才草草结稿，但仍在不断进行着修改。相较于前期，这一时期欧阳修对
《诗经》的思考更加深入，特点也更为鲜明。他进一步淡化了《毛诗》"风化
感动"为核心的《诗》教追求，强调《诗经》观风知政、美刺时政的政治讽
喻功能，这一说《诗》立场的转变与其直据经文的说《诗》方法相结合，形
成了新的《诗经》阐释路径。首先，看《诗本义》中的《本末论》，《本末
论》是整个《诗本义》的方法论：

> 《诗》之作也，触事感物，文之以言，美者美之，恶者刺之，以

---

① 邹然《"新义日增，旧说几废"——欧阳修〈诗本义〉的经学贡献》据清代华孳亨《增订欧阳文忠年谱》云："（《诗本义》）盖成书于嘉祐四年（1059）。"黄进德《欧阳修评传》亦主此说。考之林逸《宋欧阳文忠公修年谱》、严杰《欧阳修年谱》、刘德清《欧阳修纪年录》，于嘉祐四年并未见关于《诗本义》的文字。参见邹然《"新义日增，旧说几废"——欧阳修〈诗本义〉的经学贡献》，《吉安师专学报》1996年第3期。黄进德《欧阳修评传》，南京大学出版社1998年版。林逸《宋欧阳文忠公修年谱》，台湾商务印书馆1980年版。严杰《欧阳修年谱》，南京出版社1993年版。刘德清《欧阳修纪年录》，上海古籍出版社2006年版。

② （宋）欧阳修撰：《与颜直讲》，载《欧阳修全集》，中国书店1986年版，第1319页。

③ （宋）欧阳修撰：《与王龙图》，载《欧阳修全集》，中国书店1986年版，第1276页。

发其揄扬怨愤于口，道其哀乐喜怒于心，此诗人之意也。古者国有采诗之官，得而录之，以属太师，播之于乐。于是考其义类而别之以为风、雅，而比次之以藏于有司，而用之宗庙、朝廷，下至乡人聚会，此太师之职也。世久而失其传，乱其雅、颂，亡其次序，又采者积多而无所择。孔子生于周末，方修礼乐之坏，于是正其雅、颂，删其繁重，列于六经，著其善恶以为劝戒，此圣人之志也。周道既衰，学校废而异端起。及汉承秦焚书之后，诸儒讲说者整齐残缺以为之义训，耻于不知，而人人各自为说，至或迁就其事以曲成其己学，其于圣人有得有失，此经师之业也，惟是诗人之意也，太师之职也，圣人之志也，经师之业也。

今之学《诗》也，不出于此四者而罕有得焉者，何哉？劳其心而不知其要，逐其末而忘其本也。何谓本末？作此诗，述此事，善则美，恶则刺，所谓诗人之意者，本也。正其名，别其类，或系于此，或系于彼，所谓太师之职者，末也。察其美刺，知其善恶，以为劝戒，所谓圣人之志者，本也。求诗人之意，达圣人之志者，经师之本也。讲太师之职，因其失传而妄自为之说者，经师之末也。今夫学者，得其本而通其末，斯尽善矣。得其本而不通其末，阙其所疑，可也。虽其本有所不能达者，犹将阙之，况其末乎！所谓周、召、邶、鄘、唐、豳之《风》，是可疑也，考之诸儒之说既不能通，欲从圣人而质焉又不可得，然皆其末也。若《诗》之所载，事之善恶，言之美刺，所谓诗人之意，幸其具在也。然颇为众说汨之，使其义不明，今去其汨乱之说，则本义粲然而出矣。今夫学者知前事之善恶，知诗人之美刺，知圣人之劝戒，是谓知学之本而得其要，其学足矣，又何求焉？其末之可疑者，阙其不知可也。盖诗人之作《诗》也，固不谋于太师矣。今夫学《诗》者，求诗人之意而已，太师之职有所不知，何害乎学《诗》也？若圣人之劝戒者，诗人之美刺是也，知诗人之意，则得圣人之志也。①

在欧阳修看来，"本"指"诗人之意"和"圣人之志"，"末"即"太师之职"。欧阳修很有历史的观点，从诗人述事言志作《诗》、太师录《诗》系《诗》，到孔子删《诗》正《诗》、经师汩乱说《诗》，既是对《诗经》创作、编辑、整理、研究过程的合理推想，更是对古书层累式构成的发展过程的客观描述，尤其是把求"诗人之意"（探求诗歌文本的原始内涵）和知"太师之职"（理解外围的文化积淀）截然分开，内外有别，主次分明，正确处理了二者的关系。他认为，求诗人之意是学《诗》的终极目的，也就是剥开太师录《诗》的"义类"和经师解《诗》的"汩乱之说"这样的层层累积，而得到创作时《诗》作者的原始意图，或者说是本来的意义，也就是将"诗人之意"与"圣人之志"紧密联系在一起，认为"若圣人之劝戒者，诗人之美刺是也，知诗人之意，则得圣人之志也"，实质上依然将"圣人之志"放在最主要的地位。这与其前期在《泰誓论》等文章中一再强调的"圣人之意，皎然乎经"的观点是一致的。

其次，作于这一时期的《时世论》也延续了前期对"二南"的观点，同时通过对具体诗篇的分析强化了其言论的倾向性。由于这一时期可以郑玄的《诗谱》作为参照，因而在《时世论》中欧阳修对毛、郑的批驳更加有针对性，也更有力度：

> 按郑氏《谱》，《周南》、《召南》，言文王受命作邑于丰，乃分岐邦、周邦，周、召之邑为周公旦、召公奭之采地，使施先公太王、王季之教于己所职六州之国，其民被二公之德教尤纯。至武王灭纣，巡守天下，陈其诗以属太师，分而国之，其得圣人之化者系之周公，谓之《周南》，其得贤人之化者系之召公，谓之《召南》。今考之于诗义，皆不合，而其为说者又自相抵牾。……《谱》言得圣人之化

---

① （宋）欧阳修撰：《本末论》，载《诗本义》，景印文渊阁《四库全书》本，台湾商务印书馆 1986 年版。

者，谓周公也，得贤人之化者，谓召公也，谓旦、奭共行先公之德教，而其所施自有优劣，故以圣贤别之尔。今诗所述既非先公之德教，而二《南》皆是文王、太姒之事，无所优劣，不可分其圣贤。所谓文王、太姒之事，其德教自家刑国，皆其夫妇身自行之，以化其下，久而变纣之恶俗，成周之王道，而著于歌颂尔。盖《谱》谓先公之德教者，周、召二公未尝有所施，而二《南》所载文王、太姒之化，二公亦又不得而与，然则郑《谱》之说，左右皆不能合也。后之为郑学者，又谓《谱》言圣人之化者为文王，贤人之化者为太王、王季。然《谱》本谓二公行先公之教，初不及文王，则为郑学者又自相抵牾矣。①

文中抓住郑玄《诗谱》的自相矛盾之处进行反驳，这与前期《二南为正风解》的观点是一致的。在具体解《诗》过程中，这一思想也得到了很好的贯彻，如《诗序》认为《麟之趾》是"《关雎》之应也。《关雎》之化行，则天下无犯非礼，虽衰世之公子，皆信厚如麟止（趾）之时也"。很明显，"《关雎》之应"有"怪诞"之嫌，与"子不语怪，力，乱，神"② 不合；"化行天下"是文王称王甚至统一天下之后才能出现的现象，否则"止能自被其所治"③。"怪妄"和"化行天下"两个方面，欧阳修都坚决反对。从《诗本义》卷二《野有死麇》所说的"若《序》言《关雎》之应，乃是《关雎》化行，天下太平，有瑞麟出而为应，不惟怪妄不经，且与诗意不类"④，可以看出其立论恰是从这两个方面着手。《野有死麇》，《毛诗序》云："恶无礼也。天下大乱，强暴相陵，遂成淫风。被文王之化，虽当乱世，犹恶无礼也。"欧阳修

---

① （宋）欧阳修撰：《时世论》，载《诗本义》，景印文渊阁《四库全书》本，台湾商务印书馆 1986 年版。

② 杨伯峻著：《论语译注》，中华书局 2017 年版，第 103 页。

③ （宋）欧阳修撰：《诗本义》卷二《野有死麇》，景印文渊阁《四库全书》本，台湾商务印书馆 1986 年版。

④ （宋）欧阳修撰：《诗本义》卷二《野有死麇》，景印文渊阁《四库全书》本，台湾商务印书馆 1986 年版。

反驳序说，并作了"纣时男女淫奔以成风俗，惟周人被文王之化者，能知廉耻而恶其无礼，故见其男女之相诱而淫乱者恶之"的新解释。明显可见，欧阳修与《诗序》的最大不同是给出了"被文王之化"的具体范围——"惟周人"，这就阻断了《诗序》"文王之化"与"天下"的联系，肃清了《诗序》中文王称王的因素，体现出政治伦理介入给《诗经》阐释带来的影响。此外，欧阳修反驳《行露》《桃夭》《摽有梅》的《小序》也是在反对文王称王说的基础上进行的。既然文王没有称王，那么称太姒为后妃也是不当的，这一点早在《诗解·周召分圣贤解》中就曾指出过："夫后妃之号，非诗人之言，先儒序之云尔。考于其诗，惑于其序，是以异同之论争起，而圣人之意不明矣。"① 还应该指出的是，欧阳修反对《卷耳》"求贤审官"等言论，认为"妇人无外事，求贤审官，非后妃之职也"②，他将此诗解释为"后妃以采卷耳之不盈，而知求贤之难得，因物托意，讽其君子，以谓贤才难得，宜爱惜之"③，是以男外女内的家庭伦理观念来翻新此诗的解释，偏离了前人侧重于"不盈顷筐"这个难点。欧阳修于此的表现和他反对《鹊巢序》"夫人之德也"之言并作"以兴夫人来居其位，当思周室创业积累之艰难，宜辅佐君子共守而不失也"的解释当出于同一思想动机。

欧阳修反驳《诗序》主要集中于"二南"，反对"怪妄"之说，用政治伦理反对文王称王说和"化行天下"说，又用世俗理性、家庭伦理来调整《诗序》中的异质因素，这些均体现出新的时代背景下《诗经》学新的发展动向。

---

① （宋）欧阳修撰：《诗解·周召分圣贤解》，载《欧阳修全集》，中国书店 1986 年版，第432 页。

② （宋）欧阳修撰：《诗本义》卷一《卷耳》，景印文渊阁《四库全书》本，台湾商务印书馆1986 年版。

③ （宋）欧阳修撰：《诗本义》卷一《卷耳》，景印文渊阁《四库全书》本，台湾商务印书馆1986 年版。

第四节　刘敞对《诗经》学的革新及其影响

刘敞（1019—1068）是庆历学术极具代表性的一位学者，也是与欧阳修交往最为密切的人物之一。欧阳修对其学识、文章均不吝赞美之词，皇祐二年（1050）欧阳修在《尚书主客郎中刘君墓志铭》中称赞刘敞"贤而有文章"①，作于嘉祐五年（1060）的《奉送原父侍读出守永兴》中亦云："文章惊世知名早，意气论交相得晚。"② 二人过从甚密，学术上虽存在着一些差异，但同时又多有联系，叶梦得《避暑录话》卷上在提及欧、刘经学研究的关系时说：

> 庆历后，欧阳文忠以文章擅天下，世莫敢有抗衡者。刘原甫虽出其后，以博学通经自许，文忠亦以是推之，作《五代史》、《新唐书》，凡例多问《春秋》于原甫。及书梁入阁事之类，原甫即为剖析，辞辨风生。文忠论《春秋》，多取平易，而原甫每深言经旨，文忠有不同，原甫间以谑语酬之，文忠久或不能平。③

刘敞长于《春秋》学，欧阳修修史书时凡是涉及《春秋》的内容必问刘敞，这是建立在对刘氏《春秋》学的认可和信从基础之上的，由此可见，刘敞经学上的造诣和二人学术上的密切关系。④ 同时，二人治经的目的也是一致的，即他们都不满于汉唐义疏，而是希望通过挖掘经书中的"圣人之意"、经文原旨来为社会发展重新确立规范，为政治改革提供可靠的理论资源。与欧阳修一样，刘敞也非常强调儒家经典"经世致用"的现实功用，他认为：

---

① （宋）欧阳修撰：《欧阳修全集》，中国书店1986年版，第204页。

② （宋）欧阳修撰：《欧阳修全集》，中国书店1986年版，第58页。

③ （宋）叶梦得撰：《避暑录话》卷上，景印文渊阁《四库全书》本，台湾商务印书馆1986年版。

④ 参见顾永新《欧阳修学术研究》第六章《从欧阳修的交游看其学术渊源及影响》，人民文学出版社2003年版。另参见张尚英《试论刘敞〈春秋〉学的时代特色》，《史学集刊》2008年第1期。

五经者，五常也。《诗》者温厚，仁之质也；《书》者训告，信
之纪也；《易》者渊微，智之表也；《春秋》褒贬，义之符也；惟
《礼》自名，其道专也。①

这一观点源于《礼记·经解》"温柔敦厚，《诗》教也；疏通知远，《书》
教也；广博易良，《乐》教也；洁静精微，《易》教也；恭俭庄敬，《礼》教
也；属辞比事，《春秋》教也"②。同时将"仁义礼智信"五常与"五经"一
一对应，进一步明确了经学在建构社会伦理关系中的作用，这与欧阳修《诗
解统序》中所说"《易》《书》《礼》《乐》《春秋》，道所存也"。在经学观念
上是一样的。同时，刘敞主张在政治活动中应当充分发挥经学的作用，如仁
宗年间《上仁宗论灾变宜使儒臣据经义以言》一文指出：

臣愚以为五经灾异之说最深最切，凡四方所上奇物怪变妖孽沴
疾有非常可疑者，宜使儒学之臣据经义傅时事以言。③

将经义与时事结合起来，以此作为抵抗各类灾变和奇异事物、言论的理
论依据，其中体现着作者对经学的基本态度，即习经是为了维护社会思想的
纯净和统一。在担任英宗侍读时，刘敞也是"不专章句解诂，而指事据经，
因以讽谏，每见听纳"④，依据儒家经典对现实问题进行有针对性的解说，其
中同样体现着"师古以用今"的学术特点。这些特点又集中反映在刘敞的经
学著作中。除《春秋传》《春秋权衡》《春秋说例》《春秋文权》《春秋意林》
等《春秋》学著述外，刘氏还有一部对北宋经学发展影响更为深远的《七经
小传》，南宋王应麟曾评价这部书云："自汉儒至于庆历间，谈经者守训诂而
不凿。《七经小传》出而稍尚新奇矣。至《三经义》行，视汉儒之学若土

---

① （宋）刘敞撰：《公是弟子记》卷一，景印文渊阁《四库全书》本，台湾商务印书馆1986年版。
② （清）阮元校刻：《十三经注疏·礼记正义》卷五〇《经解》，中华书局2009年据清嘉庆刻本
影印版，第3493页。
③ （宋）刘敞撰：《公是集》卷三二，景印文渊阁《四库全书》本，台湾商务印书馆1986年版。
④ （宋）欧阳修撰：《集贤院学士刘公敞墓志铭》，载《欧阳修全集》，中国书店1986年版，
第249页。

梗。"①《七经小传》的内容包含了对《尚书》《毛诗》《周礼》等经书文字的修改，纠正了汉唐注疏之学的谬误，提出自家解说，是刘氏经解著作的代表，其中的《诗经小传》多有新意，影响了其后王安石等人的《诗》学研究，是北宋《诗》学进入革新阶段的标志性作品。

一、突出《诗序》对《诗经》题旨的政治化阐释

刘敞在继承《诗序》诗教思想的基础上，时有发挥，进一步强化了其中对《诗经》题旨政治化的阐释，体现出这一时期《诗经》研究逐渐政治化的风格特点。以往一些学者根据刘敞《诗经小传》中对《卷耳》篇的解释，认为"刘敞对于《诗序》是抱着强烈批评态度的"②。这一观点显有失察之处。《诗经小传》中对绝大多数诗篇的解释仍是遵从《毛诗序》，《卷耳》篇在其中仅是个案，不能据此就简单地认为刘敞是主张废《序》的。兹将《诗经小传》解《诗》同于《毛诗序》的内容择要摘录如表2-2所示。

表2-2　《诗经小传》同于《毛诗序》内容汇总表

	诗　篇	《诗经小传》	《毛诗序》
1	《葛覃》	《葛覃》二章曰："葛之覃兮，施于中谷。维叶莫莫，是刈是获。为絺为綌，服之无斁"者。葛居谷中，莫莫茂盛，于是则有人就而刈之、获之，以为絺綌，而服之不厌。如后妃在家，德美充茂，则王者就聘之，以为后妃，与之偕老矣	《葛覃》，后妃之本也。后妃在父母家，则志在女功之事，躬俭节用，服浣濯之衣，尊敬师傅，则可以归安父母，化天下以妇道也

---

① （宋）王应麟撰：《困学纪闻》卷八，景印文渊阁《四库全书》本，台湾商务印书馆1986年版。
② ［日］江口尚纯著：《刘敞〈七经小传〉略述——以〈诗经小传〉的论说为例》，冯晓庭译，《中国文哲研究通讯》第12卷第2期，2002年，第63页。

	诗　篇	《诗经小传》	《毛诗序》
2	《甘棠》	《甘棠》曰："蔽芾甘棠，勿翦勿伐，召伯所茇。"蔽芾，盛貌。召伯在之时尝憩息此棠树之下，今其人虽不在，犹当勿伐此棠。盖睹其物思其人，思其人则爱其树，得人心之至也	《甘棠》，美召伯也。召伯之教，明于南国
3	《旄丘》	《旄丘》诗曰："何其处也？必有与也！何其久也？必有以也！"言我所以处且久者，正以卫为方伯连率，尔怨问之也	《旄丘》，责卫伯也。狄人迫逐黎侯，黎侯寓于卫，卫不能修方伯连率之职，黎之臣子以责于卫也
4	《泉水》	《泉水》诗曰："我思肥泉，兹之永叹。"出同而归异曰肥。作此诗之女于今卫侯，兄弟也。以言亦出同而归异，不得相见尔，是之为叹也	《泉水》，卫女思归也。嫁于诸侯，父母终，思归宁而不得，故作是诗以自见也
5	《园有桃》	"园有桃，其实之殽"，园之有桃，犹国之有君也。桃不能自用其实，故其实为人之殽，犹君君不能自用其民，反为人有也	《园有桃》，刺时也。大夫忧其君，国小而迫，而俭以啬，不能用其民，而无德教，日以侵削，故作是诗也
6	《扬之水》	"扬之水，白石凿凿"，此兴晋人将叛而归沃之意也	《扬之水》，刺晋昭公也。昭公分国以封沃，沃盛强，昭公微弱，国人将叛而归沃焉
7	《狼跋》	《狼跋》曰："公孙硕肤，赤舄几几。"公孙者，豳公之孙，谓周公也。周公有硕肤之德，故摄政而履人君之舄几几然，甚宜之也	《狼跋》，美周公也。周公摄政，远则四国流言，近则王不知，周大夫美其不失其圣也
8	《伐木》	"伐木丁丁"，丁丁，声相应也。伐木者，小事尔，犹求同志共事。其声丁丁然，以言自天子至庶人，亦当须友以相成也	《伐木》，燕朋友故旧也。自天子至于庶人，未有不须友以成者。亲亲以睦，友贤不弃，不遗故旧，则民德归厚矣

	诗　篇	《诗经小传》	《毛诗序》
9	《杕杜》	"有杕之杜，有睆其实。"杕杜，特生之杜也，以兴君子于役，则妇人特居焉。睆然其实者，方其盛时也	《杕杜》，劳还役也
10	《小弁》	《小弁》曰："鹿斯之奔，维足伎伎，顾其子也。雉之朝雊，尚求其雌。"其雌，妃也。言王放逐太子，曾不如鹿乎？废黜申后，曾不如雉乎	《小弁》，刺幽王也。太子之傅作焉
11	《巷伯》	《巷伯》之诗者，孟子所作也。孟子仕人以避嫌，不审为谗者潜之，至加宫刑为寺人，故作此诗也	《巷伯》，刺幽王也。寺人伤于谗，故作是诗也
12	《四月》	"匪鹑匪鸢，翰飞戾天。匪鳣匪鲔，潜逃于渊"者，言怨乱并兴忧之之辞也	《四月》，大夫刺幽王也。在位贪残，下国构祸，怨乱并兴焉
13	《鼓钟》	《鼓钟》之诗，伤幽王乱文武之乐，故末及雅与南也	《鼓钟》，刺幽王也
14	《卷阿》	《卷阿》诗曰："似先公酋矣"，召康公则何以不欲成王似先王，而独曰似先公乎	《卷阿》，召康公戒成王也。言求贤用吉士也
15	《常武》	《常武》，有常德以立武事，因以为戒然	《常武》，召穆公美宣王也。有常德以立武事，因以为戒然
16	《七月》	《七月》诗，周公作也；《公刘》诗，召公作也	《七月》，陈王业也。周公遭变，故陈后稷先公风化之所由，致王业之艰难也。《公刘》，召康公戒成王也
17	《维清》	《维清》之诗《序》曰："奏象舞也。"象则文王之乐	《维清》，奏象舞也
18	《雍》	《雍》，禘太祖也，太祖即后稷矣	《雍》，禘大（太）祖也
19	《长发》	《长发》，大禘也	《长发》，大禘也

　　刘敞《诗经小传》共三十五则，其中考证经文字词、章节的六则，论《大序》和变雅的二则，不同于《小序》的一则（《卷耳》），解释字义的一则（《十月之交》）。剩下的二十五则中，《白驹》《黄鸟》《小旻》《谷风》

《信南山》和《采菽》的解释或依《毛传》，或依郑《笺》，但也与《诗序》存在和很大的关系，如《白驹》，《诗序》云："大夫刺宣王也。"郑《笺》据《序》发挥："刺其不能留贤也。"刘敞《小传》又据《笺》意云："上刺其君之不能下贤，下怨贤者之弃吾君，忠厚之道也。"三者在阐释理路上有着内在的关联。除此，其余十九则均完全据《序》言《诗》。根据这些统计，有理由相信刘敞在解释《诗经》时的主要依据仍是《毛诗序》。

刘敞据《序》言《诗》常常讲明《诗序》所以美之、所以刺之的道理，填充其中的意义空白，借题发挥来做政治文章。如《葛覃》，《诗序》解释此诗重在强调后妃在父母家必须勤于"女功之事"，唯其如此，才能为天下的女子做榜样。刘敞对诗旨的把握也不出《序》的范围，但进一步指出葛长成之后被人的刈获，如同后妃被王者所聘。他突出强调这一点自有其深层的用意。作为帝王的配偶，后妃德行的好坏对国家政治的运行会产生直接的影响，因而历代士大夫对后妃始终保持着某种程度的警惕和期望，这一点在刘敞解释《卷耳》时也体现得非常明显：

> 《卷耳》，《序》称后妃"又当辅佐君子，求贤审官，内有进贤之志，至于忧勤"。吾于此义殊为不晓。后妃但主内事，所职阴教，善不出闺壼之中，业不过箓馈之事，何得知天下之贤而思进之乎？假令实可不害，武王岂责纣为牝鸡无晨，周公作《易》何言在中馈无攸遂乎？假令后妃思念进贤为社稷计，亦何至朝夕忧勤乎？要之后妃本不与外事，自无缘知贤者不肖主名，若谓后妃贤当并治其国者，是开后世母后之乱，吕、武所以乱天下也。若尔又何以号为正风教化万世乎！且令自古妇人欲干预政事，故引此诗为证，初虽以进贤审官为号，已而晨鸣便无可奈何矣。验大姒、大任等亦但治内事，无求贤审官之美，审知此《诗序》之误也。①

---

① （宋）刘敞撰：《公是先生七经小传》卷上，商务印书馆1934年版。

刘敞认为《毛诗序》对《卷耳》的解释是错误的，原因在于后妃是主内事的，"求贤审官"并非其职，而且如此解释会给后世的后妃干政提供口实。考之宋史，刘敞经历过一次"母后之乱"，即仁宗朝的刘太后当政。仁宗即位（1023）时年仅十三岁，故由刘太后"垂帘听政"，在长达十余年（1023—1033）的刘太后听政时期，多斥异端，用亲信。如果将刘敞对《卷耳》的解释置于这样的一个历史背景中，就不难理解他的良苦用心了。这里表面看似批驳《诗序》，其实是对《诗序》政治性内涵的进一步发展和深化。《扬之水》《巷伯》等诗作的解释更是依据《毛诗序》对诗篇的产生背景进行了细致的说解，这种说解肯定会强化读者对《诗经》政治品性的把握，但是这种价值取向背后同时潜在着一种误区和危险，经义的政治性有可能被无限放大，最终陷入牵强附会的境地而无法自拔，这种危险在不久之后王安石的《三经新义》中体现得最为明显。

二、对经文的改动及对《传》《笺》的批驳

刘敞对后世的注疏多有不信，如谓："今之《礼》非醇经也。"① "左氏不传《春秋》，此无疑义矣。"② 他甚至认为经传中存在着错简、衍脱甚至谬误，因此大胆地多处改易《诗经》中的文字或章句：

1. 《常棣》之四章曰："兄弟阋于墙，外御其侮。每有良朋，烝也无戎。"案：此诗八章，七章合韵，惟此戎字不合韵，疑"戎"当作"戍"，戍亦御也，字既相类，传写误也。③

2. "无将大车，祇自尘兮。无思百忧，祇自疧兮。"博士读"疧"为"邸"，非也。"疧"当作瘖，读如"缗"，病也，字误耳。④

---

① （宋）刘敞撰：《公是集》卷四六，景印文渊阁《四库全书》本，台湾商务印书馆1986年版。
② （宋）刘敞撰：《春秋权衡》卷一，景印文渊阁《四库全书》本，台湾商务印书馆1986年版。
③ （宋）刘敞撰：《公是先生七经小传》卷上，商务印书馆1934年版。
④ （宋）刘敞撰：《公是先生七经小传》卷上，商务印书馆1934年版。

3.《伐木》三章，章十二句，每一章首辄云伐木。凡三云伐木，故知当三章也。今毛氏《诗》断六句为一章，盖误矣。[①]

4.《小旻》四章，章八句，二章章七句，乃得其理。今误为三章八句，三章七句。[②]

5.《北山》五章，章六句。故言六章，三章六句，三章四句非。[③]

6.《小明》四章，章十二句。故言五章，三章十二句，二章六句非。[④]

7.《假乐》故言四章，章六句。以文理考之，实六章，章四句。[⑤]

刘敞认为诗篇的文字在诗意和谐韵方面存在着扞格，因而要对其进行改订。这种对经文的改动已经越出了简单的对注疏的批判，而将矛头指向了经文本身，其出发点在于要制造一种经学的范本，替圣人立言。在他之前从来不曾有学者对经文中的错误提出过修订，就此而言，刘敞《诗经小传》无疑具有开风气之先的作用。另外，刘敞依据"理"或"文理"对某些诗作篇章结构的重新划分也体现了这一时期《诗经》研究新的动向。"理"或"文理"主要是指诗作内容前后的意义联系，不迷信经书，而是依据自己对诗篇意义的理解来修改其中的层次结构，这种研究直接指向了经文本身，其目的仍在于要为经学研究提供一个更为规范可信的读本。

除此之外，他还对《毛传》和郑《笺》进行了批驳，如《伐木》篇，更是直接指出"毛、郑说俱非是也"。另如上述《园有桃》，《毛诗故训传》释"园有桃，其实之殽"云："兴也。园有桃，其实之殽。国有民，得其力。"郑玄《笺》云："魏君薄公税，省国用，不取于民，食园桃而已。不施德教，民

① （宋）刘敞撰：《公是先生七经小传》卷上，商务印书馆 1934 年版。
② （宋）刘敞撰：《公是先生七经小传》卷上，商务印书馆 1934 年版。
③ （宋）刘敞撰：《公是先生七经小传》卷上，商务印书馆 1934 年版。
④ （宋）刘敞撰：《公是先生七经小传》卷上，商务印书馆 1934 年版。
⑤ （宋）刘敞撰：《公是先生七经小传》卷上，商务印书馆 1934 年版。

无以战，其侵削之由由是也。"①《传》意"园有桃"喻指"国有民"，而《笺》意此诗是一首颂美诗，"园桃"也是实指，并无寓意。刘敞则将"园之有桃"释为"犹国之有君"，并据此发挥得出"君不能自用其民，反为人有也"的解释，这种解释的背后其实也暗含着刘敞希望强化君权的价值立场。

综上可见，刘敞《诗经》学中出现了大规模地对经文的改动以及对前人注疏的质疑，但他的疑经、改经具有相当可靠的文献依据，并非凭空臆造，四库馆臣评价他："敞之谈经虽好与先儒立异，而淹通典籍，具由心得，究非南宋诸家游谈无根者比。故其文湛深经术，具有本原。"② 这说明汉唐经学墨守传注的治学思路已经开始发生了转变，为了满足政治发展的现实需要和新学风的需要，刘敞以前说为基础，以一种更为详细或在层次上更为深入的解经方式来研究《诗经》，初步构建起了一种新经学的雏形，即立足于现实政治改革的需要，借助文献学的方法，充分挖掘和阐释儒家经典中有益于治道的思想内涵。

三、刘敞《诗经》学的影响

《七经小传》对其后经学的发展产生了很大的影响，欧阳修《集贤院学士刘公敞墓志铭》云："《七经小传》今盛行于学者。"③ 此墓志铭作于熙宁二年（1069），正是王安石变法的开始阶段。《小传》对汉唐注疏的质疑以及表现出的强烈的批判精神在当时的思想世界中一定产生了巨大的震动，并且就现有文献资料来看，这一时代学者著作中对刘敞的疑经、改经并没有反对的意见出现，可见庆历之后兴起的疑古思辨之风此时已经深入人心。这种学术风气

---

① （汉）毛亨传，（汉）郑玄笺，（唐）陆德明音义，孔祥军点校：《毛诗传笺》，中华书局2018年版，第141页。

② （清）永瑢等纂：《四库全书总目》，河北人民出版社2000年版，第3951页。

③ （宋）欧阳修撰：《集贤院学士刘公墓志铭》，载《欧阳修全集》，中国书店1986年版，第250页。

的出现为经学革新的进一步发展提供了必要的思想基础，同时也为王安石变法借《三经新义》为改革张目，对儒家经典进行大量牵强附会的解释在社会接受的层面做了一定的思想铺垫。

就刘敞《诗》学对宋代《诗》学的影响而言，不仅《诗经小传》中观点被其后众多《诗》学著述采用，而且他的治《诗》方法也对后世学者多有启发。《诗经小传》的一些观点直至南宋仍有很大影响，朱熹《诗集传》注《无将大车》"衹自痕兮"云："刘氏曰当作痕，与瘖同。"① 即为一例，又如释《伐木》云："《伐木》三章，章十二句。"注云："刘氏曰，此诗每章首，辄云伐木。凡三云伐木，故知当为三章，旧作六章，误矣。今从其说正之。"② 戴溪《续吕氏家塾读诗记》和严粲《诗缉》也依据刘敞之说将《伐木》分为三章。直至清代诸锦撰《毛诗说》仍在使用刘敞《诗经小传》的体例，其影响可见一斑。

同时，刘氏《诗经小传》也启发了众多学者的革新意识，并将其作为《诗》学建构的重要资源加以利用。吴曾《能改斋漫录》云："国史云：'庆历以前，学者尚文辞，多守章句注疏之学，至刘原父为《七经小传》，始异诸儒之说，王荆公修《经义》盖本于原父云。'"③ 尽管四库馆臣曾云："谓安石之学由于敞，则窃鈇之疑矣。"④ 对《诗经新义》与《诗经小传》的关系提出了质疑，但从二者出现的时间以及《小传》在当时的影响来看，王安石对《小传》是有过接触的，且王安石对刘敞及其经学造诣也颇为推崇，其《与刘原父书》云"阁下论为世师"⑤，《答扬州刘原甫》也有"君实高世才"⑥ 的评价，因而《新义》的撰写受到《小传》的影响也是

---

① （宋）朱熹撰：《诗集传》，中华书局 1958 年版，第 151 页。
② （宋）朱熹撰：《诗集传》，中华书局 1958 年版，第 104 页。
③ （宋）吴曾撰：《能改斋漫录》卷二，景印文渊阁《四库全书》本，台湾商务印书馆 1986 年版。
④ （清）永瑢等纂：《四库全书总目》，广西师范大学出版社，第 844 页。
⑤ （宋）詹大和等撰：《王安石年谱三种》卷五，中华书局 1994 年版，第 291 页。
⑥ （宋）詹大和等撰：《王安石年谱三种》卷九，中华书局 1994 年版，第 353 页。

情理之中的事。

尽管《诗经新义》与《诗经小传》的说解内容不尽相同，但在解《诗》的方法和内在理路上却有着众多的一致之处。王安石将《诗序》对《诗经》题旨的政治化阐释进一步推广和深化，他采用的方法同样也是刘敞填补《诗序》意义空间的做法，如《魏风·十亩之间》，《诗序》云："《十亩之间》，刺时也。言其国削小，民无所居焉。"① 《新义》进一步解释："先王建万国，亲诸侯，使小事大，大比小。有相侵者，方伯连帅治而正之。是以诸侯不失其分地，而庶民保其常生。周道衰，强凌弱，众暴寡，天子、方伯、连率无以制之，有国者亦多不知所以守其封疆。此诗所为作也。"② 这里显然也是在借着《诗序》进行发挥。另外，《新义》还采用了将诗作中的兴象与政治内容进行比附的做法，如释《葛覃》云："'黄鸟于飞'，以喻后妃；'集于灌木'以喻文王。"③ 这与刘敞所云："葛居谷中，莫莫茂盛，于是则有人就而刈之、获之，以为缔绤，而服之不厌。如后妃在家，德美充茂，则王者就聘之，以为后妃，与之偕老矣。"在解释的理路上也是一致的。又如刘敞对《诗经》部分语词和文字的改动在王安石的治《诗》过程中也被继承下来，如："《驷驖》'驷马既闲'，'驷'当作'四'"；"《小旻》'发言盈廷'，'廷'当作'庭'"；"《生民》'麻麦幪幪'，'麦'当作'麦'"，等等。④ 因而尽管没有更为直接的证据证明《新义》与《小传》的联系，但从上述分析中，仍然可以看到《小传》对《新义》的一些影响。

综上可见，刘敞《诗》学对宋代《诗》学的发展的确起到了开风气之先的作用，但同时也应当看到，刘氏解《诗》也有推测的成分，这种推测如果缺乏文献的依据，必然会走向臆测的歧途，这也为其后《诗》学的发展埋下

---

① （汉）毛亨传，（汉）郑玄笺，（唐）陆德明音义，孔祥军点校：《毛诗传笺》，中华书局2018年版，第143页。

② （宋）王安石撰，邱汉生辑校：《诗义钩沉》，中华书局1982年版，第83页。

③ （宋）王安石撰，邱汉生辑校：《诗义钩沉》，中华书局1982年版，第12页。

④ （宋）王安石撰，唐武标校：《王文公文集》，上海人民出版社1974年版，第240页。

了一定的隐患，诚如四库馆臣所云："盖好以己意改经，变先儒淳实之风者，实自敞始……敞之说经，开南宋臆断之弊。"① 然而我们不能因噎废食，刘敞对《诗》学发展的贡献还是主要的，在北宋庆历经学革新的时代背景中他的研究是有积极意义的。

---

① （清）永瑢等纂：《四库全书总目》，广西师范大学出版社 2019 年版，第 844 页。

第三章　学术与政治的联姻

——神宗年间的《诗经》研究

神宗统治时期,《诗经》研究借着熙宁变法的契机,直接参与到当时的政治文化建设中,为改革提供理论支持。而由于政见的不同,当时和其后的很多学者批评熙宁变法,其中方式之一就是批评为变法提供理论支持的《诗经新义》。同时延续"赋《诗》言志"的传统,一些学者借《诗经》来影射当时的政治。

第一节　熙宁变法与荆公新学

庆历之后,学术发展的主流是以王安石为代表的新学派。庆历新政尽管以失败而告终,却从此点燃了士大夫阶层广泛参与政治改革的热情。以王安石为例,他在仁宗嘉祐四年(1059)上万言书,系统提出了变法的思想,此时上距庆历新政,凡十五年。与范仲淹《答手诏陈十事》比较,可以发现二者从变革的指导思想到具体措施上都有着许多相同之处,如范仲淹认为政治积弊的根源在于纲纪法度的破坏,改革的出路在于重新确立政治方针,庶几"法制有立,纲纪有振"。同样,王安石也认为导致内忧外患的根源在于"不知法度",此所谓"法度",不是一般的刑法律令,而主要指合乎社会发展规范的制度，如其谓："今朝廷法严令具，无所不有，而臣以谓无法度者，何哉？方今之法度，多不合乎先王之政故也。"① 这种对"法度"的强调和重视正是其后熙宁变法推行的重要策略保障。同时，在《上仁宗皇帝言事书》中，王安石还特别强调了人才对于改革的重要性：

> 虽欲改易更革天下之事，合于先王之意，其势必不能也，何也？以方今天下之不足才故也。……夫人才不足，则陛下虽欲改易更革天下之事，以合先王之意，大臣虽有能当陛下之意而欲领此者，九州之大，四海之远，孰能称陛下之指，以一二推之行此，而人人蒙其施者乎？臣故曰：其势未必能也。……然则方今之急，在乎人才而已。②

这种变法所需人才的匮乏，在王安石看来又与朝廷的政策导向以及当时的学术风气有着直接的关系，他说：

> 朝廷礼乐刑政之事，未尝在于学。学者亦漠然自以礼乐刑政为有司之事，而非己所当知也。学者之所教，讲说章句而已。讲说章句，固非古者教人之道也。而近岁乃始教之以课试之文章。夫课试之文章，非博诵强学穷日之力则不能及。及其能工也，大则不足以用天下国家，小则不足以为天下国家之用。故虽白首于庠序，穷日之力，以师上之教，及使之从政，则茫然不知其方者，皆是也。③

王安石对朝廷和学者各打了五十大板。一方面，朝廷建立的礼仪制度与学术没有任何关系，因而造成"方今之法度，多不合乎先王之政"的局面；另一方面，从学者的角度而言，王安石认为学者为学应当有益于治道，应当为政治建设提供思想资源，应当参与到政治的建设中去实现儒家"得君行道"的理想。但现实的问题是其时很多学者自认为礼仪制度的建立是政府的事情，

---

① 曾枣庄、刘琳主编：《全宋文》卷一三八〇，上海辞书出版社 2006 年版，第 329 页。
② （宋）王安石撰，唐武标校：《王文公文集》，上海人民出版社 1974 年版，第 2 页。
③ （宋）王安石撰，唐武标校：《王文公文集》，上海人民出版社 1974 年版，第 6 页。

只管做好自家学问就行了，因而出现了当时学界只是"讲说章句"的风气。王安石对这种风气的危害进行了严厉的批判，认为这种章句之学大则不利于国家的政治建设，小则也不利于学者实现自身的政治理想，因而必须要改变学风。对章句之学的严重不满也成为其后《三经新义》"以己意解经"阐释策略的动因之一。总之，在王安石看来，朝廷的制度建设缺乏儒家"道统"的理论支持，儒家学者忽略为"治统"服务的传统，缺乏政治参与的热情和行动是造成"天下之久不安"的根本原因，因而在其逻辑中，要想使天下获得安定就必须将"治道"与"道统"结合起来，重新确立合乎先王之政的法度，这样才能实现长治久安，所以在重建政治宪纲这一点上，王安石熙宁变法与范仲淹庆历新政二者的目标是一致的。从北宋政治改革的连续性而言，熙宁变法无疑也是庆历新政的继承和发展，构成了北宋政治改革的第二个大的阶段。就学术思想方面而言，从王安石对章句之学的强烈反对，也可看出荆公新学与庆历学术内在的一致性，但不同于庆历学人专研某部儒家经典，王安石更锐意推阐若干部经典中的天道天理，因而荆公新学又是对庆历学术的继承和发展，下文详述，不赘。万言书虽未被仁宗采纳，但在社会上引起了很大的反响，亦可见当时社会迫切要求革除"积弊"的愿望。但是，由于庆历新政受挫不久，士气低迷，直到仁宗卒后的治平年间，关于革除弊政的问题才被重新提出来。

熙宁元年（1068）四月，王安石从地方回到京师，神宗咨以治国之道，数留答问，安石上《本朝百年无事札子》（以下简称《札子》）。次年，神宗任安石为参知政事厉行变法，王安石规划的政治蓝图才得以付诸实践。《札子》是熙宁变法的总纲要，反映了王安石对宋朝百年以来政治发展状况的一个基本判断，其中在对太祖、太宗、真宗、仁宗的政治功绩做了回顾之后，又对百年出现的政治问题进行了反思：

> 然本朝累世因循末俗之弊，而无亲友群臣之议。人君朝夕与处，
> 不过宦官女子，出而视事，又不过有司之细故，未尝如古大有为之

君，与学士大夫讨论先王之法以措之天下也。一切因任自然之理势，而精神之运有所不加，名实之间有所不察。君子非不见贵，然小人亦得厕其间。正论非不见容，然邪说亦有时而用。以诗赋记诵求天下之士，而无学校养成之法。以科名资历叙朝廷之位，而无官司课试之方。监司无检察之人，守将非选择之吏。转徙之亟既难于考绩，而游谈之众因得以乱真。交私养望者多得显官，独立营职者或见排沮。故上下偷惰取容而已。虽有能者在职，亦无以异于庸人。农民坏于徭役，而未尝特见救恤，又不为之设官，以修其水土之利。兵士杂于疲老，而未尝申敕训练，又不为之择将，而久其疆场之权。宿卫则聚卒伍无赖之人，而未有以变五代姑息羁縻之俗。宗室则无教训选举之实，而未有以合先王亲疏隆杀之宜。其于理财，大抵无法，故虽俭约而民不富，虽忧勤而国不强。赖非夷狄昌炽之时，又无尧、汤水旱之变，故天下无事过于百年。虽曰人事，亦天助也。盖累圣相继，仰畏天，俯畏人，宽仁恭俭，忠恕诚悫，此其所以获天助也。伏惟陛下躬上圣之质，承无穷之绪，知天助之不可常恃，知人事之不可怠终，则大有为之时，正在今日。①

《札子》对宋朝建国百年以来的政治、军事、赋税和理财、农业生产等情况做了全面的陈述，而贯穿其中的一个批评意见，则是无处不在的因循、疲沓、苟且度日的萎靡气局，这些也是熙宁变法的现实依据，青苗法、募役法、保甲法等均是王安石对症开出的药方，但一些药用得过于猛烈，反而适得其反，并未发挥很好的效果，也给反对派制造了口实。同时，王安石对前代君主萎靡而无所作为的批评，反过来看，其实是希望神宗能够超越父辈，成为一个"大有为之君"，而且王安石认为其中重要的一点是要"与学士、大夫讨论先王之法以措之天下"。这里暗含了两层意思：第一，士大夫阶层在变法政

---

① （宋）王安石撰，唐武标校：《王文公文集》，上海人民出版社 1974 年版，第 487 页。

策的制定中要发挥重要的作用，不能君权独大，这在其后变法过程中得到了证明，同时这一思想也是古代士大夫阶层限制君权膨胀，希冀以"道统"来影响改变"治统"的反映；第二，变法的理论依据应当是"先王之法"，这与庆历新政又是一脉相承的。至于如何才能做到合乎法度，合乎先王之政，在王安石看来，就是要以儒家经典为依据，为准的。其后之所以选择《周礼》《诗经》《尚书》为变法张目，也主要在于王安石认为这三部典籍最能够体现"先王之政"的精髓，如《周礼义序》云："士弊于俗学久矣，圣上闵焉，以经术造之。乃集儒臣，训释厥旨，将播之学校，而臣安石实董《周官》。惟道之在政事，其贵贱有位，其先后有序，其多寡有数，其迟数有时。制而用之存乎法，推而行之存乎人。其人足以任官，其官足以行法，莫盛乎成周之时；其法可施于后世，其文有见于载籍，莫具乎《周官》之书。盖其因习以崇之，赓续以终之，至于后世，无以复加。"① "三经"中，王安石特别推崇《周礼》，亲自为之训释，究其原因就在于《周礼》在制度上为变法提供了一系列可以借鉴的东西。这种托古改制，后世学者多有切中要害的评价，如晁公武云："介甫以其书理财居半，爱之，如行青苗法之类，皆稽焉。所以自释其义者，盖以所创新法，尽傅著经义，务塞异议者之口。"② 谢山《荆公周礼新义题词》亦云："荆公生平，用功此书最深，所自负以为致君尧、舜者俱出于此。是固熙、丰新法之渊源也，故郑重而为之。"③ 这种批评恰恰反映了王安石治学强烈的致用色彩。又如《书义序》云："惟虞、夏、商、周之遗文，更秦而几亡，遭汉而仅存，赖学士大夫诵说，以故不泯，而世主莫或知其可用。天纵皇帝大智，实始操之以验物，考之以决事。又命训其义，兼明天下后世。"④三代圣王的事迹俱载于《尚书》之中，因而通过《尚书》可以鉴古知

---

① （宋）王安石撰，唐武标校：《王文公文集》，上海人民出版社 1974 年版，第 426 页。

② （宋）晁公武撰，孙孟校证：《郡斋读书志校证》，上海古籍出版社 1990 年版，第 82 页。

③ （清）黄宗羲原撰，全祖望补修，陈金生、梁运华点校：《宋元学案》卷九八，中华书局 1986 年版，第 3252 页。

④ （宋）王安石撰，唐武标校：《王文公文集》，上海人民出版社 1974 年版，第 428 页。

今，以之作为决定当下政治问题的参考。

此外，文中"一切因任自然之理势"又体现出王安石对道家思想的吸收，这也是荆公新学的一个特点。不同于庆历诸贤直接面对政治问题的致思方式，王安石推行变法更为希望能够从本体上找到依据，其致思的方式就是以儒道两家思想资源的相互推阐来明确贯通古今的普遍性原则，将道家的理论思维和自然天道的观念引入政治哲学建构中，以自然之理克服君主自行其是的弊病，同时也借道家的"自然之理势"批判汉唐经学中的附会灾异之说，如王安石对《洪范传》的阐释。《尚书·洪范》系统具体地讲述了帝王之术，早在西汉初年学者们就开始进行单篇研究，并且牵强附会地用其中的"五行"解释一切自然现象和社会现象，形成了宣扬"天人感应"的神学史观。王安石则通过阐释"五行""五事""农用八政"等概念，提出了一条推天道以明人事的思路，如其云："五行，天所以命万物者也，故'初一曰五行'。五事，人所以继天道而成性者也，故次二曰'敬用五事'。五事，人君所以修其心治其身者也，修其心、治其身而后可以为政于天下，故次三曰'农用八政'。"① 这与汉唐注疏中体现的"天人一体"的思想明显是不同的，在王安石这里"天"与"人"是二分的。

天和人的关系问题一直是中国古代哲学争论的焦点，其中大多数思想家主张天道与人道是一致的，但在一致于何处的认识上各个学派的观点又有很大的不同。就儒家和道家来说，道家重自然无为，儒家重伦理纲常。王安石也肯定天道与人道的一致性，如《诗经新义》注解《秦风·蒹葭》云："降而为水，升而为露，凝而为霜，其本一也。其升也、降也、凝也，有度数存焉，谓之时。此天道也。畜而为德，散而为仁，敛而为义，其本一也。其畜也、敛也、散也，有度数存焉，谓之礼。此人道也。"② 在王安石看来，天道乃自然界的变化规律，人道则是人类社会仁、义、礼等道德法则，二者尽管

---

① （宋）王安石著，唐武标校：《王文公文集》，上海人民出版社1974年版，第280页。
② （宋）王安石撰，邱汉生辑校：《诗义钩沉》，中华书局1982年版，第95页。

不同，但都是"有度数存焉"，也就是它们都表现出同样的规律性，这个规律性就是"道"。王安石将"道"作为其本体论的最高范畴，他说："夫道者，自本自根，无所因而自然也。"① "道无体也，无方也，以冲和之气鼓动于天地之间，而生养万物。"② "道"是天地万物的本原，明显可见，王安石对"道"的理解受到了道家思想的影响。王安石天道、人道关系的认识也存在矛盾之处，尽管都源于"道"，但从其《洪范》和《兼葭》的注解中又不难看出其天人二分的价值取向，正如二程批评新学："介甫不识道字。道未始有天人之别，但在天则为天道，在地则为地道，在人则为人道。"③ "道一也，未有尽于人而不尽天者也。在天人为二，非道也。"④ 二程的批判立足于理学的立场，无疑带有学派的某些偏见，但是这些批判能从一个方面反映出王安石新学本体论分天人为二的特点。北宋儒学本体论的构建，目的在于为儒家伦理纲常做出有效的理论论证，使之具有坚实的本体论基础，王安石虽然以强烈的时代使命感力图承担这一重任，但他却未能圆满完成这一任务。

总之，相较于庆历学者，王安石的思想视野更加开阔，理论建构的意识也更为明显，站在道体的高度解决经验层面无法解决的"师古"与"用今"的问题，走出了庆历学术的困境。对此，王安石功不可没。

第二节　王安石《诗经》学的形成与发展

对王安石学术思想的发展，学界现在存在着一些不同的认识和划分，如杨天保《金陵王学研究——王安石早期学术思想的历史考察（1021—1067）》中划分为"早期原生体——金陵王学""官学体——荆公新学"和"晚年变

---

① （宋）王安石著，容肇祖辑：《王安石老子注辑本》，中华书局1981年版，第89页。
② （宋）王安石著，容肇祖辑：《王安石老子注辑本》，中华书局1981年版，第32页。
③ （宋）程颢、程颐撰，王孝鱼点校：《二程集》，中华书局1981年版，第282页。
④ （宋）程颢、程颐撰，王孝鱼点校：《二程集》，中华书局1981年版，第1170页。

体"三个阶段①，刘成国《荆公新学研究》则分为"少年求学""淮南任上"
"鄞县与舒州任上""京师生涯""由内圣到外王""出入自在"六个阶段。②
本书综合各家之说，将其分为四个时期，即积累期；成熟定型期——金陵王
学；官学体——荆公新学；晚年变体，其中积累期指 1054 年之前，这是王安
石学习、研究与任职江南的时期。成熟定型期主要指嘉祐（1056—1063）、治
平（1064—1067）年间，这一时期王安石任职京师、居丧江宁，其学术研究
成果主要有《淮南杂说》《洪范传》《易解》等著作，其中治平年间是王安石
讲学金陵的一个时期，这一阶段王安石的学术思想逐渐成熟定型，并对其后
《三经新义》的修撰产生了深刻的影响。③自熙宁元年（1068）王安石返回京
师到熙宁九年（1076）罢相，是荆公新学时期，这一阶段王安石推行变法，
锐意改革，而其学术上的创获则是《三经新义》的颁行及其官学地位的确立。
在此期间，学、政难分，学术问题时常演变成政治问题。晚年变体期则指熙
宁九年（1076）直到元祐元年（1086），这一阶段王安石归隐钟山直至去世，
其学术的特点是佛、道气息浓重，多有心性空虚之谈，主要有《维摩诘经注》
《金刚经注》《楞严经解》《老子注》等著述。这一时期王安石对学术"官学
化"进行了反思，重拾学术本性，部分摒弃了政治化色彩。

　　纵观王安石一生的学术道路，《诗经》研究贯穿始终，是其学术研究的重
心之一。王安石坚守了一个大传统，即春秋时代采《诗》、用《诗》制度以及
汉代"《诗》教"理论体现的政治意识，完全以官方的立场和政治家的身份，
为了现实政治经济改革的需要，通过对《诗经》的解说，最大限度地阐释了
其中的政治思想，并借助官方的力量，将学术成果意识形态化，把诗歌的政
治功用发挥到了一种极致。以下将在梳理王安石学术思想的过程中，具体考

---

　　①　杨天保著：《金陵王学研究——王安石早期学术思想的历史考察（1021—1067）》，上海人民
出版社 2008 年版，第 41—45 页。
　　②　刘成国著：《荆公新学研究》，上海古籍出版社 2006 年版，第 1—62 页。
　　③　对于金陵讲学与"三经新学"的关系，学术界普遍认为二者一脉相承，讲学是"新学"出台
的前奏，《三经新义》是金陵讲学的总结性文本。

察其不同历史时期《诗经》研究的特点，从而在动态中把握他的《诗》学观念的发展脉络。

一、学术积累期的《诗经》观

宋仁宗庆历二年（1042）四月，22 岁的王安石赴扬州签书淮南节度判官厅公事，正式开始了其"身著青衫手持版，奔走卒岁官淮沂"① 的仕宦生涯。初入仕途，意气风发，正如《忆昨诗示诸外弟》中所云："此时少壮自负恃，意气与日争光辉。"受家学传统及这一时期涌动的改革浪潮的影响②，庆历前后的王安石满怀着以天下为己任的宏伟抱负，准备在政治上大有作为，这从庆历二年（1042）《送孙正之序》中可以明显感觉到：

> 时然而然，众人也，己然而然，君子也。己然而然，非私己也，圣人之道在焉尔。夫君子有穷苦颠跌，不肯一失诎己以从时者，不以时胜道也。故其得志于君，则变时而之道若反手然，彼其术素修而志素定也。时乎杨、墨，己不然者，孟轲氏而已。时乎释、老，己不然者，韩愈氏而已。如孟、韩者，可谓术素修而志素定也，不以时胜道也，惜也不得志于君，使真儒之效不白于当世，然其于众人也卓矣。呜呼！予观今之世，圆冠峨如，大裙襜如，坐而尧言，起而舜趋，不以孟、韩之心为心者，果异众人乎？
>
> 予官于杨，得友曰孙正之。正之行古之道，又善为古文，予知其能以孟、韩之心为心而不已者也。夫越人之望燕，为绝域也。北辕而首之，苟不已，无不至。孟、韩之道去吾党，岂若越人之望燕哉？以正之之不已，而不至焉，予未之信也。一日得志于吾君，而真儒之效不白于当世，予亦未之信也。正之之兄官于温，奉其亲以

---

① （宋）王安石撰：《忆昨诗示诸外弟》，载《王文公文集》，上海人民出版社 1974 年版，第 512 页。
② 参见杨天保著《金陵王学研究——王安石早期学术思想的历史考察（1021—1067）》，上海人民出版社 2008 年版，第 136—198 页。

行，将从之，先为言以处予。予欲默，安得而默也？庆历二年闰九月十一日送之云尔。①

此文作于扬州任内，其中王安石设置了几组对立的概念，一是"道"与"时"，亦即儒家的价值理想与社会现实；二是"君子"（"真儒"）与"众人"。王安石认为，"君子"不同于"众人"之处在于他们能够秉持圣人之道。儒家的终极价值和真理，不会因为世道变化、自身穷苦而改变志向，亦即文中所云"不以时胜道"，而拥有深厚学术素养和高远志向的君子，一旦"得志于君"，便可以辅助君主改变衰败的世道，恢复圣人之道，在现实中实现儒家的济世理想。从这里很容易感受到王安石宏伟的政治抱负——得君行道，而这种远大的政治理想则明显是受到孟子的影响，如文中反复强调要"以孟、韩之心为心"，而其中"若反手然"等词汇也来源于《孟子》。此后终其一生，王安石都试图在这些对立中寻求一种平衡。一个得道的君子如何在衰败的世俗中安身立命？以何种方式来改变世俗，以期达到理想中的先王之治？这成为围绕他一生的问题。而到了熙宁变法期间，"君子"与"众人"的不同，一变而为"君子"与"小人"、"君子"与"流俗"之间的对立，《鹤林玉露》乙编卷四所谓："然其（王安石）当国也，偏执己见，凡诸君子之论，一切指为流俗。"② 这种道义与认知上的优越感，成了王安石在众口交攻中坚持自己政治主张、百折不回的精神支柱。这种价值取向也体现在其后的《诗经》阐释中，如《邶风·柏舟》，《小序》只是说："卫顷公之时，仁人不遇，小人在侧。"③《诗经新义》发挥其意云："国乱而君昏，则小人众而君子独，君子忧而小人乐。君子之忧者，忧其国而已。忧其国则与小人异趣。其为小人所惕，

---

① （宋）王安石著，唐武标校：《王文公文集》，上海人民出版社 1974 年版，第 433—434 页。

② （宋）罗大经撰，王瑞来点校：《鹤林玉露乙编》卷四《荆公议论》，中华书局 1983 年版，第 187 页。

③ （汉）毛亨传，（汉）郑玄笺，（唐）陆德明音义，孔祥军点校：《毛诗传笺》，中华书局 2018 年版，第 35 页。

固其理也。"① 另外，《小雅·正月》诗云："彼有旨酒，又有嘉肴。洽比其邻，昏姻孔云。念我独兮，忧心殷殷。"②《新义》进行了引申："君子困蹇而小人得志，有酒食以洽比其邻里，怡怿其昏姻，而昏姻甚称说其为善。则君子失志穷独，其忧甚矣。"③ 从中可见王安石通过对比表达了对小人的深恶痛绝，而君子"失志穷独"仍能"忧其国"则明显是王安石对儒家理想人格的赞美，也是其对士风引导的一个重要方面，其中"君子""小人"的论述与其早期思想是一脉相承的。

同时，这一时期王安石对孟子的推崇，使其思想逐渐走向了"内圣"之学的道路。康有为说："孔门两大派，孟子、荀子……孟学从内出，荀学由外入。内出，故主扩充。外入，故言践履。"④ 对于"荀学"，王安石《荀卿》云："荀卿载孔子之言曰：'由，智者若何？仁者若何？'子路曰：'智者使人知己，仁者使人爱己。'子曰：'可谓士矣。'子曰：'赐，智者若何？仁者若何？'子贡曰：'智者知人，仁者爱人。'子曰：'可谓士君子矣。'曰：'回，智者若何？仁者若何？'颜渊曰：'智者知己，仁者爱己。'子曰：'可谓明君子矣。'是诚孔子之言欤？吾知其非也。"最后评论说："由是言之，荀卿之言，其不察理已甚矣。故知己者，智之端也，可推以知人也；爱己者，仁之端也，可推以爱人也。夫能尽智仁之道，然后能使人知己、爱己，是故能使人知己、爱己者，未有不能知人、爱人者也。能知人、爱人者，未有不能知己、爱己者也。"⑤ 在他看来，荀子在承续"孔学"之时，逞一己之智，更改"孔学"原典，杜撰新经，混淆是非，颠倒了知行的关系，后世"仁学"难于彰显罪在"荀学"，所以王安石要弃"荀"主"孟"，扩充其内，主张先知后

---

① （宋）王安石撰，邱汉生辑校：《诗义钩沉》，中华书局1982年版，第28页。

② （汉）毛亨传，（汉）郑玄笺，（唐）陆德明音义，孔祥军点校：《毛诗传笺》，中华书局2018年版，第268页。

③ （宋）王安石撰，邱汉生辑校：《诗义钩沉》，中华书局1982年版，第169页。

④ （清）康有为撰：《万木草堂口说·学术源流之二》，中华书局1988年版，第72页。

⑤ （宋）王安石撰，唐武标校：《王文公文集》，上海人民出版社1974年版，第307页。

行、先内后外。如就《诗经》学而言，自古皆认为《召南·甘棠》的主旨是"召伯听男女之颂，不重烦劳百姓，止舍小棠之下而听断焉。国人被其德，说其化，思其人，敬其树。"① 对此，王安石却较为赞同抚州通判施逸的看法，认为"此殆非召公之实事，诗人之本指，特墨子之余言赘行，吝细褊迫者之所好，而吾之所不能为也"②，是一种"隐约穷苦，而以自媚于民"的"墨家"把戏。另外，在解释《豳风·七月》"饁彼南亩，田畯至喜"时认为："夫喜者非自外至，乃其中心固有以然也。""欲善之心出于至诚"，外在的治政有方是"果"而不是"因"，更不是"善"本身。因此，"能以《豳》之吏自为"，修诚致善，才是宦学一体的理想要求。③ 如此解经，无一不是运用先知后行观念解释经典的思维产物。

此外，王安石写于皇祐五年（1053）的《发廪》诗中的诗句："豳诗出周公，根本讵宜轻。愿书《七月》篇，一痻上聪明。"也应当引起注意。《豳风·七月》，《小序》云："《七月》，陈王业也。周公遭变，故陈后稷先公风化之所由，致王业之艰难也。"④ 王安石在对《诗经》的阐释中对《七月》情有独钟，如《寓言九首（其三）》"周公歌《七月》，耕稼乃王术"⑤。《省兵》"王功所由起，古有《七月》篇"⑥。等均将《七月》与"王术""王功"联系在一起，明显是据《序》意所言，将诗篇描写的内容看作圣王的政治理想。这种对《七月》一如既往的热爱，在熙宁变法《诗经新义》的撰写中被继承下来，并做了更为具体的阐释：

---

① （汉）毛亨传，（汉）郑玄笺，（唐）陆德明音义，孔祥军点校：《毛诗传笺》，中华书局2018年版，第22页。
② （宋）王安石撰：《抚州通判厅见山阁记》，载《王文公文集》，上海人民出版社1974年版，第411页。按：此文作于庆历五年（1045）。
③ （宋）王安石撰：《通州海门兴利记》，载《王文公文集》，上海人民出版社1974年版，第417页。按：此文作于至和元年（1054），亦可看作此期王安石解经的一个典型。
④ （汉）毛亨传，（汉）郑玄笺，（唐）陆德明音义，孔祥军点校：《毛诗传笺》，中华书局2018年版，第191页。
⑤ （宋）王安石撰，邱汉生辑校：《诗义钩沉》，中华书局1982年版，第319页。
⑥ （宋）詹大和等撰：《王安石年谱三种》卷四，中华书局1994年版，第259页。

仰观星日霜露之变，俯察昆虫草木之化，以知天时，以授民事。女服事乎内，男服事乎外。上以诚爱下，下以忠利上。父父子子，夫夫妇妇。养老而慈幼，食力而助弱。其祭祀也时，其宴飨也节。此《七月》之义也。①

这正是王安石诗作所云"王术""王功"的具体化，其中也反映出王安石理想中的社会状态。

总之，王安石早年学术思想已经呈现出追求心性义理、服务现实政治的价值取向，这种取向在其后王学的发展过程中被继承并不断强化，其学派特点也逐渐凸显，并深刻影响了包括《诗经》在内的经典阐释，但这一时期王安石关于《诗经》学的一些思想还较为零散，没有形成一定的系统。

二、金陵讲学时期的《诗经》观

宋仁宗至和元年（1054）九月，王安石出任群牧判官，此后至嘉祐八年（1063）八月，丁母忧，解官归江宁。这九年中，除了嘉祐二年五月至嘉祐三年十月外，王安石都在京师任职。这一阶段是王安石学术思想深入开拓的一个重要时期。在此之前，王安石多为外任，主要置身于南方学术文化的氛围中，与其讨论的绝大部分是江浙、福建一带的学者，这些人偏处东南，虽卓然自立，有明显的地域色彩，但毕竟与北方京师主流学术存在着很大的隔膜。进京之后，王安石处于学术界主流的熏染之下，与欧阳修、刘敞等过从甚密，为学取向也由单纯的文章之学渐次向经学拓展。其后居丧江宁，讲学著述，可以看作这一历程的延续。

作于此间的《上仁宗皇帝言事书》明显表现出对"法度"的强调和重视，而如何确立合乎先王之政的"法度"，王安石这一时期的理论探索则主要是围绕重振儒家纲常、挽救价值失落的思路来进行思考的，通过对性命道德之理

①　（宋）王安石撰，邱汉生辑校：《诗义钩沉》卷八，中华书局1982年版，第111页。

的探求来改变风俗颓坏、教化陵夷的状况。在这一时期与友人的书信中，王安石非常关注道德教化、风俗整饬问题。在《与丁元珍书》中，王安石就对当时思想混乱、道德风俗不一的状况深表忧虑，并希望改变这种局面，表明了其理论思考的重心所在。《诗经新义》的阐释中也不可避免地带上了这种思想的影响，例如释《召南·采蘋》"于以奠之，宗室牖下"，王安石云："'宗室牖下'，言其所奠有常地也。自所荐之物，所采之处，所用之器，所奠之地，皆有常而不敢变，此所谓'能循法度'。"① 作于治平元年（1064）的《虔州学记》，则明确指出学校教育的意义与目的就在于讲明道德之意、性命之理，"先王所谓道德者，性命之理而已。而其度数在乎俎豆、钟鼓、管弦之间，而常患乎难知，故为之官师，为之学，以聚天下之士，期命辨说，诵歌弦舞，使之深知其意。"② "先王之道德，出于性命之理，而性命之理，出于人心，《诗》、《书》能循而达之。"③ 这里有两点需要注意：第一，王安石对"性命之理"的重视——这种重视当于前一时期其对孟子思想的崇尚有密切关系；第二，王安石认为《诗经》《尚书》是循人心，进而明性命之理，并通达先王道德的重要文本。可以看出，此时王安石已经有了借《诗》《书》的阐释来表达自己对先王道德理想认识的理论自觉意识，这当是熙宁时期《诗经新义》《尚书新义》撰写的思想来源。《诗经新义》中存在着大量借"性命之理"阐释诗篇的例子，如《鄘风·蝃蝀》第三章"乃如之人也，怀昏（婚）姻也。大无信也，不知命也"，王安石谓："男女之欲，性也；有命焉，君子不谓之性也。今也从性所欲，而不知命有所制，此之谓'不知命'。"④ 此处涉及"性""命"的区别问题，"性"在这里主要指自然之性；至于"命"似

---

① （宋）王安石撰，邱汉生辑校：《诗义钩沉》卷一，中华书局1982年版，第21页。

② （宋）詹大和等撰，裴汝诚点校：《王安石年谱三种》卷十一《治平元年》，中华书局1994年版，第380页。

③ （宋）王安石撰，唐武标校：《王文公文集》，上海人民出版社1974年版，第402页。

④ 《吕氏家塾读诗记》《毛诗集解》《诗传通释》《诗传大全》等均存此段，只是文字略有出入，意思并无不同。见（宋）王安石著，邱汉生辑校《诗义钩沉》卷三，中华书局1982年版，第47页。

不是生命或命运的"命",而是"命于物"的"命"。王氏认为,己有所制,合乎道德,即"知命","知命"也就不至于"失性"。借对诗篇"性命之理"的分析,进而使读者明了先王的道德,为政治改革提供思想理论的支撑。

同时有资料显示,治平时期王安石对《诗经》的研究就已经开始。陆游《家世旧闻》载其祖父陆佃事迹,云:"楚公尤爱《毛诗》,注字皆能暗诵,见门生或轻注疏,(佃)叹曰:'吾治平中至金陵,见王介甫有《诗正义》一部,在案上,揭处悉已漫坏穿穴,盖翻阅频所致。介甫观书,一过目尽能(记),然犹如此。'"① 陆佃乃王安石门人,其中所言当准确可信。在《答韩求仁书》中,王安石对《毛诗序》的作者问题进行了说明:

> 盖序《诗》者不知何人,然非达先王之法言者,不能为也。故其言约而明,肆而深,要当精思而孰讲之尔,不当疑其有失也。二《南》皆文王之诗,而其所系不同者,《周南》之诗,其志美,其道盛。微至于赳赳武夫、兔罝之人,远至于江汉汝坟之域,久至于衰世之公子,皆有以成其德。《召南》则不能与于此,此其所以为诸侯之风,而系之召公者也。夫事出于一人,而其风不同如此者,盖所入有浅深,而所施有久近故尔。②

关于《毛诗序》的作者,王安石之前已有"子夏作"(王肃、萧统、孔颖达)、"卫宏作"(范晔、陆玑)、"子夏所创,毛公、卫宏又加增益"(《隋书·经籍志》)以及"汉之学者作"(韩愈)等观点。王安石不取前人成说,而是较为笼统地概括为"非达先王之法言者不能为也",也就是说作《序》者应当是后世明达先王思想的人。这里否定子夏、卫宏等作《序》说,并非贬低《诗序》,恰恰相反,这种对《序》作者的判定反而在一定程度上抬高了《诗序》的地位,肯定了《诗序》对《诗经》的政治性理解。究其原因,一

---

① (宋)陆游撰,孔凡礼点校:《家世旧闻》卷上,中华书局1993年版,第194页。

② (宋)王安石撰,唐武标校:《王文公文集》,上海人民出版社1974年版,第77页。按:此文作于治平初年。

方面，宋代中期疑古之风虽已出现，但《毛诗序》在《诗经》阐释中的权威地位并没有从根本上被瓦解，这成为王安石尊《序》的原因之一；另一方面，《诗序》所表达的"经夫妇，成孝敬，厚人伦，美教化，移风俗"的功利性内容正好可以为宋代政治的运作服务。因此，王安石与汉儒解诗在目的上有着深刻的一致性，即将《诗序》作为他裁断诗义的标准。在他看来，"'二南'皆文王之诗"，是对古代圣君贤臣周公、召公等人政事的记载，其中必然包含着普遍的真理可为今用，因此肯定《诗序》的作者能够明晰先王的政治思想，其意义在于为《诗经》树立一个最权威的训释文本，从而能够更精准地分析出其中的先王之政。后人更应当精思熟讲，而不应加以质疑。王安石这一观点也得到其后一些学者的赞同，如黄櫄所言："王、程近世大儒也。而又以为非汉儒之所为……窃以为王、程之说与吾心合，而与《大序》亦合，夫《大序》之文，温厚纯粹，有系辞气象。彼汉儒，畴能及此哉？"① 这种对《诗序》的推崇，在《诗经新义》中得到了延续，并且《新义》进一步推广了《诗序》对《诗经》题旨的政治性把握。《诗序》概括题旨的最大特点是美刺说。在《诗序》的解释中，《诗经》中多数篇什都是"美"某某或"刺"某某，但是《诗序》非常简短，王安石则对其进行了推广和发挥。如《卫风·氓》，《诗序》云："刺时也。……美友正，刺淫佚。"② 《新义》则进一步指明："一章、二章为'美反正'。三章为'刺淫佚'"③ 又如《唐风·无衣》，《诗序》云："美晋武公也。武公始并晋国，其大夫为之请命乎天子之使，而作是诗也。"④ 《新义》则将"美"解释为"善"，并从政治上做了一番深入阐释："天下无道，小大强弱相攘夺久矣，非复知有王命也。武公知请命乎天子

---

① 程元敏著：《三经新义辑考汇评（一）——诗经》，中国台湾"国立"编译馆1982年版，第5页。

② （汉）毛亨传，（汉）郑玄笺，（唐）陆德明音义，孔祥军点校：《毛诗传笺》，中华书局2018年版，第84页。

③ （宋）王安石著，邱汉生辑校：《诗义钩沉》卷三，中华书局1982年版，第54页。

④ （汉）毛亨传，（汉）郑玄笺，（唐）陆德明音义，孔祥军点校：《毛诗传笺》，中华书局2018年版，第155页。

之使，则所谓彼善于此，此诗所以美之也。此之谓'与人为善'。不与人为善而尽义以绝之，则人之为善者将寡矣。"① 王氏借晋武公对周天子的"请命"，表示对"王命"的遵从，是反对"小大强弱相攘夺"，可以看到其中强烈的现实政治寓意。

从上面的梳理不难看出，王安石于熙宁变法时期主持撰写的《诗经新义》中体现的很多思想其实早已存在于此前的各类著述中，以这些思想为基础，同时结合变法的实际需要，《诗经新义》的出现就不难理解了。

三、熙宁变法时期的《诗经》观

熙宁二年（1069），王安石在神宗的支持下厉行变法。长期任职地方，对社会现状的深入了解，使王安石对北宋王朝所面临的现实危机有更加清醒的认识，在政治思想上也更加成熟。为此，王安石积极倡言改革，并提出了改革的蓝图。王安石深知，没有一个能指导全局的深刻的理论基础，改革是不可能取得成功的，因而在此之后直到王安石执政，推行新法，其理论兴趣逐渐发生了转移。他主要围绕如何解除北宋政府所面临的现实危机进行理论探索，希望通过复兴儒学，重新发掘先王经典中的微言奥义为现实社会的改革提供思想指导与理论依据，这是荆公新学的主题。王安石特别重视儒家"五经"中的《周礼》《尚书》和《诗经》。认为《周礼》和《尚书》是上古圣人政治实践经验的总结之书，可以直接用来服务于现实的变法实践，而《诗经》则是教化百姓、一道德、崇礼义的书，所以他在主持变法的过程中，专设"经义局"，与儿子、学生花费大量心血，作《三经新义》。在熙宁八年（1075）六月，王安石奏进的《诗义》《书义》和《周礼义》以神宗诏令的形式颁行全国，一作为各类学校的教科书；二成为朝廷科举取士的答卷标准，故称《三经新义》。北宋后期约六十年间，"荆公新学"风行天下，"一时学者

---

① （宋）王安石著，邱汉生辑校：《诗义钩沉》卷六，中华书局1982年版，第90页。

无不传习，有司纯用以取士。……自是先儒之传、注悉废矣"①。王安石新学弃汉唐经师之传注，以义理解经，大大推进了宋学的开展，也成为王安石变法的理论根基。苏东坡有两句名言足以概括"荆公新学"的学术和历史的贡献，"网罗六艺之遗文，断以己意；糠粃百家之陈迹，作新斯人"②。可以说，形成于熙宁变法时期的荆公新学带有强烈的现实功利性，它为政治改革的需要而产生，与政治存在着千丝万缕的联系，因而探讨荆公新学的特点就必须对这一时期政治的特点和王安石的政治思想有一个明确的认识，唯其如此，方可把握新学的准确内涵，亦可看到《诗经新义》撰写的现实政治基础。在《本朝百年无事札子》这篇变法纲领性文献中，王安石认为，当神宗即位伊始，正是亟须把这一弥漫全国的颓势加以振作的大有为之时，鼓励神宗向"先王"学习，做一个"大有为之君"。这种鼓励一直贯穿于整个变法过程之中，连在《诗经新义》中，王安石亦不忘借《诗》以古讽今，对神宗加以劝勉。如在解《鄘风·定之方中》第三章时，王安石云："上章既言城市宫室，于是言其政事。盖人君先辨方正位，体国经野，然后可以施政事云。古人戴星而出，戴星而入，必是身耐劳苦，方能率得人。"③劝勉国君要勤勉为政，做万民的表率。又如解《郑风·大叔于田》时说："人君明义以正众，使众知义而孰敢为不义。为不义则众之所弃也，安能得众哉？"④认为国君应当修行仁义以得到百姓的拥戴，其中对神宗的劝勉之情溢于言表，发人深省。另如解《小雅·小宛》"宛彼鸣鸠，翰飞戾天。我心忧伤，念昔先人。明发不寐，有怀二人"时云：

> 先人指宣王也。宣王能夙兴夜寐，故能成中兴之功。今幽王乃
> 自怠自弃，无兴复之心，则文武之业坠矣。故念昔先王，以伤幽王

① （宋）陈邦瞻编：《宋史纪事本末》卷三八，中华书局1977年版，第374—375页。
② （明）贺复征编：《文章辨体汇选》卷一七《制·（宋）苏轼〈王安石赠太傅制〉》，景印文渊阁《四库全书》本，台湾商务印书馆1986年版。
③ （宋）王安石撰，邱汉生辑校：《诗义钩沉》卷三，中华书局1982年版，第46页。
④ （宋）王安石撰，邱汉生辑校：《诗义钩沉》卷四，中华书局1982年版，第66页。

不能然也。盖治乱之分，勤与怠而已。成天下之事者，莫先于勤；坏天下之事者，莫先于怠。文武造周家之业，亦曰忧勤而已。宣王中兴之功，亦曰忧勤而已。惟其忧勤，故能成文武之业。①

其中劝诫神宗当忧勤以成中兴之业的言外之意更是非常明显的。另外，文中王安石认为当时社会上君子与小人的状况是"君子非不见贵，然小人亦得厕其间"②，这种对君子的忽视和对小人的重用，必然会给社会政治的运作带来众多潜在的隐患。在王安石看来，君子能够秉持先王之道，是社会发展的中坚力量，应当充分重视其在优化政治效能过程中的作用。熙宁二年（1069）春初，王安石在与神宗畅论天下大事时对君子的一番评论可以看作他对这一问题思考的深化：

变风俗，立法度，方今所急也。凡欲美风俗，在长君子，消小人。以礼义廉耻由君子出故也。《易》以泰者通而治也，否则闭而乱也。闭而乱者以小人道长；通而治者以小人道消。小人道消，则礼义廉耻之俗成，而中人以下变为君子者多矣；礼义廉耻之俗坏，则中人以下变为小人者亦多矣。③

王安石对"君子""小人"的思考贯穿其一生，这种思考也影响到了《诗经新义》的写作。对于如何培养"君子"，王安石给出了"以经术造士"的路径，他认为："今衣冠而名进士者，用千万计。蹈道者有焉，蹈利者有焉。蹈利者则否，蹈道者则未离章绝句，解名释数，遽然以圣人之术殚此者有焉。夫圣人之术，修其身，治天下国家，在于安危治乱，不在章句名数焉而已。"④ 王安石认为，习经术以入仕途者，可分作两类人：一是"蹈利者"，这类小人固不足训；二是"蹈道者"，他们也常常会溺于章句之学中而离

---

① （宋）王安石撰，邱汉生辑校：《诗义钩沉》卷一二，中华书局 1982 年版，第 176—177 页。
② （宋）詹大和等撰：《王安石年谱三种》，中华书局 1994 年版，第 70 页。
③ （清）黄以周等辑注，顾吉辰点校：《续资治通鉴长编拾补》卷四《神宗·熙宁二年》，中华书局 2004 年版，第 153—154 页。
④ （宋）王安石撰：《答姚辟书》，载《王文公文集》，上海人民出版社 1974 年版，第 94 页。

"道"越来越远。经术，必须能够修身治国，必须能用来平治天下，而绝非章句名数。作为变法的重要理论基础的《三经新义》，在王安石看来，具备有一个最主要的功能，那就是"以经术造士"。其云："窃以经术造士，实始盛王之时，伪说诬民，是为衰世之俗。盖上无躬教立道之明辟，则下有私学乱治之奸氓。然孔氏以羁臣而与未丧之文，孟子以游士而承既没之圣，异端虽作，精义尚存，逮更煨烬之灾，遂失源流之正，章句之文胜质，传注之博溺心，此淫辞诐行之所由昌，而妙道至言之所为隐。"① 王安石自认其责是通过重新整理诠释经典，抛开汉儒的章句之学，直指经典本义，使之大明于天下。让"三经"能够统一天下士子所习和官吏的思想，亦可运用于当世，解北宋之严重的社会与国家危机。《诗经新义》所体现的以《礼》释《诗》，强化《毛诗序》政治化题旨的理解等内容特点均与王安石的理论追求和现实政治有着密切的关联。

四、晚年变体时期的《诗经》观

熙宁九年（1076）十月罢相至元丰三年（1080）八月，王安石研精覃思，对《三经新义》做了详尽的修改。《乞改〈三经义〉误字札子二道》云："臣顷奉敕提举修撰《经义》，而臣闻识不该，思索不精，校视不审，无以称陛下发挥道术、启训天下后世之意，上孤眷属，没有余责。幸蒙大恩，休息田里，坐窃荣禄，免于事累，因得以疾病之间，考正误失，谨录如右。伏望清燕之间，垂赐省观，倘合圣心，谓当刊革，即乞付外施行。"② 他的修改可谓一丝不苟，其中《乞改〈三经义〉误字札子二道》中对《诗经新义》的修改涉及十七篇诗作，主要是对字词、语句的增删，兹举数例以明之：

《北风》"北风以言其威，雨雪以言其虐，凉者气也，喈者声也。

雾盖言聚，霏盖言散，气之所被者近，声之所加者远，聚则一方而

---

①　（宋）王安石撰：《谢除左仆射表》，载《王文公文集》，上海人民出版社1974年版，第207页。

②　（宋）王安石撰，邱汉生辑校：《诗义钩沉》，中华书局1982年版，第310页。

已，散则无所不加。此言其为威虐后甚于前也。"已上六十三字，今欲删去。改云"北风之寒也而以为凉，北风之厉也而以为喈，此以言其为威。雨雪之散也而以为雾，雨雪之集也而以为霏，此以言其为虐。"①

又如：

《七月》"去其女桑而猗之，然后柔桑可得而求也。"已上十六字今欲删去。改云"承其女桑而猗之，然后远扬可得而伐也。"又"蚕月者非一月，故不指言某月也，"下添云"蚕，女事也，故称月焉。"又云"猗，薪之也，言猗女桑则远扬可知矣，言伐远扬则女桑可知矣，皆伐而猗之也。"已上三十字，今欲删去。②

通过增添或删改，句意更为凝练，表现力也更强了。《三经新义》是熙宁变法的理论基础，王安石对此孜孜不倦，足见其退隐之后虽然身在山林，但其心则未尝不深怀魏阙，正如《论改〈诗义〉札子》中所云：

窃惟陛下，欲以经术造成人材，而职业其事，在臣所见，小有未尽，义难自默，所有经置局改定诸篇，谨依圣旨，具录新旧本进呈。内虽旧本，今亦小有删改处，并略具所以删复之意。如合圣旨，即乞封降检讨吕升卿所解《诗义》依旧本颁行。③

时刻不忘"以经术造成人材"，可见王安石的政治理想并没有因为退隐山林而发生根本性的改变——尽管其人生的最后几年是在与浮屠的交往中度过的。

---

① （宋）王安石撰，唐武标校：《王文公文集》，上海人民出版社 1974 年版，第 239 页。
② （宋）王安石撰，唐武标校：《王文公文集》，上海人民出版社 1974 年版，第 240 页。
③ 当为（宋）王安石撰，邱汉生辑校，《诗义钩沉》，中华书局 1982 年版，第 309 页。

第三节　《诗经新义》对熙宁变法的理论支持

在以王安石学术思想的发展以及政治的状况为背景，梳理了王安石《诗经》学形成的过程之后，换个角度，从《诗经新义》本身的学术思想对熙宁变法支持的角度来考察《新义》的一些特点。

一、《诗经新义》的政治指向

《诗经新义》是王安石为熙宁变法的需要而作，其中体现了他乃至整个改革派的学术思想和政治理想。王安石等人希望通过《三经新义》来选拔人才，完成其统一思想、统一道德，在意识形态领域实施专制的需要。在《仙源县太君夏侯氏墓碣》中，王安石云："予读《诗》惟周士大夫、侯、公之妃修身饬行，动止以礼，能辅佐劝勉其君子，而王道赖以成。"① 又如《诗义序》云：

> 《诗》上通乎道德，下止乎礼义。考其言之文，君子以兴焉。循其道之序，圣人以成焉。然以孔子之门人，赐也、商也，有得于一言，则孔子悦而进之，盖其说之难明如此，则自周衰以迄于今，泯泯纷纷，岂不宜哉？
>
> 伏惟皇帝陛下，内德纯茂，则神罔时恫，外行恂达，则四方以无侮，日就月将，学有缉熙于光明，则颂之所形容，盖有不足道也。微言奥义，既自得之，又命承学之臣，训释厥遗，乐与天下共之。②

这是王安石对《诗经》价值的综合评价，因而在其思想中也显得尤为重要。这段文字主要包含了三层意思：第一，学习《诗经》是成就君子、圣人的重要途径，因为《诗经》作为儒家经典包含了先王的道德礼义思想和治国之道，以此可以陶冶人才。第二，对于《诗经》的解读自古就是一个困难的

---

① 曾枣庄、刘琳主编：《全宋文》卷一四一九，上海辞书出版社 2006 年版，第 225—226 页。
② （宋）王安石撰，唐武标校：《王文公文集》，上海人民出版社 1974 年版，第 427 页。

问题，以致造成了"泯泯纷纷"的局面，因而必须要统一其说，这是在说重新解读《诗经》的必要性，同时也是其推行变法过程中要求统一思想观念的反映。北宋初年面临着义理之学取代传统章句之学的重大的变革，疑经、疑传、改经思潮开始涌动。从促进学术更新的角度来看，义理之学的发展是件好事，但同时也存在着如何进行规范导向的问题。失去导向，经学就极容易形成一人一义、十人十义、众说纷纭、无以为正的局面，正如王安石后来对神宗皇帝所说："今人材乏少，且其学术不一，一人一义，十人十义，朝廷欲有所为，异论纷然，莫肯承听，此盖朝廷不能一道德故也。"① 这不仅是王安石一人的认识，当时士大夫阶层均有此感，如熙宁元年程颢的奏疏："方今人执私见，家为异说，支离经训，无复统一，道之不明不行，乃在于此。"② 又如熙宁二年，吕公著奏疏："学校教化，所以一道德，同风俗之原。今若人自为教，则师异说，人异习。"③ 可见，熙宁前后士大夫阶层要求思想统一、道德统一已经成为一种强烈的愿望，认为这是强化中央专制政体的迫切需要。

第三，借《雅》《颂》诗来赞扬神宗皇帝，激励他改革的热情。"神罔时恫"出自《大雅·思齐》第二章，前面两句为"惠于宗公，神罔时怨"，郑《笺》云此三句句意："文王为政，咨于大臣，顺而行之，故能当于神明。神明无是怨恚其所行者，无是痛伤其所为者，其将无有凶祸。"④ "四方以无侮"出自《大雅·皇矣》，《毛诗序》云："《皇矣》，美周也。天监代殷莫若周，周世世修德莫若文王。"郑《笺》云："可以代殷王天下者，维有周尔；世世修行道德，维有文王盛尔。"⑤ "日就月将，学有缉熙于光明"出自《周颂·敬之》，

---

① （元）马端临撰：《文献通考·选举考》，中华书局 2011 年版，第 907 页。
② （宋）程颢撰：《请修学校尊师儒取士札子》，载《二程集》，中华书局 1981 年版，第 448 页。
③ （宋）赵汝愚编：《宋名臣奏议》卷七八《吕公著〈上神宗答诏论学校贡举之法〉》，景印文渊阁《四库全书》本，台湾商务印书馆 1986 年版。
④ （汉）毛亨传，（汉）郑玄笺，（唐）陆德明音义，孔祥军点校：《毛诗传笺》，中华书局 2018 年版，第 367 页。
⑤ （汉）毛亨传，（汉）郑玄笺，（唐）陆德明音义，孔祥军点校：《毛诗传笺》，中华书局 2018 年版，第 368—369 页。

郑《笺》云："日就月行，言当习之以积渐也。且欲学于有光明之光明者，谓贤中之贤也。"① 这些诗句都和周文王有关，不仅仅是简单的颂美之词，其中还隐含了一层意思，即希望神宗以周文王为榜样，能够成就一番事业。王安石心中是否真的有这层意思，宋代曾敏行《独醒杂志》中的这段史料恰可以解决这个疑问：

> 王荆公《诗经义》成书，神宗令以进呈，阅其序篇未毕，谓荆公曰："卿谓朕比德文王，朕不敢当也。"公曰："陛下进德不倦，从谏弗咈，于文王何愧。上曰："诗称'陟降庭止'之类，岂朕所能。"公曰："人皆可以为尧舜，陛下何自谦如此。"上摇首曰："不若改之。"②

借《雅》《颂》中的这些诗句赞扬神宗内德、外行的美好，认为只要假以时日，认真进德修业，神宗皇帝也可以成就周初文、武、周公的帝王事业，甚至有希望超越他们。对于神宗这位欲有一番作为的国君来说，这是何其诱人的一个目标！可以看出，王安石等撰作《诗经新义》有着强烈的现实指向，是要通过挖掘《诗经》中的"微言奥义"来激励国君，引导士风，从而为改革的顺利推行创造良好的内部和外部条件。

历史经验告诉我们，一场改革运动能否获得最后的胜利，有几个因素是非常关键的：第一，皇帝的贤明以及对改革运动的全力支持；第二，士大夫阶层的广泛参与、推动；第三，民众的理解与配合；第四，符合现实需要的改革措施。四者缺一不可。《诗经新义》的撰作就充分考虑到了上述因素，在对《诗经》诗句的阐释过程中，对皇帝、士大夫、民众提出了相应的要求，表达了改革的主张。

---

① （汉）毛亨传，（汉）郑玄笺，（唐）陆德明音义，孔祥军点校：《毛诗传笺》，中华书局 2018 年版，第 471 页。

② （宋）曾敏行撰：《独醒杂志》卷一，景印文渊阁《四库全书》本，台湾商务印书馆 1986 年版。

二、《诗经新义》对"内圣""外王"思想的发挥

《诗经新义》对君主提出了具体的要求，这些要求既有内在道德修养的，又有外在具体改革措施方面的，充分体现出王安石"内圣""外王"的儒家政治理想。正如上文所言，国君的道德品质、能力大小以及对改革运动的支持力度是改革能否成功的关键因素之一，王安石非常清楚地看到了这一点，因而借《新义》从不同的方面来引导、教育神宗就是情理之中的事情了。王安石希望神宗能够成为周文王那样的国君，前面所引《诗义序》已经大体可以看出这种思想，同时王安石在很多表章中也充满了对神宗皇帝的赞许和期待：

1. 伏惟皇帝陛下德义之高，术智之明，足以黜天下之鬼琐，而兴其豪杰，以图尧、禹太平之治。(《进洪范表》)①

2. 恭惟皇帝陛下体圣神之质，志文武之功，嘉与俊髦，灵承穹昊。(《进修南郊敕式表》)②

3. 伏惟皇帝陛下躬圣德，承圣绪，于群臣贤不肖已知考慎，而于言也又能虚己以听之，故聪明睿知神武之实，已见于行事。(《除翰林学士谢表》)③

4. 窃以古先哲王，考慎厥辅，皆有一德，用成众功。伏惟皇帝陛下含独见之明，践久安之运，甫终谅暗，将大施为。(《谢参知政事表》)④

"图尧、禹太平之治""志文武之功"这就是王安石对神宗的期许，这些古代圣王无一不是道德的楷模、治国的典范，在他们身上充分体现出儒家"内圣""外王"的理想。王安石即对神宗抱有如此的希望，当然也要如是去

---

① (宋) 詹大和等撰：《王安石年谱三种》卷二〇，中华书局 1994 年版，第 530 页。
② 曾枣庄、刘琳主编：《全宋文》卷一三七四，上海辞书出版社 2006 年版，第 240 页。
③ (宋) 詹大和等撰：《王安石年谱三种》卷一二，中华书局 1994 年版，第 406 页。
④ 曾枣庄、刘琳主编：《全宋文》卷一三七四，上海辞书出版社 2006 年版，第 245 页。

引导神宗。

王安石希望神宗在内在的道德修养上能够有所成就，以此成为士大夫、百姓在精神上学习的榜样，进而这种内在道德的提升又是推行"外王"事业不可或缺的基础。"内圣"与"外王"是儒家学者政治思想的两个重要范畴，二者关系密切，正如孟子所云："恻隐之心，仁之端也；羞恶之心，义之端也；辞让之心，礼之端也；是非之心，智之端也。……凡有四端于我者，知皆扩而充之矣，若火之始然，泉之始达。苟能充之，足以保四海；苟不充之，不足以事父母。"[①] 孟子之后，二者的关系问题也一直成为思想界争论的焦点。在多种观点中，持由"内圣"而至"外王"观点的一派逐渐占据了主流，在宋代王安石就是这一转变的关键性人物。在他的思想体系中，"内圣"的特点体现得更为鲜明，这与南宋理学家"内圣"之学在致思理路上是一致的。尽管从北宋程颢直到南宋朱熹、张栻、陆九渊等均对王安石学术的不足之处进行了批评，但大体还是承认王安石的学术中"内圣"成分的存在的，而对王安石"内圣"之学的批评也恰是南宋理学要进一步努力完善的。

那么，王安石在《诗经新义》中为国君具体确立了怎样的道德修养目标呢？王安石认为作为国君应该博爱天下、正直无私，如在注解《小雅·小旻》时，他写道："王者隆宽博爱，以得天下之心，而天下乐告以善道，则无所事于'疾威'，天下之善众至。如至诚由直道以图天下之事，有余裕矣，则无所事乎'回遹'。"[②] 《小旻》，《毛诗序》云："大夫刺幽王也。"郑《笺》释其中"旻天疾威，敷于下土"云："旻天之德疾王者以刑罚威恐万民，其政教乃布于下土。"又释"谋犹回遹，何日斯沮"云："今王谋为政之道回辟，不循旻天之德已甚矣。心犹不悛，何日此恶将止？"[③] 可见此诗是对幽王"以刑罚

---

① 杨伯峻著：《孟子译注》，中华书局 2019 年版，第 86 页。
② （宋）王安石撰，邱汉生辑校：《诗义钩沉》卷一二，中华书局 1982 年版，第 175 页。
③ （汉）毛亨传，（汉）郑玄笺，（唐）陆德明音义，孔祥军点校：《毛诗传笺》，中华书局 2018 年版，第 276 页。

威恐万民"的讽刺，以古鉴今，王安石希望神宗皇帝能够怀着博爱之心关心爱护天下百姓，这样才能够获得百姓的支持，使得言路通畅，以此"善道""直道"治理天下当然就会游刃有余。这一思想在《洪范传》中也得到了充分的体现，兹引述如下以为旁证：

> "无偏无陂，遵王之义，无有作好，遵王之道；无有作恶，遵王之路；无偏无党，王道荡荡；无党无偏，王道平平；无反无侧，王道正直；会其有极，归其有极。曰皇极之敷言，是彝是训，于帝其训。"何也？言君所以虚其心，平其意，唯义所在，以会归其有中者。其说以为人君以中道布言，是以为彝、是以为训者，于天其训而已。夫天之为物也，可谓无作好，无作恶，无偏无党，无反无侧，会其有极，归其有极矣。荡荡者，言乎其大；平平者，言乎其治。大而治，终于正直，而王道成矣。无偏者，言乎其所居；无党者，言乎其所与。以所居者无偏，故能所与者无党，故曰"无偏无党"；以所与者无党，故能所居者无偏，故曰"无党无偏"。偏不已，乃至于侧；陂不已，乃至于反。始曰"无偏无陂"者，率义以治心，不可以有偏陂也；卒曰"无反无侧"者，及其成德也，以中庸应物，则要之使无反侧而已。路，大道也；正直，中德也。[①]

王安石认为王道正直表现为遵循义理，公正无私，作为推行王道的国君则要像天地一样广大，自然而然，不作恶，不作好，也就是"以中庸应物"，这样才能实现王道的理想。

在"外王"方面，王安石也借《诗经新义》为国君明确了榜样并提出了一系列要求。对国君的引导仅仅依靠抽象的道德说教是不行的，还应当给以明确的现实政治治理的建议。首先，王安石希望国君能够以身作则，如《鄘风·定之方中》，王安石云："盖人君先辨方正位，体国经野，然后可以施政

---

① （宋）王安石撰，唐武标校：《王文公文集》卷二六，上海人民出版社1974年版，第287页。

事云。古人戴星而出，戴星而入，必是身耐劳苦，方能率得人。"① 其次，王安石认为作为国君对民众的管理应当重视道德的教化，如《周南·汉广》，王安石注解说："化民而至于男女无思犯礼，则其诰教之所能令，刑诛之所能禁者，盖可知矣。然则化人者，不能感通其精神，变易其志虑，未可以言至也。"②《毛诗序》云："《汉广》，德广所及也。文王之道，被于南国，美化行乎江、汉之域，无思犯礼，求而不可得也。"③ 可见这是体现"文王之政"的诗篇，其中包含了深刻的道德教化的内涵，王安石借此诗的阐释进一步明确地告诉国君道德教化的目标，这就是要感化百姓的精神，并改变他们的思想观念，这才是最根本的。这种思想其实为儒家教化说进一步明确了方向。但王安石也清楚地知道，治理国家仅仅依靠单纯的道德教化是不行的，还应当有外在礼仪制度的约束，如《召南·羔羊》，王安石注曰："所谓'文王之政'者，非独躬行之教，则亦有庆赏刑威存焉。"④

三、《诗经新义》对士大夫和民众道德修养的要求

诚如上述，变法的推进离不开一个强有力的官僚集团的运作，而其中士大夫政治素质的好坏直接决定了变法的成效，因而王安石非常重视人才的培养选拔与使用。在培养人才的具体方法上，他提出了"以经术造士"的方式。此前，汉、唐乃至宋代前期的一百多年，统治阶层都非常重视儒家经典在维护社会秩序中的作用，也通过科举等各种措施引导和鼓励士人学习、研究经学。王安石在变法过程中对"以经术造士"的强调，即是对这种传统的自觉继承。除利用《周礼》《尚书》外，在对《诗经》的阐释中也明显以这种思想为指针。如释《召南·羔羊》曰："朝夕往来，出公门、入私门，出私门、

---

① （宋）王安石撰，邱汉生辑校：《诗义钩沉》卷三，中华书局1982年版，第46页。
② （宋）王安石撰，邱汉生辑校：《诗义钩沉》卷一，中华书局1982年版，第17页。
③ （汉）毛亨传，（汉）郑玄笺，（唐）陆德明音义，孔祥军点校：《毛诗传笺》，中华书局2018年版，第13页。
④ （宋）王安石撰，邱汉生辑校：《诗义钩沉》卷一，中华书局1982年版，第23页。

入公门而已，终无私交之行也。"①对此诗的解释，《毛诗序》云："《羔羊》，
《鹊巢》之功致也。召南之国，化文王之政，在位皆节俭正直，德如羔羊也。"
郑《笺》云："《鹊巢》之君，积行累功，以致此《羔羊》之化。在位卿大
夫，兢相切化，皆如此羔羊之人。"②《毛诗正义》依《序》《笺》立说，与
《新义》比较可见，《序》《笺》的解释重在强调卿大夫的节俭正直，而《新
义》则重在说明卿大夫勤于公事，没有"私交之行"，也就是不建朋党，一以
公事为重的意思。《新义》的这种解释当是以《诗序》"正直"的解释以及诗
句中"退食自公"来立意的，但强调"无私交之行"当是有着明确的现实考
虑。宋代士大夫的政治生活中"朋党"一直是一个非常敏感的话题，也是统
治者极为忌讳的政治问题，因而《新义》此处突出强调卿大夫除公事外不可
结交朋党，其实就是对士大夫的一种警示。

王安石在《诗经新义》中提出了一系列社会应当遵从的道德规范，希望
以此来引导社会思想的进路，为改革创造一个良好的社会基础。如在《诗经
新义》中，王安石对反映夫妇关系的诗篇就非常重视并一再强调这些诗篇的
道德含义。王安石非常重视《周南·关雎》篇，如在《永安县太君蒋氏墓志
铭》中就借《关雎》对蒋氏进行了赞扬："《诗》始《关雎》，士莫不知，孰
能其家，内外无违？闻岂在多，善成于好，于惟夫人，孰辅而告？妇功之修，
母道之行，宜休而劝，不耄以明。绍良配淑，式谷尔后，勖哉其兴，以克有
庙。"③究其原因，乃是在于"此《关雎》，乡人邦国皆得用者，以之正夫妇
也。"④《关雎》体现了夫妇之道，这是对《毛诗大序》"《关雎》，后妃之德
也。《风》之始也，所以风天下而正夫妇也，故用之乡人焉，用之邦国
焉。……是以《关雎》乐得淑女，以配君子，忧在进贤，不淫其色。哀窈窕，

①　（宋）王安石撰，邱汉生辑校：《诗义钩沉》卷一，中华书局1982年版，第24页。
②　（汉）毛亨传，（汉）郑玄笺，（唐）陆德明音义，孔祥军点校：《毛诗传笺》，中华书局2018
年版，第24页。
③　曾枣庄、刘琳主编：《全宋文》卷一四一九，上海辞书出版社2006年版，第230页。
④　（宋）王安石撰，邱汉生辑校：《诗义钩沉》卷一，中华书局1982年版，第7页。

思贤才，而无伤善之心焉"①的继承，因为中国传统政治哲学认为，建立在这种夫妇和洽基础上的家庭关系是政治和谐的基础，王安石对此的表述是"王者之治，始之于家，家之序，本于夫妇正，夫妇正者，在求有德之淑女为后妃以配君子也，故始之以《关雎》"②。

四、《诗经新义》中的军事主张

北宋边患不断，在北边有契丹族建立的辽政权，在西北有党项族建立的西夏政权，此外还有云南的大理、西藏的吐蕃以及西北的高昌、龟兹、于阗等政权。在外部的军事压力下，王安石迫切需要在熙宁变法中改变北宋政权在与少数民族政权军事斗争中的不利局面，除采取了诸如保甲法、置将法等强兵的具体措施外，在《诗经新义》中，王安石还通过对《诗经》的阐释提出了较为明确的军事思想，并以此作为军事改革的思想基础。

首先，王安石勉励神宗要建立强大的军事力量来制胜强敌，如释《小雅·采芑》"方叔涖止，其车三千"云："宣王承厉王之后，能会合诸侯之师，而其车有三千乘。使其微弱如厉王之世，安得复会诸侯之师如是盛乎？……诗人所以盛矜宣王强美者，斯为宣王承乱劣弱，美而言之也。"③释其卒章曰："此章美其成功，言以宿将董大众，荆人自服，不待战而屈也。"④又《商颂·殷武》篇，王安石释其次章曰："荆楚居国南乡，比之氐羌则近国尔。成汤之时，'自彼氐羌，莫敢不来享，莫敢不来王'，谓四夷事中国，乃常道也。""高宗能治夷狄，故天下无有不服。"⑤借对周宣王、殷高宗的赞美，勉励神宗建立强大的军事力量以制服辽夏。王安石对神宗的知遇之恩充满了感

① （汉）毛亨传，（汉）郑玄笺，（唐）陆德明音义，孔祥军点校：《毛诗传笺》，中华书局2018年版，第1—2页。
② （宋）王安石撰：《王文公文集》卷三〇《〈周南〉诗次解》，上海人民出版社1974年版，第352页。
③ （宋）王安石撰，邱汉生辑校：《诗义钩沉》卷十，中华书局1982年版，第145页。
④ （宋）王安石撰，邱汉生辑校：《诗义钩沉》卷十，中华书局1982年版，第147页。
⑤ （宋）王安石撰，邱汉生辑校：《诗义钩沉》卷二〇，中华书局1982年版，第307页。

激之情，他也将神宗视作如宣王一样的中兴之主，希望神宗能在军事上有所作为，如《贺平熙河表》云：

> 奋张天兵，开斥王土，旌旆所指，燕及氐、羌；楼橹相望，诞弥河陇。窃以三年鬼方之伐，高宗所以济时，六月猃狁之征，宣王所以复古，政由人举，道与世升。恭惟皇帝陛下温恭而文，睿智以武，讲周、唐之百度，拔方、虎于一言。我陵我阿，既饬鹰扬之旅，实墉实壑，遂平鸟窜之戎。用夏变夷，以今准古，是基新命，厥迈往图。①

此文作于熙宁六年（1073），正是变法如火如荼展开的时候。熙宁四年至六年（1071—1073），宋朝洮河安抚司长官王韶攻占熙、河、岷等州，招抚了河湟一带的吐蕃部落三十余万人，拓地两千余里。宋朝将这一地区设为熙河路，史称"熙河开边"。宋朝的这一军事活动控扼了西北门户，斩断了西夏的右臂，同时也激活了神宗对西夏用兵的梦想。王安石此表借《诗经》诗句（"我陵我阿""时维鹰扬"等）以及《殷武》《采芑》诗中高宗和宣王的事迹来赞美神宗在军事上的成功，他认为军事是实现"用夏变夷"的必要手段，而王者的征伐是不得已进行的战争，目的在于"靖万邦，屡丰年"，追求和平相处和生活美好，而不同于一般的掠夺战争，这一点在其《诗义》中也进行了明确的表述。《小雅·六月》，《毛诗序》云："《采薇》废则征伐缺矣。"王安石注解："《采薇》之师，不得已而后起，序其情而闵其劳，所以说以使民犯难者也。征伐之义，如斯而已。"② 这里涉及王安石对战争性质的认识，他将战争分为征伐与非征伐两类，从保卫北宋人民免受辽夏侵扰的角度出发，自然北宋政府进行的战争是正义的征伐之战。

另外，王安石还通过对《诗经》的阐释为军事改革寻找理论依据。《小雅·出车》"我出我车，于彼牧矣"，王安石根据荀子"天子召诸侯，诸侯辇

---

① （宋）王安石撰，唐武标校：《王文公文集》卷一五，上海人民出版社 1974 年版，第 156 页。
② （宋）王安石撰，邱汉生辑校：《诗义钩沉》，中华书局 1982 年版，第 142 页。

舆就马，礼也"① 的解释，将该句释为 "出车于牧，就马故也"②，并做了进一步的阐发："古者兵隐于民，而马则牧于野。兵车之出，则以车而就牧地也。"③ 这即是说，练兵养马都依靠平时的积累，发生战争时才能动员起来，而兵的来源是 "兵隐于民"；马的来源则依靠人民养马，反对北宋的雇佣兵和官牧马。这正是保甲保马的理论依据。

总之，王安石在《诗经新义》中依《序》立说，推进了《毛诗序》对《诗经》题旨的政治性把握，并从名物训诂等技术分析中推演君臣关系、治乱兴废等政治寓意，突出以礼释《诗》，把诗歌的政治性落实到礼制的维护上，这些都为熙宁变法提供了思想和舆论的保证。尽管变法失败了，《诗经新义》也有大量的牵强附会之处，并最终亡于南宋，但王安石所提倡和代表的《诗》学研究却是古代《诗》学与政治真正意义上的一次结合，此后《诗经》研究的局面也因此发生了改观，北宋后期和南宋《诗经》学的展开在很大程度上是伴随着对《诗经新义》的批判或吸收进行的。由此可见，《新义》在《诗经》学史上的重要价值。

第四节　王安石《诗经》学的影响

《诗经新义》在北宋中后期曾长期居于思想界的统治地位，熙宁八年（1075）六月《新义》颁布全国，至此确立了其官学的地位，成为科举取士的不二标准，天下士子蔚然从学。《宋史·王安石传》云："初，安石训释《诗》《书》《周礼》，既成，颁之学官，天下号曰 '新义'。晚居金陵，又作《字说》，多穿凿附会，其流入于佛、老，一时学者，无敢不传习，主司纯用以取

---

① （清）王先谦撰：《荀子集解》，中华书局 2013 年版，第 574 页。
② （宋）王安石撰，邱汉生辑校：《诗义钩沉》，中华书局 1982 年版，第 133 页。
③ （宋）王安石撰，邱汉生辑校：《诗义钩沉》，中华书局 1982 年版，第 133 页。

士，士莫得自名一说，先儒传注，一切废不用。"① 王安石为《诗经》贴上了政治的标签，并通过《诗经新义》的训解最大限度地挖掘了《诗经》的政治功能，从而将其作为变法的理论依据和推动变法的手段加以利用。其追随者陆佃、蔡卞、沈季长等也据此撰书，从不同方面对《诗经新义》宣扬的政治理念进行阐发，扩大了荆公学派的影响力。陆佃、沈季长各有《诗讲义》一部，均佚。《续资治通鉴》熙宁四年载："苏颂子嘉在太学，国子监直讲颜复尝策问王莽、后周变法事，嘉极论其非，擢优等；苏液密写以示曾布曰：'此辈倡和，非毁时政。'布大怒，责张璪曰：'君以谏官判监，学官与生徒非毁时政，而竟不弹劾！'遂以告王安石，安石大怒，尽逐诸学官，以李定、常秩同判监；选用学官，非执政所喜者不与。陆佃、黎宗孟、叶涛、曾肇、沈季长与选。季长，安石妹婿；涛，其侄婿；佃，门人；肇，布弟也。佃等夜在安石斋受口义，旦至学讲之，无一语出己。其设三舍，盖亦欲引用其党也。"② 可见二人的《诗讲义》都是羽翼王安石《诗经新义》之作，完全是为了宣传新学思想，服务于培养改革人才的现实需要。另外，陆佃有《诗物性门类》八卷，蔡卞（1048—1117）有《毛诗名物解》二十卷，二书都属于《诗经》名物训诂类的作品，从名物的角度阐发了王安石的《诗经》学，其中陆佃《诗物性门类》已亡，蔡卞《毛诗名物解》仍存留于世，使我们可以借此窥见新学《诗经》学在名物训诂上取得的成绩和特点。

一、蔡卞对王安石《诗经》学的继承和发挥

蔡卞早在嘉祐八年（1063），王安石因母卒居家丁忧，在金陵兴办书院时期就从学于安石。安石妻卞以次女，使从己学，从此蔡卞得王安石学术议论为多。熙宁变法过程中，蔡卞在江阴主簿任上，辅佐县令推行新法，改革科举和学校制度，为变法做出了一定的贡献。他是荆公新学最重要的传人之一，

---

① （元）脱脱等撰：《宋史》，中华书局 1985 年版，第 10550 页。
② （清）毕沅撰：《续资治通鉴》卷六八，中华书局 1957 年版，第 1713 页。

也是北宋后期新党的领袖人物，一意以王安石所行所言为至当。

　　蔡卞继承发挥王安石学术思想而作的《毛诗名物解》是宋代《诗经》名物训诂研究的代表作①，蔡卞运用比附的方法，通过训释《诗经》名物谈论阴阳、礼法、君臣等义理思想，在思想上大体没有超出王安石，通过名物研究为王安石《诗经》研究做了一个注脚。《四库全书总目》云："卞作此书，大旨皆以《字说》为宗。陈振孙称卞书议论穿凿，征引琐碎，无裨于《经》义，诋之甚力。盖佃虽学术本安石，而力沮新法，断断异议，君子犹或取之。卞则倾邪奸憸，犯天下之公恶，因其人以及其书，群相排斥，亦自取也。然其书虽王氏之学，而征引发明，亦有出于孔颖达《正义》、陆玑《草木虫鱼疏》外者。寸有所长，不以人废言也。且以邢昺之金邪，而《尔雅疏》列在学官。则卞书亦安得竟弃乎？"② 对蔡卞和《毛诗名物解》做了公正客观的评价。

　　从本质上讲，蔡卞《毛诗名物解》的制作同样是要通过学术研究来为王安石政治理论张目，为现实政治改革提供更为恰当的理论支撑。他认为："圣人言《诗》而终于鸟兽草木之名，盖学《诗》者始乎此而由于此，以深求之，莫非性命之理、道德之意也。"③ 这一观点是从名物角度对儒家"《诗》教"思想的阐释。在他看来，孔子所云"《诗》可以兴，可以观，可以群，可以怨。迩之事父，远之事君，多识于鸟兽草木之名"④ 是一个完整的体系，这个体系由三层内容组成，即：第一，《诗经》可以发挥"兴、观、群、怨"的社会作用；第二，通过《诗经》的学习可以使人明确等级关系，从而自觉履行"事父""事君"的社会责任；第三，通过《诗经》的学习还可以使人开阔视野，多了解自然界的各类事物。孔子并未明言"多识于鸟兽草木之名"中的

---

　　① 胡朴安将宋代《诗经》学分为三派，其中第三派为"名物训诂派"，以蔡卞和王应麟为代表，并认为"在宋儒之中，其学颇为征实"。见雪克编校《胡朴安学术论著》，浙江人民出版社1998年版，第187页。

　　② （清）永瑢等纂：《四库全书总目·经部》，广西师范大学出版社2019年版，第382页。

　　③ （宋）蔡卞《毛诗名物解》卷十七《杂解·草木总解》，景印文渊阁《四库全书》本，台湾商务印书馆1986年版。

　　④ 杨伯峻著：《论语译注》，中华书局2017年版，第262—263页。

社会、政治含义，但蔡卞沿着"兴、观、群、怨"和"事父""事君"的思路推导下去，认为"鸟兽草木之名"中肯定也包含着圣人的"性命之理、道德之意"，所以通过挖掘"鸟兽草木之名"包含的深意，也可以明了圣人之道，这正是蔡卞《诗经》名物研究的理论基础。这一思想与王安石的《诗经》学存在着必然的联系，王安石《诗义序》云："《诗》上通乎道德，下止乎礼义。考其言之文，君子以兴焉。循其道之序，圣人以成焉。"① 蔡卞对《诗经》名物的研究正是对王安石此论的具体化，因为在他看来，名物研究正是"学《诗》者始乎此而由于此"的正途。

蔡卞继承了王安石的学术思想，在《毛诗名物解》中也同样体现出道家思想的影响。《名物解》卷一六《杂解·小星北门解》中，蔡卞认为："凡莫之为而为者，天也；莫之致而致者，命也。"② 又如《杂释·杂解上》云："圣人，天道之与物交者也；神人，天道之与物辨者也；大人，人道之与物交者也；至人，人道之与物辨者也。亲天属也，据以内恃者也；贤人属也，依于内辅者也。"③ 明显可见其中掺杂了道家的思想。同时，蔡卞又承袭了王安石的天道、人道思想，并做了充分的发挥。如《释草·菅》解《白华》"白华菅兮，白茅束兮"云："白华沤而为菅，则菅者，使然之，致用而为绹，则卑且劳矣，故以譬孽妾。茅自然之正体，藉地以祭，则静且安矣，故以譬宗嫡。不以贱妨贵，不以贵废贱者，人道也。不以茅弃菅，不以菅害茅者，天道也。"④ 除"天道""人道"外，《毛诗名物解》中还频繁出现了"道""天""帝""命""天德""天命""帝命"等一些与之相关的概念。对这些概念的内涵，蔡卞在《天命帝命解》中做了充分的阐释：

① （宋）王安石著，唐武标校：《王文公文集》卷二六，上海人民出版社1974年版，第427页。
② （宋）蔡卞撰：《毛诗名物解》卷一六《杂解·小星北门解》，景印文渊阁《四库全书》本，台湾商务印书馆1986年版。
③ （宋）蔡卞撰：《毛诗名物解》卷一六《杂释·杂解上》，景印文渊阁《四库全书》本，台湾商务印书馆1986年版。
④ （宋）蔡卞撰：《毛诗名物解》卷四《释草·菅》，景印文渊阁《四库全书》本，台湾商务印书馆1986年版。

《诗》言天、言帝、言天命、言帝命，何也？无为而在上、一而大者，天；有为以应下、动而谛者，帝也。言天则尊而与人道辨，言帝则近而与人道交。帝之于天，如圣之于神，名其功用于天地之间，故曰帝也易。自震言之曰帝，盖帝也者，万物之主也。自物而言之，则帝出乎万物者也。自人而言之，则帝亲乎人者也。故《诗》凡言"天命靡常"、"天难谌斯"、"天作之合"、"天立厥配"、"三后在天"、"对越在天"、"克配彼天"以其藏于不可知之间而远者也；凡言"帝命不时"、"帝度其心"、"帝谓文王"、"帝省其山"、"帝迁明德"、"帝作邦作对"者，以其显于所可见之际而近者也。《诗》言"天命玄鸟"，则出于理之不可知，故言天也。古帝命武汤则明其德于所可见，故言帝也。此对而言之也。合而言之，则天者帝之体，帝者天之用。《酌》言皇天亲有德、享有道。"民之父母"、"民之攸归"亲有德也，德有形，故言亲；"民之攸暨"，享有道也，道无形，故言享。盖天聪明自我民聪明，而民所受则天所亲也，民所仰则天所享也。皇天言其道，苍天言其色，昊天言其象，旻天言其情，上天言其位。①

"天"的"无为"与"帝"的"有为"体现了二者的体用关系。同时其中阐发的民本思想，天已经客观成为形式，成为对民所受所仰的佐证和结果而不是原因，其中同样体现出王安石天人二分思想的影响。

二、后世学者对王安石《诗经》学的批判

王安石和蔡卞的《诗经》研究体现出对义理、性情的重视，这与汉、唐《诗》学的取向已经大异其趣，昭示着宋代理学思想已经开始渗透到《诗经》的阐释中，汉、宋《诗经》学的差异也逐渐凸显。这种对经学标准的统一和

---

① （宋）蔡卞撰：《毛诗名物解》卷一六《杂解·天命帝命解》，景印文渊阁《四库全书》本，台湾商务印书馆1986年版。

政治化解读尽管有利于培养能够贯彻变法主张的官吏，但同时却压缩了经学多向性发展的空间，并不利于经学的健康发展。元祐更化期间，王学虽受到短暂的压制，但哲宗亲政后，王学又重新成为统治思想，《三经新义》也被蔡京等人利用，在政治上大力推行学术专制，排斥异己，《诗经新义》成为新党打击政敌、迫害异己的工具。南宋吕祖谦曾痛心地陈述了王安石新法和新学被一步步变异的过程：

> （曾布、蔡京）此小人不足责，而引用小人自安石始。然安石之心与章子厚（章惇）不同，章子厚之心与蔡京诸人不同。盖安石之法犹出于所学，章子厚之法将托安石以报私怨耳，至蔡京则又托绍述以奉人主之侈心耳。愈变愈下，所以致中原之祸也。①

因此，到了两宋之际，一部分学者把北宋覆亡归罪于王安石变法，同时认为王安石学说是导致亡国的根源，《三经新义》受到全面的批判。《宋史》卷三五六《崔鶠传》载宣和六年（1124）崔鶠上书云：

> 谏议大夫冯澥近上章曰："士无异论，太学之盛也。"澥尚敢为此奸言乎。王安石除异己之人，著《三经》之说以取士，天下靡然雷同，陵夷至于大乱，此无异论之效也。②

又，杨时（1053—1135）也在这一时期给钦宗的一封奏疏中，举王安石释《诗》的例子对其学说进行了批判：

> 其（按：指王安石）释《凫鹥》守成之诗，于末章则谓："以道守成者，役使群众，泰而不为骄，宰制万物，费而不为侈，孰弊弊然以爱为事。"《诗》之所言，正谓能持盈则神祇祖考安乐之，而无后艰尔。自古释之者，未有泰而不为骄、费而不为侈之说也。安

---

① （宋）吕祖谦撰：《类编皇朝大事记讲义》卷二一《小人变法》，载《宋史资料萃编》第4辑，台湾文海出版社，第755—756页。转引自刘京菊著《承洛启闽——道南学派思想研究》，人民出版社2007年版，第93页。
② （元）脱脱等撰：《宋史》卷三五六，中华书局1985年版，第11216页。

石独倡为此说，以启人主之侈心。后蔡京辈轻费妄用，以侈靡为事。安石邪说之害如此。[①]

《凫鹥》出自《诗经·大雅》，《毛诗序》云："《凫鹥》，守成也。太平之君子，能持盈守成，神祇祖考安乐之也。"[②] 杨时认为王安石的解释并未理解《诗序》的主旨，而是牵强附会地将诗意引向了对财物消费的肯定，这为后来蔡京主政时的奢侈浪费在思想上埋下了隐患。同时，杨时晚年著《三经义辨》，对王安石的《三经新义》做了全面的抨击，即意在改变荆公新学对政治运行造成的不良影响。除此之外，罗从彦、胡宏、真德秀、魏了翁等理学家也对荆公新学进行了批评。南渡后，宋廷在"最爱元祐"的意识形态之下，《诗经新义》再遭禁废。到了理宗时期，理学被定为统治思想，王安石其人其学受到了彻底的否定，对王安石《诗》学的讨论和研究也就此终结了。

---

① （元）脱脱等撰：《宋史》卷四二八，中华书局 1985 年版，第 12742 页。
② （汉）毛亨传，（汉）郑玄笺，（唐）陆德明音义，孔祥军点校：《毛诗传笺》，中华书局 2018 年版，第 390 页。

第四章　多元路径的探索

——元祐及北宋末年的《诗经》研究

第一节　元祐更化与元祐学术

一、元祐政坛的更化之道

元丰八年（1085）三月，宋神宗卒，哲宗即位，高太后听政，起用司马光、吕公著等旧臣，开始对熙宁、元丰新法进行全面的检讨，史称"元祐更化"，更化是当时新旧势力权力争夺斗争的必然结果。高太后在熙宁变法中是作为新法反对派而存在的，在变法过程中高太后即表现出对新法极大的抵触情绪，《类编皇朝大事记讲义》卷一七云：

> 熙宁七年，太皇太后、皇太后流涕为上言新法不便，且曰："安石变乱，天下久旱，百姓流离。"上益信新法不便，欲罢之。安石不悦，求去，罢知江宁府。①

此处皇太后即指高太后。她一主政便马上起用司马光、吕公著等旧臣，废除

---

① （宋）吕祖谦：《类编皇朝大事记讲义》卷一七，载《宋史资料萃编》第4辑，台湾文海出版社，第645—646页。

新法，《宋史·英宗高皇后传》载：

> 哲宗嗣位，尊为太皇太后。驿召司马光、吕公著，未至，迎问
> 今日设施所宜先。未及条上，已散遣修京城役夫，减皇城卒，止
> 禁庭工技，废导洛司，出近侍尤亡状者。戒中外毋苛敛，宽民间保
> 户马。事由中旨，王珪等弗预知。[①]

高太后等推翻新法的迫切心情从中可窥见一斑。司马光等人在更化初期
较好地执行了高太后的旨意，倾力废除新法的各项措施，延揽曾被新党排斥
的官员重新回朝，以此来打破新法无以为继而旧党不予合作的政治僵局，但
很快司马光等人也意识到，如果仅依据反对派的意见全面革除新法，只知其
弊而不知其利，势必会造成政治局面的更加混乱，因而随之开始探讨如何兼
用仁宗嘉祐和神宗元丰之政的问题，试图调和变革与守常两种政治方针，如
属于蜀学阵营的吕陶云：

> 元祐之政，谓元丰之法不便，即复嘉祐之法以救之。然不可尽
> 变，大率新、旧二法并用，贵其便于民也。议者乃云："对钧行法。"
> 朝士善谑乃云："岂独法令，至于年号，亦对钧矣。"然谑戏之谈有
> 味，此可见当时改元意。[②]

"对钧行法"就是将神宗元丰变革有为之法和仁宗嘉祐守常无为之法结合
起来，它又包括了政治生活和政治理念两个层面的内容。从政治生活层面看，
在当时士大夫的观念中，元丰是神宗"乾纲独断"的政治，通过"改制"将
权力集中起来，而嘉祐是大臣共治的政治，自嘉祐元年（1056）仁宗神志迷
乱之后，朝政就由韩琦和文彦博等人把持，因而"对钧行法"就意味着既尊
重皇权，又给士大夫一定的权力，以此来维持政权的平稳过渡。在政治理念
层面，"对钧行法"的意义就是将熙宁变法转变为温和的政治改良，既追求奋

---

① （元）脱脱等撰：《宋史》卷二四二，中华书局 1985 年版，第 8625 页。

② （宋）李焘撰，（清）黄以周等辑补：《续资治通鉴长编》卷三六四，上海古籍出版社 1986 年
版，第 6352 页。

发图强的革新精神，又提倡和维持和谐、宽松的政治环境，这种政治理念逐渐成为这一时期的主导思想。就此而言，元祐更化和庆历新政以来的政治理念是一脉相承的，所以元祐更化虽然对熙宁变法多有否定，但从历史发展的角度来看，它其实构成了北宋政治变革的第三个阶段。与元祐更化的政治理念相呼应，主张改良的蜀学和洛学两个学派也在这一时期表现得非常活跃，代表了北宋儒学复兴的第三次主流思潮。

二、蜀学对"性情"问题的思考

蜀学和洛学中多数学者对《三经新义》并不排斥，相反还极力维护其作为一家之言的地位。元祐元年，国子司业黄隐主张废除《三经新义》，而转用汉唐注疏，这其实是经学的倒退，此举立即引起了蜀学和洛学的反对，如吕陶云："经义之说概无古今新旧，惟贵其当，先儒之传注既未全是，王氏之解亦未必尽非，善学者审择而已，何必是古非今，贱彼贵我，务求合于世哉？"[①]吕陶的这一观点在当时是很有代表性的，尤其是他们的经学都坚持了新学代表的义理化的发展方向，从这一点上看，元祐学术又是荆公新学的继承和发展。由于荆公新学思想体系中存在着一些漏洞，如其本体论中的"天人二分"，将天道预设为独立的前提凌驾于人道之上，这些又是元祐学术努力加以纠正的。

蜀学继承了北宋经学"通经致用"的总体目标，同样以重新捡拾儒家道统观念为旨归，苏洵《春秋论》中云："周之衰也，位不在夫子，而道在焉。"[②] 在他看来，尽管孔子没有社会管理者的实际身份，但被统治者遗弃的道统却因孔子而被保存下来，同时苏洵又认为孔子坚守的道统在其去世之后就散失了，只有接续这种道统才能为政治统治的有效开展提供合理合法的价

---

① （宋）李焘撰，（清）黄以周等辑补：《续资治通鉴长编》卷三九〇，上海古籍出版社1986年版，第7658页。

② （宋）苏洵撰，曾枣庄、金成礼笺注：《嘉祐集笺注》，上海古籍出版社1993年版，第162页。

值依据，其中充满了强烈的接续孔子道统的文化理想。因而我们在苏洵的文章中可以看到大量的对于"三代"政治文化的描述，表现出强烈的追踪"三代"的政治理想。

要追踪三代的政治理想，最为有效的途径就是研究六经，苏洵云："夫《易》、《礼》、《乐》、《诗》、《书》，言圣人之道与法详矣。"① 六经中包含了圣人之道和治世之法，只要正确解读六经就可以为现实政治提供合理的价值依据，从而重新实现政统与道统的统一。但在解读《六经》的立场上，与荆公新学站在以"天人二分"的立场对经义做的许多比附政治的解释不同，蜀学选择的是站在"性情"的立场来致思的路径，"性情论"也构成了苏氏蜀学的思想核心和逻辑起点。②

"性情"历来是儒家学者讨论比较集中的一个思想范畴，先秦时代孔子很少言及"性情"，正如其弟子所说："夫子之文章，可得而闻也；夫子之言性与天道，不可得而闻也。"③ 而到了战国，关于"性情"的讨论开始逐渐增多并成为学者们建构思想体系的理论基础，由于对性情的不同认识，又引发出他们在政治策略选择上的不同价值取向，其中最典型的就是孟子的"性善论"，基于对人类道德品性善的认识，孟子提出了"施仁政""行王道"等的政治主张。其后儒家学者基本延续了这一致思的理路，也往往通过对"性情"的阐释来为政治理论寻找依据。北宋熙宁之前，范仲淹、欧阳修等庆历学者的总体倾向是注重事功，偏重经世之学，而对人情和道德性命等问题兴趣不大，即欧阳修所谓"性非学者之所急，圣人之所罕言"④。而由于庆历新政和熙宁变法的相继失败，"外王"的道路似乎走到了尽头，而在蜀学、洛学等学派的学者看来，宋王朝国势的衰微以及改革的失败，根本的原因在于对道德

---

① （宋）苏洵撰，曾枣庄、金成礼笺注：《嘉祐集笺注》，上海古籍出版社1993年版，第229页。
② 参见卢国龙《宋儒微言》第四章《苏轼苏辙"推阐理势"的政治哲学》相关论述，华夏出版社2001年版，第363—454页。
③ 杨伯峻著：《论语译注》，中华书局2017年版，第66页。
④ （宋）欧阳修撰：《答李诩第二书》，载《欧阳修全集》，中国书店1986年版，第319页。

修养的重视不够，也就是对儒家"内圣"之学的重视不够，因而道德性命之学开始抬头，并逐渐成为熙宁之后学术的主流思潮①，苏氏蜀学也同样卷入了这一时代思潮。以往学界多认为"性情论"体现了蜀学经学与文学的融合，这其实是对蜀学乃至整个儒家"性情论"的误解。"性情论"之所以作为蜀学的思想核心，并非是由于文学方面的原因，而是来源于中国古代哲学的思想主题，也就是天人合一或者是性与天道相统一的思想。卢国龙在《宋儒微言》中曾云：

> 中国古代哲学家，通常都从这样两个方面同时展开其思考，一方面探索天道之奥秘，一方面考察人事之得失、潜思人性之真谛。（中略）人事与人性，既属于不同的思想层面，又在根旨上相通贯，只是在不同的历史时期，侧重点或有不同。（中略）它（按：指蜀学）以性情论与经世之学并重，谈性情直接关涉到现实的政治决策和政治运作。②

这段文字揭示了"性情论"的实质以及这一思想在蜀学中的重要地位。儒家学者对"性情"问题的讨论也并不是基于所谓文学性的考虑，从根本上说仍是对政治问题的一种理论思考。

三、二程与王安石经学观的异同

以程颢（1032—1085）、程颐（1033—1107）为代表的洛学的兴起、发展也与北宋中后期的政治改革运动密切相关。③ 与王安石等同时代学者一样，二程也关注政治的变革，他们的经学也同样带有强烈的"经世致用"的价值取向。《二程遗书》卷四云：

---

① 参见卢国龙著《宋儒微言》第五章《程颢程颐"体用一源"的政治哲学》相关论述，华夏出版社 2001 年版，第 300—362 页。

② 卢国龙：《宋儒微言》，华夏出版社 2001 年版，第 388 页。

③ 参见卢国龙著《宋儒微言》第四章《程颢程颐"体用一源"的政治哲学》，华夏出版社 2001 年版，第 300—362 页。

穷经，将以致用也。如"诵《诗》三百，授之以政不达，使于四方，不能专对，虽多亦奚以为？"今世之号为穷经者，果能达于政事专对之间乎？则其所谓穷经者，章句之末耳，此学者之大患也。①

此处二程以《论语》中孔子对《诗经》作用的评价为立论依据，阐明了对经学价值的认识，即研究经学的目的乃是要为治世所需。就现有史料来看，二程对政治改革抱着强烈的参与精神。皇祐二年（1050）程颐以平民的身份上书仁宗皇帝，表达其救国兴邦的热情，当时他才有十八岁，虽思想尚未成熟，但明显可见其与庆历学者一样有着浓厚的忧患意识，如其云："不识陛下以今天下为安乎？危乎？治乎？乱乎？乌可知危乱而不思救之之道！如曰安且治矣，则臣请明其未然。方今之势，诚何异于抱火厝之积薪之下而寝其上，火未及然，因谓之安者乎？"② 而要解决政治危机，必须重建政治宪纲，即"治今天下，犹理乱丝，非持其端，条而举之，不可得而治也"③，其中的"端"也就是所谓的"王道"。在这一点上，二程与王安石等人的追求是一致的，而且他们的政见也有着很多的相同之处，对此，冯友兰曾将之归结为三点："第一点是，当时的中国，表面上平安无事，实际上危机四伏，一触即发，一发就不可收拾。第二点是，要挽救危机，必须'行先王之道'，在中国实现'三代之治'。第三点是，要实行'王道'，须皇帝坚决，不为世俗所惑。就三点说，他们三个人的基调是相同的。"④ 这些是二程进行经学研究的出发点和基本立场，尽管他们与王安石在如何实现"王道"的路径选择上有所不同，但最终的价值取向还是一致的。与之相应，二程要求必须要追求"道"，也就是儒家王道的政治理想，而不仅仅是单纯的对于字词的训释。针对当时经学研究中存在的"章句之学"，程颐在《为太中作试汉州学生策问三首》中

① （宋）程颢、程颐撰，王孝鱼点校：《二程集》，中华书局 1981 年版，第 71 页。
② （宋）程颐撰：《上仁宗皇帝书》，载《二程集》，中华书局 1981 年版，第 511 页。
③ （宋）程颐撰：《上仁宗皇帝书》，载《二程集》，中华书局 1981 年版，第 514 页。
④ 冯友兰著：《中国哲学史新编》（下册），人民出版社 1999 年版，第 109 页。

进行了批评：

> 后之儒者，莫不以为文章、治经术为务。文章则华靡其词，新
> 奇其意，取悦人耳目而已。经术则解释辞训，较先儒短长，立异说
> 以为己工而已。如是之学，果可至于道乎？①

可见二程对经学研究中章解句释的烦琐训诂是很反感的，认为这样的研
究遮蔽了经学的本质，更无法发现圣人寄托于其中的治国之道，这一点与王
安石的认识也是相同的。

另外，二程一直处于政治活动的边缘地位，程颢历任县主簿、县令等职，
熙宁年间任秘书省著作佐郎、太子中允、权监察御史里行，后因与王安石政
见不合而离朝外补，出为州县官吏，而程颐一生的绝大部分时间则主要用在
了授徒讲学著述方面。正因为这种与王安石等人政治地位的差异，二程从事
理论思考的角度和侧重点也与荆公新学学者不同。同时，二程学术的产生、
发展过程也正值北宋改革的高潮阶段，朝野上下对王安石新法议论汹汹，各
种反对意见层出不穷，其中最集中的就是攻击王安石理财兴利而忽视了道德
建设，使得兴利之臣日进而尚德之风渐衰。受此影响，二程的理论探索也伴
随着对王安石新法和新学的反思，他们对传统儒学政治思想从伦理道德问题
入手解决社会政治问题的思路非常感兴趣，如谓"王道之本，仁也"②，通过
发扬仁心并推广礼义教化于天下，从而使天下和谐有序，这也是二程所理解
的先王之道核心所在，这与王安石新学中的先王之道是不同的，王氏所谓的
先王之道主要指先王建立的制度设施、政策法令，如其云：

> 惟道之在政事，其贵贱有位，其先后有序，其多寡有数，其迟
> 数有时。制而用之存乎法，推而行之存乎人。其人足以任官，其官
> 足以行法，莫盛于成周之时；其法可施于后世，其文有见于载籍，

---

① （宋）程颢、程颐撰，王孝鱼点校：《二程集》，中华书局 1981 年版，第 580 页。
② （宋）程颢、程颐撰，王孝鱼点校：《二程集》，中华书局 1981 年版，第 513 页。

莫具乎《周官》之书。①

对先王之道理解的分歧使他们在对现实社会进行把握的角度有所不同，从而在提出治理国家、挽救危机的具体方案时也出现了差异。二程认为，改革的根本在于加强封建统治集团的道德修养，程颐说：

治道亦有从本而言，亦有从事而言。从本而言，惟格君心之非、正心以正朝廷，正朝廷以正百官。②

在程颐看来，君心正是一切政事的根本，又如程颢云：“故治天下者，必先立其志。”③ 基于这种认识，在王安石被“日益信用”之时，程颢则“每进见，必为神宗陈君道以至诚仁爱为本，未尝及功利”④，与王安石通过大明法度而理财、富国强兵的观点形成了鲜明的对照。

与二程和王安石上述政治观念、经学观念的差异相应，他们在借助儒家经典阐释各自思想观念时的选择也出现了明显的不同，二程更倾心于《周易》《春秋》以及《四书》的研究。二程均终生治《易》学，并以解《易》为基础构建了理论体系，程颐的《伊川易传》更是理学家《易》学研究的代表作，同时也是北宋理学体系确立的标志，程门大弟子尹焞尝云：“先生平生用意，惟在《易传》。求先生之学，观此足矣。”⑤ 又如程颐云：“学者不观他书，只观《春秋》，亦可尽道。”⑥ “学者先须读《论》、《孟》，穷得《论》、《孟》，自有个要约处，以此观他经，甚省力。”⑦ “且先读《论语》、《孟子》，更读一经，然后《春秋》，先识得个义理，方可看《春秋》。《春秋》以何为准？无如《中庸》。”⑧ “《大学》，孔子之遗言也，学者由是而学，则不迷于入德之门

① （宋）王安石撰：《周礼义序》，载《王文公文集》，上海人民出版社 1974 年版，第 426 页。
② （宋）程颢、程颐撰，王孝鱼点校：《二程集》，中华书局 1981 年版，第 165 页。
③ （宋）程颢、程颐撰，王孝鱼点校：《二程集》，中华书局 1981 年版，第 451 页。
④ （宋）程颐撰：《明道先生行状》，载《二程集》，中华书局 1981 年版，第 634 页。
⑤ （清）朱彝尊撰：《经义考》卷二〇，中华书局 1998 年版，第 105 页。
⑥ （宋）程颢、程颐撰，王孝鱼点校：《二程集》，中华书局 1981 年版，第 157 页。
⑦ （宋）程颢、程颐撰，王孝鱼点校：《二程集》，中华书局 1981 年版，第 205 页。
⑧ （宋）程颢、程颐撰，王孝鱼点校：《二程集》，中华书局 1981 年版，第 164 页。

也"①等。《周易》和《四书》的主题主要是道德性命，这些内容对于需要"正君心"的二程来说，无疑是最好的资源，而《春秋》则包含了"微言大义"，二程也试图对其进行理学化的改造，从而将其中"尊王攘夷"的思想纳入其理论体系中，为强化君权和正统观念提供理论支撑。在《春秋传序》中，程颐明言为《春秋》作传的目的乃是要"俾后之人通其文而求其义，得其意而法其用"②。亦如其后朱子编《二程外书》卷九《春秋录拾遗》所云："《诗》、《书》、《易》言圣人之道备矣，何以复作《春秋》？盖《春秋》，圣人之用也。《诗》、《书》、《易》如律，《春秋》如断案；《诗》、《书》、《易》如药方，《春秋》如治法。"③ 这些均可见二程对经学典籍价值的认识，而对《诗经》、《尚书》、《周礼》这些荆公新学提倡的经典，二程则多有不屑，如程颐云："圣人用意深处，全在《系辞》，《诗》《书》乃格言。"④《诗经》《尚书》在这里成了无关宏旨的作品，而对《周礼》，二程更是认为"《周礼》之书多讹阙"⑤，并且在著述中几乎没有留下多少关于《周礼》的说解文字。这与王安石对《诗》《书》《周礼》极度重视的态度形成了鲜明的对照。在王安石的经学价值体系中，《周礼》《尚书》《诗经》是最重要的三部经书，王安石认为："先王之道德，出于性命之理，而性命之理，出于人心。《诗》、《书》能循而达之。"⑥"《诗》上通乎道德，下止乎礼义。放其言之文，君子以兴焉；循其道之序，圣人以成焉。"⑦《诗》《书》《周礼》的主要内容是讲古代的政治制度、礼仪教化，更可以提供一些现实政治改革的参照，因而新学学者选择这三部典籍作为构建自己思想体系的基础。

综上可见，元祐学术在反思荆公新学的过程中，既坚持了北宋经学"通

---

① （宋）程颢、程颐撰，王孝鱼点校：《二程集》，中华书局1981年版，第1204页。
② （宋）程颢、程颐撰，王孝鱼点校：《二程集》，中华书局1981年版，第1125页。
③ （宋）程颢、程颐撰，王孝鱼点校：《二程集》，中华书局1981年版，第401页。
④ （宋）程颢、程颐撰，王孝鱼点校：《二程集》，中华书局1981年版，第13页。
⑤ （宋）程颢、程颐撰，王孝鱼点校：《二程集》，中华书局1981年版，第1201页。
⑥ （宋）王安石撰：《虔州学记》，载《王文公文集》，上海人民出版社1974年版，第402页。
⑦ （宋）王安石撰：《诗义钩沉》卷首《序》，中华书局1982年版，第1页。

经致用"和义理化的价值取向，蜀学和洛学等不同学派的学者又站在各自的立场对经学有了新的认识，提升了北宋经学的理论内涵。蜀学苏辙和洛学二程有着大量关于《诗经》的著述，因而本章即以苏辙和二程的《诗》学为主要研究对象，考察他们《诗经》学的形成过程以及体现出的一些特点。需要说明的是，苏辙和二程的《诗经》学时间跨度很大，为能对他们的《诗经》学有一个更为全面深入的认识，讨论中在一些地方将越出元祐，向前追溯或向后推导，但这些都是围绕着元祐学术的基本精神展开的。

第二节　蜀学的《诗经》学研究
——以苏辙、张耒为考察对象

苏辙（1039—1112）一生的学术研究于《诗》用力最勤，其云："平生好读《诗》《春秋》，病先儒多失其旨，欲更为之传。"① 另据《三苏年谱》，仁宗嘉祐三年（1058）苏辙二十岁时就已经开始作《诗集传》，直至去世前六年，也就是徽宗崇宁五年（1106）才基本定稿②，前后花费了将近五十年的时间，由此可见苏辙对《诗经》研究的重视。

一、"性情论"对苏辙早年《诗经》学的影响

苏籀《栾城先生遗言》云："年二十，作《诗传》。"③ 则苏辙自二十岁左右就已经开始专心致力于《诗》学的研究，通过读书以及与父兄等的交流，苏辙最终选择《诗经》作为自己经学研究的主要领域。这一时期苏辙《诗经》学受到哪些因素的影响，为何他最终选择了《诗经》作为自己经学研究的对

---

① （宋）苏辙撰：《颍滨遗老传上》，载《苏辙集》，中华书局1990年版，第1017页。

② 孔凡礼著：《三苏年谱》，北京古籍出版社2004年版。另可参看李冬梅《苏辙〈诗集传〉新探》第一章《〈诗集传〉的撰著过程》，详见李冬梅著《苏辙〈诗集传〉新探》，四川大学出版社2006年版，第21—26页。

③ 杨观、陈默、刘芳池编：《苏辙资料汇编》，中华书局2018年版，第59页。

象等，即是讨论这一阶段苏辙《诗》学观的重点所在。

苏辙二十岁左右正处于范仲淹变法以及欧阳修改革文风的时期，而在学术研究领域则是庆历学术的天下，对此前文已有详述，不赘。此时《诗经》的研究也已经进入一个相当活跃的时期，除仁宗朝经筵讲《诗》以及士大夫阶层政治活动的用《诗》外，欧阳修等人在这一时期也开始了《诗》学专著的写作，苏辙的《诗经》学习和研究就是在这样一个大的历史背景中展开的。除此，苏辙《诗》学的萌芽也受到其父苏洵的影响，《栾城后集》卷七《历代论一（并引）》云："予少而力学。先君，予师也。亡兄子瞻，予师友也。父兄之学，皆以古今成败得失为议论之要。"① 苏洵作于这一时期的《六经论·诗论》对苏辙《诗》学观念的形成起到了至关重要的作用。这篇文章写于至和二年（1055），是年，苏洵四十七岁，苏辙十七岁。其中的主要观点是强调《诗经》的教化作用体现在"不使人之情至于不胜"，也就是主张应当依据"人情"来释《诗》，其谓：

> 吾观《国风》婉娈柔媚而卒守以正，好色而不至于淫者也；《小雅》悲伤诟谇，而君臣之情卒不忍去，怨而不至于叛者也。故天下观之，日圣人固许我以好色，而不尤我之怨吾君父兄也。许我以好色，不淫可也；不尤我之怨吾君父兄，则彼虽以虐遇我，我明讥而明怨之，使天下明知之，则吾之怨亦得当焉，不叛可也。夫背圣人之法而自弃于淫叛之地者，非断不能也。断之始，生于不胜，人不自胜其忿，然后忍弃其身。故《诗》之教，不使人之情至于不胜也。②

此前汉代《毛诗大序》云："情发于声，声成文谓之音，治世之音安以乐，其政和；乱世之音怨以怒，其政乖；亡国之音哀以思，其民困。故正得

---

① （宋）苏辙撰，陈宏天、高秀芳点校：《苏辙集》，中华书局 1990 年版，第 958 页。
② （宋）苏洵撰，曾枣庄、金成礼笺注：《嘉祐集笺注》，上海古籍出版社 1993 年版，第 156 页。

失，动天地，感鬼神，莫近于诗。"① 通过音乐将人的情感与政治紧密地联系在一起。苏洵《六经论·诗论》继承了这一思想，强调《诗经》的政治教化作用应当以不伤害"人情"为底线，这也同时为《诗经》的阐释确立了一条依人情释《诗》的发展路径，并深刻影响了苏辙的《诗》学观。其后不久，苏辙二十二岁（1060）应试制举时所作《诗论》一文即充分发挥了其父的上述思想，其云：

> 夫六经之道，惟其近于人情，是以久传而不废。而世之迂学，乃皆曲为之说，虽其义之不至于此者，必强牵合以为如此，故其论委曲而莫通也。……而况乎《诗》者，天下之人，匹夫匹妇，羁臣贱隶，悲忧愉佚之所为作也。夫天下之人，自伤其贫贱困苦之忧，而自述其丰美盛大之乐，其言上及于君臣父子、天下兴亡治乱之迹，而下及于饮食床笫、昆虫草木之类。盖其中无所不具，而尚何以绳墨法度、区区而求诸其间哉？此亦足以见其志之不通矣。②

这段文字中包含了三个方面的信息。其一，儒家的道统之所以传承至今而不废，其中一个关键的因素在于六经所体现的道是合乎人情的，古今人情是一样的，产生于上古的"六经"同样可以在当下发挥作用，这就为经世致用的思想寻找到了理论上的依据。其二，对孔子之后曲解经义的行为进行了严厉的批评，这一时期王安石已经入京任事，荆公新学在社会上也产生了一定影响③，其解经牵强附会之处必然会引起苏辙的注意，因而此处的"世之迂学"当主要指荆公新学而言，而要对六经进行正确的解读，在苏辙看来必须要以"人情"为依据，而不能像王安石那样完全为了政治改革的需要而生拉硬扯地将经学与政治比附在一起，这样反而伤害了经学的纯净。可见这一阶

---

① （汉）毛亨传，（汉）郑玄笺，（唐）陆德明音义，孔祥军点校：《毛诗传笺》，中华书局2018年版，第1页。

② （宋）苏辙撰，陈宏天、高秀芳点校：《苏辙集》，中华书局1990年版，第1273页。

③ 参见杨天保著《金陵王学研究——王安石早期学术思想的历史考察（1021—1067）》第七章《金陵王学的建成（1054—1067）》，上海人民出版社2008年版，第280—335页。

段苏辙已经展开了对荆公新学的批评，而且在思想进路上二者已经表现出较为明显的差异。其三，基于对六经切近人情的认识，苏辙大胆地提出了《诗经》是天下匹夫匹妇、羁臣贱隶抒发悲忧愉佚之情而作的，这个观点是对《毛诗大序》"发乎情，民之性也"以及其父《诗论》"故《诗》之教，不使人之情至于不胜也"的继承与发展。而"人情论"也成为苏辙《诗》学阐释的一个重要思想，如《春秋论》一文云：

> 愚尝怪《大雅》《小雅》之诗，当幽、厉之时，而称道文、武、成、康之盛德，及其终篇，又不见幽、厉之暴虐，此谁知其为幽、厉之诗而非文、武、成、康之诗者？盖察于辞气，有幽忧不乐之意，是以系之幽、厉而无疑也。若夫春秋二百四十二年之间，天下之是非，杂然而触乎其心，见恶而怒，见善而喜，则夫是非之际，又可以求诸其言之喜怒之间矣。
>
> 今夫人之于事，有喜而言之者，有怒而言之者，有怨而言之者。喜而言之，则其言和而无伤；怒而言之，则其言厉而不温；怨而言之，则其言深而不诚。①

此处对于二《雅》时代的判断完全依据诗句语词中体现出的"幽忧不乐之意"，以"人情"释《诗》的特点已经初见端倪。而在其后《诗集传》的撰著过程中，更是明显体现出对于诗意中所体现的"人情"的重视与强调，如《诗集传》释《召南·江有汜》中"江有汜，之子归，不我以。不我以，其后也悔。"云："决复入为汜。江则有汜，嫡则有媵，而之子之不我以，何哉？其后则必悔矣。盖不敢怨而竢其悔耳。夫不敢怨者，悔之道也，故《小星》欲求众妾之不敢齿我，而不以贵贱临之。盖使之得进御于君，而妾不敢与我齿矣。《江有汜》欲求嫡之悔过，而不以怨言犯之。盖事之不失而嫡自悔矣，此则善原人情也。"② 此前，《毛诗序》云："《江有汜》，美媵也。勤而无

---

① （宋）苏辙撰，陈宏天、高秀芳点校：《苏辙集》，中华书局1990年版，第1275页。
② （宋）苏辙撰：《诗集传》卷一，景印文渊阁《四库全书》本，台湾商务印书馆1986年版。

怨，嫡能悔过也。文王之时，江沱之间，有嫡不以其媵备数，媵遇劳而无怨，嫡亦自悔也。"郑《笺》补充云："勤者以己宜媵而不得，心望之。"①《正义》则进一步解释《序》意："作《江有汜》诗者，言美媵也。美其勤而不怨，谓宜为媵而不得行，心虽勤劳而不怨于嫡，故嫡亦能自悔过，谓悔其不与俱行也。当文王之时，江、沱之间，有嫡不以其媵备妾御之数，媵遇忧思之劳而无所怨，而嫡有所思，亦能自悔过也。此本为美媵之不怨，因言嫡之能自悔，故美媵而后兼嫡也。"② 其后宋代欧阳修《诗本义》虽没有对《江有汜》的具体解释，但据其中卷十四《时世论》中所云"《汉广》《汝坟》《羔羊》《摽有梅》《江有汜》《野有死麕》，皆言文王之化"推测，欧阳修对这首诗主旨的认识大体也应当不出前代《序》和《正义》的范围。与这些解释比较，苏辙进一步明确指出媵在处理与嫡的关系时善于以"人情"处之，因而使得嫡能够"自悔"，这显然比单纯地强调媵的美德要更接近实际。苏辙的解释虽来源于《诗序》，但更加凸显了其中"人情"的内容，从而使得这些解释也更加切合诗意。

同时，二十岁之前苏辙已经开始了《诗经》的学习和研究，作于至和元年（1054）的《商论》《周论》中就透露了一些线索。《商论》云："窃常求之于《诗》、《书》之间，见夫《诗》之宽缓而和柔，《书》之委曲而繁重者，举皆周也。而商人之诗，骏发而严厉，其书简洁而明肃，以为商人之风俗，盖在乎此矣。"③ 对《诗经》整体风格以及《商颂》特点的评价言简意赅，切中要害。又《周论》云："予读《诗》《书》，历观唐虞，至于商周。盖尝以为自生民以来，天下未尝一日而不趋于文也。"④ 在读《诗经》和《尚书》的

---

① （汉）毛亨传，（汉）郑玄笺，（唐）陆德明音义，孔祥军点校：《毛诗传笺》，中华书局2018年版，第28页。
② （汉）毛亨传，（汉）郑玄笺，（唐）孔颖达疏，（唐）陆德明音释，朱杰人、李慧玲整理：《毛诗注疏》，上海古籍出版社2013年版，第130页。
③ （宋）苏辙撰，陈宏天、高秀芳点校：《苏辙集》，中华书局1990年版，第1245页。
④ （宋）苏辙撰，陈宏天、高秀芳点校：《苏辙集》，中华书局1990年版，第1246页。

过程中，总结历史发展的经验教训，苏辙读《诗》的用意于此也可窥见一斑。另外，苏籀《栾城先生遗言》云："公解《诗》时，年未二十，初出《鱼藻》《兔罝》等说，曾祖编札，以为先儒所未喻。"① 这些篇章保存在其《诗说》②一文中，今以《鱼藻》为例来考察苏辙早期《诗》学观念之一斑，《诗说》解释《鱼藻》云：

> 《鱼藻》言："鱼在在藻，有颁其首。王在在镐，岂乐饮酒。鱼在在藻，有莘其尾。王在在镐，饮酒乐岂。鱼在在藻，依于其蒲。王在在镐，有那其居。"言鱼何在？在藻尔。或颁首，或莘尾，或依蒲，自以为得所也。然特在藻在蒲而已焉，足恃以为得所。犹之幽王何在？在镐尔，或岂乐而后饮酒，或饮酒而后乐岂，若无事而那居，自以为乐者。然徒在镐饮酒，湛于耽乐，而不恤危亡之至，亦焉足恃以为至乐？此诗人所刺也。序诗者徒见诗每以鱼言物之多，故于此亦曰"万物失其性"；以镐为武王所都，故于此曰"思武王。"恐非诗之旨也。③

《毛诗序》云："《鱼藻》，刺幽王也。言万物失其性，王居镐京，将不能以自乐，故君子思古之武王焉。"郑《笺》发挥《序》意："万物失其性者，王政教衰，阴阳不和，群生不得其所也。将不能以自乐，言必自是有危亡之祸。"④《诗说》的解释采《诗序》"刺幽王"的观点，而认为《诗序》后半部分的解释不符合诗意。其后《诗集传》亦云："《鱼藻》，刺幽王也。鱼何在？亦在藻耳。其所依者至薄也，然其首颁然而大，自以为安，不知人得而

---

① （宋）苏籀撰：《栾城先生遗言》，景印文渊阁《四库全书》本，台湾商务印书馆 1986 年版。

② 李冬梅认为："《诗说》有可能创作于《诗集传》之前，是苏辙早期研读《诗经》的作品"，这一说法当是较为可信的，今从之。详见李冬梅《苏辙〈诗集传〉新探》，四川大学出版社 2006 年版，第 52 页。

③ 杨观、陈默、刘芳池编：《苏辙资料汇编》五《集部·诗文辑佚》，中华书局 2018 年版，第 518 页。

④ （汉）毛亨传，（汉）郑玄笺，（唐）陆德明音义，孔祥军点校：《毛诗传笺》，中华书局 2018 年版，第 331 页。

取之也。今王亦在镐耳，寡恩无助，天下将有图之者，而饮酒自乐，恬于危亡之祸亦如是鱼也。毛氏因'在镐'之言，故序此诗为'思武王'，以'在藻颂首'为鱼得其性，盖不识鱼之在藻之有危意也。"[①] 与《诗说》比较可见，二者的解释基本是一致的，只不过《集传》的解释更为清晰简洁一些。二者均是采《诗序》首句，而弃其余，这种对《诗序》的去取方式也成为其后《诗集传》解《诗》的一个鲜明特征。

二、嘉祐后苏辙《诗经》学的发展与成熟

嘉祐三年（1058），苏辙二十岁时开始作《诗集传》，直至去世前六年，也就是神宗元丰四年（1081）才基本定稿，前后花费了二十余年的时间，这也是苏辙《诗经》学不断丰富完善以至最终成熟的一个过程。这个过程又大体可以分为三个小的阶段，即 11 世纪 60 年代为第一阶段，11 世纪 70 年代为第二阶段，1080—1081 年为第三阶段。第一阶段中苏辙的《诗经》观更加明确，并且写作了大量论《诗》的文字。第二阶段是他学术发展的完善期，这一时期苏辙与当时思想界的交往更加频繁，其中不乏对《诗经》有相当研究者，同时熙宁三年（1070）欧阳修《诗本义》始告完成，熙宁八年（1075）王安石奏进《诗经新义》并以诏令的形式颁行全国，这些新的学术资源促成了苏辙《诗经》学的完善和成熟。第三个阶段是苏辙《诗经》学的成熟定型期，《诗集传》在这一时期写作完成。

11 世纪 60 年代，受时代怀疑思潮的影响，苏辙经学思想中疑古以求圣人本心的特点也日渐显现，如作于嘉祐五年（1060）的《上两制诸公书》中所云：

辙尝怪古之圣人，既已知之矣，而不遂以明告天下而著之六经。

六经之说皆微见其端，而非所以破天下之疑惑，使之一见而瘳者，

---

① （宋）苏辙著：《诗集传》卷一三，景印文渊阁《四库全书》本，台湾商务印书馆 1986 年版。

是以世之君子纷纷至此而不可执也。今夫《易》者，圣人之所以尽天下刚柔喜怒之情、勇敢畏惧之性，而寓之八物。因八物之相遇，吉凶得失之际，以教天下之趋利避害，盖亦如是而已。而世之说者，王氏、韩氏至以老子之虚无，京房、焦贡至以阴阳灾异之数。言《诗》者不言咏歌勤苦酒食燕乐之际，极欢极戚而不违于道，而言五际子午卯酉之事。言《书》者不言其君臣之欢，吁俞嗟叹，有以深感天下，而论其《费誓》《秦誓》之不当作也。夫孔子岂不知后世之至此极欤？其意以为后之学者，无所据依感发以自尽其才，是以设为六经而使之求之，盖又欲其深思而得之也，是以不为明著其说，使天下各以其所长而求之。故曰："仁者见之谓之仁，智者见之谓之智。"①

这里牵涉到关于圣人为何创制六经的大问题，更进一步讲，是如何看待六经的性质问题，这是一个根本问题，因为对六经性质的认定将会直接决定以何种态度和方法对其展开解读。在苏辙看来，六经并未告诉世人如何治理国家的直接经验，而是将其以微言大义的方式蕴含于六经之中，因而后世的学者往往曲解了圣人之意，将六经与阴阳灾异和五际六情等联系起来，这显然违背了圣人的原意。基于这种基本认识，他进而指出，《周易》体现了"天下刚柔喜怒之情、勇敢畏惧之性"，《诗经》则是"咏歌勤苦酒食燕乐之际，极欢极戚而不违于道"，《尚书》"言其君臣之欢，吁俞嗟叹，有以深感天下"，如此等等，明显可见这是对其父人情论思想的继承和阐释。同时，由于圣人并未在六经中将其中的微言大义言之明白，而是要"欲其深思而得之也，是以不为明著其说，使天下各以其所长而求之"，也就是说，以六经为基础，学者们可以各据自己的理解来探求圣人包含于六经中的微言大义，这乃是苏辙对自家解经路径的说明，而其对《诗经》种种新意迭见的解释正是这种思想

---

① （宋）苏辙撰，陈宏天、高秀芳点校：《苏辙集》，中华书局1990年版，第387页。

具体实践的结果。

除《诗论》外，苏辙作于这一时期的文章中也出现了他对《诗经》的一些阐释，作于嘉祐五年（1060）的《民政上》第一道云：

> 然臣窃观三代之遗文，至于《诗》，而以为王道之成，有所易而不难者。夫人之不喜乎此，是未得为此之味也。故圣人之为诗，道其耕耨播种之劳，而述其岁终仓廪丰实，妇子喜乐之际，以感动其意，故曰："畟畟良耜，俶载南亩。播厥百谷，实函斯活。或来瞻女，载筐及筥。其馕伊黍，其笠伊纠。其镈斯赵，以薅荼蓼。"当此时也，民既劳矣，故为之言其室家来馌而慰劳之者，以勉卒其业。而其终章曰："荼蓼朽止，黍稷茂止。获之桎桎，积之栗栗。其崇如墉，其比如栉。以开百室，百室盈止。妇子宁止，杀时犉牡。有捄其角，以似以续，续古之人。"当此之时，岁功既毕，民之劳者，得以与其妇子皆乐于此，休息闲暇，饮酒食肉，以自快于一岁。则夫勤者有以自忘其勤，尽力者有以轻用其力，而狼戾无亲之人有所慕悦，而自改其操。此非独于诗云尔，导之使获其利，而教之使知其乐，亦如是云。且民之性固安于所乐，而悦于所利。此臣所以为王道之无难者也。①

嘉祐五年苏辙得杨畋举荐制策，并上书曾公亮和富弼等诸公，《民政》即为所上进策五道之一。五道进策阐述了苏辙对"君术""臣事"以及"民政"的看法，贯穿始终的一条思想主线依然是"人情"，如《君术》云："臣闻善治天下者，必明于天下之情，而后得御天下之术。"② 苏辙认为这是实现王道的基础。基于此种认识，上述《民政》篇引《诗》中也更多地体现出对诗文所表现的民情民性的重视与强调。为说明实现王道并非难事，只要能够顺应民情民性即可达到，苏辙引《诗经·良耜》为证。《良耜》，《毛诗序》云：

---

① （宋）苏辙撰，陈宏天、高秀芳点校：《苏辙集》，中华书局1990年版，第1316页。
② （宋）苏辙撰，陈宏天、高秀芳点校：《苏辙集》，中华书局1990年版，第1284页。

"秋报社稷也。"①《传》《笺》和《正义》等均据此阐发，如郑《笺》释"畟畟良耜，俶载南亩。播厥百谷，实函斯活。或来瞻女，载筐及筥。其饟伊黍，其笠伊纠。其镈斯赵，以薅荼蓼。"云："农人测测以利善之耜炽菑是南亩也，种此百谷，其种皆成好含生气。言得其时。""丰年之时，虽贱者犹食黍。饁者见戴纠然之笠，以田器剌地，薅去荼蓼之事。言闵其勤苦。"解释后半部分云："草稼既除而禾稼茂，禾稼茂而谷成孰，谷成孰而积聚多。如城也，如栉也，以言积之高大，且相比迫也。其已治之，则百家开户纳之。千耦其耘，辈作尚众也。一族同时纳谷，亲亲也。百室者，出必共洫间而耕，入必共族中而居，又有祭脯合醵之欢。""五谷毕入，妇子则安，无行饁之事，于是杀牲报祭社稷。嗣前岁者，复求有丰年也。续往事者，复以养人也。续古之人，求有良司穑也。"② 这些解释均发挥"秋报社稷"之意，《正义》的解释也不出这一范畴。苏辙另辟蹊径，虽也认同"秋报社稷"的主旨，但更多地从诗中挖掘出了"民之性固安于所乐，而悦于所利"的内涵，较前儒更加深刻，但遗憾的是，这些精彩的论述并没有被苏辙写入《诗集传》中，此处的解释庶几可以帮助我们更为深入地了解苏辙对《良耜》诗的认识。

另外，苏辙嘉祐六年（1061）所作的应制之作——《既醉备五福论》，讨论了《大雅·既醉》产生的背景、五福的内涵以及如何正确理解诗篇内容，亦可见其时苏辙《诗》学观之一斑：

> 善夫！诗人之为《诗》也。成王之时，天下已平，其君子优柔和易而无所怨怒，天下之民各乐其所。年谷时熟，父子兄弟相爱，而无暴戾不和之节，莫不相与作为酒醴，剥烹牛羊，以烹以祀，以相与宴乐而不厌。诗人欲歌其事，而以为未足以见其盛也，故又推

---

① （汉）毛亨传，（汉）郑玄笺，（唐）陆德明音义，孔祥军点校：《毛诗传笺》，中华书局2018年版，第474页。
② （汉）毛亨传，（汉）郑玄笺，（唐）陆德明音义，孔祥军点校：《毛诗传笺》，中华书局2018年版，第474—475页。

而上之，至于朝廷之间，见其君臣相安而亲戚相爱。至于祭祀宗庙，既事而又与其诸父昆弟皆宴于寝，旅酬下至于无算爵，君臣释然而皆醉。故为作《既醉》之诗以歌之。而后之传《诗》者，又深思而极观之，以为一篇之中，而五福备焉。

然愚观于《诗》、《书》，至《抑》与《酒诰》之篇，观其所以悲伤前世之失，及其所以深惩切戒于后者，莫不以饮酒无度、沉湎荒乱、号呶倨肆以败乱其德为首。故曰："百祸之所由生，百福之所由消耗而不享者，莫急于酒。"周公之戒康叔曰："酒之失，妇人是用。二者合并，故五福不降，而六极尽至。"愚请以小民之家而明之。今夫养生之人，深自覆护拥闭，无战斗危亡之患，然而常至于不寿者何耶？是酒夺之也。力田之人，仓廪富矣，俄而至于饥寒者何耶？是酒困之也。服食之人，乳药饵石，无风雨暴露之苦，而常至于不宁者何耶？是酒病之也。修身之人，带钩蹈矩，不敢妄行，而常至于失德者何耶？是酒乱之也。四者既备，则虽欲考终天命，而其道无由也。

然而曰五福备于《既醉》者何也？愚固言之矣。百姓相与欢乐于下，而后君臣乃相与偕醉于上。醉而愈恭，和而有礼。心和气平，无悖逆暴戾之气干于其间，而寿不可胜计也。用财有节，御己有度，而富不可胜用也。寿命长永，而又加之以富，则非安宁而何？既寿而富，且身安矣，而无所用其心，则非好德而何？富寿而安，且有德以不朽于后也，则非考终命而何？

故世之君子，苟能观《既醉》之诗，以和平其心，而又观夫《抑》与《酒诰》之篇，以自戒也，则五福可以坐致，而六极可以远却。而孔子之说，所以分而别之者，又何足为君子陈于前哉！①

①　（宋）苏辙撰，陈宏天、高秀芳点校：《苏辙集》，中华书局1990年版，第1344—1345页。

对《既醉》的解释，苏辙侧重发挥《诗序》"《既醉》，太平也"① 之意，即文中所谓"成王之时，天下已平，其君子优柔和易而无所怨怒，天下之民各乐其所"，这是苏辙对这首诗诗意的一个基本理解，其中尤其要注意的是苏辙论证这一观点的理路。他首先铺叙丰收之后民间百姓热烈庆祝的场面，然后借诗人之笔将这一欢乐的影响延及于朝廷庙堂中的"君臣相安""亲戚相爱"，先百姓而后庙堂，这显然也可以成为上述"善治天下者，必明于天下之情，而后得御天下之术"思想的又一注脚。此外，第二个段落中"以小民之家而明之"的举证立场也体现出苏辙对于民情民性的深切关注。其对诗篇所体现的"五福"解读的立脚点也仍是在于希望读《诗》者能够通过《既醉》"和平其心"以"自戒"，其中经世致用的思想昭然若揭。同时，其中"至于祭祀宗庙，既事而又与其诸父昆弟皆宴于寝旅，酬下至于无算爵，君臣释然而皆醉"也为其后《诗集传》所本，《诗集传》解释《既醉》云："周自文王至于成王而天下平，无所复事。故君子作此诗，言王与群臣祭毕，而燕于寝旅，酬至无算爵，醉之以酒，而饱之以德。臣之所以愿其君者反复而不厌，此谓太平也。"② 二者一简一详，其间的相同之处是一目了然的。

11 世纪 70 年代，苏辙的交游更加丰富和频繁，其中不乏一些治《诗》的学者，作于熙宁七年（1074）的《和青州教授顿起九日见寄》云：

岁月飘然风际烟，紫萸黄菊又霜天。莫思太室杉松外，且醉青州歌舞前。昔年与顿君同登嵩顶，时正重九。杯酒追欢真一梦，天涯回望正三年。近来又欲东观海，听说《毛诗》雅颂篇。君善讲《诗》。③

顿起与苏氏兄弟均有交往，苏辙《栾城集》中还有《送顿起及第还蔡州》《少林寺赠顿》《次韵顿起考试徐沂举人见寄二首》等寄赠顿起的诗作，苏轼

---

① （汉）毛亨传，（汉）郑玄笺，（唐）陆德明音义，孔祥军点校：《毛诗传笺》，中华书局 2018 年版，第 388 页。

② （宋）苏辙撰：《诗集传》卷一六，景印文渊阁《四库全书》本，台湾商务印书馆 1986 年版。

③ （宋）苏辙撰，陈宏天、高秀芳点校：《苏辙集》，中华书局 1990 年版，第 92 页。

也有《与顿起孙勉泛舟探韵得未字》①《次韵答顿起二首》《送顿起》等诗作，其中《次韵答顿起二首》自注云：顿君及第时，余为殿试编排官，见其答策语颇直。其后与子由试举人西京，既罢，同登嵩山绝顶，尝见其唱酬诗十余首，顿诗中及之。②苏辙于熙宁五年（1072）八月于洛阳妙觉寺考试举人，据苏辙诗中自注以及苏轼的注释，考试之后，苏辙与顿起还同登泰山，作诗唱酬，二者关系深挚可见一斑。苏辙于诗中注释特别强调顿起擅长讲《诗经》，则可见苏辙对其《诗》学造诣的推崇，这里虽未明言自己与顿起关于《诗》学的讨论，但据诗意推测苏辙与顿起之间关于《诗经》一定有过某种程度的交流，而且亦有可能苏辙的《诗》学观念中也曾受到过顿起的启发与影响，惜之顿起的《诗》学言论已经湮没无闻，无法详考。

另外，熙宁三年（1070）春，苏辙应知陈州张方平之辟，为陈州教授。苏洵及苏氏兄弟均得到过张方平的帮助和提携，嘉祐元年（1056），苏氏父子三人同游京师，经过成都，谒知益州张方平，方平待之以国士。苏辙与张方平也自始至终保持着亲密的关系，苏辙辟为陈州教授就是张方平帮助苏辙政治避难的一次行动，二者关系非同一般。张氏留存于世的《诗》学文章仅有《乐全集》卷十七中《〈诗〉变正论》一篇，其中的某些观念带有鲜明的时代特色，如张氏云：

> 曰：请问诸国之无正风，何也？曰：周自懿、夷失道，上无天子，下无方伯，国异政，家殊俗。政之和者其民乐；政之乖者其民怨。一日之内，诸侯之国而美刺之情不一，得失之迹殊致，故变风作矣。若夫王道方盛，治致太平，易礼乐者有讨，革制度者有诛，政出一人，远近一体，王泽流，而颂声作，则是治定之功归乎天子，

---

① "未"一作"味"。
② （宋）苏轼撰，王文诰辑注：《苏轼诗集》，中华书局 1982 年版，第 867 页。

列国安得有正风哉！①

这篇文章具体写于何时已经无法详考，但从其中"易礼乐者有讨，革制度者有诛"的言论推断，这似乎是在表达对变法的不满。张方平经历了范仲淹庆历新政和王安石熙宁变法两次改革，据《宋史》以及《乐全集》等资料来看，张氏并不反对范仲淹的改革，而对其后安石的新法却相当反感，《宋史》卷三一八《张方平列传》云：

> 安石行新法，方平陛辞，极论其害，曰："民犹水也，可以载舟，亦可以覆舟；兵犹火也，弗戢必自焚。若新法卒行，必有覆舟、自焚之祸。"②

可见，上文"易礼乐者有讨，革制度者有诛"显然是对王安石变法而言，则此文大致应作于熙宁二年（1069）王安石变法之后。张方平这里是借着对《诗经》变风的解释阐述自己对于王道政治的理解，其基本思想乃是强调"政出一人"，这"一人"当然是指天子而言，而且"治定之功"也要归于天子，这种对君权的强调如果放在当时王安石变法相权独大的历史环境中来理解，更可见其说的现实意义。苏辙在这一时期曾得到张氏的帮助，其间二人的交往中讨论的话题必定会涉及《诗》学中的一些问题，而张氏对王安石变法以及对荆公新学的批评也必然会影响到苏辙的政治思想和学术观念。

同时，尽管苏辙并不赞成王安石变法的某些措施，也对荆公新学进行了批评，但荆公新学在当时巨大的影响对苏辙《诗经》学的成熟也产生了一定的影响。熙宁八年（1075）六月，王安石奏进《诗经新义》《尚书新义》和《周礼新义》，以神宗诏令的形式颁行全国，作为各类学校的教科书，并成为科举取士的标准。对此，苏辙表现出非常的不满，如在《春秋集解引》中云："近岁王介甫以宰相解经，行之于世，至《春秋》，漫不能通，则诋以为断烂

---

① （宋）张方平撰：《乐全集》卷一七《诗变正论》，景印文渊阁《四库全书》本，台湾商务印书馆 1986 年版。

② （元）脱脱等撰：《宋史》卷三一八，中华书局 1985 年版，第 10357 页。

朝报，使天下士不得复学。"① 其撰《春秋集解》就明显带有挑战荆公新学的意味，但他对荆公新法和新学并非一概否定，《宋史》卷三三九本传云：

> 光又以安石私设《诗》、《书新义》考试天下士，欲改科举，别为新格。辙言："进士来年秋试，日月无几，而议不时决。诗赋虽小技，比次声律，用功不浅。至于治经，诵读讲解，尤不轻易。要之，来年皆未可施行。乞来年科场，一切如旧，惟经义兼取注疏及诸家论议，或出己见，不专用王氏学。仍罢律义，令举人知有定论，一意为学，以待选试，然后徐议元祐五年以后科举格式，未为晚也。"光皆不能从。②

在政治上，在司马光掌权欲改荆公新法之时，苏辙并不主张尽废其法，尽废其学③，其后《诗集传》在内容上还部分吸收了王安石经学研究的一些成果，如《我将》，苏辙《诗集传》云："《我将》，祀文王于明堂也。……郑氏以祖宗为明堂之配，而王氏以祖宗为不毁之庙。予窃以郑氏为不然。"④ 否定郑玄的观点，而取王安石《周官新义》之说。

其后，元丰二年（1079）"乌台诗案"发生，这直接导致1080年苏辙被贬，其《庐山栖贤寺新修僧堂记》云："元丰三年，余得罪迁高安。"⑤ 又其《题老子道德经后》云："予年四十有二谪居筠州。"⑥ 从这一年开始，苏辙重新整理旧学，最终完成了《诗集传》《春秋集解》《老子解》以及《古史》等著作，《颍滨遗老传》载其事云：

> 子瞻以诗得罪，辙从坐，谪监筠州盐酒税，五年不得调。平生好读《诗》、《春秋》，病先儒多失其旨，欲更为之传。……凡居筠、

---

① 曾枣庄、刘琳主编：《全宋文》卷二〇七六，上海辞书出版社2006年版，第259页。
② （元）脱脱等撰：《宋史》卷三三九，中华书局1985年版，第10824页。
③ 另可看范为之《试论熙宁元祐期间苏辙的政治思想》，《上海师范大学学报》（哲学社会科学版）1990年第1期。
④ （宋）苏辙撰：《诗集传》卷一八，景印文渊阁《四库全书》本，台湾商务印书馆1986年版。
⑤ （宋）苏辙撰，陈宏天、高秀芳点校：《苏辙集》，中华书局1990年版，第402页。
⑥ （宋）苏辙撰：《老子解》，景印文渊阁《四库全书》本，台湾商务印书馆1986年版。

雷、循七年，居许六年，杜门复理旧学，于是《诗》《春秋》传、《老子解》《古史》四书皆成，尝抚卷而叹，自谓得圣贤之遗意，缮书而藏之。顾谓诸子："今世已矣，后有达者，必有取焉耳。"①

又苏轼元丰四年（1081）秋《与王定国》第十一简云：

> 轼自谪居以来，可了得《易传》九卷，《论语说》五卷。今又下手作《书传》。迂拙之学，聊以娱老，且以为子孙藏耳。子由亦了得《诗传》，又成《春秋集传》，想知之，为一笑耳。②

由上述两条材料可见，苏辙在被贬之后潜心著述，用两年时间最先完成了《诗集传》的初稿，其后虽仍不断进行修改，但《诗集传》的规模已经基本具备，这也标志着苏辙《诗经》学系统化的完成。《颍滨遗老传》作于崇宁五年（1106），此前蔡京为相，禁毁元祐学术，苏辙亦不能幸免，其学术不能见用于当世，只好寄希望于未来的知音了，"今世已矣，后有达者必有取焉耳"已经明白地透露出当时苏辙无奈但又非常自信的心境。

三、晚年的《诗经》观

自 1081 年《诗集传》初稿完成，其后相当长的一个阶段，苏辙一直在对其进行补充修订。据宋代孙汝听《苏颍滨年表》载："及归颍昌，时方诏天下焚灭元祐学术。辙敕诸子录所为《诗》、《春秋传》、《古史》，子瞻《易》、《书传》、《论语说》，以待后之君子。"③ 据同表，苏辙于徽宗建中靖国元年（1101）回到颍昌，崇宁元年（1102）七月蔡京掌权，其后焚元祐法，罢《春秋》博士，刻元祐党人碑，十二月诏曰："诸邪说诐行非先圣贤之书，及元祐学术政事，并勿施用。"④ 如上所述，迫于紧张的政治形势，苏辙只能选择让

---

① （宋）苏辙撰：《颍滨遗老传》，《苏辙集》，中华书局 1990 年版，第 1040 页。
② （宋）苏轼撰，顾之川点校：《苏轼文集》，岳麓书社 2000 年版，第 401 页。
③ （宋）苏辙撰，陈宏天、高秀芳点校：《苏辙集》，中华书局 1990 年版，第 1412 页。
④ （元）脱脱等撰：《宋史》卷一九，中华书局 1985 年版，第 366 页。

子孙将自己及兄长的著作进行抄录，以避免被禁毁的命运。

这一时期，尽管《诗集传》已经基本定稿，但苏辙仍一直在对其进行修改，直至其去世前一年，这项工作一直在持续着，作于政和元年（1111）的《再题老子解题后》云：

> 予昔南迁海康，与子瞻兄邂逅于滕州，相从十余日，语及平生旧学，子瞻谓予："子所作《诗传》《春秋传》《古史》三书，皆古人所未至，惟解《老子》差若不及。予至海康，闲居无事，凡所为书多所更定。……然予自居颍川十年之间，于此四书复多所删改，以为圣人之言，非一读所能了。故每有所得，不敢以前说为定，今日以益老，自以为足矣。①

据文意可知，苏轼对苏辙《诗集传》等著作也是极为推崇的，苏辙对这些著作的态度也非常审慎，利用闲居之时对其又进行了一定程度的修改，至老方自以为足。其寓居颍川时在元符三年（1100），直至崇宁五年（1106）蔡京罢相，毁元祐党人碑，复苏轼等一百五十二人仕籍，苏辙精神上的压力才稍微有所缓解，《栾城后集引》："元符三年蒙恩北归，寓居颍川。至崇宁五年，前后十五年，忧患侵寻。"② 如引文所言，在这十五年中苏辙始终没有中断对《诗集传》等著作的修订。因而可以说，《诗集传》是贯穿苏辙一生的一部重要典籍。

同时，苏辙在这一时期除对《诗集传》进行修订外，还有一些涉及《诗经》的论述，如《诗病五事》。据李冬梅考证，这篇文章作于崇宁五年（1106）至政和二年（1112）之间③，文中以五个例子对诗歌创作的弊病进行了分析，阐发了他诗歌内容应当与形式相统一的思想，其中就有对《诗经》诗句的评述：

---

① （宋）苏辙撰：《老子解》，景印文渊阁《四库全书》本，台湾商务印书馆1986年版。
② （宋）苏辙撰，陈宏天、高秀芳点校：《苏辙集》，中华书局1990年版，第1365页。
③ 参见李冬梅著《苏辙〈诗集传〉新探》，四川大学出版社2006年版，第44—46页。

1. 《大雅·绵》九章，初诵太王迁豳，建都邑、营宫室而已，至其八章乃曰："肆不殄厥愠，亦不陨厥问。"始及昆夷之怨，尚可也。至其九章乃曰："虞芮质厥成，文王蹶厥生。予曰有疏附，予曰有先后，予曰有奔奏。予曰有御侮。"事不接，文不属，如连山断岭，虽相去绝远，而气象联络，观者知其脉理之为一也。盖附离不以凿枘，此最为文之高致耳。①

2. 诗人咏歌文武征伐之事，其于克密曰："无矢我陵，我陵我阿。无饮我泉，我泉我池。"其于克崇曰："崇墉言言，临冲闲闲。执讯连连，攸馘安安。是类是祃，是致是附，四方以无侮。"其于克商曰："维师尚父，时惟鹰扬。谅彼武王，肆伐大商。会朝清明。"其形容征伐之盛，极于此矣。韩退之作《元和圣德诗》，言刘辟之死曰："宛宛弱子，赤立伛偻。牵头曳足，先断腰脊。次及其徒，体骸撑柱。末乃取辟，骇汗如泻。挥刀纷纭，争切脍脯。"此李斯颂秦所不忍言，而退之自谓无愧于雅颂，何其陋也！唐人工于为诗，而陋于闻道。②

其中对《大雅·绵》的评述意在探讨诗文创作的法则。作为文学家，苏辙在诗文创作中特别强调气象的连贯，作品内在思想的前后统一。《绵》，《毛诗序》云："文王之兴，本由大王也。"朱子《诗集传》采之。全诗共九章，"一章言在豳，二章言至岐，三章言定宅，四章言授田居民，五章言作宗庙，六章言治宫室，七章言作门社，八章言至文王而服混夷，九章遂言文王受命之事"③。其中对古公亶父和文王的事迹进行了描写，明显可见其时间和空间的跨度都是非常大的，但由于作诗者抓住了"文王之所由兴也"这条主线进行描写，因而事虽多，时间虽长，却并无芜杂之感。苏辙深明此中三昧，以

---

① （宋）苏辙撰，陈宏天、高秀芳点校：《苏辙集》，中华书局1990年版，第1228—1229页。
② （宋）苏辙著，陈宏天、高秀芳点校：《苏辙集》，中华书局1990年版，第1229页。
③ （宋）朱熹撰，赵长征点校：《诗集传》，中华书局2017年版，第277页。

"气象联络""脉理为一"进行概括，这已经超出了对诗篇本身的评价，而带有对诗文创作一般规律探讨的性质了。另外，从此评述中亦不难看出苏辙自身从《诗经》中所汲取的文学创作营养。

另外，苏辙于大观元年（1107）著《论语拾遗》二十七章也应当引起我们的注意，其中也涉及苏氏对一些《诗经》学概念的认识，亦可作为苏辙《诗经》学的一个方面予以对待。对于《论语拾遗》的创作缘起，其引言云：

> 予少年为《论语略解》，子瞻谪居黄州，为《论语说》，尽取以往，今见于书者十二三也。大观丁亥，闲居颍川，为孙籍、简、筹讲《论语》，子瞻之说，意有所未安。时为籍等言，凡二十有七章，谓之《论语拾遗》，恨不得质之子瞻也。①

苏辙早年对《论语》已有一定的研究，晚年所作《论语拾遗》则补充了苏轼《论语说》中意所未安的内容，可以说这是二苏思想的结晶。其中对"思无邪"的解释云：

> 《易》曰："无思无为，寂然不动，感而遂通天下之故。"《诗》曰："思无邪。"孔子取之，二者非异也。惟无思，然后思无邪；有思，则邪矣。火必有光，心必有思。圣人无思，非无思也。外无物，内无我，物我既尽，心全而不乱。物至而知可否，可者作，不可者止，因其自然，而吾未尝思。未尝为，此所谓无思无为，而思之正也。若夫以物役思，皆其邪矣。如使寂然不动，与木石为偶，而以为无思无为，则亦何以通天下之故也哉？故曰："思无邪，思马斯徂。"苟思马而马应，则凡思之所及无不应也。此所以为感，而遂通天下之故也。②

又，金代王若虚（1174—1243）《〈论语〉辨惑》引苏轼对"思无邪"的解释云：

---

① （宋）苏辙著，陈宏天、高秀芳点校：《苏辙集》，中华书局1990年版，第1216页。
② （宋）苏辙著，陈宏天、高秀芳点校：《苏辙集》，中华书局1990年版，第1216—1217页。

东坡曰："《易》称：'无思无为，寂然不动，感而遂通天下之故。'凡有思者皆邪也，而无思则土木也。何能使有思而无邪，无思而非土木乎？此孔子之所尽心也。作《诗》者未必有意于是，孔子取其有会于吾心者耳。孔子之于《诗》有断章之取也，如必以是说施之于《诗》，则彼所谓'无戁'、'无疆'者，当何以说之？此近时学者之蔽也。"①

比较二说，明显可见苏氏兄弟在基本立场上的一致性，只不过苏辙的分析更为透彻细致罢了。"思无邪"是《诗经》学史上的一个重要概念，历代的阐释视角分别有作者、批评者和读者三种类型。二苏基本是站在读《诗》者的立场上来评价这一概念的，如上述苏轼所说："作《诗》者未必有意于是，孔子取其有会于吾心者耳。"同时，这种阐释带上了鲜明的佛教思想的因素，二苏与佛教人物多有交往，其自身亦深受佛教思想的影响，以至于在对"思无邪"的阐释中借用佛教思想进行解读，如上述苏辙所云："外无物，内无我，物我既尽，心全而不乱。物至而知可否，可者作，不可者止，因其自然，而吾未尝思。"就是鲜明的例证，王若虚在同书中评价苏轼解经的这一特点时云："予谓苏子此论流于释氏，恐非圣人之本。"的确还是很有见地的。《四库全书总目》亦评价《论语拾遗》云："其以'思无邪'为无思，以'从心不逾矩'为无心，颇涉禅理。"② 这种研究方法和价值取向已经不同于传统意义上的《诗经》学，而带上了浓重的时代色彩，并体现着蜀学驳杂的学术特点。③

最后有必要再简单介绍一下张耒的《诗经》研究成绩，因为作为蜀学三苏继承者，他的学术思想在很大程度上反映了三苏之后蜀学发展演变的一种

---

① （金）王若虚撰：《王若虚集》，中华书局 2017 年版，第 37 页。
② （清）永瑢等纂：《四库全书总目·经部》，广西师范大学出版社 2019 年版，第 909 页。
③ 参见卢国龙著《宋儒微言》第六章《苏轼苏辙"推阐理势"的政治哲学》第二节《蜀学的驳杂与一以贯之》，华夏出版社 2001 年版，第 371—379 页。王书华：《苏氏蜀学的学术渊源》，《中国文化论坛》2005 年第 3 期。

趋势。张耒（1054—1114）主要生活在哲宗、徽宗时，为"苏门四学士"之一，著作有《宛丘集》《诗说》等，《宋史》有传。张耒从学于苏轼，因此在党争中多次被贬，如哲宗绍圣年间"坐党籍徙宣州，谪监黄州酒税，徙复州"，其后又在徽宗崇宁年间"复坐党籍落职，主管明道宫"①，《宋史·文苑传》云其："诲人作文以理为主，尝著论云：'自《六经》以下，至于诸子百氏骚人辩士论述，大抵皆将以为寓理之具也。'"② 其《诗经》著述有《柯山诗传》和《诗杂说十四首》，其中《柯山诗传》"作传之意，当是讽切时政"③，而《诗杂说十四首》④ 更是借《雅》《颂》之意讥刺熙宁时事。对此，《四库全书总目》云："如《抑》篇'慎尔出话'一条，盖为苏轼'乌台诗案'而发。《卷阿》篇'尔土宇昄章'一条，盖为熙河之役而发。余亦多借抒熙宁时事，不必尽与《经》义比附也。"可见，《诗传》和《杂说十四首》都是借《诗》言事之作。张耒往往借阐释《诗经》影射现实，寄寓身世之感，如《诗杂说十四首》其一云：

> 卫武公仕于厉王之时而自警曰："慎尔出话，敬尔威仪，无不柔嘉。"夫柔其言，言逊也。盖邦无道矣，惟危行言逊可以免于祸故也。⑤

《四库全书总目》言此为苏轼"乌台诗案"而发。元丰二年（1079）二月，苏轼自徐州移知湖州，到任时循例进《湖州谢上表》，监察御史里行何正臣、舒亶及御史中丞李定等先后据此弹劾苏轼，遂成历史上著名的"乌台诗案"。苏轼因言获罪，作为"苏门四学士"之一，张耒深为苏轼不平，于是借对《诗经》的阐释来表达自己的愤怒之情。"邦无道矣，惟危行言逊可以免于

---

① （元）脱脱等撰：《宋史》卷四四四，中华书局1985年版，第13114页。
② （元）脱脱等撰：《宋史》卷四四四，中华书局1985年版，第13114页。
③ 中国科学院图书馆整理：《续修四库全书总目提要》，中华书局1993年版，第313页。
④ 《四库全书总目》将其列入《诗类存目》，标名为《诗说》，云："纳喇性德以其集不甚传，因刻之《通志堂经解》中，凡十二条。"张氏《柯山集》亦存，标名为《诗杂说十四首》。
⑤ （宋）张耒撰：《张耒集》，中华书局1990年版，第724页。

祸", 明是对诗篇的内容阐释, 但明显可见其中张耒对国君和当政者的不满, 这种贴近现实的阐释路径, 也很好地反映了蜀学学术的特点, 成为宋代《诗经》学研究"经世致用"一派的重要组成部分。

第三节　洛学的《诗经》研究

二程是理学建立时期最重要的代表人物, 他们的《诗经》学也同样代表了北宋理学家《诗经》研究的最高水平。尽管《诗经》并非二程学术的重心, 但二程语录以及程颐《诗解》中存在的大量涉及《诗经》的言论可见二程对《诗经》研究也是非常重视的, 因而作为二程学术的一个有机组成部分有深入研究的必要。下面我们即主要以二程论及《诗经》的语录以及《程氏经说·诗解》为主要依据, 探讨二程对于《诗》学一些基本问题的认识以及解《诗》的特点。

一、二程对《诗经》价值的认识

尽管二程将《诗经》视作"格言", 似乎有故意与新学学者抬杠的味道, 然而《诗经》中"经夫妇, 成孝敬, 厚人伦, 美教化, 移风俗"的内容又是二程无法回避的, 同时这些内容也同样有益于"正君心"目标的实现, 因而《诗经》在二程经学体系中的地位虽不如《周易》《四书》和《春秋》那样重要, 但二程也充分挖掘了《诗经》的价值, 充实丰富了这一时期《诗经》学的内涵。

二程对《诗经》在经学体系中价值的判定是以其关于《诗经》的性质、成书等问题的认识为基础的, 他们继承并整合了汉儒的《诗经》学成果, 肯定了汉儒"《诗》教"的思想以及孔子对《诗经》所做的删改, 其中隐含的价值观念是, 经过圣人手订的经典中自然包含了圣人的思想, 从而其作为治世法典的权威地位就不容置疑了。程颐《诗解》释《关雎》篇云:

《诗》者，言之述也。言之不足而长言之，咏歌之，所由兴也。其发于诚感之深，至于不知手之舞，足之蹈，故其入于人也亦深，至可以动天地，感鬼神。虞之君臣，迭相赓和，始见于《书》。夏、商之事，虽有作者，其传鲜矣。至周而世益文，人之怨乐，必形于言；政之善恶，必见刺美。至夫子之时，所传者多矣。夫子删之，得三百篇，皆止于礼义，可以垂世立教，故曰"兴于《诗》"。①

二程论述诗歌的产生，基本上接受了《诗大序》中"诗言志"的观点。《诗大序》认为："诗者，志之所之也。在心为志，发言为诗。情动于中而形于言，言之不足，故嗟叹之；嗟叹之不足，故永歌之；永歌之不足，不知手之舞之，足之蹈之也。"②二程认为，在虞舜之时，君臣之间的赓和可见于《尚书》，而夏商两代虽然也应该有诗歌的创作，但流传于后世的却十分鲜少。直至周代，人们的怨乐透过诗歌表达出来并有大量的作品流传下来，而人们对当时政治治乱的赞美、怨讽之意也透过诗歌来进行表达。换言之，诗歌不只是情感的抒发，同时还有现实政治的意义与目的包含其中。再者，二程认为周代流传下的诗歌经过孔子删定才形成了三百篇的规模。孔子删《诗》说，最早由司马迁提出："古者《诗》三千余篇，及至孔子，去其重，取可施于礼义。"③对于孔子究竟有无删《诗》之说，后世学者众说纷纭，二程是主孔子删《诗》说的，《二程遗书》云：

有问："《诗》三百，非一人之作，难以一法推之。"伯淳曰："不然。三百，三千中所择，不特合于《雅》《颂》之音，亦有择其合于教化者取之。篇中亦有次第浅深者，亦有元无次序者。"④

①　（宋）程颐撰：《诗解·关雎》，载《二程集》，中华书局 1981 年版，第 1046 页。

②　（汉）毛亨传，（汉）郑玄笺，（唐）陆德明音义，孔祥军点校：《毛诗传笺》，中华书局 2018 年版，第 1 页。

③　（汉）司马迁撰，（南朝宋）裴骃集解，（唐）司马贞索隐，（唐）张守节正义：《史记》卷四七，中华书局 1982 年版，第 1936 页。

④　（宋）程颢、程颐撰，王孝鱼点校：《二程集》，中华书局 1981 年版，第 28 页。

有人问程颢《诗经》既然不是一人所作，则无法有一个主要的法则可以贯穿这三百首诗歌。对此，程颢认为，孔子删三千篇诗歌而成今日所见的三百首，这三百首既经孔子认可，当然是有圣人之意包蕴其中，不仅有《雅》《颂》之正音、正乐以及颂美德行的诗歌被留下外，更重要的是，孔子在《诗经》中还保留了除《雅》《颂》外那些合于教化意义的诗歌，虽然这些诗歌有次第深浅的不同，或有次序凌乱的现象，但是有一重要的法则是足以贯穿始终的，即《诗经》的"教化"意义。换言之，在二程的观念中，《诗经》中的诗歌如果没有经过圣人之手，则不论有多少篇都不见得会有特殊的意义或价值，当然也就不足以称为"经"了，这其实是对《诗经》价值和地位的肯定，而这些又为其进一步阐发《诗经》的政治内涵做了理论上的准备。

基于上述对《诗经》性质和成书的认识，二程认为《诗经》也是实现"王道"不可或缺的思想资源之一。《二程外书》卷十云："或问：'贞观之治不几三代之盛乎?'曰：'《关雎》《麟趾》之意安在?"①《毛诗序》云："《关雎》《麟趾》之化，王者之《风》，故系之周公。"《关雎》《麟趾》出自《二南》，二程此处也是以二诗来代指《二南》。对二程而言，《诗经》中的《二南》之所以具有特殊意义，是因为《二南》体现了"人伦之本，王化之基"②，"圣人取之以为天下国家之法，使邦家乡人皆得歌咏之也"③。可见《二南》中包含着周公"王道"的政治理想，二程认为这种政治理想正是改革社会政治所必需的，即"必有《关雎》《麟趾》之意，然后可行周公法度"④。也就是说，他们所理解的《诗经》中包含的先王之道是一种以仁义道德为本，以礼义教化为先务的道德政治理想。在二程看来，贞观之治之所以没有超越三代，主要原因也在于唐代帝王没有很好地贯彻儒家的伦理思想。《二程遗

① （宋）程颢、程颐撰，王孝鱼点校：《二程集》，中华书局1981年版，第411页。
② （宋）程颢、程颐撰，王孝鱼点校：《二程集》，中华书局1981年版，第389页。
③ （宋）程颢、程颐撰，王孝鱼点校：《二程集》，中华书局1981年版，第72页。
④ （宋）程颢、程颐撰，王孝鱼点校：《二程集》，中华书局1981年版，第428页。

书》云：

> 唐有天下，如贞观、开元间，虽号治平，然亦有夷狄之风，三
> 纲不正，无父子君臣夫妇，其原始于太宗也。故其后世子弟，皆不
> 可使。玄宗才使肃宗，便篡。肃宗才使永王璘，便反。君不君，臣
> 不臣，故藩镇不宾，权臣跋扈，陵夷有五代之乱。①

又如《二程外书》卷十云：

> 唐之有天下数百年，自是无纲纪。太宗、肃宗皆篡也，更有甚
> 君臣父子？其妻则取之不正。又妻杀其夫，篡其位，无不至也。②

二程认为，唐玄宗之后的动乱主要源自唐统治者不重视伦理道德教化，而北宋社会面临着同样的危机，如其云：“朝廷尊德乐道之风未孚，而笃诚忠厚之教尚郁”，“学校之不修，师儒之不尊，无以风劝养励之。”③ 社会危机产生的根本原因是从天子以至百姓，未能完备道德，尊德之风尚未形成，要使社会步入正轨必须重视道德修养，因而在其《诗经》学中，二程更为强调《诗经》在道德修养中的作用。程颢云：“学者不可以不看《诗》，看《诗》便使人长一格价。”④ 《二程遗书》卷一五云：“格物亦须积累涵养。如始学《诗》者，其始未必善，到悠久须差精。人则只是旧人，其见则别。”⑤ 卷一九亦云：“‘用之乡人焉，用之邦国焉’，如《二南》之诗及《大雅》、《小雅》是当时通上下皆用底诗，盖是修身治家底事。”⑥ 二程认为《诗经》中包含了修身齐家的道德训诫，因而读之肯定会增进人的修养，进而改变世风并影响现实政治。与二程的立场不同，王安石则认为社会危机产生的根源是“贤才

---

① （宋）程颢、程颐撰，王孝鱼点校：《二程集》，中华书局 1981 年版，第 236 页。
② （宋）程颢、程颐撰，王孝鱼点校：《二程集》，中华书局 1981 年版，第 405 页。
③ （宋）程颢、程颐撰，王孝鱼点校：《二程集》，中华书局 1981 年版，第 448 页。
④ （宋）程颢、程颐撰，王孝鱼点校：《二程集》，中华书局 1981 年版，第 248 页。
⑤ （宋）程颢、程颐撰，王孝鱼点校：《二程集》，中华书局 1981 年版，第 164 页。
⑥ （宋）程颢、程颐撰，王孝鱼点校：《二程集》，中华书局 1981 年版，第 256 页。

不用，法度不修"①，因而对儒家经典也相应产生的是"以经术造士"② 的态度，在《诗经新义》中将《诗经》与政治比附在一起，刻意挖掘《诗经》中的治国之道并以此为政治改革张目的道路。二者为政治改革开出的药方中尽管都有《诗经》，但《诗经》在其中的效用明显是不同的。

二、二程对《毛诗序》的认识

对《毛诗序》作者的判定和内容的取舍始终是宋代《诗》学无法回避的问题，而对这一问题的解决又受到治《诗》者的政治思想以及由此产生的对汉唐《诗》学接受的态度、对《诗经》性质的认识和释《诗》方法的选择等因素的影响。对此，前文在讨论欧阳修、刘敞、王安石等人《诗经》学时已经有所述及。二程处于其间，基于对《诗经》性质、价值等问题的认识，也提出了很多关于《毛诗序》问题的观点。

二程对《毛诗序》基本持一种遵信的态度，尤其是对《毛诗大序》更加推崇备至。《二程遗书》卷一八载程颐语，云：

> 问："《诗》如何学?"曰："只在《大序》中求。《诗》之《大序》，分明是圣人作此以教学者，后人往往不知是圣人作。自仲尼后，更无人理会得《诗》。如言'后妃之德'，皆以为文王之后妃。文王，诸侯也，岂有后妃? 又如'乐得淑女以配君子，忧在进贤，不淫其色'，以为后妃之德如此。配惟后妃可称，后妃自是配了，更何别求淑女以为配? 淫其色，乃男子事，后妃怎生会淫其色? 此不难晓。但将《大序》看数遍，则可见矣。"③

又《二程遗书》卷二四云：

---

① （宋）王安石撰：《上时政书》，载《王文公文集》，上海人民出版社 1974 年版，第 17 页。
② （宋）王安石撰：《谢除左仆射表》，载《王文公文集》，上海人民出版社 1974 年版，第152—153 页。
③ （宋）程颢、程颐撰，王孝鱼点校：《二程集》，中华书局 1981 年版，第 229 页。

《诗·大序》，孔子所为，其文似《系辞》，其义非子夏所能言也。①

二程认为，《毛诗大序》是学习《诗经》的纲领，而之所以如此强调《大序》的重要性乃是因为在二程的观念中《大序》是孔子所作，就像《系辞》体现了圣人对《周易》的纲领性认识一样，《大序》也同样反映了孔子对《诗经》的基本立场，这一观点的提出当与二程长于《易》学，受《周易·系辞传》的启发所致。此前对《大序》作者的认识，多数观点认为是子夏所作②，二程直接越过子夏，将作品版权归于孔子，这样做的结果就是进一步明确了《大序》的正统地位，为其后一系列《诗》学观点的提出做了铺垫，如关于《诗小序》作者问题的认识就是建立在《大序》内容基础之上的，其云：

问："《诗小序》何人作？"曰："但看《大序》即可见矣。"曰："莫是国史作否？"曰："《序》中分明言'国史明乎得失之迹'，盖国史得诗于采诗之官，故知其得失之迹。如非国史，则何以知其所美所刺之人？使当时无《小序》，虽圣人亦辨不得。"曰："圣人删《诗》时，曾删改《小序》否？"曰："有害义理处，也须删改。今之《诗序》，却煞错乱，有后人附之者。"③

由于《大序》中明言："至于王道衰，礼义废，政教失，国异政，家殊俗，而变风、变雅作矣。国史明乎得失之迹，伤人伦之废，哀刑政之苛，吟咏情性，以风其上，达于事变，而怀其旧俗者也。"④ 因而程氏据此认为《小序》是国史所作。换言之，二程认为诗人作诗，而国史得诗于采诗之官后，

① （宋）程颢、程颐撰，王孝鱼点校：《二程集》，中华书局1981年版，第312页。
② 参见洪湛侯著《诗经学史》第三章《"诗经汉学"》第二节《毛诗序》，中华书局2002年版，第156—163页。
③ （宋）程颢、程颐撰，王孝鱼点校：《二程集》，中华书局1981年版，第229页。
④ （汉）毛亨传，（汉）郑玄笺，（唐）陆德明音义，孔祥军点校：《毛诗传笺》，中华书局2018年版，第2页。

通过采诗之官了解诗人所要表达的情志以及作诗的目的，并将之记载于诗篇之前，即成为《小序》。因此，如果不借由国史作《小序》，将诗的主旨记录成文，那么后世的人即使是孔子也不能了解诗作真正的主旨，但他们同时也认为当时所能见到的《诗序》由于后人的篡改附会，已经并非原貌了，如谓：

> 《诗序》必是同时一作国史。所作，然亦有后人添者。如《白华》
> 只是刺幽王，其下更解不行；《绵蛮》序"不肯饮食教载之"，只见
> 《诗》中云"饮之食之，教之诲之，命彼后车，谓之载之"，便云教
> 载，绝不成言语也。①

《小雅·白华》，《毛诗序》云："《白华》，周人刺幽后也。幽王取申女以为后，又得褒姒而黜申后，故下国化之，以妾为妻，以孽代宗，而王弗能治，周人为之作是诗也。"② 二程认为此诗应是讽刺幽王之诗，至于以下的说明便有所批评，此外对于《小雅·绵蛮》的《小序》仅依据其中的部分诗句就简单地将诗意浓缩为"教载"一词，似乎也颇不以为然。因此，程颐指出："史氏得《诗》，必载其事，然后其义可知，今《小序》之首是也，其下则说《诗》者之辞也。"③ 二程之前的学者，如欧阳修对《小序》的态度似乎也有类似的状况。④ 与二程同时的学者也有类似的观点，苏辙对《小序》"存其一言而已。曰：是诗言是事也，而尽去其余，独采其可者见于今传。"⑤ 尽管没有直接的证据表明，二程尊《小序》首句的态度受到欧阳修、苏辙等人的影响，但这种共同的价值取向却告诉我们北宋《诗》学的发展始终伴随着对

---

① （宋）程颢、程颐撰，王孝鱼点校：《二程集》，中华书局 1981 年版，第 92 页。
② （汉）毛亨传，（汉）郑玄笺，（唐）陆德明音义，孔祥军点校：《毛诗传笺》，中华书局 2018 年版，第 343—344 页。
③ （宋）程颢、程颐撰，王孝鱼点校：《二程集》，中华书局 1981 年版，第 1047 页。
④ 洪湛侯指出："最先主张采用《诗序》首句的是唐代的成伯玙……至北宋欧阳修作了进一步发挥，他在《诗本义》'一义解'中录《诗序》首句的就有《甘棠》、《七月》、《南山有台》、《采芑》、《板》、《召旻》、《有客》、《閟宫》等八篇，占'一义解'二十篇的五分之二。"见洪湛侯《诗经学史》，中华书局 2002 年版，第 324 页。
⑤ （宋）苏辙撰：《诗集传》，景印文渊阁《四库全书》本，台湾商务印书馆 1986 年版。

"汉学"《诗》学的接受与抵抗，其中贯穿始终的一条主线即是要还《诗经》以"本来面目"，通过阐释寻得圣人寄托在《诗》中的政治思想、伦理思想，以便更好地服务于社会改革的需要。

三、二程《诗经》学的特点和影响

"义理"是二程经学阐释的核心，《二程遗书》卷二上云："古之学者皆有传授，如圣人作经本欲明道。今人若不先明义理，不可治经，盖不得传授之意云尔。"① 同时，"义理"也是二程反对荆公新学的有力武器，如《二程遗书》卷一九云："介甫以武王观兵为九四，大无义理。"② 可见，对"义理"的追求构成了二程经学阐释以及政治哲学的基本价值取向。二程也非常强调在《诗经》中挖掘"义理"，《程氏遗书》卷二云："孔子删《诗》，岂只取合于雅颂之音而已，亦是谓合此义理也。如《皇矣》、《烝民》、《文王》、《大明》之类，其义理，非人人学至于此，安能及此？作《诗》者又非一人，上下数千年若合符节，只为合这一个理，若不合义理，孔子必不取也。"③ 这里将《诗经》中的"义理"与孔子联系在一起，从而为从《诗经》中挖掘"义理"性的内容提供了合法性的依据。在二程对《诗经》中诗篇的具体阐释中，这一点体现得也非常明显，兹举数例以明之：

> 1.《诗》曰："天生烝民，有物有则。民之秉彝，好是懿德。"故有物必有则，民之秉彝也，故好是懿德。万物皆有理，顺之则易，逆之则难，各循其理，何劳于己力哉。(《二程遗书》卷一一)④
>
> 2. 白华自是沤之为菅，白茅自是为束，各自为用，如后妃各自

① (宋) 程颢、程颐撰，王孝鱼点校：《二程集》，中华书局 1981 年版，第 13 页。
② (宋) 程颢、程颐著，王孝鱼点校：《二程集》，中华书局 1981 年版，第 250 页。
③ (宋) 程颢、程颐著，王孝鱼点校：《二程集》，中华书局 1981 年版，第 40 页。
④ (宋) 程颢、程颐著，(宋) 吕大临等辑录，(宋) 朱熹编定：《程氏遗书》卷一一，华东师范大学出版社 2010 年版，第 160 页。

有职分，"之子"却远此义理。(《二程外书》卷一)①

　　3. "雄雉于飞，泄泄其羽"，双飞之意，此男怨之辞（中略）

若谓夫从役妇便怨，成何义理！②（《二程外书》卷一）

　　从"义理"的角度阐发《诗经》中包含的人伦道德、万物之理，这一阐释路径的选择仍是基于二程对社会政治的认识以及改良政治策略的思考。

　　另外，二程反对对《诗经》进行章解句释的阐释，而主张通过对经文本身的诵读来发明经义。王柏《诗疑》卷一《总说》云："明道先生善言《诗》，未尝章解句释，但优游玩味，吟哦上下，使人有得处。曰：'暗彼日月，悠悠我思，道之云远，曷云能来？'思之切矣；'百尔君子，不知德行，不忮不求，何用不臧！'归于正也。"③ 又《二程外书》卷一二云："伯淳常谈《诗》，并不下一字训诂，有时只转却一两字点缀地念过，便教人省悟。又曰古人所以贵亲炙之也。"④ 二程这种解《诗》的方法对后世影响很大，其后南宋朱熹云："《诗》《书》略看训诂，解释文义令通而已，却只玩味本文。"⑤ "当时解《诗》时，且读本文四五十遍，已得六七分。却看诸人说与我意如何，大纲都得之，又读三四十遍，则道理流通自得矣。"⑥ 在解《诗》方法上明显与二程有着一定的关联。此外，杨时在程氏这一方法基础上将其发展为读《诗》当"体会《诗》意"而非"推寻文义"，刘安世则创为"求意不求义"之说，游酢更是教人读《诗》需先正其心，由学术探讨转入哲理体认。⑦

　　还有一点也需要引起注意，即二程对先秦时代《诗经》流传特点的认识。

---

　　① （宋）程颢、程颐著，（宋）吕大临等辑录，（宋）朱熹编定：《程氏外书》卷一，华东师范大学出版社 2010 年版，第 446—447 页。

　　② （宋）程颢、程颐著，（宋）吕大临等辑录，（宋）朱熹编定：《程氏外书》卷一，华东师范大学出版社 2010 年版，第 449 页。

　　③ （宋）王柏撰，顾颉刚校点：《诗疑》，北京景山书社 1930 年版，第 24 页。

　　④ （宋）程颢、程颐撰，王孝鱼点校：《二程集》，中华书局 1981 年版，第 427 页。

　　⑤ （宋）黎靖德编，王星贤点校：《朱子语类》，中华书局 1986 年版，第 1653 页。

　　⑥ （宋）黎靖德编，王星贤点校：《朱子语类》，中华书局 1986 年版，第 2091 页。

　　⑦ 参见杨新勋著《宋代疑经研究》，中华书局 2007 年版，第 152 页。

程颐云："古人于《诗》，如今人歌曲一般，虽闾巷童稚，皆习闻其说而晓其义，故能兴起于《诗》。"① 姑且不论这一观点正确与否，单从其立论的角度而言，程颐将《诗经》置于其产生的历史文化环境之中，明确《诗经》具有可歌可唱、简单易晓的特点，这相较于纯粹对《诗经》进行道德教化的过度阐释已经有了很大的进步。这一论点也为后世朱熹所本，朱子《诗集传·序》中"凡《诗》之所谓风者，多出于里巷歌谣之作"与程氏的上述观点存在着渊源关系。辅广《诗童子问》载朱熹语云："问：'《诗》叶韵有何据而言？'曰：'叶韵乃吴才老所作，某又续添减之。盖古人作诗皆押韵，与今人歌曲一般。今人信口读之，全失古人咏歌之意。'"② 更是对程氏观点的进一步发挥。

总之，二程的《诗》学观念和解《诗》方法深刻影响了其后南宋《诗》学的发展，作为理学家《诗经》研究的重要组成部分，二程的《诗》学已经开启了朱熹等人《诗经》学的先河，但二程对《诗序》的过度遵信，在一定程度上又削弱了其批判精神，因而他们的研究也更多地带有汉宋学术过渡的某些特点。③

---

①　（宋）程颢、程颐撰，王孝鱼点校：《二程集》，中华书局 1981 年版，第 200 页。

②　（宋）辅广撰：《诗童子问》卷首，景印文渊阁《四库全书》本，台湾商务印书馆 1986 年版。

③　参见谭德兴著《宋代〈诗经〉学研究》第五章《程颢、程颐的〈诗〉学思想》，2005 年，第 143—167 页；陈战峰著：《宋代〈诗经〉学与理学——关于宋代〈诗经〉学的思想学术史考察》第六章《以心性义理解〈诗〉方法的逐步确立与理学》第三节《程颢、程颐的〈诗经〉学研究》，2006 年，第 253—274 页。

第五章　理学与疑古的拓展

——两宋之交及高宗朝的《诗经》研究

北宋时期理学、疑古思辨已逐渐形成学术发展的潮流，尽管随着北宋末年政治局势的动荡，这一潮流的发展有所减退，但随着南宋初期政治形势的逐渐稳定，学术发展环境日趋好转，理学和疑古思辨思潮又开始蓬勃发展，而这些又是伴随着对北宋灭亡的沉痛反思展开的。也就是说，在南宋众多士大夫看来，北宋的衰亡并不仅仅是军事、经济的问题，其背后还有深层次的思想、学术的原因，正是由于思想、学术出现了严重问题，所以才导致了北宋的覆灭。这种政治与学术的纠葛，一个聚焦点就是对王安石新学的反思与批判，就《诗经》学而言，这一时期《诗经》研究多辨王安石《诗经新义》之失，此为学术风气变化使然，其中又夹杂着政治观点的对抗，而其中尤以《毛诗序》的存废之争及理学与《诗经》学进一步的融合最能体现此期《诗经》学发展的动向。

第一节　高宗朝学术发展的走向

南宋高宗（1127—1162）统治的几十年时间是南北宋政治、文化的重要转关，如刘子健先生所说："南宋王朝（1127—1276）在错综纷乱的战火和灾难中诞生，然而，它在最初几十年的政治、文化发展趋势却将塑造此后中国的形象，其影响绵延若干世纪。"① 而这几十年时间又可以划分为"三个互有重叠而又各具主题的不同主题"②，即"第一阶段，女真入侵和北宋悲剧性的灭亡引发了前所未有的震荡与屈辱"，这大约为徽宗宣和七年（1125）金大举攻宋至绍兴元年（1131），"第二阶段大致起于 1132 年杭州被选为朝廷的临时行在，止于 1138 年正式定都杭州，其主题是知识分子从关注制度转向道德关怀"，第三阶段"从 1139 年与女真进行和平谈判开始，一直到 1162 年中兴之主选择退位"，高宗的统治逐渐走向专制，"打击和议反对派的行动扩大为压制不同思想、政见的一般性政策"③，由此思想文化的发展也一度极为缓慢，刘子健先生对高宗朝政局和学术发展三个阶段的划分是可取的，这也是下面我们观照这一阶段《诗经》学发展的重要参考。

就这一阶段军事、经济、思想建设的具体任务来说，对于刚刚建立的南宋王朝而言，有几件事是迫在眉睫的，首先是如何抵御金的继续进攻，稳定现有疆域，这件事通过李纲、岳飞、韩世忠等人的努力，基本上实现了；其次是经济来源的问题，由于南方尤其是沿海地域多渔盐之利，经济问题的解决还是较为容易的；再次就是思想领域的问题了，宋的统治者们向来以正统自居，而面对那些所谓野蛮民族的侵略时却节节败退，尤其是"靖康之变"这段屈辱的历史，让宋统治者颜面尽失。问题的根源究竟在哪儿？高宗朝的国君和士大夫们都在反思这一问题，而他们又几乎非常一致地将矛头对准了王安石和新学。由于北宋末年徽宗和蔡京主要是打着王安石新学的旗号进行腐朽统治，所以高宗君臣必然会将北宋的覆亡与王安石新法和学术勾连起来，

---

① ［美］刘子健著：《中国转向内在——两宋之际的文化转向》，赵冬梅译，江苏人民出版社 2012 年版，第 1 页。

② ［美］刘子健著：《中国转向内在——两宋之际的文化转向》，赵冬梅译，江苏人民出版社 2012 年版，第 17 页。

③ ［美］刘子健著：《中国转向内在——两宋之际的文化转向》，赵冬梅译，江苏人民出版社 2012 年版，第 18 页。

他们认为正是由于王安石推行的新法破坏了祖宗之法，扰乱了人心，最终才酿成了靖康之祸，断送了北宋王朝，如《建炎以来系年要录》卷四六载：

> （绍兴元年八月）庚午，直龙图阁沈与求试侍御史，上尝从容言："王安石之罪在行新法。"与求对曰："诚如圣训。然人臣立朝，未论行事之是非，先观心术之邪正。扬雄名世大儒，乃为《剧秦美新》之文。冯道左右卖国，得罪万世。而安石于汉则取雄，于五代则取道，是其心术已不正矣。施之学术，悉为曲说，以惑乱天下，士俗委靡，节义凋丧，驯致靖康之祸，皆由此也。"①

沈与求迎合高宗对王安石新法的批评，认为王安石心术不正，由此其学术也皆为"曲说"，而这种曲说对世道人心的"恶劣"影响就是靖康之祸的发生。又如《建炎以来系年要录》卷七九载：

> （范）冲立未定，上（高宗）云："以史事召卿。两朝大典皆为奸臣所坏，若此时更不修定，异时何以得本末？"冲因论："熙宁创制，元祐复古，绍圣以降弛张不一，本末先后各有所因，不可不深究详论。"读毕，上顾冲云："如何？"对曰："臣闻万世无弊者，道也；随时损益者，事也。仁宗皇帝之时，祖宗之法诚有弊处，但补缉不可变更。当时大臣如吕夷简之徒，持之甚坚，范仲淹等初不然之，议论不合，遂攻夷简，仲淹坐此迁谪。其后夷简知仲淹之贤，卒擢用之。及仲淹执政，犹欲申前志，久之自知其不可行，遂已。王安石自任己见，非毁前人，尽变祖宗法度，上误神宗皇帝。天下之乱，实兆于安石，此皆非神祖之意。"上曰："极是，朕最爱元祐。"②

"最爱元祐"不仅是一种政治理念的宣扬，背后还包含着对与之相应的学术思想的肯定，如沈松勤先生所云："'元祐学术'不仅体现了北宋蜀学、洛

---

① （宋）李心传撰：《建炎以来系年要录》卷四六，中华书局1988年版，第831页。
② （宋）李心传撰：《建炎以来系年要录》卷七九，中华书局1988年版，第1289页。

学、朔学三大学派的某些相同的经学思想，而且辐射到了文学、史学、制度等多个文化层面，是元祐党人用来排斥'荆公新学'、废弃熙丰新法的理论依托。"① 因此基于拯救时弊，更重要的是打击王安石新党政治力量的考虑，必须肃清其在学术领域的"流毒"，如高宗绍兴三年（1133）杨时（1053—1135）作《三经义辨》，辨王安石新学之失，而尤要注意的是，其后朱熹（1130—1200）、张栻（1133—1180）之学皆源自杨时，于此，这一时期政治、学术发展变化趋势亦从中可窥见一斑。

第二节　道南学派的《诗经》研究

程颢、程颐一生弟子众多，他们在维护师说、弘扬道统的过程中，均发挥了一定的作用，尤其是号称程门高弟的杨时、游酢（1053—1123），二人潜心问道，学成之后南归，广收门徒，宣讲师说，将二程洛学传播到东南闽地。其中杨时传罗从彦，从彦传李侗，李侗传朱熹，而朱熹则进一步将二程洛学发扬光大成为闽学。现在学界往往将杨、罗、李视为所谓"道南学派"，并对其进行了较为全面系统的研究②，但其《诗经》学研究却言之甚少，而《诗经》在他们思想体系建构过程中是有着重要作用的，如杨时有《三经义辨》（一部分即为《诗经义辨》）、游酢有《诗二南义》、罗从彦有《诗解》，尽管其中很多已经亡佚，但我们仍可通过一些相关著述了解他们《诗经》学思想的大概面貌，而这对于我们了解《诗经》理学化研究如何由二程过渡到朱熹，无疑是有重要研究价值的。

---

① 沈松勤：《论"元祐学术"与"元祐叙事"》，《中华文史论丛》2007 年第 4 期。
② 参见刘京菊著《承洛启闽——道南学派思想研究》，人民出版社 2007 年版；姚进生主编：《道南学派研究》，厦门大学出版社 2015 年版。

一、游酢的《诗经》研究

元丰四年（1082）游酢与杨时、谢良佐拜程颢为师，并深得二程赏识，谓其"灵利高才"①，学成南归后，传道东南，在宋代理学发展史上有着承前启后之功，如《游酢文集》序一云："孔孟之道，得二程而明。故朱子以二程继闻知之统；二程之教，得游、杨而广，故先儒以游、杨为亲炙之宗。"② 其《诗二南义》作于元符二年（1099），时任泉州签判，于武夷山筑"水云寮"讲学，《诗二南义》当为讲学时所用讲义，虽仅有一卷，但仍可窥其与程氏《诗经》学的渊源关系。除此之外，其所作《论语杂解》中亦对《诗经》学诸问题有所探讨，亦可作为了解其《诗经》学思想的重要资料。

其一，遵从《毛诗序》，以《序》说为理解《诗经》的基础。二程尊《序》，并以《毛诗序》为基石，初步构建了一套理学《诗经》学思想，游酢承继了这一方法，也充分肯定《毛诗序》的地位和价值，如其云：

> 先王之身修，故后妃化之，而无险诐私谒之心。诸侯之身修，故夫人化之，而能循法度，推之于国而国治，推之于天下而天下平。③

其中"后妃化之，而无险诐私谒之心"，出自《毛诗序》"《卷耳》，后妃之志也。又当辅佐君子，求贤审官，知臣下之勤劳。内有进贤之志，而无险诐私谒之心。朝夕思念，至于忧勤也。"④ "夫人化之，而能循法度"，同样出自《毛诗序》"《采蘋》，大夫妻能循法度也。能循法度，则可以承先祖，共祭祀矣。"⑤ 游氏将二者置于一处，意在进一步阐发《毛诗大序》中"《周南》

---

① （宋）程颢、程颐撰，王孝鱼点校：《二程集》，中华书局 1981 年版，第 28 页。
② （宋）游酢撰：《游酢文集》，延边大学出版社 1998 年版，第 45 页。
③ （宋）游酢撰：《游酢文集》，延边大学出版社 1998 年版，第 73—74 页。
④ （汉）毛亨传，（汉）郑玄笺，（唐）陆德明音义，孔祥军点校：《毛诗传笺》，中华书局 2018 年版，第 7 页。
⑤ （汉）毛亨传，（汉）郑玄笺，（唐）陆德明音义，孔祥军点校：《毛诗传笺》，中华书局 2018 年版，第 20 页。

《召南》，正始之道，王化之基"的思想，这与《毛诗大序》"先王以是经夫妇，成孝敬，厚人伦，美教化，移风俗"的《诗》用观也是完全一致的。从其与二程的学缘关系来看，这一观点必定与二程有着直接的关联，如前所述，《二程遗书》卷一八载程颐语，云："问：'《诗》如何学?'曰：'只在《大序》中求之。'"① 对《毛诗序》尤其是《大序》的遵从，不仅仅是对前代学术遗产的继承问题，其中还包含着对于学术理路的设计与思考，即肯定《毛诗大序》关于《诗经》"经夫妇，成孝敬，厚人伦，美教化，移风俗"价值的认识及由此推演出的由家及国、由国而天下的社会治理策略。相较于其后郑樵等对《诗序》的否定，这种态度似乎更稳妥，毕竟这一时期《毛诗》仍有着巨大而持久的影响力。

其二，肯定《诗经》在影响人心方面的作用，进一步拓展理学《诗经》学的路径。基于上述对《诗经》价值的认识，游酢从"心"的角度凸显《诗经》在社会思想、伦理构建中的重要作用，在《论语杂解》"《关雎》乐而不淫章"中，其云：

> 常情之哀乐皆出于私意，故其乐必淫于己，其哀必伤于人，《关雎》之乐在于得淑女，则异乎人之乐也，故不淫其色；其哀在于思贤才，则异乎人之哀也，故无伤善之心。先王之用心，忧乐以天下而已，故太姒所以宜为文王之配。②

游酢认为《诗经》中包含着"先王之用心"，这种心与"常情之哀乐"是不同的，也就是说与一般个人的一己之情是不同的，这是能够代表人类普遍情感需要，符合社会伦理，具有普世意义的情和心，这正是游酢等确认《诗经》经典地位的重要依据，而据此才能观照《诗经》中各篇诗作在感发人的善心上的作用，《论语杂解》"兴于诗"章云：

> "兴于诗"，言学《诗》者可以感发于善心也，如观《天保》之

---

① （宋）程颢、程颐撰，王孝鱼点校：《二程集》，中华书局1981年版，第229页。
② （宋）游酢撰：《游酢文集》，延边大学出版社1998年版，第81页。

诗，则君臣之义修矣；观《常棣》之诗，则兄弟之爱笃矣；观《伐木》之诗，则朋友之交亲矣；观《关雎》、《鹊巢》之风，则夫妇之经正矣。昔王褒有至性，而弟子至于废讲《蓼莪》，则诗之兴发善心，于此可见矣。而以考其言之文为"兴于诗"，则所求于诗者外矣，非所谓可以兴也。然则"不学诗，无以言"，何也？盖《诗》之情出于温柔敦厚，而其言如之言者，心声也。不得其心，斯不得于言矣。仲尼之教伯鱼，固将使之"兴于诗"，而得诗人之志也。得其心，斯得其所以言，而出言有章矣，岂徒考其文而已哉！《诗》之为言，发乎情也，其持心也厚，其望人也轻，其辞婉，其气平，所谓入人也深，其要归必止乎礼义，有君臣之义焉，有父子之伦焉，和乐而不淫，怨诽而不乱，所谓发言为诗，故可以化天下而师后世学者，苟得其用心，何患其不能言哉？又曰：明乎齐之音者，有勇；明乎商之音者，有义，亦感发之意。又曰：《诗》之文，盖有后世老师、宿儒所不能为，曾谓始学者而能之乎？①

除继续指出"《诗》之情出于温柔敦厚，而其言如之言者，心声也"外，游酢还强调"学《诗》者可以感发于善心"，为人读《诗》指明目标和方向，这就不仅仅是学术探讨了，而带有哲理体认的意味，虽不如二程对《诗经》义理的阐发深入，但这种直指"善心"的阐释思路亦别具一格，已经完全不是王安石那种在《诗经》中寻找改革依据的做法了，而更多带有理学特有的内倾型特质。

其三，游酢还对某些《诗经》公案有所探讨，亦有可观之处，限于篇幅，兹列《论语杂解》"吾自卫反鲁"章以明之：

《雅》、《颂》各得其所，而不及礼与《风》，何也？曰：有其德无其位，不敢作礼乐焉，则礼乐非孔子之事。所谓"《雅》、《颂》

---

① （宋）游酢撰：《游酢文集》，延边大学出版社 1998 年版，第 67 页。

各得其所"者，因其旧而正之，非有所作也，故不及礼；《关雎》之

乱，师挚固尝治之矣，故不及风。①

《论语·子罕》篇中有"子曰：吾自卫反鲁，然后乐正，《雅》《颂》各
得其所。"②记孔子于《诗》正乐之事，但为何没有言及十五《国风》正乐的
问题，也就是游酢所说："《雅》《颂》各得其所，而不及礼与《风》，何也？"
对此，游酢的解释是由于孔子"有其德，无其位"，所以只是对《雅》《颂》
之乐做了整理的工作，即"因其旧而正之"，至于没有言及《国风》，乃是在
孔子之前的师挚已经整理过了，所以孔子没有必要再做重复的工作。这个观
点的依据出自《论语》中"子曰：述而不作，信而好古。"③（《述而》）以及
"子曰：师挚之始，《关雎》之乱，洋洋乎盈耳哉！"④（《泰伯》）虽未必正
确，但游氏能意识到其中可能存在着某些问题，并尝试加以解决，这种治学
思路中其实也折射着其时学术细密化的发展趋势，充满着怀疑和思辨的精神。

二、杨时的《诗经》研究

杨时在宋代理学发展史上具有举足轻重的地位。《宋史·杨时传》云：
"凡绍兴初崇尚元祐学术，而朱熹、张栻之学得程氏之正，其源委脉络皆出于
时。"⑤其在二程之后，扛起了弘扬洛学的大旗，对王安石新法多有指责，并
对新法赖以建立的理论基础——荆公新学也进行了有力的驳斥，他对荆公新
学的定性是："为邪说以涂学者耳目，而败坏其心术者，不可缕数。"⑥正是由
于这种"邪说"对心术的败坏，才直接导致了北宋王朝的衰亡，因此拯救时
弊最重要的就是辨新学之失以正视听，而在这一过程中洛学地位自然也会得

---

① （宋）游酢撰：《游酢文集》，延边人民出版社 1998 年版，第 78 页。
② 杨伯峻著：《论语译注》，中华书局 2017 年版，第 131 页。
③ 杨伯峻著：《论语译注》，中华书局 2017 年版，第 94 页。
④ 杨伯峻著：《论语译注》，中华书局 2017 年版，第 119 页。
⑤ （元）脱脱等撰：《宋史》卷四二八，中华书局 1985 年版，第 12743 页。
⑥ （元）脱脱等撰：《宋史》卷四二八，中华书局 1985 年版，第 12741 页。

到提升。杨时的著作主要有《礼记解义》《周易解义》《三经辨义》《二程粹言》《龟山集》等，其中与《诗经》研究有关者如《诗辨疑》《字说》以及散见于其他一些史料中的文字。综合这些资料来看，杨时《诗经》学有以下一些特点，这些特点也能在一定程度上反映时代学术风气的面貌和走向。

其一，驳斥王安石《诗》学。早在钦宗统治时期，杨时就在一封奏疏中对王安石释《诗》进行了批判，其云：

> 其释《凫鹥》守成之诗，于末章则谓："以道守成者，役使群众，泰而不为骄；宰制万物，费而不为侈。孰弊弊然以爱为事。"《诗》之所言，正谓"能持盈则神祇、祖考安乐之"，而无后艰尔。自古释之者，未有"泰而不为骄"、"费而不为侈"之说也。安石独倡为此说，以启人主之侈心。后蔡京辈轻费妄用，以侈靡为事，安石邪说之害如此。①

《毛诗序》释《凫鹥》曰："《凫鹥》，守成也。太平之君子，能持盈守成，神祇、祖考安乐之也。"② 这首诗的最后一章是："凫鹥在亹，公尸来止熏熏。旨酒欣欣，燔炙芬芬。公尸燕饮，无有后艰。"③ 描绘了一幅隆重的祭祀场景，而王安石可能也是据此得出了"以道守成者，役使群众，泰而不为骄；宰制万物，费而不为侈"的认识，而在杨时看来，诗中并没有"泰而不为骄""费而不为侈"的意思，王安石的解读明显溢出了诗句本有的含义，尤其是其中"费而不为侈"，也就是说祭祀即使有些铺张隆重也不是奢侈，因为这充分表达了人对神灵的敬意，而这也为后来蔡京等人"轻费妄用，以侈靡为事"提供了依据，王安石新学的危害由此可窥见一斑。

其二，维护《毛诗序》经典地位。杨时《诗经》观亦建立在对《毛诗

---

① （元）脱脱等撰：《宋史》卷四二八，中华书局 1985 年版，第 12742 页。
② （汉）毛亨传，（汉）郑玄笺，（唐）陆德明音义，孔祥军点校：《毛诗传笺》，中华书局 2018 年版，第 390 页。
③ （汉）毛亨传，（汉）郑玄笺，（唐）陆德明音义，孔祥军点校：《毛诗传笺》，中华书局 2018 年版，第 392 页。

序》的吸收、继承基础之上，其对《诗序》中诸多论证中有可能存在的漏洞进行了一定程度的补充、完善，如释《将仲子》云：

> 孟子曰："取之而燕民悦，则取之，古之人有行之者，武王是也；取之而燕民不悦，则勿取，古之人有行之者，文王是也。"文王之所为，不违民而已。夫共叔段缮甲治兵，国人说而归之，而诗人以刺庄公，何也？曰：叔段以不义得众，其失在庄公之不制其早也。君明义以正众，使众知义，则虽有不义者莫之与也，虽有僭窃者莫之助也，尚何使人说而归之哉？民说而归之，则其取之也固不说矣，故庄公虽以仲叔为可怀，而终畏人之多言也。夫取之而燕民不悦则勿取，文王固尝行之矣，叔段得众而民说则勿取，不亦可乎？曰：彼其得众以不义也，则民化而为不义，不义则后其君矣，勿取则危亡之本也。①

《毛诗序》云："《将仲子》，刺庄公也。不胜其母，以害其弟，弟叔失道而公弗制，祭仲谏而公弗听，小不忍，以致大乱焉。"② 《将仲子》之后的《叔于田》篇，《毛诗序》的解释是："《叔于田》，刺庄公也。叔处于京，缮甲治兵，以出于田，国人说而归之。"③ 北宋欧阳修《诗本义》亦云："诗人言大叔得众，国人爱之。"④ 这首诗之后的《大叔于田》，《毛诗序》的解释是："《大叔于田》，刺庄公也。叔多才而好勇，不义而得众也。"⑤ 显然，在《毛诗》的体系中，这是一组前后呼应的诗作，但"刺庄公"和共叔段的

---

① （宋）杨时著：《龟山集》卷八《诗义》，景印文渊阁《四库全书》本，台湾商务印书馆1986年版。
② （汉）毛亨传，（汉）郑玄笺，（唐）陆德明音义，孔祥军点校：《毛诗传笺》，中华书局2018年版，第106—107页。
③ （汉）毛亨传，（汉）郑玄笺，（唐）陆德明音义，孔祥军点校：《毛诗传笺》，中华书局2018年版，第108页。
④ （宋）欧阳修撰：《诗本义》，景印文渊阁《四库全书》本，台湾商务印书馆1986年版。
⑤ （汉）毛亨传，（汉）郑玄笺，（唐）陆德明音义，孔祥军点校：《毛诗传笺》，中华书局2018年版，第108页。

"国人说而归之""大叔得众，国人爱之"之间似乎又存在矛盾之处，因为既然国人喜爱共叔段，为何庄公要讨伐他？而这种讨伐为何最后反被诗人讽刺？此前，包括郑《笺》、孔《疏》以及北宋诸多《诗经》著述对其中关系的梳理非常粗疏，或言之不详，或含混带过，而在杨时看来，其中共叔段的"不义得众"主要是由于"其失在庄公之不制其早也"，这就抓住了问题的关键，也解决了"刺庄公"与"国人爱之"这种表面上看似不一致的矛盾。在进一步分析过程中，杨时自始至终强调了一个字——"义"。郑庄公作为国君，应当"明义以正众"，而共叔段得到国人的爱戴，恰恰是因为庄公在这方面没有做到位，民不知义，所以才会爱戴、追随共叔段。作为共叔段，反叛行为本身即是"不义"，如果不加控制、打击，就会在社会上助长这种风气，进而会造成国家的危亡之局。在其后对《叔于田》的解释中，杨氏又进一步对上述思想进行了发挥：

> 仁且有礼矣，而又有武焉，固宜国人之所说而归之也。虽使之一天下、朝诸侯无不可矣，而《诗》犹以为"不义得众"，何也？曰：先王之迹微而礼义消亡，政教不明而国俗伤败，故人之好恶不足以当是非，而毁誉不足以公善恶，则其所誉而好之者，未必诚善也；所毁而恶之者，未必诚恶也。叔段不义而为众，所说者亦以衰俗，好恶毁誉不当其实故也。然则所谓仁者，岂诚有仁哉？所谓礼者，岂诚有礼哉？所谓武者，亦若此而已。孟子曰："未有仁而遗其亲者也，未有义而后其君者也。"而礼者，节文斯二者而已。庄公之于叔段，以仁言之，则兄也；以义言之，则君也。彼诚仁且有礼矣，则孰肯遗而后之哉？以是观之，则俗之所好恶可知矣。[①]

所谓"国俗伤败"，是造成共叔段不义行为的根源，而这种风俗的败坏与郑庄公自身缺乏"仁"与"礼"的品质，以及由此带来的对百姓教化的缺失

---

① （宋）杨时撰：《龟山集》卷八，景印文渊阁《四库全书》本，台湾商务印书馆1986年版。

又有着直接的关系，亦即文中所说"彼诚仁且有礼矣，则孰肯遗而后之哉？"杨时紧紧抓住《毛诗大序》"风，风也，教也。风以动之，教以化之"① 的教化思想，以儒家"仁""义""礼"等思想阐释《毛诗序》对《将仲子》的解读，这种细致周到的讨论，在此前是很少见到的。

其三，借《孟子》等经书解释《诗经》，凸显诗作蕴含的伦理思想。自二程开始，《大学》《中庸》《论语》《孟子》作为一套系统体系性经典，成为理学思想体系构建的重要支撑，其重要性自不言而喻，而在《诗经》解读过程中，亦可见其影响，如杨时释《狡童》：

> "不与我言兮"是"弗与治天职"也，"不与我食兮"是"弗与食天禄"也。为人臣，任君之事，然后食君之禄者，义也。故弗与治天职，则其忧至于不能餐；弗与食天禄，则不与贤人国事又甚矣，故其忧又至于不能息也。②

《毛诗序》云："《狡童》，刺忽也。不能与贤人图事，权臣擅命也。"③ 杨时上述文字中"弗与治天职""弗与食天禄"出自《孟子·万章下》："弗与共天位也，弗与治天职也，弗与食天禄也，士之尊贤者也，非王公之尊贤也。"④ 而"为人臣，任君之事，然后食君之禄者，义也"。又明显与《论语》中"孔子曰：'以道事君，不可则止'"⑤。（《先进》）以及《孟子》中"上无礼，下无学，贼民兴，丧无日矣。《诗》曰：'天之方蹶，无然泄泄。'泄泄犹沓沓也。事君无义，进退无礼，言则非先王之道者，犹沓沓也"⑥。（《离娄上》）等强调事君以道义有着直接的关系。明显可见，杨时努力在搭建《诗

---

① （汉）毛亨传，（汉）郑玄笺，（唐）陆德明音义，孔祥军点校：《毛诗传笺》，中华书局 2018 年版，第 1 页。

② （宋）杨时撰：《龟山集》卷八，景印文渊阁《四库全书》本，台湾商务印书馆 1986 年版。

③ （汉）毛亨传，（汉）郑玄笺，（唐）陆德明音义，孔祥军点校：《毛诗传笺》，中华书局 2018 年版，第 116 页。

④ 杨伯峻著：《孟子译注》，中华书局 2019 年版，第 262 页。

⑤ 杨伯峻著：《论语译注》，中华书局 2017 年版，第 168 页。

⑥ 杨伯峻著：《孟子译注》，中华书局 2019 年版，第 176 页。

经》与《孟子》之间的联系，通过《诗经》确证《孟子》思想的正确性，所以这已经不是纯然对诗意的阐发了，而成为一种通过"以经证经"对《孟子》地位的抬升。这种方式也区别于以往纯粹的引《诗》论《诗》，其中包含的经学典籍地位的消长、学术思潮的变化亦需要加以注意和把握。

最后需要说明的问题是，杨时的《诗经》研究成果后来被朱熹《诗集传》部分采纳，成为朱子《诗经》学的重要来源，为考见学术源流，兹列之如表5-1所示。

表5-1　朱熹与杨时《诗经》学渊源

序号	诗　作	朱熹	杨时
1	《燕燕》	言戴妫之贤如此。又以先君之思勉我，使我常念之而不失其守也	杨氏曰：州吁之暴，桓公之死，戴妫之去，皆夫人失位，不见答于先君所致也。而戴妫犹以先君之思勉其夫人。真可谓温且惠矣
2	《泉水》	卫女嫁于诸侯，父母终，思归宁而不得，故作此诗，言悠然之泉水，亦流于淇矣。我之有怀于卫，则亦无日而不思矣。是以即诸姬，而与之谋，为归卫之计，如下两章之云也	杨氏曰：卫女思归，发乎情也。其卒也不归，止乎礼义也。圣人著之于经，以示后世。使知适异国者，父母终，无归宁之义，则能自克者，知所处矣
3	《北门》	卫之贤者，处乱世，事暗君，不得其志。故因出北门，而赋以自比，又叹其贫窭，人莫知之，而归之于天也	杨氏曰：忠信重禄所以劝士也。卫之忠臣，至于窭贫，而莫知其艰，则无劝士之道矣，仕之所以不得志也。先王视臣如手足，岂有以事投遗之，而不知其艰哉？然不择事而安之，无怼憾之辞，知其无可奈何，而归之于天，所以为忠臣也

序号	诗　作	朱熹	杨时
4	《墙有茨》	旧说以为，宣公卒，惠公幼，其庶兄顽烝于宣姜，故诗人作此诗以刺之，言其闺中之事，皆丑恶而不可言，理或然也	杨氏曰：公子顽通乎君母。闺中之言，至不可读。其污甚矣。圣人何取焉，而著之于经也。盖自古淫乱之君，自以为，密于闺门之中，世无得而知者，故自肆而不反。圣人所以著之于经，使后世为恶者，知虽闺中之言，亦无隐而不彰也。其为训戒深矣
5	《出车》我出我车，于彼郊矣。设此旐矣，建彼旄矣。彼旟旐斯，胡不旆旆。忧心悄悄，仆夫况瘁	赋也。郊在牧内。盖前军已至牧，而后军犹在郊也。设，陈也。龟蛇曰旐。建，立也。旄，注旄于旗干之首也。鸟隼曰旟。鸟隼龟蛇，曲礼所谓，前朱雀而后玄武也	杨氏曰：师行之法，四方之星，各随其方，以为左右前后。进退有度，各司其局，则士无失伍离次矣
6	《巷伯》	巷，是宫内道名，秦汉所谓永巷是也。伯，长也。主宫内道官之长，即寺人也。故以名篇。班固、司马迁赞云，迹其所以自伤悼，《小雅·巷伯》之伦。其意亦谓，巷伯本以被谮而遭刑也	杨氏曰：寺人，内侍之微者出入于王之左右，亲近于王而日见之，宜无闲之可伺矣，今也亦伤于逸，则疏远者可知，故其诗曰："凡百君子，敬而听之。"使在位知戒也。其说不同，然亦有理。姑存于此云。"

其中既有借杨时的观点证成己说者，如《燕燕》《泉水》《出车》，又有借其观点证明旧说（主要是《毛诗序》）者，如《墙有茨》，还有对杨时观点的修正，如《北门》《巷伯》，不难看出二者之间《诗经》学的密切关系。

总之，以杨时、游酢为代表的道南学派虽不以《诗经》学见长，但与二程一样，《诗经》学也成为其学术思想体系中的一个重要领域，为其后朱熹等《诗经》学的建构提供了众多可资借鉴的资源。

第三节　废序派的《诗经》研究

——以郑樵为主要讨论对象

在南北宋之交《诗经》学转关的过程中，郑樵（1104—1162）具有举足轻重的地位，这乃是在于，终北宋一代，尽管对《毛诗》有部分批评，但北宋《诗经》学主要还是建立在《毛诗》基础之上的，尤其是《毛诗序》更是绝大多数学者理解《诗经》的来源，这一局面一直到郑樵才得以改变，如《四库全书总目》所说："其舍《序》言《诗》者，萌于欧阳修，成于郑樵，而定于朱子之《集传》。"[①] 此外，《福建艺文志》引《闽中录》亦云："废《序》之说始于仲渔，而朱子从之。"[②] 戴维《诗经研究史》更是指出："郑樵在《诗经》研究史上，是攻《序》最激烈的先行者，是一个旗帜鲜明的反叛者。他攻击《毛序》的精神，以及攻《序》所取得的成果，都给后世带来极大的影响。"[③] 其实，郑樵对宋代《诗经》学的贡献不止于此，汪祚民先生云："郑樵以名物之学为基础，以乐府声歌为参照，以《毛序》《毛传》郑《笺》为清理对象，撰写了体现自己独到见解的《诗辨妄》《诗传》，形成了迥异于前人的《诗》学体系。"[④] 这一评价是中肯的，下面我们即在前人研究基础之上，对郑樵攻《序》等《诗经》学思想产生的动因及特点做进一步梳理和讨论。[⑤]

---

① （清）永瑢等纂：《四库全书总目·经部》，广西师范大学出版社 2019 年版，第 408 页。

② 《福建艺文志》，福建人民出版社 2010 年版。

③ 戴维著：《诗经研究史》，湖南教育出版社 2001 年版，第 325 页。

④ 汪祚民：《郑樵、朱熹〈诗〉学传承关系考论》，《安庆师范学院学报》（社会科学版）2011 年第 12 期。

⑤ 关于郑樵《诗经》学的讨论，学界已有一些研究成果，如姜亚林《郑樵〈诗经〉学研究》，中央民族大学 2004 年硕士学位论文；高晓成《郑樵〈诗经〉学简论》，山西大学 2007 年硕士学位论文；汪祚民《郑樵、朱熹〈诗〉学传承关系考论》，《安庆师范学院学报》（社会科学版）2011 年第 12 期，等等。综观这些研究成果，于郑樵《诗经》学发生的动因，及其《诗》学思想之间内在的联系等问题缺乏更为深入的讨论，仍有一定的研究空间。

一、郑樵攻《序》等《诗》学思想产生的动因

郑樵在高宗绍兴十九年（1149）所作《献皇帝书》中曾自述："十年为经旨之学，以其所得者，作《书考》，作《书辨讹》，作《诗传》，作《诗辨妄》，作《春秋传》，作《春秋考》，作《诸经略》，作《刊谬正俗跋》。三年为礼乐之学。以其所得者作《谥法》，作《运祀议》，作《乡饮礼》，作《乡饮驳议》，作《系声乐府》。三年为文字之学……五、六年为天文、地理之学，为虫鱼草木之学……以虫鱼草木之所得者，作《尔雅注》，作《诗名物志》。"① 据顾颉刚先生《郑樵年谱》、徐有福先生《郑樵评传》所附《年谱》，其《诗传》《诗辨妄》约作于二十余岁②，《诗名物志》则当为三十多岁时的作品。这些作品已基本亡佚，但从现存资料来看，其批驳《毛诗序》的思想倾向还是非常明显的。郑樵之所以会对《毛诗序》有如此态度，主要有以下几方面原因。

其一，郑樵二十余岁作《诗传》《诗辨妄》，考辨《毛诗序》得失，其时恰逢北宋灭亡，南宋初建，而在当时政治以及学术界盛行着一种普遍的观念，即北宋的灭亡与熙宁变法、荆公新学有着直接的关系，而作为荆公新学重要构成的《诗经新义》即是建立在对《毛诗序》思想极端发挥基础之上的，其通过对《诗序》的解读，为政治改革张目，随意发挥，已经远远溢出了学术的范围，这种功利化的解《诗》是郑樵极力反对的，这又牵涉到其对科举、学术的去取态度。郑樵自青年时代即立志读古人书，通百家之学，拒绝参加科举考试，如其在《通志·总序》中即表达了对科举的基本态度：

> 班固有言："自武帝立五经博士，开弟子员。设科射策，劝以官

① 吴怀祺校补本《郑樵文集》卷二，书目文献出版社1992年版，第24页。
② 吴怀祺校补本《郑樵文集》附《郑樵年谱稿》云，《诗辨妄》约在建炎三年（1129）成书，其时郑樵25岁，然依据略显不足，本文慎重起见，姑且采用含混一些的表述方式，定为其二十余岁所作。

禄。讫于元始，百有余年，传业者浸盛，枝叶蕃滋，一经说至百余万言，大师众至千余人。盖利禄之路然也。"且百年之间，其患至此，千载之后，弊将若何？况禄利之路，必由科目，科目之设，必由乎文辞。三百篇之《诗》，尽在声歌，自置《诗》博士以来，学者不闻一篇之诗；六十四卦之《易》，该于象数，自置《易》博士以来，学者不见一卦之《易》；皇颉制字，尽由六书，汉立小学，凡文字之家，不明一字之宗。伶伦制律，尽本七音，江左置声韵，凡音律之家，不达一音之旨。经既苟且，史又荒唐，如此流离，何时返本？①

由这段文字不难看出郑樵沉潜学术、远离科举的人生选择，而这种选择背后也包蕴着对现实政治统治的自觉疏离。其追求的是经史之本，具体到《诗经》，就是"三百篇之《诗》，尽在声歌"，这也是其《诗经》观的一个基本立场，因此《毛诗序》对诗意的阐发在其看来就是一种失本之学。郑樵的这一思想中其实也蕴含着跳出汉唐注疏之学、追索六经原意的治经思路。在这一点上，他和此前的学者有着目标上的一致之处，只不过所采取的方法和选择的路径不同罢了。

其二，郑樵攻《序》表现出的强烈怀疑精神，不仅是宋代疑辨学术思潮的延续和发展，而且与其从兄郑厚（1100—1160）有着密切的关系。疑古思辨在北宋初年即已出现，并逐渐形成一股重要的学术思潮，深刻影响了北宋学术的发展，郑樵攻《序》并非个案，而是这股思潮发展的必然产物。此外，从兄郑厚对其也产生了极大的影响。郑厚学问渊博，在学术上敢于批判，其"诋孟"在宋代《孟子》接受史上有着相当的影响，如明代方志学家黄仲昭《八闽通志》中云：

郑厚好奇立异，务聘其辨博之说，以非诋圣贤，先儒谓其学无

---

① （宋）郑樵撰：《通志二十略·通志总序》，中华书局 1995 年版，第 11—12 页。

师承，故其弊如此，而卒为名教之罪人也，信哉！乡先正林艾轩志其墓，有曰："言者以先生少时尝著书，如李觏于孟轲之书有所不合，以是不调者十年。"此固先辈忠厚之风，而谓其书为少时所著，亦或然也。但其遗言绪论，至今犹未尽泯。予惧后世复有倡其说者，害人心术，而圣贤之道又为之晦蚀，故不避逾之罪而极论之。①

"好奇立异"是后世对郑厚学术的普遍评价，其有《艺圃折中》《诗杂说》《通鉴分门类要》等数种著作，虽多不存，但力求创新仍可从传世若干文献中略窥一斑，如其《游存古易状》云：

　　臣愚幼而读书，粗通正理，老而闻道，稍见大方。好读古书而不为古书所蒙，多识前言而不为前言所惑。谓瓮内不能运瓮，运瓮当在瓮外；经中不可穷经，穷经当在经表。古今学者皆经中琐琐厥理，其有脱落讹舛，则曲为之说以求其通，不能于经外穷圣人用心，视六经如三尺九章，不敢少出入焉。②

这段文字很好地反映了郑厚的学术态度和治学理念——"好读古书而不为古书所蒙，多识前言而不为前言所惑"，亦即广取博收，但保持清醒判断，不被前人观点左右；"经中不可穷经，穷经当在经表"，也就是说仅仅从经书中是无法得到圣人之心的，只有跳脱出来，从史学等更多元的角度才能真正"穷圣人用心"。这种强烈的批判精神和解经中表现出的自觉的方法意识，也极好地反映了这一时期学术发展的潮流。郑樵与郑厚关系笃厚③，学术观点受其影响至深，这从对郑樵《诗经》学观点的梳理中亦可窥见一斑。

总之，郑樵攻《序》等《诗经》新说的提出，既有时代学术风气的熏染，也有其兄郑厚的影响，而他的这些新说也成为其后《诗经》学革新的重要思想资源。

---

① （明）黄仲昭：《八闽通志》，福建人民出版社 2006 年版。
② 《重刻福建兴化县志》卷七《撰述》。
③ 参见徐有富著《郑樵评传》第 1 章《求索之路》，南京大学出版社 1998 年版。

二、郑樵对《毛诗序》作者、作期的攻驳

《毛诗序》作者、作期历来是《诗经》学研究的热点问题，郑樵之前主要有以下一些观点。①

表 5-2　郑樵之前关于《毛诗序》作者诸观点统计

	观　点	学者/著述
1	《大序》子夏作，《小序》子夏、毛公合作	（东汉）郑玄 （唐）陆德明
2	子夏作	（三国·魏）王肃 （南朝·梁）萧统 （唐）孔颖达
3	卫宏作	（南朝·宋）范晔 （三国·吴）陆玑
4	子夏所创，毛公、卫宏润益	（唐）魏徵等撰《隋书·经籍志》
5	汉之学者作	（唐）韩愈
6	《大序》与《小序》首句子夏作，其后为毛公申足其辞	（唐）成伯玙
7	毛氏之学，卫宏辑录	（北宋）苏辙
8	《大序》孔子作，《小序》国史作	（北宋）程颐
9	诗人自制	（北宋）王安石

由表 5-2 不难看出，子夏作《序》说在历史上有着广泛而持久的影响，并且尽管诸家观点不一，但其基本倾向还是相信《毛诗序》是有一定文化修养的人完成的，而就是在这样一种大的学术背景下，郑樵却石破天惊地提出："（《诗序》）皆是村野妄人所作。"② 这就彻底摧毁了《毛诗序》在《诗经》

---

① 具体内容参见洪湛侯著《诗经学史》，中华书局 2002 年版。
② （宋）郑樵撰：《通志二十略》，中华书局 1995 年版，第 2101 页。

解释体系中的经典地位，其提供的主要证据如下。

1. 自《毛诗序》的渊源而言，"设如有子夏所传之《序》，因何齐、鲁间先出，学者却不传，返出于赵也？《序》即晚出于赵，于何处而传此学？"[①] 亦即据《史记·仲尼弟子列传》载："孔子既没，子夏居西河教授，为魏文侯师。"[②] 子夏既然在魏国设教，所以如果《毛诗序》是子夏所作的话，则应当先从魏国传出，而不是齐鲁之地。

2.《毛诗序》与《史记》等史传叠合，有附会史传之嫌。郑樵云："诸风皆有指言当代之某君者，惟《魏》、《桧》二风无一篇指言某君者，以此二国，《史记》世家、年表、书、传不见有所说，故二风无指言也。若《序》是春秋前人作，岂得无所一言？"[③] 的确，《毛诗序》注解《魏风》《桧风》时均未指明诗作讽刺或颂美的是哪位国君，如"《葛屦》，刺褊也。""《汾沮洳》，刺俭也。""《园有桃》，刺时也。""《陟岵》，孝子行役，思念父母也。""《羔裘》，大夫以道去其君也。""《素冠》，刺不能三年也。"这与十五《国风》中其他部分的注解在内容是有不同的，如《唐风》中"《蟋蟀》，刺晋僖公也。""《山有枢》，刺晋昭公也。"《秦风》中"《车邻》，美秦仲也。""《驷驖》，美襄公也。"[④] 而《史记》中对《魏》《桧》涉及的魏国、邻国记载也甚少，言外之意，《毛诗序》的作者是据《史记》等史传完成的，凡《史记》中所有均附会诗作进行解释，而对《史记》所无，则含混处理。这一论据是很有说服力的。

3. 考察《毛诗序》的失实之处。郑樵通过对《左传》《史记》等史料的考察，对《毛诗序》释《诗》中众多与史实不符之处进行了批驳，如其云：

> 《宛丘》《东门之枌》刺幽公，《衡门》谓刺僖公，幽、僖之迹

---

① （宋）郑樵撰，顾颉刚辑点：《诗辨妄》，朴社 1933 年版，第 3 页。

② （汉）司马迁撰：《史记》卷六七《仲尼弟子列传》，中华书局 1982 年版，第 2203 页。

③ （宋）郑樵著，顾颉刚辑点：《诗辨妄》，朴社 1933 年版，第 3 页。

④ 详见（汉）毛亨传，（汉）郑玄笺，（唐）陆德明释文，杜泽逊审定《宋本毛诗诂训传》，国家图书馆出版社 2017 年版。

无所据见，作《序》者但本谥法而言之。①

《节南山》言"家父作"，家父乃桓王时人，当隐、桓之时，家父使鲁，自幽及桓盖七十年，何得家父复仕幽朝？②

《何人斯》言"维暴之云"者，谓暴虐之人也，且二周畿内皆无暴邑，周何尝有暴公？③

郑樵分别从谥法、人物生活时代、有无封国的角度分析《毛诗序》解释《宛丘》《东门之枌》《衡门》《节南山》《何人斯》诸诗的错误之处。《毛诗序》一个最突出的特点就是历史化解《诗》，郑樵亦由史料考辨入手证明《诗序》之失，可谓抓住了解决《诗序》作者、作期问题的关键，其分析也是极具说服力的，无怪乎其后朱熹云："《诗序》实不足信，向见郑渔仲有《诗辨妄》，力诋《诗序》，其间言语太甚，以为皆是村野妄人所作。始亦疑之，后来仔细看一两篇，因质之《史记》《国语》，然后知《诗序》之果不足信。因是看《行苇》《宾之初筵》《抑》数篇，《序》与《诗》全不相似。以此看其他《诗序》，其不足信者煞多。"④ 这段话对于理解郑樵的《诗序》观也是有助益的。郑樵史学造诣非常高，其代表作《通志》对宋以后史学的发展产生了极大的影响。《通志》在郑樵学术体系中亦具有举足轻重的地位，绍兴二十八年（1158），郑樵上奏云：

臣处山林三十余年，修书五十种，皆已成。其未成者，臣取历代之籍，始自三皇，终于五季，通为一书，名曰《通志》。参用马迁之体，而异马迁之法。谨摭其要览十二篇，名曰《修史大例》，先上之。⑤

由上述文字不难看出《通志》规模之宏大及郑樵撰作用力之勤，而其所

---

① （宋）郑樵撰，顾颉刚辑点：《诗辨妄》，朴社 1933 年版，第 7 页。
② （宋）郑樵撰，顾颉刚辑点：《诗辨妄》，朴社 1933 年版，第 8 页。
③ （宋）郑樵撰，顾颉刚辑点：《诗辨妄》，朴社 1933 年版，第 9 页。
④ （宋）黎靖德编，王星贤注解：《朱子语类》卷八〇，中华书局 1986 年版，第 2076 页。
⑤ （宋）郑樵撰：《通志二十略》，中华书局 1995 年版，第 2155—2156 页。

取"历代之籍"中肯定包括《诗经》,尽管《诗经》属"经",但在郑樵的学术体系中,这部经书也是服务于其建构史学大厦需要的,简而言之,这可视作一种"六经皆史"的观念①,所以《毛诗序》解释《诗经》所含之史是否准确,就成为郑樵特别在意的一个问题了,这也是今本《诗辨妄》中大量考辨《诗序》条目的一个最为重要的角度。总之,在郑樵看来,《诗序》是附会汉代史传所作,并非经文本身所含之意,是汉儒为当时政治服务的产物,如朱熹所说:"郑渔仲谓《诗小序》只是后人将史传去拣,并看谥,却附会作《小序》美刺。"②

郑樵"(《诗序》)皆是村野妄人所作"的观点虽有矫枉过正之嫌,但在子夏作《序》说长期作为学术主流观点的背景下,其冲破成说的勇气与精神还是值得肯定的,这为当时及后来学者重新审视《毛诗序》的价值提供了一条新的思路,即《诗序》不足信,可信者仍是《诗经》文本本身,所以应当从与《诗经》关系密切的周代礼乐文化中寻求解读的思路。

三、音声、名物、兴意:郑樵解读《诗经》的方法

既然《诗序》不足信,那么如何研究《诗经》呢?《通志》的《总序》和《昆虫草木略序》中的两段文字可以帮助我们了解郑樵的思路和方法。《通志·总序》云:"乐以《诗》为本,《诗》以声为用。风土之音曰风,朝廷之音曰雅,宗庙之音曰颂。仲尼编《诗》,为正乐也。以风、雅、颂之歌为燕享祭祀之乐,工歌《鹿鸣》之三,笙吹《南陔》之三,歌间《鱼丽》之三,笙

---

① (隋)王通《文中子中说》载:"子谓薛收曰:昔圣人述史三焉。其述《书》也,帝王之制备矣,故索焉而皆获;其述《诗》也,兴衰之由显,故究焉而皆得;其述《春秋》也,邪正之迹明,故考焉而皆当。此三者,同出于史而不可杂也,故圣人分焉。"已明显带有儒经即为史书的倾向,其后唐刘知几《史通》以《尚书》《春秋》入正史又开后世"六经皆史"先河。北宋一代,随着史学的不断发展,司马迁《资治通鉴》等史学著述的大量出现,史学与儒家经学的关系也逐渐成为其时学者必须要回答的一个问题,可参看孙颖涛《司马光儒门史学实践的内在冲突——兼论程颐、朱熹与司马光史学观之差异》,《史学月刊》2016年第11期。

② (宋)黎靖德编,王星贤注解:《朱子语类》卷八〇,中华书局1986年版,第2079页。

间《崇邱》之三，此大合乐之道也。古者丝竹有谱无辞，所以六笙但存其名。序《诗》之人不知此理，谓之有其义而亡其辞，良由汉立齐、鲁、韩、毛四家博士，各以义言《诗》，遂使声歌之道日微……然《诗》者，人心之乐也，不以世之兴衰而存亡，继风、雅之作者，乐府也。史家不明仲尼之意，弃乐府不收，乃取工伎之作以为志。臣旧作《系声乐府》以集汉魏之辞，正为此也。"① 又《昆虫草木略序》云："夫《诗》之本在声，而声之本在兴，鸟兽草木乃发兴之本，汉儒之言《诗》者既不论声，又不知兴，故鸟兽草木之学废矣。若曰：'关关雎鸠，在河之洲。'不识雎鸠，则安知河洲之趣与关关之声乎？凡雁鹜之类，其喙褊者，则其声关关；鸡雉之类，其喙锐者，则其声鷪鷪，此天籁也。雎鸠之喙似凫雁，故其声如是，又得水边之趣也。《小雅》曰：'呦呦鹿鸣，食野之苹'，不识鹿，则安知食苹之趣与呦呦之声乎？凡牛羊之属，有角无齿者则其声呦呦；驼马之属，有齿无角者则其声萧萧，此亦天籁也。鹿之喙似牛羊，故其声如是，又得萋蒿之趣也。使不识鸟兽之情状，则安知诗人'关关'、'呦呦'之兴乎？若曰：'有敦瓜苦，蒸在栗薪'者，谓瓜苦引蔓于篱落间而有敦然之系焉。若曰：'桑之未落，其叶沃若'者，谓桑叶最茂，虽未落之时而有沃若之泽。使不识草木之精神，则安知诗人'敦然'、'沃若'之兴乎？"② 上述两大段文字很好地呈现了郑樵对《诗经》性质及解释方法的系统思考。在郑樵的认知体系中，《诗经》与音乐、声音有着密切的关系，而解读《诗经》的关键在于对其中草木鸟兽虫鱼等兴象的理解。③ 关于《诗经》与音乐，孔子有一个非常经典的观点——"兴于《诗》，立于礼，成于乐"④。作为周代礼乐文化的重要构成，《诗经》自其产生之初就与音乐有着密切的关系，如《左传·襄公二十九年》载：

---

① （宋）郑樵撰：《通志二十略》，中华书局 1995 年版，第 7—8 页。
② （宋）郑樵撰：《通志二十略》，中华书局 1995 年版，第 1980—1981 页。
③ 按：以往研究多分别就郑樵对《诗经》名物、音声的讨论进行解读，其实二者是有密切关系的，不宜分开。
④ 杨伯峻著：《论语译注》，中华书局 2017 年版，第 116 页。

吴公子札来聘。……请观于周乐。使工为之歌《周南》、《召南》，曰："美哉！始基之矣，犹未也，然勤而不怨矣。"为之歌《邶》、《鄘》、《卫》，曰："美哉渊乎！忧而不困者也。吾闻卫康叔、武公之德如是，是其《卫风》乎？"为之歌《王》，曰："美哉！思而不惧，其周之东乎！"为之歌《郑》，曰："美哉！其细已甚，民弗堪也。是其先亡乎！"为之歌《齐》，曰："美哉，泱泱乎！大风也哉！表东海者，其大公乎？国未可量也。"为之歌《豳》，曰："美哉，荡乎！乐而不淫，其周公之东乎！"为之歌《秦》，曰："此之谓夏声。夫能夏则大，大之至也，其周之旧乎！"为之歌《魏》，曰："美哉，渢渢乎！大而婉，险而易行，以德辅此，则明主也。"为之歌《唐》，曰："思深哉！其有陶唐氏之遗民乎！不然，何忧之远也？非令德之后，谁能若是？"为之歌《陈》，曰："国无主，其能久乎！"自《郐》以下无讥焉。为之歌《小雅》，曰："美哉！思而不贰，怨而不言，其周德之衰乎？犹有先王之遗民焉。"为之歌《大雅》，曰："广哉，熙熙乎！曲而有直体，其文王之德乎！"为之歌《颂》，曰："至矣哉！直而不倨，曲而不屈，迩而不偪，远而不携，迁而不淫，复而不厌，哀而不愁，乐而不荒，用而不匮，广而不宣，施而不费，取而不贪，处而不底，行而不流。五声和，八风平。节有度，守有序，盛德之所同也。"[①]

季札观乐，听的不仅是音乐，而且还包含歌词，也就是《诗经》的文字内容，这些歌词是有意义的，并且通过与之相应的音乐的配合，诗中要表达的思想被很好地传达出来，也就是文中"美哉！始基之矣，犹未也，然勤而不怨矣"等内容。如果仅有音乐，那么所要表达的情感和思想的指向肯定是比较模糊的，正是有了文字（歌词）的规定和对意义的揭示，才使得情感和

---

① 杨伯峻编著：《春秋左传注》（修订本），中华书局 2016 年版，第 1283—1287 页。

思想得以被听众明晰地理解，或者说，音乐发挥的是巩固和彰显歌词意义的作用，这也就是郑樵所说的"乐以《诗》为本"。同时，《诗经》又可徒歌，如孔子云："诵《诗》三百，授之以政，不达。使于四方，不能专对。虽多，亦奚以为？"① 《墨子·公孟》亦云："诵《诗》三百，弦《诗》三百，歌《诗》三百，舞《诗》三百。"② 既然是徒歌，就需要讲究诵唱时的韵律，亦即郑樵所云："《诗》以声为用。"而在第二段文字中，更是将"声"抬升到了"《诗》之本"的地位，因为随着西周礼崩乐坏，与《诗经》相伴而生的音乐逐渐失传，《诗经》中文字的功能意义遂凸显出来，与之相应，诵读（声）的地位也更加重要，而在郑樵看来，要真正诵出《诗经》的韵味来，必须要理解诗意，而诗意理解最为关键的一个要素就是《诗经》中鸟兽草木虫鱼的意义，也就是其所说的"声之本在兴，鸟兽草木乃发兴之本"。基于这种认识，郑樵在《诗经》名物训诂上做了大量准备工作，如绍兴二十七年（1157）《寄方礼部书》中，郑樵陈述了他的具体思路和做法："故欲传《诗》，以《诗》之难可以意度明者，在于鸟兽草木之名也，故先撰《本草成书》……自纂《成书》外，其隐微之物，留之不足取，去之犹可惜也，纂三百八十八种，曰《外类》。三书既成，乃敢传《诗》。"③ 为注《诗》，除撰作《本草成书》《本草外类》等植物学著作外，郑樵还对天文、地理、方志，以及《尔雅》等进行了全方位的考察和研究，如其在高宗绍兴十九年（1149）所作《献皇帝书》中云："五六年为天文地理之学，为虫鱼草木之学，为方书之学……以虫鱼草木之所得者作《尔雅注》，作《诗名物志》。"④《诗名物志》已经亡佚，但今人仍可从其《通志·昆虫草木略》《天文书》《春秋地名》等诸多著述中看到郑樵《诗经》名物研究的成绩，兹举《通志·昆虫草木略》

① 杨伯峻著：《论语译注》，中华书局 2017 年版，第 191 页。
② 吴毓江撰，孙启治点校：《墨子校注》，中华书局 2006 年版，第 705 页。
③ 曾枣庄、刘琳主编：《全宋文》卷四三七三《郑樵一》，上海辞书出版社 2006 年版，第 35—36 页。
④ 吴怀祺校补本《郑樵文集》卷二，书目文献出版社 1992 年版，第 24 页。

数例以明之。

> 茅之根曰兰根，曰茹根，曰地筋，曰兼杜。茅之类甚多，惟白茅擅名，其苗初出地者曰茅针，《尔雅》云"荼，委叶"，《诗》云"以薅荼蓼。"皆谓茅针也。茅之花曰茅秀，《尔雅》"薍，荂荼"是也。茅之叶如菅，故亦名地菅。《诗》云"白茅菅兮。"又云"露彼菅茅。"①

《诗经》中涉及"茅"的诗句有"野有死麕，白茅包之"、"林有朴樕，野有死鹿，白茅纯束"（《召南·野有死麕》）、"昼尔于茅，宵尔索绹"（《豳风·七月》）、"白华菅兮，白茅束兮"、"英英白云，露彼菅茅"（《小雅·白华》），对于上述诗句中的"茅"，郑樵之前的解释主要有以下一些：

1. （西汉）毛亨《毛诗故训传》释《召南·野有死麕》"白茅包之"：白茅，取洁清也。②

2. （东汉）《毛诗故训传笺》释《小雅·白华》"白华菅兮，白茅束兮"兴义：白华于野，已沤名之为菅，菅柔软中用矣，而更取白茅收束之，茅比于白华为脆。兴者，喻王取于申，申后礼仪备，任妃后之事，而更纳褒姒。褒姒为孽，将至灭国。③

3. （西汉）毛亨《毛诗故训传》释《邶风·静女》"自牧归荑"：荑，茅之始生也。④

4. （东汉）郑玄《毛诗故训传笺》释《邶风·静女》"自牧归

---

① （宋）郑樵撰：《通志二十略》，中华书局1995年版，第1194页。
② （汉）毛亨传，（汉）郑玄笺，（唐）陆德明音义，孔祥军点校：《毛诗传笺》，中华书局2018年版，第29页。
③ （汉）毛亨传，（汉）郑玄笺，（唐）陆德明音义，孔祥军点校：《毛诗传笺》，中华书局2018年版，第344页。
④ （汉）毛亨传，（汉）郑玄笺，（唐）陆德明音义，孔祥军点校：《毛诗传笺》，中华书局2018年版，第62页。

萁"：茅，洁白之物也。①

5.（东汉）郑玄《毛诗故训传笺》释《郑风·出其东门》"出其闉阇，有女如荼"：荼，茅秀，物之轻者，飞行无常。②

6.（三国·吴）陆玑《毛诗草木鸟兽虫鱼疏》释"白茅包之"：白茅包之，茅之白者，古用包裹礼物以充祭祀，缩酒用。③

7.（唐）孔颖达《毛诗注疏》释《小雅·白华》"白华菅兮，白茅束兮"：《释草》云：茅、菅、白华一名，野菅。郭璞曰：茅属也。④

8.（北宋）蔡卞《毛诗名物解》：释"菅"：菅，物之柔忍者也，其理白，其形柔，故谓之茅。制而用之故谓之菅，茅自然之洁白，故以之共祭祀，菅沤畜而柔忍，故以之为索绹，祭祀明德之事，大德足以事鬼神者，妻道也；索绹贱用之物，小惠足以尸鄙事者，妾道也。幽王黜申后而立褒姒，下国化之以妾为妻，以孽代宗，而《白华》之诗作，而刺之曰："白华菅兮，白茅束兮。"白华沤而为菅，则菅者【阙】使然之，致用而为绹，则卑且劳矣，故以譬孽妾，茅自然之正体，借地以祭则静且安矣，故以譬宗嫡不以贱妨贵，不以贵废贱者，人道也；不以茅弃菅，不以菅害茅者，天道也，《诗》曰："英英白云，露彼菅茅。"露者，天之所以成物，菅之之贱，茅之贵，二者皆有以成况易其位哉。⑤

---

① （汉）毛亨传，（汉）郑玄笺，（唐）陆德明音义，孔祥军点校：《毛诗传笺》，中华书局2018年版，第62页。

② （汉）毛亨传，（汉）郑玄笺，（唐）陆德明音义，孔祥军点校：《毛诗传笺》，中华书局2018年版，第122页。

③ （三国·吴）陆玑撰：《毛诗草木鸟兽虫鱼疏》，景印文渊阁《四库全书》本，台湾商务印书馆1986年版。

④ （汉）毛亨传，（汉）郑玄笺，（唐）孔颖达疏，（唐）陆德明音释，朱杰人、李慧玲整理：《毛诗注疏》，上海古籍出版社2013年版，第1327页。

⑤ （宋）蔡卞：《毛诗名物解》，景印文渊阁《四库全书》本，台湾商务印书馆1986年版。

9.（北宋）陆佃（1042—1102）《埤雅》释"茅"：孔子曰："茅之为物，薄而用可重也。"茅体柔而理直又洁白，故先王用之以藉，亦以缩酒。《易》曰："藉用白茅，无咎。"《象》曰："'藉用白茅，柔在下也。'"盖巽，柔者也，其于色也为白，而又在下焉，藉用白茅之象也。《礼》曰："缩酌用茅，明酌也。"茅，明也。故"缩酌用茅"谓之"明酌"。《司尊彝》曰："郁齐献酌，醴齐缩酌，盎齐涚酌。"缩酌以茅，缩而后酌，涚酌以水，涚而后酌。郁齐，不缩也，献之而已；醴齐，不涚也，缩之而已；盎齐，不修也，涚之而已。帜氏以涚水沤其丝。《记》曰："明水涚齐，贵新也。"则盎齐以水涚矣。又曰："盎酒涚于清，汁献涚于盎酒。"汁献，郁齐也；盎酒，醴齐也。醴齐涚于清酒，今曰"醴齐不涚，缩之而已"，言不以明水涚之也。《易》曰："拔茅茹。"茅之为物，拔其根而牵茹者，君子以类出处之象。《管子》曰："农趋时就功，首戴蒲茅，身衣袯襫。"蒲茅，簦笠也。盖尊者草服台笠，而卑者蒲茅，《诗》曰："昼尔于茅，宵尔索绹。"言谷人日力不足取茅于昼，而夜以继之，故以谓丝事方息而麻事寻兴，野功既讫而宫功随至。藏蔬于其秋，以助不给之冬；索绹于其夜，以补不足之昼。《列子》曰："因以为茅靡，因以为波流。"言其转徙无定如此。"茅靡"一作"弟靡"。"弟"读如"稊"，稊，茅之始生也，《诗》曰："手如柔荑。"荑、稊，一也。又曰："自牧归荑，洵美且异。"荑生于牧，言卫君无牧之道，夫人无荑之德。《相经》曰："筋不束体，血不华色。手无春荑之柔，发有寒蓬之悴，盖形之下也。"①

之所以不避繁复，将郑樵之前关于"茅"的解释大量列于此处，目的在于通过与这些资料的比对以见出郑氏名物解释的某些特点来。梳理上述《毛

---

① 据（宋）陆佃著，王敏红点校《埤雅》"前言"云："《埤雅》成书约在宋绍圣二年（公元1095年）。"浙江大学出版社 2008 年版。

传》郑《笺》孔《疏》以及蔡卞、陆佃的解释不难发现，他们解读的目标几乎完全是服从于《毛诗序》确定的诗旨的，如上述《静女》篇，《诗序》的解释是"《静女》，刺时也。卫君无道，夫人无德"①。围绕这个理解，《毛传》在解释"自牧归荑，洵美且异"中"荑"的意思的时候，就没有停留在"荑，茅之始生也"这个层面，而是作了发挥，言"本之于荑，取其有始有终。"郑《笺》则据此引申其义为"茅，洁白之物也。自牧田归荑，其信美而异者，可以共（供）祭祀。犹贞女在窈窕之处，媒氏达之，可以配人君"②。孔颖达《毛诗注疏》进一步解释说："荑者，茅之始生，未可供用而本之于荑者。欲取兴女有始有终，故举茅生之名也。言始为荑，终为茅，可以供祭祀。以喻始为女能贞静，终为妇有法则，可以配人君。"③ 不难看出，《毛传》郑《笺》孔《疏》都是围绕《毛诗序》中"夫人"应具的美德进行阐发的，而在郑樵看来，这些都是牵强的，所以他在解释这些名物的时候，更多是从名物本身进行考察，如上述对"茅"的解释，分别从茅根、茅芽、茅叶和茅花训释茅的特点，一目了然，没有做任何意义的引申和发挥。又如其释《芣苢》《螽斯》云：

> 以《芣苢》为"妇人乐有子"者。据《芣苢》诗中全无乐有子意，彼之言此者，何哉？盖书生之说，例是求义，以为此语不徒然也，故以为乐有子尔。且《芣苢》之作，兴所采也，如后人采菱则为采菱之诗，采藕则为采藕之诗，以述一时所采之兴尔，何它义哉？④

《毛诗序》云："《芣苢》，后妃之美也。和平则妇人乐有子矣。"据此，

① （汉）毛亨传，（汉）郑玄笺，（唐）陆德明音义，孔祥军点校：《毛诗传笺》，中华书局 2018 年版，第 61 页。

② （汉）毛亨传，（汉）郑玄笺，（唐）陆德明音义，孔祥军点校：《毛诗传笺》，中华书局 2018 年版，第 62 页。

③ （汉）毛亨传，（汉）郑玄笺，（唐）孔颖达疏，（唐）陆德明音释，朱杰人、李慧玲整理：《毛诗注疏》，上海古籍出版社 2013 年版，第 239—240 页。

④ （宋）郑樵撰，顾颉刚辑点：《诗辨妄·诗序辩》，朴社 1933 年版，第 4 页。

《毛诗故训传》训释"芣苢"意为："芣苢，马舄。马舄，车前也，宜怀妊焉。"以"宜怀妊"，搭建起"芣苢"和"妇人乐有子"之间意义的联系。郑樵认为这是一种"例是求义"的解读方式，也就是先入为主地确定主旨，然后再寻找证据去附会诗意，所以在他看来，《芣苢》就是一首简简单单的采摘诗，就像后世的采菱诗、采藕诗一样，清新自然，没有所谓的政教之意。

郑樵对《诗经》名物的解释已经跳脱出传统经学"微言大义"的主流，或可视为一种偏重于科学的解释学，这种解释学立足于事物本身的特质进行训解，而很少做意义的发挥和引申，《尔雅》即是代表。这也是郑樵对当时理学思潮的一种立场和态度，如《通志·昆虫草木略·序》所云："学者皆操穷理尽性之说，而以虚无为宗，至于实学，则置而不问。当仲尼之时已有此患。"① 所以，他要做的就是倡导实学，这对理学在发展过程中有可能出现的空谈心性义理造成的虚无主义是有警醒和纠正之功的，而他所取得的成绩和开创的路径，也为其后实学发展提供了重要的借鉴和参考。就《诗经》名物研究而言，在郑樵看来，只有陆玑《毛诗草木鸟兽虫鱼疏》具有实学的特点，如其在《通志·昆虫草木略·序》中所言：

> 使不识草木之精神，则安知诗人"敦然""沃若"之兴乎？陆玑者，江左之骚人也，深为此患，为《毛诗》作《鸟兽草木虫鱼疏》，然玑本无此学，但加采访，其所传者多是支离。自陆玑之后，未有以此明《诗》者，惟《尔雅》一种为名物之宗，然孙炎、郭璞所得既希，张揖、曹宪所记徒广。大抵儒生家多不识田野之物，农圃人又不识《诗》《书》之旨，二者无由参合，遂使鸟兽草木之学不传。②

由上面这段文字不难看出郑樵对《尔雅》和《毛诗草木鸟兽虫鱼疏》在《诗经》名物解释中重要地位的认可，但同时他也指出二书也存在着支离蔓延

---

① （宋）郑樵撰：《通志二十略》，中华书局1995年版，第1979页。
② （宋）郑樵撰：《通志二十略》，中华书局1995年版，第1981页。

的问题，尤其是明《诗》《书》的儒生却不识名物，熟名物的农人却不解《诗》《书》的状况，使得名物的解释缺乏田野考察的依据，而这也肯定是郑樵所努力要加以解决的问题。郑樵是以承继《尔雅》《毛诗草木鸟兽虫鱼疏》传统自居的，蕴含于其中的学术自信亦可窥见一斑。此外，尚需注意其在名物考释中对前代观点的驳斥，如下面两个例子：

> 郑子曰：《螽斯》者取二字以命篇尔，实无义也，言"螽斯羽"者，谓螽之此羽尔，何得谓螽斯为一物名。①

> 郑子曰："有鹤在林"，鹤非鱼鸟；"隰有荷华"，荷华，木芙蓉也。②

《毛传》云："螽斯，蚣蝑也。"③ 而郑樵认为"斯"是此、这个的意思，不能把"螽斯"当作一个名词看待。此外，"有鹤在林"，《郑笺》释云："鹙也、鹤也，皆以鱼为美食者也。"④ "隰有荷华"，《毛传》释云："荷华，扶渠也，其华菡萏。"⑤ 对此，郑樵都明确表示了反对。这些观点虽不甚恰切，但这种征实的研究旨趣、特异的学术观点还是对后世包括《诗经》学在内的学术发展产生了巨大的影响，如顾颉刚先生所说："郑樵是中国史上很可注意的人。他有极高的热诚、极锐的眼光、极广的志愿去从事学术学问。在谨守典型又欠缺征实观念的中国学界，真是特出异样的人物。因为他特出异样，所以激起了无数的反响。"⑥ 其中受其影响最典型的就是朱熹，如朱子所云："旧曾有一老儒郑渔仲，更不信《小序》，只依古本与叠在后面。某今亦只如此，

---

① （宋）郑樵撰，顾颉刚辑点：《诗辨妄》，朴社1933年版，第13—14页。
② （宋）郑樵撰，顾颉刚辑点：《诗辨妄》，朴社1933年版，第14—15页。
③ （汉）毛亨传，（汉）郑玄笺，（唐）陆德明音义，孔祥军点校：《毛诗传笺》，中华书局2018年版，第9页。
④ （汉）毛亨传，（汉）郑玄笺，（唐）陆德明音义，孔祥军点校：《毛诗传笺》，中华书局2018年版，第345页。
⑤ （汉）毛亨传，（汉）郑玄笺，（唐）陆德明音义，孔祥军点校：《毛诗传笺》，中华书局2018年版，第115页。
⑥ 《郑樵传》，《国学季刊》卷二。

令人虚心看正文，久之其义自见。"① 可以说，南宋《诗经》学废《序》和疑古思辨学风的形成和郑樵的奠基之功是密不可分的。

总之，作为宋代学术发展承前启后的一个重要阶段，高宗朝的《诗经》研究在继承北宋研究成果基础之上，又向着理学、实学方向推进了一步，吹响了南宋《诗经》学继续变革的号角。

第四节　两宋之交《诗经》音韵学及三家《诗》研究

两宋之交及高宗朝不仅是理学、实学《诗经》学思潮逐渐形成的一个重要阶段，同时这一时期出现的音韵研究以及有关三家《诗》的研究也对后世多有影响。

一、两宋之交的《诗经》音韵学研究

就现有资料来看，汉代的《诗经》研究主要侧重于字词意思以及章句的训释，如《汉书·艺文志》所载《鲁故》《鲁说》《齐后氏故》《齐孙氏故》《齐后氏传》《齐孙氏传》《齐杂记》《韩故》《韩内传》《韩外传》《韩说》《毛诗故训传》等，音韵之学似乎并未引起足够的重视，而扬雄《方言》及许慎《说文解字》等诸书虽涉及音韵问题，但终究不是考释《诗经》音韵的专书，这应当和汉代去古未远，经师口耳相传，音韵对于这一时代的治经者而言不是一个很突出的问题有关。而随着不同时代语言的发展流变，音韵越来越成为阅读包括《诗经》《楚辞》等在内的先秦典籍的障碍，加之魏晋南北朝佛典翻译带来的对音韵问题的思考和经验总结，音韵学随之逐渐成为一个专门的研究领域，并出现了三国时孙炎《尔雅音义》、李登《声类》、晋吕静《韵集》等众多研究成果，《诗经》音韵学在这一大环境中也有发展，如《隋

---

① （宋）黎靖德编，王星贤注解：《朱子语类》卷八〇，中华书局 1986 年版，第 2068 页。

书·经籍志》载：

> 《毛诗笺音证》十卷（后魏太常卿刘芳撰。梁有《毛诗音》十六卷，
> 徐邈等撰；《毛诗音》二卷，徐邈撰；《毛诗音隐》一卷，干氏撰。亡。）
>
> 《毛诗并注音》八卷（秘书学士鲁世达撰。）①

上述著述均是有关《诗经》的音学专书，尽管已经亡佚，但其中相当一部分成果被初唐陆德明《经典释文》和孔颖达《毛诗注疏》吸收，如《毛诗注疏》云：

> 《诗》之大体，必须依韵。其有乖者，古人之韵不协耳。之、兮、矣、也之类，本取以为辞，虽在句中，不以为义，故处末者皆字上为韵。"之"者，"左右流之"、"寤寐求之"之类也。"兮"者，"其实七兮"、"迨其吉兮"之类也。"矣"者，"颜之厚矣"、"出自口矣"之类也。"也"者，"何其处也""必有与也"之类也。"乎"者《著》，"俟我于著乎而"，《伐檀》"且涟猗"之篇，此等皆字上为韵，不为义也。然人志各异，作诗不同，必须声韵谐和，曲应金石。亦有即将助句之字以当声韵之体者，则"彼人是哉，子曰（曰）何其"、"不思其反，反是不思，亦已焉哉"、"是究是图，亶（亶）其然乎"、"其虚其徐，既亟只且"之类是也。②

作为西周礼乐文化的产物，《诗经》先天就与音乐存在着不可分割的关系，音乐对节奏的要求，又对《诗经》中声韵的使用产生了直接的影响。尽管春秋之后，《诗》乐不传，但诗文本身仍保存着其固有的声韵特质，诵读中仍有能带给人节奏的美感，所以作为一种音乐文学，《诗经》是离不开声韵的，亦即孔颖达所说："《诗》之大体，必须依韵。"但时代变迁，语音亦随之产生了极大的变化，后世读《诗经》若依今音，很多时候会产生不协调的感

---

① （唐）魏徵撰：《隋书》卷三二，中华书局1973年版，第916页。

② （汉）毛亨传，（汉）郑玄笺，（唐）孔颖达疏，（唐）陆德明音释，朱杰人、李慧玲整理：《毛诗注疏》，上海古籍出版社2013年版，第35页。

受，所以要注意与古人之韵的对比与辨析。并且，由其上述"之、兮、矣、也之类，本取以为辞，虽在句中，不以为义，故处末者，皆字上为韵。""人志各异，作诗不同，必须声韵谐和，曲应金石，亦有即将助句之字，以当声韵之体者。"从这些对《诗经》音韵规律的总结不难看出，孔颖达等人已经对诗韵有了较为清楚的认识，这对此后宋代《诗经》音韵学的进一步发展无疑是有借鉴和启发意义的，但《经典释文》和《毛诗注疏》毕竟不属于《诗经》音学专书，真正将《诗经》音学推到一个新的高峰的是宋代学者，其中吴棫所著《诗补音》开这一领域的先河，如张民权《宋代古音学与吴棫〈诗补音〉研究》所云："真正的'古音学'是从宋代开始的，那就是从吴棫著《诗补音》和《韵补》开始。"① 吴棫（约1100—1154），生活于北宋徽宗至南宋高宗时期，清同治《福建通志》有传，著作除《毛诗补音》《韵补》外，还有《论语续解》《说例》等。《毛诗补音》已佚，但仍可从《玉海》《朱子语类》《直斋书录解题》等文献资料中窥见吴氏此书的一些特点，如陈振孙《直斋书录解题》云：

> 《毛诗补音》十卷，吴棫撰。其说以为《诗》韵无不叶者，如来之为釐，庆之为羌，马之为姥之类。《诗》音旧有九家，唐陆德明始定为《释文》。《燕燕》以南韵心，沈重读南作尼心切，德明则谓古人韵缓，不烦改字。《扬之水》以沃韵乐，徐邈读沃郁缚切，德明亦所不载。颜氏《匡谬正俗》以傅毅《郊祀赋》穰作而成切，张衡《西京赋》激作吉跃切。今之所作，大略仿此。②

《解题》为了解《毛诗补音》提供了非常好的线索。首先，吴棫对于《诗经》音韵问题的一个基本立场是"《诗》韵无不协"，这和上述孔颖达《毛诗注疏》在观点上是较为一致的；其次，吴棫对陆德明《经典释文》中的音释是不满意的，除上文提到的"《扬之水》以沃韵乐，徐邈读沃郁缚切，德

---

① 张民权著：《宋代古音学与吴棫〈诗补音〉研究》，商务印书馆2005年版，第3页。
② （宋）陈振孙撰：《直斋书录解题》，商务印书馆1937年版，第36页。

明亦所不载"，《经典释文》注音有所缺失的问题外，此外如章如愚《群书考索》所载吴棫所言："至开元中修《五经文字》。'我心惨惨'书为'慅'，音七到切；'伐鼓渊渊'书渊为㶞，音于巾切，皆与《释文》音训有异。乃知德明之学，在当时亦未尽用，而《诗》音之亡或所有自矣！"① 亦即《经典释文》和其时其他诸家在注音上的差异，而这种对前代《诗经》音训不足的判断也是促成吴棫作《毛诗补音》的动因之一。那么，吴棫是如何撰写《毛诗补音》的呢？《直斋书录解题》也给出了答案，即"颜氏《匡谬正俗》以傅毅《郊祀赋》穰作而成切，张衡《西京赋》激作吉跃切。今之所作，大略仿此"。既然《毛诗补音》乃仿颜师古《匡谬正俗》所作，不妨就以《匡谬正俗》中的一些条目，以考见《补音》与《正俗》体例之关系。如上述文字提到了傅毅《郊祀赋》中的"穰"字、张衡《西京赋》中的"激"字，《匡谬正俗》的注解分别是：

穰

傅毅《郊祀颂》云："飞紫烟以奕奕，纷扶摇乎太清。既歆祀而欣德，降灵福之穰穰。"又张昶作《华山堂阙碑铭》云："经之营之，不日而成。匪奢匪俭，惟德是呈。匪丰匪约，惟礼是荣。虔恭禋祀，黍稷惟馨。神具莘止，降福穰穰。"然则穰字亦当音而成反。今关内闾里呼禾黍穰穰音犹然。②

激

今俗呼激水箭，音为吉跃反。按：张平子《西京赋》云："翔鹍仰而弗逮，况青鸟与黄雀。伏棂槛而俯听，闻雷霆之相激。"郭景纯《江赋》云："虎牙嵸竖以屹崒，荆门阙竦而磐礴。圆渊九回以悬腾，溢流雷响而电激。骇浪暴洒，惊波飞薄。"此则激字有吉跃

---

① （宋）章如愚撰：《群书考索》，广陵书社 2008 年版。
② （唐）颜师古撰：《匡谬正俗》，商务印书馆 1936 年版，第 85—86 页。

音也。①

《匡谬正俗》广引典籍以证己说,《毛诗补音》亦采用了此种体例,《毛诗补音》已佚,幸得后世杨简《慈湖诗传》等典籍采录其说,近年来,张民权先生又对其进行了汇考校注,使我们能进一步了解《补音》的面貌,兹引《关雎》中数例以明之:

> 《补音》云:思服,蒲北切。一作偪,又作犕。《士冠礼》三加祝皆"服"与"德"叶,秦《泰山刻石》"宾服"与"修饬"叶,碣石、刻石"咸服"与"灭息"叶,《诗》一十有六,无用今房六切一读者。

> 《补音》云:右采,此礼切。荀卿《赋篇》:"此夫文而不采者与,简然易知而致有礼者与?"杜笃《论都赋》"采"与"已"叶。郭璞《客傲》"采"与"里"叶。陆云《赠顾尚书》"采"与"水"叶。瑟、友,羽轨切,朋也。《史记·龟策传》"与之为友",叶"民众咸喜"。《易林·坎之乾》"孝友"与"兴起"叶。《楚辞·九章》"长友"与"有理"叶。汉《天马歌》"友"与"里"叶。崔骃《达旨》"友"与"已"叶。按:"采"有此荀切友,有云九切,宜从两读例,而《诗》用友韵凡十有一,无作云九切者,今定从一读。②

不用做太多的解释,即可发现《毛诗补音》与《匡谬正俗》注解体例的一致之处,这与陈振孙对其"援据精博,信而有征"③的评价也是一致的。此外,朱熹亦云:"或问吴氏协韵何据?曰:他皆有据。泉州有其书,每一字多者引十余证,少者亦两三证。"④可见,吴棫《毛诗补音》的撰作秉承的仍是

---

① (唐)颜师古撰:《匡谬正俗》,商务印书馆1936年版,第86页。
② (宋)杨简撰:《慈湖诗传》卷一,景印文渊阁《四库全书》本,台湾商务印书馆1986年版。
③ (宋)陈振孙撰:《直斋书录解题》,商务印书馆1937年版,第36页。
④ (宋)朱熹撰,黎靖德编:《朱子语类》卷八〇《诗类》,景印文渊阁《四库全书》本。

汉唐注疏旁征博引的传统，其对《经典释文》《毛诗注疏》的补充和修正，既有对此前研究成果的吸收借鉴，同时又体现着两宋之际《诗经》研究逐渐走向细致化、专门化的发展趋势。朱熹、王质、杨简等诸多《诗经》研究名家均或多或少受到过《毛诗补音》的影响，如朱熹尝云："叶韵多用吴才老本，或自以意补入。"① 杨简亦云："《诗补音》考究精博，然亦有过差。"② 可以说，南宋《诗经》音学的发展很大程度上是建立在对吴棫《毛诗补音》批判吸收基础之上的，对其在《诗经》学史上的贡献应当引起充分的重视。

此外，出现于这一时期的沈括（1031—1095）《梦溪笔谈》③、王观国（生卒年不详，约南宋高宗绍兴十年前后在世）《学林》等对《诗经》的音学问题亦多有关注，如《梦溪笔谈》云：

> 观古人谐声，有不可解者，如玖字、有字多与李字协用，庆字、正字多与章字、平字协用，如《诗》："或群或友，以燕天子"，"彼留之子，贻我佩玖"，"投我以木李，报之以琼玖"，"终三十里，十千维耦"，"自今而后，岁其有，君子有谷，贻孙子"，"陟降左右，令闻不已"，"膳夫左右，无不能止"，"鱼丽于罶，鲿鲨，君子有酒，旨且有。"如此极多。又如"孝孙有庆，万寿无疆"，"黍稷稻粱，农夫之庆"，"唯其有章矣，是以有庆矣"，"则笃其庆，载锡之光"，"我田既藏，农夫之庆"，"万舞洋洋，孝孙有庆"；《易》云："西南得朋，乃与类行；东北丧朋，乃终有庆"，"积善之家，必有余庆；积不善之家，必有余殃"；班固《东都赋》"彰皇德兮侔周成，永延长兮膺天庆"，如此亦多。今《广韵》中"庆"一音卿，然如《诗》之"未见君子，忧心怲怲；既得君子，庶几式臧"，"谁秉国成，卒

---

① （宋）朱熹撰，黎靖德编：《朱子语类》卷八〇《诗类》，景印文渊阁《四库全书》本。
② （宋）杨简撰：《慈湖遗书》，景印文渊阁《四库全书》本，台湾商务印书馆 1986 年版。
③ 按照学界主流观点，《梦溪笔谈》约成书于 1086—1093 年。据此，将此书置于两宋之际进行讨论。

劳百姓，我王不宁，覆怨其正”，亦是恲、正与宁、平协用，不止庆而已，恐别有理也。①

沈括关注到了《诗经》与《广韵》音释不同的现象，《广韵》乃真宗年间编成的一部韵书，反映的主要是魏晋南北朝至宋初的语音现象，所以与《诗经》《周易》等文本中的上古音系统存在差异。尽管沈括还没有办法解决其中的诸多问题，只能用"恐别有理也"的表述存疑，但他提出的这些问题会进一步启发其后学者的思考。对于学术研究而言，很多时候，提出问题与解决问题是同样重要的。王观国《学林》对《诗经》音韵问题也有一些解读，如其释"艾"云：

> 《閟宫》诗曰："荆舒是惩。"郑氏笺曰："惩，艾也。"陆德明《音义》曰："艾，鱼肺反。"《小毖》诗曰："予其惩而毖。"郑氏笺曰："惩，艾也。"陆德明《音义》曰："艾，五盖反。"
>
> 今案：二诗言惩艾之意则同，而《音义》分二音者。《尔雅》曰："艾，长也；艾，历也；艾，相也；艾，养也。"《字书》曰："艾，鱼肺切，治也。又五盖切，老也、长也、养也。"然则所谓惩艾者，惩，治之也，当以《閟宫》诗音为是。《礼记·表记》曰："以怨报怨，则民有所惩。"郑氏注曰："惩谓创艾。"陆德明《音义》曰："艾，音义。"盖与《閟宫》《小毖》诗言惩艾之意则同也。《小旻》诗曰："或肃或艾。"《臣工》诗曰："奄观铚艾。"《祭统》曰："草艾则墨。"《月令》曰："毋艾蓝以染。"《春秋·隐公元年》左氏传曰："楚虽无德，亦不艾杀其民。"凡此艾字，皆鱼肺切者也。《访落》诗曰："朕未有艾。"《鸳鸯》诗曰："福禄艾之。"《南山有台》诗曰："保艾尔后。"《閟宫》诗曰："俾尔耆而艾。"《春秋·隐

---

① （宋）沈括撰，金良年点校：《梦溪笔谈》卷十四《艺文》，中华书局 2015 年版，第 142—143 页。

公二年》左氏传曰："犹有知在，忧未艾也。"凡此艾字，皆五盖切者也。①

通过对比，发现陆德明《经典释文》中释音的不合之处，进而在梳理《尔雅》《字书》《诗经》《左传》《礼记》等大量文献的基础上进行细致考辨，最后确定"艾"在不同作品中的读音，其得出的结论具有很强的说服力。这种研究方法与吴棫、沈括是一致的，由此亦可见其学风之笃实。可惜的是，王观国的这些成果并未被朱熹吸收到《诗集传》中，如上述《鸳鸯》"福禄艾之"，《学林》释"艾"为五盖切，而《诗集传》则云："叶鱼肺反。"与朱子关于《诗经》音韵的考察相较，王观国的这些观点似更有说服力，也是应当引起学界注意的。

总之，两宋之际有关《诗经》音韵问题的考察开始成为学界关注的一个重要领域，这与北宋以来音韵学的发展是同步的，其后南宋的《诗经》研究中，音韵学的地位更加突出，除如朱熹《诗集传》、杨简《慈湖诗传》等在通释经文过程中的注音外，还出现了大量专书，如陈知柔《诗声谱》、邓林《诗经音义》、辅广《诗经协韵考异》、孙奕《毛诗直音》、刘庄孙《诗传音旨补》、郑庠《诗古音辨》、李公凯《直音傍训纂集东莱毛诗句解》等，《诗经》音韵学不断发展，明清时期陈第、顾炎武等的《诗经》音韵学研究亦与此有着直接的关系。

二、两宋之际的三家《诗》研究

两宋之际的《诗经》研究中涌动着相较于北宋更为强烈的变革意识，除上述废《序》以及有关音韵等的突破外，这一时期的三家《诗》研究也值得关注。北宋一代，《诗经》阐释基本都是围绕《毛诗》展开的，关于三家《诗》的研究基本处于消歇状态。究其原因，一是三家《诗》亡佚既久，专门

---

① （宋）王观国撰，田瑞娟点校：《学林》，中华书局2006年版，第161页。

著述不易获得；二是科举以《毛诗》作为考试科目，三家《诗》自然很少会进入研习者视野；三是与北宋学者对《毛诗》与三家《诗》价值的认识相关，如欧阳修云："自圣人没，六经多失，其传一经之学分为数家，不胜其异说也。当汉之初，《诗》之说分为齐、鲁、韩三家，晚而毛氏之《诗》始出，久之，三家之学皆废而《毛诗》独行，以至于今不绝。今齐、鲁之学没不复见，而《韩诗》遗说往往见于他书，至其经文亦不同，如'逶迤'、'郁夷'之类是也，然不见其终始，亦莫知其是非。自汉以来，学者多矣，其卒舍三家而从毛公者，盖以其源流所自，得圣人之旨多欤？"① 这一观点在北宋是极具代表性的。《毛诗》传承有序，较三家《诗》更符合经学家探求圣人之意的需要，在五代之后经学体系的重构过程中，它自然是最佳的选择，但这一局面至两宋之际逐渐有了改观。除继续重视《毛诗》解读外，三家《诗》也成为学者们的讨论对象，并且成为推动其时《诗经》学发展的又一股力量，其中曹粹中、董逌②的研究成果尤为重要。

《宋元学案》卷二十载曹粹中事迹云：

> 曹粹中，字纯老，号放斋，定海人也。李庄简公光之婿。宣和六年进士，释褐黄州教授。秦氏欲因庄简见之，先生辞焉，私语妇曰："尊公其能终为首揆所容乎？"已而庄简果被出，叹曰："吾愧吾婿。"先生自是隐居，终秦氏之世，未尝求仕。庄简退居，著《读易老人解说》，而先生笺《诗》，各以其所长治经，可谓百世之师矣。世有修改《宋史》者，当附之庄简传中也。张魏公晚年入相，荐于朝，通守建宁。不久，乞身而归，赠侍讲。

> 祖望谨案：深宁王氏《四明七观》，其于经学首推先生之

---

① （宋）欧阳修撰：《诗本义·序问》，景印文渊阁《四库全书》本，台湾商务印书馆 1986 年版。

② 关于曹粹中、董逌的生卒年，史料失载，但《宝庆四明志》等文献记载曹粹中于徽宗宣和六年（1124）中进士，董逌之子董芬于高宗绍兴二十七年（1157）为其父《广川书跋》作题记。据此推定，曹粹中、董逌当生活于两宋之际。

《诗》。自先生《诗说》出，而舒广平、杨献子出而继之，为吾乡《诗》学之大宗。慈湖之《诗传》相继而起。咸、淳而后，庆源辅氏之《传》始至甬上。则论吾乡《诗》学者，得不推先生为首座与！①

曹粹中乃李光女婿，李光是刘安世的门人，长于《易》学，以史证《易》，是"史事宗"的代表性人物，和司马光、刘安世一脉相承。曹粹中虽治《诗经》，但其学术思想当也必多受李光的影响，如《放斋诗说》考释《诗经》名物、地理，也呈现出一定的征实倾向，寓含着史学的研究方法和理念，姑待后文详述。《放斋诗说》已佚，但段昌武《毛诗集解》、王应麟《困学纪闻》等典籍多有引述，可据此考察曹氏的《诗经》学思想。综观《诗说》留存下来的条目，除对《毛诗》的申说外②，另一个引人注目的特点即是其对三家《诗》的引用和讨论，如段昌武《毛诗集解》述及《关雎》题意时云："或曰先儒多以周道衰，诗人本诸衽席而《关雎》作。"这是三家《诗》中《鲁诗》的观点，其后又引述曹粹中的观点云："曹氏曰：是时《毛传》未行，《序》文亦未出，学者各宗三家之说，则无怪其为异也。"③ 据《汉书·艺文志》等文献记载，鲁、齐、韩三家《诗》早于《毛诗》，且在汉初均被立为博士，《毛诗》仅在河间国流传。尽管东汉之后《毛诗》独兴，其他几家逐渐衰落，但必须对三家《诗》在西汉《诗经》学发展史上的地位给予充分的肯定和必要的关注。由于史料缺失，尽管无法完全复现曹粹中对三家《诗》的态度，但其提出汉初"学者各宗三家之说，则无怪其为异也"，大体可以看出他是重视三家《诗》观点的，且对其有批判的利用，兹举两例以

---

① （清）黄宗羲撰：《宋元学案》，中华书局 2007 年版，第 842 页。全祖望按语亦见于《晦庵先生朱文公文集》卷九二《荣国夫人管氏墓志铭》。

② 如段昌武《毛诗集解》引曹粹中《诗说》释《召南·摽有梅》章云"曹曰此诗《毛传》以梅落兴女年之衰，《郑笺》以梅落兴时之衰，窃求诗人之意，《毛传》是矣。"这样的例子在《毛诗集解》中还有很多，不赘举。

③ （宋）段昌武撰：《毛诗集解》，景印文渊阁《四库全书》本，台湾商务印书馆 1986 年版。

明之：

1. 王应麟《困学纪闻》："《诗正义》曰：'《仪礼》歌《召南》三篇，越《草虫》而取《采蘋》，盖《采蘋》旧在《草虫》之前。'曹氏《诗说》谓：《齐诗》先《采蘋》而后《草虫》。"①

2. 《宋元学案补遗》："（曹氏云）：自戴公至襄公凡一百五十有一年，正考父既佐戴公，而能至于襄公之时作颂，何其寿耶？"②

上述两则资料中，第一则关注于《毛诗》与《齐诗》诗作排列顺序的不同，这个问题唐代孔颖达《毛诗正义》已有所关注，如文中提到的今本《毛诗》中《草虫》在《采蘋》之前，而《正义》据《仪礼》做出推断——"《采蘋》旧在《草虫》之前"，但这种不同的排列顺序是如何产生的？是《毛诗》在流变过程中自身出现的版本问题，还是另有原因？自孔颖达之后，这个问题一直乏人问津，直到曹粹中《诗说》的出现，曹氏认为这是由于《毛诗》与《齐诗》两个不同的传授系统造成的，在《齐诗》的版本系统中，《采蘋》是列于《草虫》之前的，显然，这与《仪礼》的记载更为吻合，其后，清代陈乔枞、王先谦等亦从其说。③ 第二则材料涉及的是《商颂》的产生时代问题。《毛诗序》云："《那》，祀成汤也。微子至于戴公，其间礼乐废坏，有正考甫者，得《商颂》十二篇于周之太师，以《那》为首。"④ 则《毛诗》认为正考甫是宋戴公时期的人物，并且《商颂》乃是其从周太师处得到的，并非其所作。《鲁诗》的说法则是："宋襄公之时，修行仁义，欲为盟主其大

---

① （宋）王应麟撰：《困学纪闻》，景印文渊阁《四库全书》本，台湾商务印书馆1986年版。

② （清）王梓材撰：《宋元学案补遗》卷二○，中华书局2012年版，第1521页。

③ （清）王先谦《诗三家义集疏》云"陈乔枞云'据《仪礼》，合乐歌《周南》，则《关雎》《葛覃》《卷耳》三篇同奏；歌《召南》，则《鹊巢》、《采蘩》、《采蘋》同奏。是知古诗篇次原以《采蘋》在《草虫》之前，三家次第与毛异，曹说非无据也。'愚案曹氏即本《仪礼》为说，三家皆同，不独毛也。"中华书局2011年版，第77—78页。

④ （汉）毛亨传，（汉）郑玄笺，（唐）陆德明音义，孔祥军点校：《毛诗传笺》，中华书局2018年版，第490页。

夫正考父美之，故追道汤、契、高宗所以兴，作《商颂》。"① 正考父又出现在了宋襄公时代，而正像曹氏所云自戴公至襄公其间相距百余年，依常理而言，正考父不应能有如此高寿。这其实应当是曹粹中在对比了《毛诗》与《鲁诗》的不同之后发现的一个问题，而其似乎更倾向于《毛诗》的说法。总之，曹粹中已经较为明晰地意识到鲁、齐、韩三家《诗》对于《诗经》训解的重要价值，并开始尝试通过比较四家《诗》异同的方式解决一些公案。

就现有资料来看，在曹粹中所处的时代以及其后很长一段时间，三家《诗》地位越发凸显，成为《诗经》研究重要的学术资源之一。除曹粹中外，这一时期还有董逌②等人也对三家《诗》多有关注。董逌著有《广川诗故》四十卷，已佚，但仍可通过吕祖谦《吕氏家塾读诗记》等相关文献窥其面貌之一二。《读诗记》引董逌观点多达三十余条，而这些条目又有着一些共同的特点，首先是对《韩诗》引用的偏重，上述三十余条中有一半涉及对《韩诗》的引用，如：

《召南·采苹》"于以奠之"。董氏曰：《韩诗》作"于以䲷之"。

《邶风·终风》"曀曀其阴"。董氏曰：《韩诗》作"防防其阴"。《（韩诗）章句》曰："天阴尘也"。

《卫风·考槃》"考槃在阿"。董氏曰："阿"，《韩诗》作"干"。《（韩诗）章句》曰："地下而黄曰干。"

《王风·中谷有蓷》"啜其泣矣"。董氏曰："啜"，《韩诗》作"惙"。

《郑风·羔裘》"彼其之子"。董氏曰：《韩诗》"彼其"作"彼已"。③

---

① （清）王先谦撰，吴格点校：《诗三家义集疏》，中华书局 2011 年版，第 1089 页。按《韩诗》亦认为《商颂》乃正考父所作，说见《集疏》第 1089 页。

② 董逌生卒年不详，但据其南宋建炎三年（1129）仍在世，定其为两宋之际的人物。

③ （宋）吕祖谦撰：《吕氏家塾读诗记》，载《儒藏》精华编，北京大学出版社 2009 年版。

除《韩诗》外，董逌对《诗经》的解读也利用了《说文解字》、石经等其他多种文献，如：

> 《召南·江有汜》。董氏曰："汜"，石经作"洍"，《说文》引《诗》作"洍"，盖古为洍，后世讹也。

> 《邶风·击鼓》"击鼓其镗"。董氏曰：镗，石经作鞺，《说文》亦作鞺。

> 邶鄘卫。董氏曰：《竹书纪年》曰：武王封武庚于朝歌，分其地为邶鄘卫，使管叔、霍叔、蔡叔监之。

> 《邶风·静女》"静女其姝"。董氏曰：隋得江左本，作"静女其姡"。姡，好也，石经作"偄而不见"，《说文》曰：偄，彷佛。许慎引《诗》亦作偄。①

上述所引除《韩诗》《说文解字》等较为常见的文献外，还有隋代可能依旧存世的《诗经》江左本，以及《竹书纪年》等众多资料。由此不难想见，董逌的《诗经》研究是非常重视文献比勘的，对《诗经》异文等问题有着相较于前人更为全面丰富的文献意识，对南宋《诗经》训释学发展有着重要的影响，这从上述吕祖谦对其观点的大量引用亦可窥见一斑，也正如陈振孙《直斋书录解题》云：

> 其说兼取三家，不专毛、郑，谓《鲁诗》但见取于诸书，其言莫究，《齐诗》尚存可据，《韩诗》虽亡缺，犹可参考。案：逌《藏书志》有《齐诗》六卷，今《馆阁》无之。逌自言隋、唐亦已亡久矣，不知今所传何所从来，或疑后世依托为之。然则安得便以为《齐诗》尚存也。然其所援引诸家文义与毛氏异者，亦足以广见闻、续微绝云耳。②

陈振孙所说董逌《广川藏书志》中著录的《齐诗》六卷当为后世依托之

---

① （宋）吕祖谦撰：《吕氏家塾读诗记》，载《儒藏》精华编，北京大学出版社 2009 年版。
② （宋）陈振孙撰：《直斋书录解题》，商务印书馆 1937 年版，第 36 页。

作，这一观点是有说服力的，因为就《吕氏家塾读诗记》所引董逌《广川诗故》条目来看，其引用的仅为《韩诗》，没有一则《齐诗》。此外，董逌对《诗经》学"公案"也有着自己的看法，如：

> 董氏曰：古之为教者，师授而传之，训传不立，而能自见于世，况夫《诗》之存，不独著之竹帛，凡声于乐者，工师亦得以传其言也。汉史谓宏作《诗序》，宏固不能及此，或以师授之言论著于书耳。

> 《召南·江有汜》江有沱。董氏曰：江况嫡，沱况媵，今《诗序》乃言江沱之间，是失诗人之旨也。

第一则是对《毛诗序》作者问题的讨论，第二则是对《诗序》解释的质疑。关于《毛诗序》作者问题，北宋一代争议不大，直至北宋末南宋初郑樵等人才对《毛诗序》的作者提出了大胆的质疑。董逌对卫宏作《序》说是持否定态度的，他认为所谓卫宏所作《诗序》应当是传自前代师说，并非其自作，这一观点在当时也属新见。第二则对《江有汜》中的兴义进行了解读，《毛诗序》云："《江有汜》，美媵也。勤而无怨，嫡能悔过也。文王之时，江沱之间，有嫡不以其媵备数，媵遇劳而无怨，嫡亦自悔也。"① 明显可见，《诗序》将诗文中"江有沱"理解为"江沱之间"，《毛传》也认为"沱"乃"江之别者"，郑《笺》亦云："岷山道江，东别为沱。"② 均未将"沱"视为有兴义的词汇，其后孔颖达《毛诗注疏》等著述也基本没有超出这一认识。郑《笺》解此诗"江有汜"时亦云："兴者，喻江水大，汜水小，然得并流，似嫡媵宜俱行。"③ 董逌据此认为"江有沱"也应当有"江况嫡，沱况媵"的喻

---

① （汉）毛亨传，（汉）郑玄笺，（唐）陆德明音义，孔祥军点校：《毛诗传笺》，中华书局 2018 年版，第 28 页。

② （汉）毛亨传，（汉）郑玄笺，（唐）陆德明音义，孔祥军点校：《毛诗传笺》，中华书局 2018 年版，第 29 页。

③ （汉）毛亨传，（汉）郑玄笺，（唐）陆德明音义，孔祥军点校：《毛诗传笺》，中华书局 2018 年版，第 28 页。

意，这一观点指出《毛诗序》可能存在的缺失，是有一定说服力的。

　　总之，通过对传世文献的梳理不难看出，两宋之际治《诗》的学者们依然保持着努力寻求突破的自觉追求。这一时期《诗经》学的发展除对《毛诗》文本、义理等的深度开掘外，从研究对象和使用材料的角度来看，包括三家《诗》在内的众多以往被忽略的资料也开始不断进入研究者的视域，通过新资源的注入，新的研究角度和观点也不断涌现，南宋《诗经》学高潮的到来正是建立在这一基础之上的。

第六章　守正与变革的高潮

——孝宗、光宗、宁宗三朝的《诗经》研究

第一节　孝宗、光宗、宁宗三朝的政局与学术

孝宗朝（1163—1189）政治局势仍存在众多变数，但整体而言还是较为稳定的，出现了"乾淳盛世"的局面，如周密《武林旧事》载："乾道、淳熙间，三朝授受，两宫奉亲，古昔所无，一时声名文物之盛，号'小元祐'。"① 孝宗亦始终以恢复中原作为国家最重要的一项政治目标，并不断增强武备，其间虽有"隆兴北伐"的失败，但这一时期的政治氛围仍是积极的。这一阶段在学术上也发生了一些大事，如孝宗隆兴元年（1163）十二月，朱熹、吕祖谦（1137—1181）相见；孝宗乾道三年（1167）八月，朱熹在门人范念德、林用中陪同下，访张栻于潭州；孝宗淳熙元年（1174）五月，陆九渊至三衢见吕祖谦；淳熙二年（1175）五月，朱熹、吕祖谦邀请陆九龄等于信州（今江西上饶）鹅湖寺会晤，即著名的"鹅湖之会"；淳熙三年（1176）三月，吕祖谦与朱熹相会于浙中三衢，就《诗经》《尚书》《周易》《春秋》

---

① （宋）周密撰：《武林旧事》，中华书局 2007 年版。

等经学和史学问题进行了全面讨论，即"三衢之会"；淳熙六年（1179）十月，朱熹复建白鹿书院，淳熙八年（1181）二月，陆九渊至白鹿书院讲学；淳熙十一年（1184），陈亮、朱熹作义利王霸之辩……明显可见，这一时期也是朱熹学术活动的活跃期，他的很多著述也主要完成于这一阶段，如《观书有感》（隆兴二年）、《程氏遗书》25篇（乾道四年四月）、《语孟精义》（乾道八年正月）、《资治通鉴纲目》（乾道八年四月）、《八朝名臣言行录》（乾道八年六月）、《西铭解义》（乾道八年十月）、《伊洛渊源录》（乾道九年十一月）、《近思录》（淳熙三年五月）、《四书集注》（淳熙十六年），《诗集传》也于这一时期刊刻于建安。

尽管上述朱熹、吕祖谦等人的学术活动只是孝宗朝学术整体构成的冰山一角，但由此不难看出学术发展的繁荣景象，而这种繁荣的背后带有这一时期学者对重构政治生态的系统深挚的思考。就主流和发展趋势而言，主要是延续北宋儒学以二程为代表的理学，进一步突破汉唐学者的注疏及思想，努力构建属于这一时代的思想体系。

光宗在位仅5年（1190—1194），政治、文化等基本延续了孝宗朝的发展路径，巨变发生在宁宗统治时期（1195—1224）。宁宗庆元元年（1195）宰相赵汝愚等被贬，韩侂胄弄权，朝廷以"煽摇国是"的罪名逮捕六名太学生，由是开"庆元党禁"。庆元二年（1196）六月，包括朱熹《四书集注》《语录》在内的理学著作被禁，而如刘子健先生所说："引发了对道学学派压制的不是什么政策问题，而是与其拥护者的意识形态正统要求纠缠在一起的现实政治。"① 这种脱离学术本身的政治权力游戏招致的反对是强烈的②，因而在1202年禁令被废止，政治的风向重新出现了有利于学术尤其是理学发展的转

---

① ［美］刘子健著：《中国转向内在——两宋之际的文化转向》，赵冬梅译，江苏人民出版社2012年版，第144页。

② 详见刘子健《中国转向内在——两宋之际的文化转向》第3部分《新儒家成为正统——得不偿失的胜利》，江苏人民出版社2012年版。

向，一些重要的著作也在这一时期完成并被刊布于世，如宁宗嘉泰四年（1204）三月，陈亮《龙川文集》成书，其后杨万里亦于四月撰成《诚斋易传》，嘉定五年（1212）陆九渊《象山先生全集》刊行，嘉定十六年（1223）十月，叶适《习学记言》成书刊刻①，等等，但整体而言这一时期所取得的学术成就不及孝宗朝。

这一时期的《诗经》研究与政治、学术思潮发展同样有着极为密切的关联。大体而言，主要有以下两个大的特点：一是随着南宋政治局势的动荡，理学作为一种在时人看来能够有效拯救世道的学术思想，越来越受到自上至下的重视。与之相应，理学与《诗经》研究也呈现出深度融合的发展态势，并出现了朱熹《诗集传》等代表性著作。或从渊源的角度而言，这一发展方向追踪的是思孟学派内向追求的路径。二是同样在回应现实政治问题过程中，秉承以古为鉴的传统，努力在历史资源中寻求解决之道。表现在《诗经》研究中，就是对《诗经》以及《毛诗》等文本历史信息的挖掘，探求以《诗经》为代表的儒家经典经世致用的当代意义与价值，其中尤以吕祖谦《吕氏家塾读诗记》为代表，或可说这一发展方向回溯的是荀子"外王"的传统，其采用的策略则是《毛诗》以史证《诗》的方法。需要说明的是，这两种发展路径并不是各自独立、互不干扰的，而是有着积极的互动与交流，这从朱熹早期《诗经》研究对吕祖谦观点的吸收可窥见一斑。此外，学术的发展从来不是单一纯粹的，上述两种发展路径内部也有着许多变化，因此在探讨这一时期学术发展与《诗经》研究时就要既抓住主流，辨清大的发展态势，又要适当关注某些重要的支流，并注意这些支流与主流的关系，唯其如此，才能较为全面地考察这一时期《诗经》研究的特点及其成因。

---

① 《习学记言》由叶适弟子整理其论述而成，共50卷，计论经14卷、论诸子7卷、论史25卷、论文鉴4卷，表达了重事功、反理学的主张。

第二节　尊《序》学者的《诗经》研究

两宋之际，有关《毛诗序》的作者、释读等问题逐渐成为学界关注的热点。这些问题在孝宗、光宗、宁宗三朝有了进一步的发展，其突出表现是尊《序》的学者们开始更为系统深入地论证《诗序》的合理性，维护其《诗经》义疏的合法地位，而主张废《序》者则进一步吸收郑樵等人废《序》的观点，也更加系统地批驳《诗序》中存在的问题，并以此作为构建理学《诗经》学体系的重要基石。这些争论的背后，其实隐含着争夺学术话语权或者说意识形态的斗争，如牟玉亭先生所言："尊《序》和废《序》之争，不是单纯地如何看待《毛诗序》的问题。《诗序》是一千年来的汉学《诗经》义疏中心，是汉学义疏合法化合理化的依据，否定它而重作解释，塑立纲常名教以重整社会秩序，是一场意识形态革新的斗争。"① 而我们更应注意的是，参与这场尊《序》和废《序》之争的学者们是如何在前代学术资源基础上论证自己观点合理性的？其中隐含的政治、学术考量是什么？

考察孝宗、光宗、宁宗三朝尊《序》派的《诗经》研究，这一时期尊序派的研究成果，除吕祖谦《吕氏家塾读诗记》外，尚有范处义《诗补传》、袁燮《毛诗经筵讲义》② 等著作，这几部著作虽均维护《毛诗序》的权威地位，但又各有千秋，下面分别言之，并据此考见这一时期尊《序》的学者是如何理解和阐释《诗序》的。

一、解读历史，剖析情性：吕祖谦的《毛诗序》研究

吕祖谦向来被视为南宋尊《序》成就最高的学者，其《吕氏家塾读诗记》

---

① 牟玉亭著：《宋元诗经学的发展及其著述》，天马图书出版公司 2009 年版，第 23 页。
② 据学界通行观点，范处义生于高宗绍兴初年，历高宗、孝宗、光宗、宁宗四朝，约卒于宁宗嘉泰元年之后；《毛诗经筵讲义》为袁燮向宁宗皇帝讲解《诗经》的讲义，据此将此二者置于这一时期进行讨论。

亦为《诗经》研究的名著。对其特点，陈振孙《直斋书录解题》云："博采诸家，存其名氏，先列训诂，后陈文义，剪裁贯穿，如出一手。己意有所发明，则别出之。《诗》学之详正，未有逾于此书者也。"① 此外，严粲《诗缉》亦云："六经皆厄于传疏，《诗》为甚。我朝欧、苏、王、刘诸钜儒，虽摆落毛、郑旧说，争出新意，而得失互有之。东莱吕氏始集百家所长，极意条理，颇见诗人趣味。"② 二者都肯定了吕氏《诗经》学兼容并包、融会贯通的特点，这一点也得到了现代很多学者的肯定，如陆侃如先生云："吕氏此书是集注体裁，共引古今人四十四家，古今书四十一种，取其长而弃其短，很可供初学的人参考……宋代说《诗》者很多，影响最大的固然是朱熹，但最博而精的确只吕东莱与严粲二家，不是偶然的事。"③ 陆先生的统计更为明确一些，并肯定了其"博而精"的特点。吕祖谦及其《吕氏家塾读诗记》也成为南宋《诗经》学研究的一个重要对象，学界多有讨论，为避屋上架屋之嫌，本书不再赘述其《诗经》学的若干特点，而仅就其《毛诗序》研究略陈管见。

首先，吕祖谦对《毛诗序》的构成进行了细致的辨析：

> 三百篇之义，首句当时所作，或国史得诗之时，载其事以示后人，其下则说诗者之辞也。说诗者非一人，其时先后亦不同。以《毛传》考之，有毛氏已见其说者，时在先也；有毛氏不见其说者，时在后也。《关雎》之义，其末曰"不淫其色"，《毛传》亦曰："后妃说乐君子之德，无不和谐，又不淫其色。"然则，《关雎》之义，皆毛公所已见也。《鹊巢》之义，其末曰"德如鸤鸠，乃可以配焉"。《毛传》止曰："鸤鸠不自为巢，居鹊之成巢。"未尝言鸤鸠之德。然则，《鹊巢》之义有毛公所不见者也，意者后之为毛学者，如卫宏之徒附益之耳。《毛传》尚简，义之已明者，固不重出，义之未

---

① （宋）陈振孙撰：《直斋书录解题》，商务印书馆1937年版，第37页。
② （宋）严粲撰：《诗缉》，景印文渊阁《四库全书》本，台湾商务印书馆1986年版。
③ 陆侃如著：《〈诗经〉参考书摘要》，载《陆侃如古典文学论文集》，上海古籍出版社1987年版。

明者，亦必申言。如鸤鸠之义，虽刺不一，而其旨未明，故《传》必言鸤鸠之养其子平均如一，以训释之。今《鹊巢》之义，止云德如鸤鸠，而未知鸠之德若何。使毛公果见此语，《传》岂应略不及之乎？诗人本取鸠居鹊巢，以比夫人坐享成业，盖非有妇德者，殆无以堪之也。若又考鸤鸠之情性以比其德，诗中固亦包此意，但是说出于毛公之后，决无可疑也。①

这段文字较为清晰地展现了吕祖谦对《毛诗序》的基本态度，即《毛诗序》中如"《关雎》，后妃之德也"这样的首句是诗作创作之时就由诗人或国史写就的，而后面都是"说诗者之词"。难能可贵的是，对这些后世续申之作，吕祖谦并没有笼统地将其归为毛公或卫宏所作，而是通过对《关雎》《鹊巢》的解读进行了细致的辨析，认为其中既有出现在《毛诗故训传》之前的，又有在其后者，这种抽丝剥茧的分析将有关《毛诗序》作者、内容等的讨论引向了更为深入细致的层面，给人以豁然开朗之感。

其次，吕祖谦虽尊《序》，但并盲从后世对《诗序》的解说，而是力求将每一篇诗作的序文置于《诗序》整体关系之中，前后照应，断以己意，如《周南·葛覃》，《毛诗序》云："后妃之本也。后妃在父母家，则志在于女功之事，躬俭节用，服浣濯之衣，尊敬师傅，则可以归安父母，化天下以妇道也。"② 对此，吕祖谦云：

> 《关雎》，后妃之德也，而所有成德者，必有本也。曷为（谓）本？《葛覃》所陈是也。后之讲师徒见《序》称"后妃之本"，而不知所谓，乃为"在父母家"、"志在女功"之说以附益之，殊不知是诗皆述既为后妃之事，贵而勤俭，乃为可称，若在室而服女功，固

---

①（宋）吕祖谦撰：《吕氏家塾读诗记·召南》，景印文渊阁《四库全书》本，台湾商务印书馆1986年版。

②（汉）毛亨传，（汉）郑玄笺，（唐）陆德明音义，孔祥军点校：《毛诗传笺》，中华书局2018年版，第5页。

其常耳，不必咏歌也。①

吕祖谦认为"后妃之本"是《毛诗序》原文，而其后"后妃在父母家"云云，则是后世讲师的发挥之词，这种发挥明显偏离了《诗序》作者的原意。这种认识与北宋苏辙是一脉相承的，即认为现见《诗序》中首句为早期之作，而后面的续申之词则为后世经师的作品，但吕氏此说相较苏辙等人的解释又深入准确了些。苏辙《诗集传》解释《葛覃》云："《葛覃》，后妃之本也。"并在其后于每章之下解释章义，如释第一章"葛之覃兮，施于中谷。维叶萋萋，黄鸟于飞。集于灌木，其鸣喈喈"云：

> 葛者，妇人之所有事也，方葛之盛时，黄鸟出于谷而集于木，
> 鸣喈喈矣。咏歌其所有事，而又及其所闻见，言其乐从事于此也。
> 覃，延也；萋萋，茂盛貌也；黄鸟，抟黍也；灌木，丛木也；喈喈，
> 和声也。或曰：黄鸟之集于灌木，犹妇女有嫁于君子之道也，言女
> 子在家习为妇功，既成则可以适人矣。②

苏辙的解释虽然没有采纳"后妃之本"后的续申之词，但这里的解释仍较为含混，也就是说妇人采葛"咏歌其所有事，而又及其所闻见，言其乐从事于此"与此诗的题旨"后妃之本"之间有何意义上的联系？很明显这里并没有说明白。与之相较，吕祖谦并没有停留在这一首诗的意义理解上，而是将其与"《关雎》，后妃之德也"等相关的诗作评价勾连起来，指出这不是表现后妃在父母家时的生活，而是成为后妃之后表现出的一种"贵而勤俭"的德行，这种德行对于后妃来说是最为重要的，所以说是"后妃之本"。显然，后者的解释比较圆融。又如《大雅·旱麓》，《毛诗序》云："《旱麓》，受祖也。周之先祖世修后稷、公刘之业，大王、王季申以百福干禄焉。"③ 对此，

---

① （宋）吕祖谦撰：《吕氏家塾读诗记·召南》，景印文渊阁《四库全书》本，台湾商务印书馆1986年版。

② （宋）苏辙撰：《诗集传》，景印文渊阁《四库全书》本，台湾商务印书馆1986年版。

③ （汉）毛亨传，（汉）郑玄笺，（唐）陆德明音义，孔祥军点校：《毛诗传笺》，中华书局2018年版，第365页。

吕祖谦云："'周之先祖'以下皆讲师所附丽。此篇《诗传》以为文王之诗，故有'大王、王季申以百福干禄'之说。于理虽无害，然干禄百福之语则不辞矣。"① 亦指出续申之词的不当之处。总之，吕祖谦针对《毛诗序》中众多续申之词的细致解读，为深入认识这部分文献的价值提供了重要参考。

进一步来讲，吕氏是如何看待《诗经》这部经典的性质，在其解读过程中又有着怎样的观念和方法呢？除经学外，吕祖谦在南宋史学发展史上也有着重要的地位，其史学著作主要有《十七史详节》《历代制度详说》等，黄干曾评价其"教学者看史，亦被史坏"②。由此亦可见吕祖谦对于史学的痴迷，而这种痴迷又与家族学术传统以及地域学术风气有着直接的联系。东莱吕氏家族在宋代文化史上有着杰出的地位，仅《宋元学案》就载录了22位这一家族的成员。吕氏家族长于经史之学③，家族的学术传统对吕祖谦的影响是不言而喻的，如全祖望云："愚以为先生（吕祖谦）之家学，在多识前言往行以畜德。盖自正献（吕公著）以来所传如此。"④ 此外，吕氏所处浙东地区历来也有着注重史学的传统，如清代章学诚即曾云："浙东史学，自宋元数百年来，历有渊源。"⑤ 而在梳理吕祖谦《诗经》学过程中，也会强烈感受到史学立场与史学思维对其的巨大影响，如吕氏云：

> 看《诗》即是史，史乃是事实。如《诗》甚是有精神，抑扬高下，吟咏讽道，当时事情，可想而知。⑥

明确指出《诗经》就是历史，由其中的诗作可以考见其时故实。他是这样说的，也是这样做的。除《吕氏家塾读诗记》外，在《历代制度详说》中，吕氏也大量引用《诗经》中的资料作为证据，兹举二例以明之：

① （宋）吕祖谦撰：《吕氏家塾读诗记》，景印文渊阁《四库全书》本，台湾商务印书馆1986年版。
② （宋）朱熹撰，黎靖德编：《朱子语类》卷一二三，中华书局1986年版，第2965页。
③ 参见罗莹《宋代东莱吕氏家族研究》，人民出版社2011年版。
④ （清）黄宗羲撰：《宋元学案》卷三六《紫微学案》，中华书局1986年版，第1234页。
⑤ （清）章学诚撰，王重民通解：《校雠通义通解》外篇《与胡雒君论校胡稚咸集二篇》，上海古籍出版社2009年版。
⑥ （宋）吕祖谦撰：《吕氏家塾读诗记》，景印文渊阁《四库全书》本，台湾商务印书馆1986年版。

1.《豳》诗所谓"我稼既同,上入执公功",皆是经常之
役法。①

2. 荒政条目始见于"黎民阻饥,舜命弃为后稷,播时百谷",
其详见于《生民》之诗。②

第一则中"我稼既同,上入执公功"出自《豳风·七月》,郑《笺》云:
"既同,言已聚也。可以上入都邑之宅,治宫中之事矣。于是时男之野功
毕。"③ 这是对周人服役活动的展现,吕氏引以为证。第二则中"黎民阻饥,
舜命弃为后稷,播时百谷"出自《尚书·尧典》,吕氏谓后稷播种百谷的事迹
可从《大雅·生民》篇中得到详细的了解。在其观念中,《诗经》与《尚书》
作为上古史料,完全可以互证,这同样在其解经实践中不乏例证,如其云:

1. 欲观《诗》者,当先观《书》,则见《诗》之变风、变雅。
观舜之《庚歌》,则见《诗》之雅、颂"本乎情,止乎礼义"有自
来矣。④

2. 看《柏舟》诗,须合《尚书·微子》篇看,方知得仁人之
心。卫之君固不如封之甚,卫之小人亦未若封时之甚。然卫之仁人
只是一人,全无可同心者;微子犹有三人,可以共扶持,有说
话处。⑤

这两则都明确指出读《诗经》,必须先要结合《尚书》中相关的篇目。就
反映的时代而言,《尚书》中既有《尧典》《舜典》《盘庚》等早于《诗经》

①（宋）吕祖谦撰:《历代制度详说》卷三,景印文渊阁《四库全书》本,台湾商务印书馆
1986 年版。
②（宋）吕祖谦撰:《历代制度详说》卷八,景印文渊阁《四库全书》本,台湾商务印书馆
1986 年版。
③（汉）毛亨传,（汉）郑玄笺,（唐）陆德明音义,孔祥军点校:《毛诗传笺》,中华书局 2018
年版,第 194 页。
④（宋）吕祖谦撰:《增修东莱书说》卷六,商务印书馆 1936 年版。
⑤《杂说》,见（宋）吕祖谦:《东莱吕太公史外集》卷六,景印文渊阁《四库全书》本,台湾
商务印书馆 1986 年版。

的作品，又有《牧誓》《秦誓》等和《诗经》中某些作品大体产生于一个时代的作品，因此既可据《尚书》考见《诗经》蕴含文化精神的由来，又可将二者比勘，丰富对历史的认识。如上述第一则中提到的《庚歌》，出自《尚书·益稷》："帝庸作歌。曰：'敕天之命，惟时惟几。'乃歌曰：'股肱喜哉，元首起哉，百工熙哉。'……（皋陶）乃赓载歌曰：'元首明哉，股肱良哉，庶事康哉！'又歌曰：'元首丛脞哉，股肱惰哉，万事堕哉！'"①《益稷》主要记录的是舜和禹的对话，而上述所载歌谣与《诗经》雅、颂那种雅正风格是统一的，所以吕祖谦说"《诗》之雅、颂'本乎情，止乎礼义'有自来矣"，将《诗经》风格的形成追溯至舜、禹时代，这其实是以历史的视角对古代诗歌渊源的一种探讨，更是对《诗》《书》这些经典内在精神一致性的揭示。第二则提到的《柏舟》篇，《毛诗序》云："言仁而不遇也。卫顷公之时，仁人不遇，小人在侧。"②但并未指出此"仁人"是谁，吕氏认为这首诗可以与《尚书·商书》中的《微子》篇参看，借微子规劝纣王的事迹来丰富诗作思想情感的体认。尽管《柏舟》与《微子》并不是一个时代的作品，但古今人情一也，吕祖谦强调的正是这一点，这也是其对《毛诗序》解读的一个基本立场，如其云："诗者，人之性情而已，必先得诗人之心，然后玩之易得，《诗》三百篇大要近人情而已。"③ 在解读诗作时，吕氏也非常强调对其中"情"的挖掘和体认，如其云："看《诗》须足以情体之，如看《关雎》诗，须识见得正心，一毫过之，便是私心。如'窈窕淑女，寤寐求之'，此乐也，过之则为淫；'求之不得，辗转反侧'，此哀也，过之则为伤。'天生烝民，有物必有则'，自有准则在人心，不可过也。"④ 因此，不难看出，他对《柏舟》

---

① （清）阮元校刻：《十三经注疏》，中华书局 2009 年据清嘉庆刻影印版，第 304 页。

② （汉）毛亨传，（汉）郑玄笺，（唐）陆德明音义，孔祥军点校：《毛诗传笺》，中华书局 2018 年版，第 35 页。

③ （宋）吕乔年编：《丽泽论说集录》卷三《门人所记诗说抬遗》，景印文渊阁《四库全书》本，台湾商务印书馆 1986 年版。

④ （宋）吕乔年编：《丽泽论说集录》卷三《门人所记诗说抬遗》，景印文渊阁《四库全书》本，台湾商务印书馆 1986 年版。

篇的解读，既抓住《毛诗序》所说的"仁人不遇"之情做文章，同时又结合《尚书》具体的史料来丰富对这种情感的理解和体认。

同时，需要注意的是，吕氏在强调揭示《诗经》及《毛诗序》情感内容的过程中，还突出了"人心"和"义理"的要求，如上述"如看《关雎》诗，须识见得正心，一毫过之，便是私心"[1]，又如其释《汉广》云：

> 《汉广》一章已知游女之不可求矣，二章三章复思秣其马、秣其
> 驹，盖义理未胜，故虽明知其不可求，而欲念数起也。窒欲之道当
> 宽而不迫，譬如治水，若骤遏而急绝之，则横流而不可制矣。故教
> 人不禁欲之起而速礼之复，心一复则欲一衰，至于二，至于三，则
> 人欲都亡，而纯乎天理也。呜呼！《汉广》诗其窒欲之大用欤！[2]

《毛诗序》云："《汉广》，德广所及也。文王之道被于南国，美化行乎江汉之域，无思犯礼，求而不可得也。"[3] 在《吕氏家塾读诗记》中，吕祖谦引述《毛诗注疏》、程颐、朱熹、欧阳修的观点论证《诗序》，而此处的发挥则更多一些，《汉广》第一章中有"汉有游女，不可求思"的诗句，明言此女不可求，而第二、三章中却又出现了"之子于归，言秣其马""之子于归，言秣其驹"的描写，《郑笺》云："之子，是子也。谦不敢斥其适己，于是子之嫁，我愿秣其马，致礼饩。示有意焉。"[4] 意思是，尽管无法马上追求到这位高洁的女子，但作为追求者，我愿意通过符合礼法的方式来表达爱意。吕祖谦则由此引申出了"窒欲之道"，也就是如何合理地限制人的欲望，在他看来，这首诗表现的是对女性的追求——人欲之一种，这种欲望会不断地涌起，而面

---

① （宋）吕乔年编：《丽泽论说集录》卷三《门人所记诗说抬遗》，景印文渊阁《四库全书》本，台湾商务印书馆 1986 年版。

② （宋）吕乔年编：《丽泽论说集录》卷三《门人所记诗说抬遗》，景印文渊阁《四库全书》本，台湾商务印书馆 1986 年版。

③ （汉）毛亨传，（汉）郑玄笺，（唐）陆德明音义，孔祥军点校：《毛诗传笺》，中华书局 2018 年版，第 13 页。

④ （汉）毛亨传，（汉）郑玄笺，（唐）陆德明音义，孔祥军点校：《毛诗传笺》，中华书局 2018 年版，第 13 页。

对这种不断升起的欲望，不能一味地遏制，而应当像《汉广》第二、三章所表现的反复以礼来提醒、规范自己的言行，这就是一种"宽而不迫"的解决之道，最终那些超出合理范围的欲望就会逐渐衰减。这看似是一种靠礼的约束才能实现的过程，其实也正如吕祖谦所说背后展现的是心的修炼，即"心一复则欲一衰，至于二，至于三，则人欲都亡，而纯乎天理也"，最终达至与"天理"合一的境地。明显可见，吕氏此论虽仍围绕《毛诗序》"《汉广》，德广所及也"立论，但已经远远超出了汉唐学者的理解，而带上了宋学"心性""义理""天理"的鲜明色彩，这也体现了时代学术风气对其《诗经》学的深刻影响。

总之，吕祖谦对《毛诗序》是持肯定态度的，尤其是在其解读过程中，更加突出《毛诗大序》强调的《诗经》"经夫妇，成孝敬，厚人伦，美教化，移风俗"的功能，如魏了翁所言："今观其所编《诗记》，于其处人道之常者，固有以得其性情之正，其言天下大事，美盛德之形容，则又不待言而知。至于处乎人之不幸者，其言发乎忧思哀怨之中，则必有以考其性情，参观众说，凡以厚于美化者，尤切切致意焉。"① 《吕氏家塾读诗记》也成为其后南宋《诗经》学发展的一块重要基石。通过此书，众多学者强化了对《毛诗序》的崇信，如严粲、刘光祖等即曾用《读诗记》教育子弟。《毛诗序》之所以能够在南宋《诗经》学中依然发挥重要的作用，与吕祖谦的贡献是密不可分的。

二、揆之情性，参以物理：范处义的《毛诗序》研究

关于范处义的生平事迹，《中兴馆阁续录》《浙江通志》《宋元学案》等著作中略有记述，如《中兴馆阁续录》云："范处义，字子由，婺州兰溪人。绍兴二十四年（1154）张孝祥榜同进士出身，治《诗》。"② 《宋元学案》卷四

---

① （宋）吕祖谦撰：《吕氏家塾读诗记·后序》，景印文渊阁《四库全书》本，台湾商务印书馆1986年版。

② （宋）陈骙撰，（宋）佚名续录：《南来馆阁续录》卷七，中华书局1998年版，第245页。

十五《范许诸儒学案》云："范处义字逸斋，香溪先生之族也。以进士累官殿中侍御史。精于经学，所著有《诗补传》、《解颐新语》等书。"① 据相关研究成果可知②，范处义约生活于高宗至宁宗时代，而其《诗补传》也向来被视为南宋尊《序》派的代表作，如《四库全书总目》所云："盖南宋之初，最攻《序》者郑樵，最尊《序》者则处义矣。"③ 在这部著作中随处可见其对《毛诗序》的回护之语，如《诗补传·序》云：

> 经以经世为义，传以传业为名。毛氏《诗》谓之《故训传》，故于诂训则详，于文义则略，韩氏有《外传》乃依仿《左氏》《国语》，非诗传也。惟《诗序》，先儒比之《易·系辞》，谓之《诗大传》。近世诸儒或为《小传》。集传、疏义、注记、论说、类解，其名不一，既于诂训文义互有得失，其不通者，辄欲废《序》，以就己说，学者病之。《补传》之作，以《诗序》为据，兼取诸家之长，揆之情性，参之物理，以平易求古诗人之意。文义有阙，补以六经史传；诂训有阙，补以《说文》、《篇》、《韵》。异同者一之，隐奥者明之，窒碍者通之，乖离者合之，谬误者正之，曼衍者削之，而意之所自得者，亦错出其间，《补传》大略如此。
>
> 或曰：《诗序》可尽信乎？曰：圣人删《诗》定《书》，《诗序》犹《书序》也，独可废乎？况《诗序》有圣人为之润色者，如《都人士》之序，记礼者以为夫子之言；《赉》之序，与《论语》合。《孔丛子》所记夫子读《二南》及《柏舟》诸篇，其说皆与今《序》义相应，以是知《诗序》尝经圣人笔削之手，不然则取诸圣人之遗言也。故不敢废《诗序》者，信六经也，尊圣人也，若夫闻见单浅，古书之存于世者，力不能尽得，未敢以今日之言为然，博雅君子傥

---

① （清）黄宗羲撰：《宋元学案》卷四五，中华书局 1986 年版，第 1449 页。
② 杨秀娟：《范处义及其〈诗补传〉研究》，华东师范大学 2006 年硕士学位论文。
③ （清）永瑢等纂：《四库全书总目·经部》，广西师范大学出版社 2019 年版，第 383 页。

嗣而修之使《诗》之一经，无所阙疑，不亦善乎！①

之所以将《诗补传·序》全文引述如上，乃是由于这两段文字关涉范处义《诗序》观最为紧要的几个方面。首先是《毛诗序》的作者问题，这是关乎其存废争论的一个关键所在，如前述郑樵所云《诗序》乃村野妄人所作，弱化乃至摒弃《诗序》的权威地位，以此作为重建自己学说体系的前提，这一系属于"为立而破"一派，而范处义则通过对《诗序》乃"尝经圣人笔削之手，不然则取诸圣人之遗言"，重新强调和确证《毛诗序》与孔子的关系，这一观点与之前"子夏作《序》""卫宏作《序》"等诸多观点相较，进一步强化了《毛诗序》作为解释标准在《诗经》学体系中的作用和重要地位，可将之归于"守正出新"一派。范处义的这一判断并非臆测，而同样是建立在对《都人士》《赉》等序文与孔子学说比较基础之上的，如上述《都人士》，《礼记·缁衣》载："子曰：长民者，衣服不贰，从容有常，以齐其民，则民德壹。《诗》云：'彼都人士，狐裘黄黄。其容不改，出言有章。行归于周，万民所望。'"② 这与《毛诗序》所云："《都人士》，周人刺衣服无常也。古者长民，衣服不贰，从容有常，以齐万民，则民德归壹，伤今不复见古人也"③ 是一致的。又如《赉》，《毛诗序》云："《赉》，大封于庙也。赉，予也，言所以锡予善人也。"④《论语·尧曰》章亦云："周有大赉，善人是富。"对此，朱熹《论语集注》解释："赉，予也。武王克商，大赉于四海，见《周书·武成》篇。此言其所富者，皆善人也。《诗序》云：'赉所以锡予善人'，盖本于此。"⑤ 之前有关此条的注解均未点明《诗序》与《尚书》的这一关系，朱子此论其实是在暗示《毛诗序》作者的认识源于《尚书》，而孔子是认

①　（宋）范处义撰：《诗补传·序》，景印文渊阁《四库全书》本，台湾商务印书馆 1986 年版。
②　（清）阮元校刻：《十三经注疏》，中华书局 2009 年据清嘉庆刻本影印版，第 3577 页。
③　（汉）毛亨传，（汉）郑玄笺，（唐）陆德明音义，孔祥军点校：《毛诗传笺》，中华书局 2018 年版，第 338 页。
④　（汉）毛亨传，（汉）郑玄笺，（唐）陆德明音义，孔祥军点校：《毛诗传笺》，中华书局 2018 年版，第 477 页。
⑤　（宋）朱熹撰：《四书章句集注》，中华书局 1983 年版，第 193—194 页。

可这一观点的，范处义上述"《赉》之序，与《论语》合"的依据正在于此。尽管没有证据表明范氏曾借鉴朱熹《论语集注》，但联系《四书集注》完成于孝宗淳熙十六年（1189）三月，宁宗庆元二年（1196）《四书集注》等理学著作被禁，以及据《浙江通志·碑碣》中《兴教院记》注文"《兰溪县志》，嘉泰元年（1201）里人范处义文"① 所记，则范处义当读过朱熹《论语集注》并对其观点是有所借鉴的。

　　总之，相较于前辈学者，范处义通过强化《毛诗序》与孔子的关系这一方式，进一步确证了《诗序》的价值——毕竟对当时的学术界而言，孔子的权威地位是无法动摇的，将《诗序》的版权部分归之于孔子，说服力无疑也会相应增强，这是与"废《序》以就己说"者争夺话语权的一种策略。同时，如范氏所云，在对《诗序》的补证中，其策略是"以《诗序》为据，兼取诸家之长"，这与前述吕祖谦的研究在方法上是一致的，也反映了这一时期学术发展进一步走向"兼容并包"的趋势，这些都对其后包括《诗经》学在内的南宋中后期学术发展产生了深远的影响。

　　除在《毛诗序》作者这一根本问题讨论上的坚定立场外，范处义对于《毛诗序》的释读也体现出"揆之情性，参之物理"的特点，兹举二例以明之，《诗补传》释《邶风·柏舟》云：

　　　　《柏舟》之诗，韩氏以为宣姜自誓，而刘向《列女传》曰："卫宣夫人者，齐侯之女也，嫁于卫，至城门而卫君死。保母曰：'可以还矣。'女不听，遂入持三年之丧。毕，弟请曰：'卫，小国也，不容二庖，愿请同庖。'夫人曰：'唯夫妇同庖'，终不听，乃作诗曰：'我心非石，不可转也。我心非席，不可卷也。'"向之说必出于《鲁诗》，故其言如此。据是诗，有"忧心悄悄，愠于群小"等语，正与"仁而不遇"之言合。若妇人自誓，当如《鄘·柏舟》曰：

――――――――――

① 浙江省地方志编纂委员会编：《浙江通志》卷二五八，中华书局 2001 年版。

"之死矢靡它"，又曰："母也天只，不谅人只"。引类而言，则毛氏
之说得矣，孔子读《柏舟》，见匹夫执志之不可易，此言可以为据。①

范处义往往通过对比，论证《毛诗》相较于三家《诗》的优长之处，上
述对《邶风·柏舟》的解读即是一例。如其所言，《韩诗》《鲁诗》均将此诗
释为"宣姜自誓"之词，但范处义认为若为宣姜自誓，应当像《鄘风·柏舟》
诗文所云"泛彼柏舟，在彼中河。髧彼两髦，实维我仪。之死矢靡它！母也
天只，不谅人只！"这才是女子的誓词，而《邶风·柏舟》中的"忧心悄悄，
愠于群小。觏闵既多，受侮不少。静言思之，寤辟有摽"，显然更符合《毛诗
序》"言仁而不遇"的解释。这种释读立足于诗文本身，通过诗文与四家
《诗》解释的比照，筛选出更符合诗意的一种观点来，而其对诗文本身的认
识，正是建立在对诗中描写的人物应有的"情性"理解基础之上的，如上述
"忧心悄悄，愠于群小"对应的必然是"仁人不遇"之情。这与吕祖谦
"《诗》三百篇大要近人情而已"②的认识是一致的，但二者采用的解释策略
不尽相同，吕祖谦侧重的是对《毛诗序》所载史料正确性的分析，而范处义
则更加注重对文本本身的体味，并更加全面地通过与三家《诗》的比较来确
认《毛诗序》的正确性，南宋《诗经》学研究的多元发展路径由此亦可窥见
一斑。

此外，范处义对《毛诗序》所记史实也多有考证，如其释《魏国》云：

先儒谓"魏无《世家》，其诗在平王、桓王之间"，然则《诗》
无所系，盖不可考矣。今据魏以鲁闵公元年为晋献公所灭，而《诗
序》言"魏地狭隘"，又言"日以侵削"，又言"役乎大国"，又言
"国削而小，民无所居"，其将亡之诗乎？魏亡于桓王之时，桧亡于
幽王之时，皆去孔子为甚远，故《序》不指其君，然则《诗序》亦

①　（宋）范处义撰：《诗补传》，景印文渊阁《四库全书》本，台湾商务印书馆1986年版。
②　（宋）吕乔年编：《丽泽论说集录》卷三《门人所记诗说抬遗》，景印文渊阁《四库全书》
本，台湾商务印书馆1986年版。

考其人于史耳。二国亡既久，并与史而亡之，宜圣人不能知其诗为何世，而太史公不能为《世家》也。

与《国风》中的其他部分不同，《毛诗序》解读《魏风》并没有将诗作与具体的时代、人物对应起来，而是含混地冠以"刺某某"的评价，如"《葛屦》，刺褊也。魏地陿隘，其民机巧趋利，其君俭啬褊急，而无德以将之。"① "《汾沮洳》，刺俭也。其君俭以能勤，刺不得礼也。"② "《园有桃》，刺时也。大夫忧其君国小而迫，而俭以啬，不能用其民，而无德教，日以侵削，故作是诗也。"③ 等等。为何会出现这种情况？郑樵等主张废《序》的学者认为，这恰恰反映的是《毛诗序》晚于《史记》等书，乃汉代学者所作，如前文讨论郑樵时，其云："诸风皆有指言当代之某君者，惟《魏》《桧》二风无一篇指言某君者，以此二国，《史记》世家、年表、书、传不见有所说，故二风无指言也。若《序》是春秋前人作，岂得无所一言？"对此，范处义的解释是，由于魏国亡于闵公元年（前661），则《魏风》反映的当是魏国灭亡之前的社会状况，而如先儒所述"其诗在平王（公元前768年—公元前720年在位）、桓王（公元前719年—公元前697年在位）之间"，则这时孔子（前551—前479）距其时已有百余年之久，且魏亡之后，其历史亦随之亡佚，所以对于《魏风》中的这些诗作，即使是孔子也无法准确判定其产生时代。这一解释仍然建立在国史或孔子作《序》说的基础之上，范氏虽也未对《魏风》的创作时间做出明确的判断，但根据《诗序》的解释给出了一个大致范围，这是对《毛诗序》解释体系的有效补充，也是对废《序》派质疑的回应。这种研究思路是较为平实的，在没有更多证据的情况下，依据现有材料，得出一个大体

---

① （汉）毛亨传，（汉）郑玄笺，（唐）陆德明音义，孔祥军点校：《毛诗传笺》，中华书局2018年版，第139页。

② （汉）毛亨传，（汉）郑玄笺，（唐）陆德明音义，孔祥军点校：《毛诗传笺》，中华书局2018年版，第140页。

③ （汉）毛亨传，（汉）郑玄笺，（唐）陆德明音义，孔祥军点校：《毛诗传笺》，中华书局2018年版，第141页。

符合情理的观点，不做凿空之论，更不刻意求新，这也正是前述"参之物理"研究方法的体现，亦是其"以平易求古诗人之意"追求的很好证明。

但由于对《诗序》过分笃信，范处义《诗补传》也出现了一些矫枉过正之处，如《四库全书总目》云："至《诗序》本经师之传，而学者又有所附益，中间得失，盖亦相参。处义必以为尼山之笔，引据《孔丛子》，既属伪书；牵合《春秋》，尤为旁义。矫枉过直，是亦一瑕。"① 范处义借助孔子在儒家至高无上的地位，维护和提升《毛诗序》的权威性，但其所引《孔丛子》等乃后世伪托之作，这也使其讨论在说服力上有所欠缺，也给了废《序》派学者批驳的口实，但如四库馆臣所言，范处义的"补偏救弊之心"② 是值得肯定的，其对南宋《诗经》学尊《序》阵营的贡献也是巨大的。

三、因经推阐，切合时事：袁燮的《毛诗序》研究

袁燮（1144—1224），《宋史》《宋元学案》对其都有较高的评价，如《宋史》云其"延见诸生，必迪以反躬切己，忠信笃实，是为道本。闻者悚然有得，士气益振。……每言人心与天地一本，精思以得之，兢业以守之，则与天地相似。学者称之曰絜斋先生"③。袁燮是一个以道统自居的学者，其在青少年时代读《后汉书·党锢传》既"慨然以名节自期"④，入仕后更是勤于政事，刚正不阿，与主和派的史弥远等人交恶被贬，而其学术旨趣也颇受当时理学思潮的影响，《宋史》本传云其"初入太学，陆九龄为学录，同里沈焕、杨简、舒璘亦皆在学，以道义相切磨。后见九龄之弟九渊发明本心之指，乃师事焉"⑤。作为陆九渊的高弟，他与杨简都有着非常高的学术造诣，《宋元学案·正献袁絜斋先生燮》云："慈湖（杨简）与先生同师，造道亦同，而每

---

① （清）永瑢等纂：《四库全书总目·经部》，广西师范大学出版社 2019 年版，第 383—384 页。
② （清）永瑢等纂：《四库全书总目·经部》，广西师范大学出版社 2019 年版，第 384 页。
③ （元）脱脱等撰：《宋史》卷四〇〇，中华书局 1985 年版，第 12147 页。
④ （元）脱脱等撰：《宋史》卷四〇〇，中华书局 1985 年版，第 12146 页。
⑤ （元）脱脱等撰：《宋史》卷四〇〇，中华书局 1985 年版，第 12147 页。

称先生之觉为不可及。"① 全祖望也有按语云："慈湖泛滥夹杂，而絜斋之言有绳矩。"② 袁燮和杨简都承继了陆九渊心学思想，但取径又各不相同，尤其是二者的《诗经》研究，袁燮尊《序》，杨简废《序》，这些又都体现着这一时期包括《诗经》学在内的南宋学术发展的复杂面相。

袁燮《絜斋毛诗经筵讲义》在南宋《诗经》学史上是一部尊《序》的名著，《四库全书总目》评曰：

> 其中议论和平，颇得风人本旨。于振兴恢复之事，尤再三致意。如论《式微》篇，则极称太王、勾践转弱为强，而贬黎侯无奋发之心；论《扬之水》篇，则谓平王柔弱为可怜；论《黍离》篇，则直以汴京宗庙宫阙为言，皆深有合于献纳之义。胡安国作《春秋传》，意主复仇，往往牵经以从己。而燮则因经文所有而推阐之，故理明词达，无所矫揉，可谓能以古义资启沃矣。③

袁燮在经筵讲《诗》过程中，往往将诗意的阐发和南宋政治形势结合起来，展现出相较于其他学者不同的风貌。以下即借《式微》篇以见袁氏是如何借助对《毛诗序》的引申与发挥来推演自己政治观点的。《絜斋毛诗经筵讲义》云：

> 臣闻人君有志，则危弱可为安强。苟惟无志，则终于危弱而不振，故曰：祸福无常，惟人所召，趋向一差，而天渊不侔矣。吁！可畏哉！
>
> 太王迫于狄人之侵，去邠之岐，微弱甚矣，而邠人则曰：仁人也，不可失也。从之者如归市，于是乎肇基王迹，而诗人称曰："居岐之阳，实始翦商。"越王勾践大败于吴，栖于会稽者才五千人尔，而卧薪尝胆，念念复仇，卒如其志，转危弱而为安强，岂不伟哉！

---

① （清）黄宗羲撰：《宋元学案》，中华书局 1986 年版，第 2526 页。
② （清）黄宗羲撰：《宋元学案》，中华书局 1986 年版，第 2525 页。
③ （清）永瑢等纂：《四库全书总目·经部》，广西师范大学出版社 2019 年版，第 390 页。

黎侯失国以狄人之故，寓于他邦非得已也，诚能居患难之中，励刚强之志，朝夕思念，求反其国，惩创既往，改弦易辙，夫岂终不可为哉！而乃即安于卫国，曾无奋发之心，岂不哀哉！"中露"者，暴露之谓；"泥中"者，泥涂之谓，非邑名也。暴露于泥涂之中，其辱甚矣，而居之不疑，此其国之所以终于失也。其始也，既以无志而失之；其终也，又以无志而不能复振，是可哀也。呜呼！诸侯，有一国者也，不善保之，则失其国；天子，有天下者也，不善保之，则将如之何？故大禹之训曰："予临兆民，凛乎若朽索之驭六马。成汤克夏之后犹曰："栗栗危惧，若将陨于深渊。"诚以王业之重，得之难，失之易，兢兢业业，不敢荒宁，仅能自保而已。观《式微》之诗，黎侯一失其国，而卑微如是，真万世人主保邦之龟鉴也。①

《毛诗序》云："《式微》，黎侯寓于卫，其臣劝以归也。"郑《笺》云："黎侯为狄人所逐，弃其国而寄于卫，卫处之以二邑，因安之，可以归而不归，故其臣劝之。"② 袁燮并没有对"其臣劝以归"的内容进行发挥，而是紧紧围绕"黎侯寓于卫"的状况，分析面对困局应当如何发愤图强的问题，旁征博引，据历史上太王、勾践的例子，确立榜样，然后就《毛诗序》所云黎侯的事迹进行分析。尤其值得注意的是，《毛诗故训传》解释此诗"中露""泥中"二词云："中露，卫邑也。"③ "泥中，卫邑也。"而袁氏则提出质疑，认为："'中露'者，暴露之谓；'泥中'者，泥涂之谓，非邑名也。"这一解释是有道理的，朱熹《诗集传》亦云："中露，露中也。言有沾濡之辱，而无

---

① （宋）袁燮撰：《絜斋毛诗经筵讲义》，景印文渊阁《四库全书》本，台湾商务印书馆1986年版。
② （汉）毛亨传，（汉）郑玄笺，（唐）陆德明音义，孔祥军点校：《毛诗传笺》，中华书局2018年版，第53页。
③ （汉）毛亨传，（汉）郑玄笺，（唐）陆德明音义，孔祥军点校：《毛诗传笺》，中华书局2018年版，第53页。

所芘覆也。""泥中，言有陷溺之难，而不见拯救也。"① 用"中露""泥中"展现黎侯在卫国的惨状，而不是卫国城邑的名称。袁氏认为黎侯最大的问题在于没有发愤图强、勤于国事的志向，所以其悲惨的结局是必然的。这种分析是有言外之意的，通过经筵这个平台，借助对《毛诗序》所见历史的引申、发挥，希望宁宗以史为鉴，能够实现王朝的复兴，殷殷之情，溢于言表。袁燮的讨论完全围绕《诗序》进行推阐，对于丰富、深化《诗序》的理解无疑是有极大帮助的。

此外，需要注意的是，袁燮受陆九渊心学思想影响，其对《毛诗序》的释读也明显带有对义理、心性内涵阐释的色彩，兹举数例以明之（见表6-1）。

表6-1　袁燮《毛诗序》释读

	篇　名	毛诗序	絜斋毛诗经筵讲义
1	召南·行露	召伯听讼也。衰乱之俗微，贞信之教兴，强暴之男，不能侵凌贞女也	臣闻莫难于听讼，嚚讼之人颠倒是非，变乱黑白，其情伪万状，若之何听之？然天下万事不逃乎理，善听讼者以理裁之，而孰能肆其欺乎！……夫惟心清明无隐，不妒能，使巧伪无实者不肆其浮辞，此使民无讼之道也②
2	召南·殷其雷	劝以义也。召南之大夫远行从政，不遑宁处，其室家能闵其勤劳，劝以义也	臣闻人与群物并生于天地之间，而人所以独宾者，义在焉尔。义者，理之所当然也，人不知义，则无以异于群物，是以古人甚重之，一举一错，不敢违也③

---

① （宋）朱熹著，赵长征点校：《诗集传》，中华书局2013年版，第30页。
② （宋）袁燮：《絜斋毛诗经筵讲义》，景印文渊阁《四库全书》本，台湾商务印书馆1986年版。
③ （宋）袁燮：《絜斋毛诗经筵讲义》，景印文渊阁《四库全书》本，台湾商务印书馆1986年版。

续表

	篇　名	毛诗序	絜斋毛诗经筵讲义
3	郑风· 女曰 鸡鸣	刺不说德也。陈古意以刺今，不说德而好色也	臣闻人之一心警戒则其德日新，宴安则其过日积，故《传》有之曰："宴安鸩毒，不可怀也。"中无所主，恶劳喜逸，气体颓惰而不能自持，此所以溺于宴安也。况于夫妇之间，尤人情之所易溺者乎，道不足以制欲，志不足以帅气，惑于淫姣而不溺焉者，鲜矣①

通过表 6-1 不难看出，上述几例全部是围绕《毛诗序》进行阐发的，如《行露》，围绕"召伯听讼"阐发"天下万事不逃乎理，善听讼者以理裁之"的关于"理"的讨论；《殷其雷》围绕"劝以义"引申"义者，理之所当然也"关于义、理联系的分析；《女曰鸡鸣》围绕"刺不说德"发挥"人之一心警戒则其德日新"有关心与德关系的认识，这些均是对陆九渊一系心学思想的延展与丰富，也是其区别于此前经筵讲《诗》的地方。

总之，袁燮的解读将《毛诗序》的政治伦理与南宋心学进行了融合，不仅展现出强烈的忧国忧民意识和民族精神，而且也体现出当时学术环境对《诗经》研究的影响，尤其是通过经筵这一平台，包括《毛诗序》研究在内的《诗经》学获得了深度契入政治思想的机遇，这也成为其后这一领域学术发展的重要方向之一。

第三节　废《序》学者的《诗经》研究

——以王质、杨简为讨论对象

在此前郑樵等学者对《毛诗序》批驳的基础之上，孝宗至宁宗三朝的废《序》研究也达到了一个新的高度，出现了王质《诗总闻》、朱熹《诗集传》

---

① （宋）袁燮：《絜斋毛诗经筵讲义》，景印文渊阁《四库全书》本，台湾商务印书馆 1986 年版。

及杨简《慈湖诗传》等一系列重要著述，其中既有对前代研究成果的承继，又有新的研究角度和思路，并且驳《序》在这一时期进一步形成一股学术发展的重要潮流，朱熹《诗集传》废《序》的立场随着其学术活动的大量开展以及影响力的扩大，也开始逐渐成为学界普遍接受的一种观念，并深刻影响到下一个阶段王柏等人的《诗经》研究。

一、考辨名物，以情论诗：王质的《诗经》研究

李家树先生认为："王质（1135—1189）的《诗总闻》，在宋代甚至整个'诗经学'的历史上是一本被忽略和被低估了的《诗经》专著。"① "真正打倒《毛诗序》的，在南宋是郑樵和王质。"② 郑樵较王质年长三十一岁，郑樵1162年去世时，王质二十七岁，其学术格局已基本形成。作为晚辈，王质去《序》言《诗》的立场与郑樵前后相应，成为南宋废《序》学术思潮发展过程中的一个重要环节，并且其研究明显有着从人情视角解读的特点，既有对此前诸多学者一定程度的继承，又有着自身鲜明的特点，值得认真对待和研究。

对于《诗总闻》的成书，《四库全书总目》云，王质"自称覃精研思几三十年，始成是书"③。由此可见其用力之勤，而此书特点，亦如四库馆臣所云："删除《小序》实与文公朱先生合，至于以意逆志，自成一家，真能瘝瘝诗人之意于千载之上，斯可谓之穷经矣。"④ 这里说得很明白，《诗总闻》的特点：一是去《序》言《诗》，二是主要采用以意逆志的解读方法。这也是之前很多《诗经》著述的特点，但王质却有着其不同于其他学者的处理方法和解

---

① 李家树：《宋王质〈诗总闻〉初探》，载《诗经专题研究》，太白文艺出版社2001年版，第46页。
② 李家树：《宋王质〈诗总闻〉初探》，载《诗经专题研究》，太白文艺出版社2001年版，第46页。
③ （清）永瑢等纂：《四库全书总目·经部》，广西师范大学出版社2019年版，第384页。
④ （清）永瑢等纂：《四库全书总目·经部》，广西师范大学出版社2019年版，第384页。

读角度。

　　首先，值得注意的是王质对《诗经》名物的解释以及由此对《毛诗序》《传》《笺》的辩驳。众所周知，对《诗经》中鸟兽草木虫鱼兴义的解读，构成了《毛诗序》意义的来源，例如《周南·芣苢》，《毛诗序》云："《芣苢》，后妃之美也。和平，则妇人乐有子矣。"[①] 而这一解释，主要源于对诗中"芣苢"的理解，如《毛诗故训传》所言："（芣苢）宜怀妊焉。"[②]芣苢有益于妇人怀孕的植物学特性与《毛诗序》赋予它的"妇人乐有子"的主题建立起了意义上的联系，所以要摧毁《毛诗序》赖以成立的基础，摆脱所谓"比附"的释读方式，对其中名物进行较为客观的训解就不失为一条合适的道路。《诗总闻》每每以"闻物"来解读每首诗中涉及的主要名物，如释《周南·芣苢》：

　　　　芣苢　旁近皆有车前草也，与卷耳同，不必幽远，故衣袵可罗致。盖妇人及时采药，以为疗疾之储者也，初苗亦可啖。

　　　　总闻曰：此草至滑利，在妇人则下血，非宜子之物。在男子则强阴益精，令人有子，非妇人所当属意者也。然良效甚博，男女可通用。子息盖天数，非可以药物之术致之，陶氏亦尝致疑。吾儒安可不精思审是，无负古也。[③]

　　《毛诗序》云："《芣苢》，后妃之美也。和平则妇人乐有子矣。"《毛传》对"芣苢"的解释是"芣苢，马舄。马舄，车前也，宜怀妊焉"[④]。王质对此基本是全盘否定的。首先，他认为芣苢并非车前草，而是另一种植物，与车前草是伴生的；其次，这种植物的药效是强阴益精，而不是有益于妇人怀孕

　　① （汉）毛亨传，（汉）郑玄笺，（唐）陆德明音义，孔祥军点校：《毛诗传笺》，中华书局2018年版，第12页。
　　② （汉）毛亨传，（汉）郑玄笺，（唐）陆德明音义，孔祥军点校：《毛诗传笺》，中华书局2018年版，第12页。
　　③ （宋）王质撰：《诗总闻》，景印文渊阁《四库全书》本，台湾商务印书馆1986年版。
　　④ （汉）毛亨传，（汉）郑玄笺，（唐）陆德明音义，孔祥军点校：《毛诗传笺》，中华书局2018年版，第12页。

之物。明显可见，这一观点是非常有说服力的，并且王质告诫世人"子息盖天数，非可以药物之术致之"，对经典解读过程中有可能造成的理解偏差进行了提示，良苦用心可窥见一斑！此外，需要注意的是，王质并非完全否定《毛诗序》，而是对《诗序》部分观点有所吸收，这从其对《诗经》名物的解读中亦可看到，如其释《周南·螽斯》：

> 闻物曰：毛氏："蚣蝑也。"《说文》："蝗也。"《尔雅》："螽蟓也。"……今从许氏，蝗子最繁，其羽亦有声，亦从郭氏。

> 总闻曰：郑氏以谓"物有阴阳情欲，无不妒忌，惟蚣蝑皆得受气而生"，异境难察其深情，然智者能知。又说蚣蝑育子皆八十一叶，九九之数，亦待智者。不能信，亦不敢信也。①

《毛诗序》云："《螽斯》，后妃子孙众多也。言若螽斯不妒忌，则子孙众多也。"②《毛传》对"螽斯"的解释是"蚣蝑也"，郑《笺》亦延续了这一观点，云："凡物有阴阳情欲者，无不妒忌，维蚣蝑不耳，各得受气而生子，故能诜诜然众多。后妃之德能如是，则宜然。"③《毛传》将"螽斯"解释为"蚣蝑"，不知何据。《郑笺》却据此发挥，认为蚣蝑在万物中受气生子，与那些有阴阳情欲之物是不同的，其重点在于"不妒忌"，但人类何以知昆虫有此特性？"不妒忌"又何以与"子孙众多"建立起了意义上的联系？这些均解释得不清不楚。王质看到了这一点，明确指出"不能信，亦不敢信也"，这不仅是表明立场，同时也是对当时学者的一种提醒。他依从的是《说文解字》和《尔雅》的观点，认为应当是"蝗虫"。的确，蝗虫是繁殖能力最强的昆虫之一，这似乎也应和了此诗《毛诗序》首句"子孙众多"的判断。这种对《毛传》郑《笺》的批驳在《诗总闻》中大量存在，体现出王质对《诗经》中的

---

① （宋）王质撰：《诗总闻》，景印文渊阁《四库全书》本，台湾商务印书馆 1986 年版。

② （汉）毛亨传，（汉）郑玄笺，（唐）陆德明音义，孔祥军点校：《毛诗传笺》，中华书局 2018 年版，第 9 页。

③ （汉）毛亨传，（汉）郑玄笺，（唐）陆德明音义，孔祥军点校：《毛诗传笺》，中华书局 2018 年版，第 9 页。

鸟兽草木虫鱼力求做出准确、合理解释的努力和尝试。需要注意的是，此处王质的解释与《毛诗序》首句是有意义关联的，所以在其去《序》言《诗》的整体研究中也要注意这些特例，毕竟传统解释有着强大的惯性，任何学者都不可能完全弃置前代学术资源。

其次，王质在释读《诗经》的过程中，还通过对人情的体认，对《毛诗序》的部分观点进行了辩驳，如其释《邶风·二子乘舟》：

> 二当作之……旧说以为伋、寿争相为死之事。寻诗，乘舟泛水，有相思不忍别之意，伋、寿之变，死者一君、二长子、二公子。大乱者二世，交争者三国，而废立者二天王，岂所谓"不瑕有害"者？然伋、寿之死亦非人情，似好奇者为辞。伋、寿之变，纵如《左氏》所言，亦暧昧仓卒，而非如此从容者也。
>
> 总闻曰：大率异诗同辞，必当时常谈，如"不瑕有害"是也。送人、适人而动怀，虽无他疵，然不无所伤，盖人情以为动念而慕之也，当是未适人之女畏物之议，如此盖贤女也。①

对于此诗的主旨，《毛诗序》的解释是"《二子乘舟》，思伋、寿也。卫宣公之二子，争相为死。国人伤而思之，作是诗也"②。《毛传》更是详释其事，但王质认为这种理解是错误的。在其上述解读中，有两点尤需注意：一是其中提到的"寻诗"，二是"人情"。何谓"寻诗"？这一词汇在《诗总闻》中出现多次，如"寻诗未有所见""寻诗不见""寻诗止见"等，而其含义在王质对《周南·葛覃》的释读中可窥见一斑：

> 说《诗》当即辞求事，即事求意，不必纵横曼衍……遗本旨而生他辞，窃取其美以覆苴其不知，此谈经之大病也。③

---

① （宋）王质撰：《诗总闻》，景印文渊阁《四库全书》本，台湾商务印书馆 1986 年版。

② （汉）毛亨传，（汉）郑玄笺，（唐）陆德明音义，孔祥军点校：《毛诗传笺》，中华书局 2018 年版，第 63 页。

③ （宋）王质撰：《诗总闻》，景印文渊阁《四库全书》本，台湾商务印书馆 1986 年版。

"即辞求事"，即立足于诗文本身，不牵强附会地与政治、历史进行勾连，如上述对《二子乘舟》的解读，王质放弃了《毛诗序》所谓"《二子乘舟》，思伋、寿也"的观点，而是从诗文本身出发，指出如果按照《毛诗序》的解释，当时伋、寿争相为死这一事件既然已经发生，不应该用"不瑕有害"，而在《邶风·泉水》中也有"不瑕有害"一句，按照王质的解释，这种在《诗经》中重复出现的诗句，一定代表了当时人们的一种普遍理解，也就是"异诗同辞，必当时常谈"，而《泉水》篇从诗句来看表现的主题是思归，如最后两章的描写："出宿于干，饮饯于言。载脂载辖，还车言迈。遄臻于卫，不瑕有害。我思肥泉，兹之永叹。思须与漕，我心悠悠。驾言出游，以写我忧。"①以此推导，《二子乘舟》表现的也应当是女子的怀人之思。然后依据这样的定位，对诗文蕴含的思想、情感进行细致的梳理，即其所云"即事求意"。王质《诗总闻》这种立足诗文本身的解读，不是一个孤立的学术现象，如其后朱熹提出的"解《诗》时，且读本文四五十遍，已得六七分。却看诸人说与我意如何，大纲都得之，又读三四十遍，则道理流通自得矣"②。这种对经典文本本身的强调是整个宋代包括《诗经》学在内的学术体系在发展过程中不断明晰、越发自觉的一种学术潮流，尽管得出的观点各不相同，但从治学方法而言，他们有着一致的追求。

王质对《二子乘舟》解读的第二个需要注意的地方，是对"人情"的强调。从人情的角度立论，认为《毛诗序》的解读是"好奇者为辞"，这首诗表现的应当是未嫁女子的怀人之情，这与诗中"愿言思子，中心养养"的描写也比较贴合。这种解读在《诗总闻》中非常常见，也是王质《诗经》研究的一个突出特点，因为在他看来，尽管《诗经》产生的年代久远，但"今古虽

---

① （汉）毛亨传，（汉）郑玄笺，（唐）陆德明音义，孔祥军点校：《毛诗传笺》，中华书局2018年版，第58页。

② （宋）朱熹著，黎靖德编：《朱子语类》，中华书局1986年版，第2091页。

异，人情不远也"①，所以"大率论古，当以人情推之"②，于是在《诗总闻》中有大量以人情论诗的地方。除上述《二子乘舟》外，再举数例以明之。如《郑风·溱洧》，《毛诗序》云："刺乱也。兵革不息，男女相弃，淫风大行，莫之能救焉。"③《诗总闻》则认为这首诗的主题是"女情有所迫，男心有所惮，故再督而始从。"④再如《齐风·东方之日》，《毛诗序》云："刺衰也。君臣失道，男女淫奔，不能以礼化也。"⑤王质认为"此男子本诱妇人而来，乃若无故而至者，佯为惊状，欲携妇人而去，乃若见迫不得已者，佯为窘状。"⑥很明显，《毛诗序》均依据政治优劣的标准评价二诗的主旨，而王质侧重的则是诗中语词透露出的主人公情感。这种立场和其时儒学发展越发重视心性、义理、人情的整体趋势是一致的，同时需要注意的是，这也是宋儒破"旧"立新的一种策略选择，亦即如果说汉唐学者较多侧重于通过引申发挥、比附历史的方式对《诗经》政治内涵的挖掘的话，宋代尤其是南宋学者则开始更加明晰地强化对文本中情思的体认，并借此寻求《诗经》作为经典存在的意义与价值，进一步开掘阐释的空间和维度。尽管二者在方法、路径上似乎各有侧重，但其最终的目标都是要实现"温柔敦厚"的《诗》理想，就此而言，他们又是一致的。

最后，王质的《诗经》研究中有着一种明确自觉的对"以意逆志"解读方法的追求和运用，如其释《关雎》篇中的"雎鸠"：

---

① （宋）王质撰：《诗总闻·王风·中谷有蓷》，景印文渊阁《四库全书》本，台湾商务印书馆1986年版。

② （宋）王质撰：《诗总闻·邶风·谷风》，景印文渊阁《四库全书》本，台湾商务印书馆1986年版。

③ （汉）毛亨传，（汉）郑玄笺，（唐）陆德明音义，孔祥军点校：《毛诗传笺》，中华书局2018年版，第124页。

④ （宋）王质撰：《诗总闻·郑风·溱洧》，景印文渊阁《四库全书》本，台湾商务印书馆1986年版。

⑤ （汉）毛亨传，（汉）郑玄笺，（唐）陆德明音义，孔祥军点校：《毛诗传笺》，中华书局2018年版，第130页。

⑥ （宋）王质撰：《诗总闻·齐风·东方之日》，景印文渊阁《四库全书》本，台湾商务印书馆1986年版。

闻物曰：陆氏："雎鸠，鹗也，亦雕类也。雕、鹗性猛鸷，所谓
鸷鸟不双，又鸷鸟累百不如一鹗，非匹鸟也。"左氏："雎鸠氏，司
马者也。"杜氏："王雎也。"许氏亦止言王雎，皆不及雕、鹗。徐
氏："常在河洲之上，为俦偶，雕、鹗夜则多栖深林，日则飞高空，
非慕水者也。"郭氏："好在江渚上、山边捕鱼，雕、鹗食飞类，非
啖鱼者也。"左氏既取类为司马，固是法制，但雕、鹗不应取鸠名。
《礼》中"春鹰化为鸠"，恐是未化以前为鹰，既化之后为鸠。俗呼
鹗为鹗鹰，郑氏以鸠为布谷。布谷柔禽，全无鸷性，其声关关则相
宜，雕、鹗之声清烈壮厉，与和鸣似不相应，所谓雕、鹗恐自难从，
布谷似可用，而郑氏以为鸤鸠，不应二南皆同一物起兴，然则雎鸠
定果何鸠也？旧以雎为鸬鸠，从分言有行列也，又为鸠，言似征役
也；又为鹁鸠，言有信义也；又为鹈鸠，言应北方癸水也，皆与司
马相符。异境固不能深知，度少暤所以为司马者，特以有法，而孔
子所以首二南者，亦以其有法。《周南》以有法之禽起兴，《召南》
以善养之禽起兴，此鸤鸠所以为布谷也，又为抟黍，俗呼郭翁、郭
婆，翁、婆则生家养众者，故从尸并载于此，识者更详。[①]

这则例子不仅可以反映《诗总闻》对《诗经》名物考证的一些特点，还
可考见其研究的理路和方法。可以看出，王质并不否认《诗经》中运用了比
兴手法，他更在意的是前代学者对比兴的理解是否准确，如上述所引陆、左、
杜、许、徐、郭以及郑玄等诸家对雎鸠和鸠的解释，梳理出雕（鹗）和布谷
两种主流观点，并对这两种观点的优劣进行了评定，其中布谷尽管其音关关，
但没有鸷性，而雕、鹗的叫声清烈壮厉，又与诗中关关的和鸣之声不相应，
通过比较，最终审慎地得出"雕、鹗恐自难从，布谷似可用"的观点，并且
从《左传》所载"雎鸠氏，司马者也"以及孔子排定《诗经》篇第顺序的依

---

① （宋）王质撰：《诗总闻》，景印文渊阁《四库全书》本，台湾商务印书馆 1986 年版。

据进行解读，得出雎鸠应当是一种遵循法度的鸟，这与布谷鸟的生物学特点是一致的，进而得出"《周南》以有法之禽起兴，《召南》以善养之禽起兴"的通则，这是一个前人没有明确提出过的观点，对解读《诗经》名物是有启发性的。此外，从布谷俗称为郭翁、郭婆，并从翁、婆乃"生家养众者"的角度，对《关雎》被置于三百篇之首进行解读。姑且不论这一推论是否正确，这种从民俗等角度力求解决问题的思路和尝试是值得肯定的。需要强调的是，王质在这里不仅努力探求《诗经》创作的规律，试图寻找和把握诗人的内在理路，而且还在力求还原孔子编定《诗经》次序的依据，这既是对孔子与《诗经》关系的确认，同时也是对这部典籍经典地位的强调，其中也蕴含着对圣人之意的理解与体认。

此外，需要补充说明的是，《诗总闻》在理宗淳祐三年（1243）方由陈日强付梓刊行，其时距王质去世已经五十余年。这部著作何以在孝宗至宁宗（1163—1224）统治时期没有及时出版？众所周知，书籍的刻印关涉经济、政治等诸多因素，但学术风气的影响肯定也是其中一个重要的方面，也就是说，书籍的刻印和学术思潮的发展基本是同步的，一个时代的学术发展需要什么样的书籍，出版领域自然会有一致的反映。以此观照《诗总闻》的出版，大体可以得出这样一个判断，在孝宗至宁宗（1163—1224）这一阶段，尽管持废《序》观点的学者已经有了较为全面深入的讨论，但传统观念的力量仍是强大的，废《序》说被广泛认可尚需较长的时间。理宗年间这部著作付梓刊行，也恰从另一个层面反映出这一时期废《序》说相较于此前，已经被更多的学者所接受，例如黄震（1213—1280）《黄氏日钞》论诗对《诗总闻》多有采纳，对此，清道光、咸丰年间大梁书院刊行的《诗总闻·识后》云："朱、吕二家外，惟取雪山王氏，知其书在宋时传习颇众。"① 由此亦可想见，此书的大量刻印必然也会在一定程度上推动废《序》说的广泛传播。尽管王质辩

---

① （宋）王质撰：《诗总闻·识后》，景印文渊阁《四库全书》本，台湾商务印书馆1986年版。

驳《毛诗序》的方法和角度不同于朱熹《诗集传》，但作为大体处于同一时期且持相同立场的学者，二者共同推动了疑《序》废《序》的研究，尤其是随着朱熹学术地位的日益提升，《诗总闻》《诗集传》的广泛传播，疑《序》废《序》也逐渐成为学界普遍认可的观念和研究思路，成为其后《诗经》学发展的一条重要路径。①

二、本乎无邪，诗中释理：杨简的《诗经》研究

杨简（1141—1226）乃陆九渊门人，其《慈湖诗传》也是南宋《诗经》学的一部名著，原本已佚，今所见版本为四库馆臣辑自《永乐大典》，共二十卷，《四库全书总目》对其的评价是"本孔子'无邪'之旨，反复发明"②。的确，在《慈湖诗传》中处处可见其对孔子"《诗》三百，一言以蔽之，曰'思无邪'"的阐发，这也构成了杨简《诗经》学的一个重要特点。对此，学界虽有研究，但仍有一些问题需要厘清，例如他为何会选择"思无邪"作为构建自己《诗经》学体系的基石？在"思无邪"的基础之上，杨氏又是如何具体解读《诗经》作品的？这些解读与此前以及他所处时代的《诗经》学之间又有着怎样的联系？等等。

"思无邪"是孔子对《诗经》整体的评价，这一评价深刻影响了其后儒家学者对《诗经》性质的判断，也在一定程度上限定了解读这部经典时的思路和方法。对于"思无邪"，杨简在《慈湖诗传·总论》中谈到了他的理解：

> 子曰："《诗》三百，一言以蔽之，曰思无邪。"学者往往疑三
> 百篇当有深意，圣人所谓无邪者，必非常情所谓无邪。是不然，圣

---

① 朱子《诗集传》于孝宗淳熙十六年（1189）刊刻于建安，《诗总闻》则是淳祐三年（1243）付梓刊行的，两者相距五十余年，其时朱子废《序》说已经成熟且已被学界熟知，陈日强刻印《诗总闻》时云王质"删除《诗序》"实与朱熹合，这乃是为了提高此书知名度采用的一种策略，其实二书有着众多不同之处，如清人周中孚所云《郑堂读书记》所云"其书虽与郑渔仲、朱子同一不用《小序》，然废《序》而不攻《序》，其间自抒心得，独辟门径，多精义悬解，而无胶执之见，故为世所称焉"。

② （清）永瑢等纂：《四库全书总目·经部》，广西师范大学出版社 2019 年版，第 387 页。

人坦夷，无劳穿凿。无邪者，无邪而已矣，正而已矣，无越乎常情

所云也。但未明乎本心者，不知此，不信此。①

其中值得注意的有这样几个方面：一是学者与圣人在认识上的差别。对于《诗经》，后世学者往往认为其中隐含着某些历史信息，包含着某种政治理念，圣人则不会如此穿凿附会，他们关注的是诗中体现的人之常情，即爱恶喜憎等人类普遍的情感。杨简于此其实暗示了自己对于《诗经》以及孔子之后《诗经》学的一种基本态度，他认为《诗经》中的诗篇反映的是人类普遍的情感，并没有包含汉唐学者所认为的那许多政治、历史的影射或象征，所以他选择的解释策略也必然是面向诗文本身，体味和揭示诗中的人情。二是要注意其中"无邪者，无邪而已矣，正而已矣"的表述，也就是说无邪就是思想、情感的纯正，这一表述当来源于宋初邢昺的《论语注疏》，《论语注疏》解释"思无邪"云："《诗》之为体，论功颂德，止僻防邪，大抵皆归于正，故一句可以当之也。"②邢昺没有具体阐发何为"正"，强调的仍是《诗经》"论功颂德，止僻防邪"的政治功能，而到了杨简这里，"正"的内涵似乎被他揭示得明晰了一些，在他看来，"无越乎常情"就是"正"，也就是不能逾越人之常情，在表达情感时要遵循适度的原则，明显可见，他对"思无邪"的解读又向前迈进了一步。三是杨简认为只有明乎本心的人才能真正理解"思无邪"的含义。懂得所谓"常情"，这是一种属于陆九渊心学一派的立场和表述方式，陆氏最为人称道的"心即理""自存本心"，在南宋理学发展史上有着巨大的影响，他说："人心至灵，此理至明，人皆有是心，心皆具是理。"③ 在陆九渊的思想体系中，心之理具有超时空、超现实的本体论意义，亦即"宇宙便是吾心，吾心即是宇宙"④。具体到修养方法上，陆氏提出"事

---

① （宋）杨简撰：《慈湖诗传·总论》，景印文渊阁《四库全书》本，台湾商务印书馆1986年版。

② （清）阮元校刻：《十三经注疏》，中华书局2009年据清嘉庆刻本影印版，第5346页。

③ （宋）陆九渊撰：《陆九渊集》卷二二《杂著》，中华书局1980年版，第273页。

④ （宋）陆九渊撰：《陆九渊集》卷二二《杂著》，中华书局1980年版，第273页。

父自能孝，事兄自能弟（悌），本无欠阙，不必他求，在自立而已"①。所谓自立，即自明其心，明其心，则所有人情事理自然明了。这也正是此处杨简所云"明乎本心"方懂得圣人"思无邪"道理的理论来源，也正是基于这种理解和认识，杨氏的《诗经》解读带上了浓郁的心性、义理色彩，如其释《周南·桃夭》：

> 桃生荣夭好，其华灼灼，女之颜色似之。之子，女子也，妇人谓嫁曰归，其居室家甚宜，不必分男有室，女有家也。蕡者，实之貌，有子之象也，其叶蓁蓁，庶事咸宜之象也，宜其家人，一家之人咸宜之也，相安也，此夫妇和乐之正情也，非邪僻。《归妹》天地之大义也，"说（悦）以动，归妹也"，妹，少女也，虽说（悦）而非邪，正心也，道心也。为《序》者不达是道，必于诗外推及后妃所致，又及不妒忌，不妒忌诚善，而于《桃夭》之诗言之，则为赘，则为不知道，《毛传》亦未尝言后妃不妒忌所致，于以益验《序》果卫宏所作。②

《毛诗序》云："《桃夭》，后妃之所致也。不妒忌，则男女以正，昏姻以时，国无鳏民也。"③ 这是对《毛诗大序》"经夫妇，成孝敬，厚人伦，美教化，移风俗"④ 思想的实践，而将其中的"妇"确定为"后妃"，则体现了《诗序》作者的政治理念，即《大学》所说："宜其家人，而后可以教国人。"⑤ 也就是说后妃的贤良淑德可以母仪天下，教化百姓，这是一种自上而下的政治格局设计。杨简的思路却不是这样的。他也肯定夫妇之道，但强调的却是诗中体现的"夫妇和乐之正情"，由于诗中有"桃之夭夭"等对女性美

---

① （宋）陆九渊撰：《陆九渊集》卷三四《语录》，中华书局1980年版，第399页。

② （宋）杨简撰：《慈湖诗传》，景印文渊阁《四库全书》本，台湾商务印书馆1986年版。

③ （汉）毛亨传，（汉）郑玄笺，（唐）陆德明音义，孔祥军点校：《毛诗传笺》，中华书局2018年版，第10页。

④ （汉）毛亨传，（汉）郑玄笺，（唐）陆德明音义，孔祥军点校：《毛诗传笺》，中华书局2018年版，第1页。

⑤ （宋）朱熹撰：《四书章句集注》，中华书局1983年版，第9页。

貌的描绘，极容易让人认为其中可能存在男性对女性的"邪思"，所以杨氏结合《周易·归妹》卦，特别强调应当秉持"说（悦）而非邪"的正心、道心。明显可见，杨简的《诗经》解读少了些帝王、后妃的政治色彩，而更多体现出对作品蕴含的人情、人性、人心的挖掘，因为在他乃至陆氏心学一系的理学家看来，通过读《诗》来感悟这种无邪之思（心），就可以体认天地变化之道，兴发人的良心，最终达至人人皆为尧舜的理想境界，这也是其时理学家们开出的治世药方吧。

同时，需要注意的是，杨简以"思无邪"作为其解读《诗经》的基础，还有着时代学术发展环境的影响，其中主要涉及的是《论语》在儒学体系中地位变迁的问题。作为儒学经典，《论语》尽管在汉唐就有着广泛的影响，但真正将其进行更为精细的阐释并推至高峰的还是宋儒，二程、朱熹等宋代理学家将《大学》《中庸》《论语》《孟子》作为构建他们思想体系的根基，"四书"的地位逐渐超出"五经"，所以理学家在观照《诗经》《尚书》等著作的时候，必然会用"四书"中孔孟的理念作为准则，而《论语》所载"思无邪""兴观群怨""兴于诗"等众多孔子的《诗》学观念也肯定会成为他们学术思想的来源和判断依据。杨简对"思无邪"的解释并非孤立现象，另如同样出现在这一时期的辅广《诗童子问》，卷首采录并注解《论语》中的说《诗》之言。可以说，这是宋代众多理学家构建思想体系的一种基本思路和方法，在探察宋代尤其是南宋《诗经》学时要特别注意这个问题。

第四节 朱熹《诗经》学的价值取向

朱熹的《诗集传》是继汉代《毛诗故训传笺》、唐代《毛诗正义》之后又一具有里程碑意义的著作，代表了《诗经》宋学的最高成就，其《诗》学思想中体现价值观已经远远超出了《诗经》学本身，而对其后近千年儒家价值观念的取向产生了深远的影响，至今仍有重要的研究价值。以往论者大多集中于对朱熹《诗集传》训诂、比兴、"淫诗"说以及诠释方法等方面的研究，而对这一文本体现的朱熹的价值观念和取向却少有涉及。《诗集传》在朱熹理学思想建构过程中虽不如《论语》《孟子》等"四书"为要，但朱熹平生研治《诗经》，用力甚勤，这从《诗集传》长达二十多年（1174—1199）的撰写、修订过程可窥见一斑，其中体现的价值观念必然也是朱熹经学体系的重要组成部分。通过对前代《诗经》研究的重新解读，一种基于理学思想的新的《诗》学思想体系被建构起来，而这同时又体现出朱熹作为一个文化传承者、创造者的基本价值取向，这些对于深入了解朱熹思想的理论价值有着非常关键的作用，因而也有着重新厘清和深入研究的必要。

一、"以诗为教"的价值取向

钱穆先生曾在《朱熹之诗学》一文中凝练地概括了朱熹《诗》学最本质的内容，"朱熹以文学方法读诗，解脱了经学缠缚，而回归到理学家之义理，其大致率如此"[1]。此说确为的论。一方面，钱氏对朱熹读《诗》的方法进行了总结，突出了其在《诗经》研究史上的贡献，亦即"以文学方法读诗，解脱了经学缠缚"。关于朱熹《诗》学的这一特点，前贤时人已多有论述，本书不再赘述。另一方面，钱先生又明确指出朱熹阐释《诗经》的立脚点是"理学家之义理"，也就是说，朱熹解《诗》有别于前代经学家的训诂考据，而是以理学家的视角来研究《诗经》，侧重阐发《诗经》包蕴的政治思想、人伦之情。从其著述的出发点来看，朱熹与此前思想家似乎并无二致，均体现出一种"以诗为教"的诗用思想，但只要细心解读便会发现，朱熹《诗集传》在一个超越前人的思想高度上重新阐释了这一思想，其中既有对前贤思想的汲取，更有对这一思想的条理化和进一步深化，充分展现出站在时代思想顶峰所具有的那种"一览众山小"的宏大气魄，而这也正是本节所要着力探讨的

---

① 钱穆著：《朱子新学案》第 4 册，台北三民书局 1971 年版，第 60 页。

问题之一。

首先，对于《诗经》中情爱诗的解读体现出朱熹对于礼制的强调与重视，对于"天理""人欲"的价值理解，同时又体现出朱熹与前代解《诗》者不同的价值判断和价值选择。据莫砺锋先生统计，朱熹在《诗集传》中将情爱诗解作"淫诗"的共有三十首①，占到了《诗经》全部篇目的将近十分之一，数量是不少的。《诗经》中凡是涉及男女情爱描写的诗篇，朱熹均以"淫诗"的标准进行了阐释，如《邶风·静女》，《诗集传》云："此淫奔期会之诗也。"②《卫风·木瓜》，《诗集传》云："疑亦男女相赠答之词，如《静女》之类。"③ 何谓"淫诗"？朱熹对这些诗篇价值判断的依据是是否符合礼义的规定，凡是那些"超乎礼义"，没有遵从纲常之道的统统被贴上"淫"的标签，尤其是那些女子主动追求男子的诗篇更被冠以"淫奔"之名，而女子们也被戴上了"淫女"的帽子。除上述《邶风·静女》《卫风·木瓜》外，他如《郑风·有女同车》，《诗集传》云："此疑亦淫奔之诗。"④《郑风·山有扶苏》，更是明言此诗是"淫女戏其所私者"⑤。另外，《郑风·蘀兮》《郑风·狡童》《郑风·褰裳》等均同此。体味朱熹的语气，不难发现朱熹对那种不循礼法、私自结合的男女爱情是极力反对的。

和其他儒家思想家一样，朱熹将男女的婚恋视为三纲之首、礼之根本，正如《诗集传》卷七中引用吕祖谦的话说："变风终于陈灵，其间男女夫妇之诗一何多邪！曰：有天地然后有万物，有万物然后有男女，有男女然后有夫妇，有夫妇然后有父子，有父子然后有君臣，有君臣然后有上下，有上下然后礼义有所错。男女者，三纲之本，万事之先也。正风之所以为正者，举其

① 莫砺锋：《从经学走向文学——朱熹"淫诗"说的实质》，《文学评论》2001 年第 2 期。
② （宋）朱熹撰，赵长征点校：《诗集传》，中华书局 2013 年版，第 34 页。
③ （宋）朱熹撰，赵长征点校：《诗集传》，中华书局 2013 年版，第 53 页。
④ （宋）朱熹撰，赵长征点校：《诗集传》，中华书局 2013 年版，第 67 页。
⑤ （宋）朱熹撰，赵长征点校：《诗集传》，中华书局 2013 年版，第 68 页。

正者以劝之也。变风之所以为变者，举其不正者以戒之也。"① 在这一社会等级秩序生成的逻辑推演过程中，朱熹的出发点和其前辈并无二致，他们都在努力建构一套理想的、规范的社会秩序，而朱熹的独特之处在于，在其价值系统中"男女"之情的地位较前人显得更为重要，这一系统的构架也更为完善全面。既然男女婚恋如此重要，那么以"礼"来教化、约束那些处于进行时态的婚恋男女就显得非常迫切了，只要能够遵从礼法的规定，"婚姻以时"，即使描写的是男女之情，也不会被放到"淫诗"的行列中去，这一价值判断又是以朱熹"存天理，灭人欲"的观念作为理论支撑的，同时也是朱熹价值取向的一个重要方面。对于"天理"和"人欲"的区别，朱熹说："饮食者，天理也；要求美味，人欲也。"② 意即顺应人类自然属性和社会规范，不刻意追求物质的享受，不去做那些逾越规矩之事，这就是"天理"，反之则是"人欲"。以此为价值立场，尽管《周南》《召南》中也存在着数量不少的爱情诗，但却没有被朱熹归入"淫诗"之列，如《周南·关雎》中充满了对象征爱情的"雎鸠"的赞扬，谓其"生有定偶而不相乱，偶常并游而不相狎""挚而有别"，这首诗之所以没有被归到"淫诗"里去，即在于朱熹认为此诗反映了"周之文王生有圣德，又得圣女姒氏以为之配"③。并引汉代匡衡之语曰："'窈窕淑女，君子好仇'，言能致其贞淑，不贰其操。情欲之感，无介乎容仪；宴私之意，不行乎动静。"④ 也就是说在朱熹的价值观念中此诗反映的尽管是男女之情，但由于这种男女之情发生在具有"圣德"的文王与有"幽闲贞静之德"的姒氏身上，二者的结合符合"情欲之感，无介乎容仪；宴私之意，不行乎动静"的标准，因而这种结合理所当然是完美的。同时，朱熹同样认为这种效果的获得与此诗采用的含蓄委婉的表现方式不无关系。将男女

---

① （宋）朱熹撰，赵长征点校：《诗集传》，中华书局2013年版，第110页。
② （宋）朱熹撰，黎靖德编：《朱子语类》卷一三，中华书局1986年版，第224页。
③ （宋）朱熹撰，赵长征点校：《诗集传》，中华书局2013年版，第2页。
④ （宋）朱熹撰，赵长征点校：《诗集传》，中华书局2013年版，第2页。

之情寓含于"雎鸠"这一物象之中，"先言他物"再"引起所咏之词"，这就不像那些所谓的"淫诗"直白而口无遮拦地叙写男女之爱。另外，朱熹之前历代学者对《周南》《召南》也都极为重视，如《毛诗大序》云："《周南》《召南》，正始之道，王化之基。"[①]也认为《周南》《召南》是教化的根本，这种价值判断也得到了朱熹的接受和认可，在《诗集传·序》中朱熹倡言："惟《周南》、《召南》亲被文王之化以成德，而人皆有以得其性情之正，故其发于言者，乐而不过于淫，哀而不及于伤，是以二篇独为风诗之正经。"[②] 因而尽管朱熹主张废《序》，但对于《周南》《召南》的诗旨则无明显改动，尤其是对像《关雎》这类今天冠以爱情诗的作品，更是依《序》立说，这似乎与"淫诗"说前后矛盾，但只要充分意识到朱熹"以诗为教"的价值立场，这种看似抵牾之处也就不难理解了。

其次，作为理学家的朱熹非常重视个人修养，而其关于人格修养的认识也鲜明地体现在《诗集传》当中，并且同样呈现出一种"以诗为教"的价值取向。在朱熹的思想体系中，对于个人修养的功夫最典型地体现在其对"未发""已发"这对理论范畴中，据陈来先生归纳，朱熹的"未发""已发"包含了两个层面的意思：其一，以"未发""已发"指心理活动的不同阶段或状态；其二，以"未发"为性，以"已发"为情。[③] 这个问题既有心理学说自身的理论价值，又具有修养功夫的实践意义，简而言之，"未发""已发"分别指心理的静止和活动状态，与之相应，在人格的修养上，则要通过"主敬"来保持心灵的"未发"，通过"格物致知"来完成"已发"。何谓"主敬"？朱熹云："敬有甚物？只如'畏'字相似。不是块然兀坐，耳无闻，目无见，全不省事之谓。只收敛身心，整齐纯一，不恁地放纵，便是敬。"[④] "敬不是万

---

①　（汉）毛亨传，（汉）郑玄笺，（唐）陆德明音义，孔祥军点校：《毛诗传笺》，中华书局2018年版，第2页。

②　（宋）朱熹撰，赵长征点校：《诗集传》，中华书局2013年版，第2页。

③　陈来著：《宋明理学》，辽宁教育出版社1991年版，第172—173页。

④　（宋）朱熹撰，黎靖德编：《朱子语类》卷一二，中华书局1986年版，第208页。

事休置之谓，只是随事专一，敬畏，不放逸耳。"① 可见，"主敬"的根本是要求道德实践主体努力保持一种敬畏、收敛和警觉的心理状态。以此价值取向为指针，《诗集传》对如何才能完成"主敬"，借阐释《诗经》进行了具体的说解，例如在解释《秦风·渭阳》时，《诗集传》云："广汉张氏曰：康公（案：指秦康公）送太子，送舅氏（指晋公子重耳）而念母之不见，是固良心也。而卒不能自克于令狐之役，怨欲害乎良心也。使康公知循是心，养其端而礼充之，则怨欲可消矣。"② 在解说这首诗时，朱熹将秦康公的失败归结为不能"循是心""养其端而礼之"，也就是不能依循良心，内无杂念，外无妄动。据此，要达到"主敬"的要求，首先就要从消除"怨欲"做起，放弃那些怨恨和欲望，依循礼的规定，随时保持一颗敬畏、收敛之心来应对纷繁的世事。另如，解说《小雅·鹤鸣》中"他山之石，可以攻玉"时，《诗集传》云："程子曰：玉之温润，天下之至美也。石之粗厉，天下之至恶也。然两玉相磨，不可以成器，以石磨之，然后玉之为器得以成焉。犹君子之与小人处也，横逆侵加，然后修省畏避，动心忍性，增益预防，而义理生焉，道德成焉。"③ 朱熹于此不仅注重诗句本义的阐发，而且依据儒家"比德"的一贯理想，推演出君子内心修养的标准和方法，即君子要想"成器"必须在与小人相处的"横逆侵加"中不断砥砺自身，时刻保持一种"修省畏避，动心忍性，增益预防"的心理状态，也就是要做到不断反省自己，不迷失本性，怀抱谨慎谦虚之心，收敛身心，不妄想，不妄动，始终处于警觉的状态。只有这样才能达到"义理生焉，道德成焉"的理想修养境界。通过"主敬"可以塑造出具有高贵品质的君子人格，但朱熹并不是纯粹的心性论者，除了强调内心的修养功夫之外，他还非常重视"格物致知"实践能力的培养，而其检验的

---

① （宋）朱熹撰，黎靖德编：《朱子语类》卷一二，中华书局1986年版，第211页。
② （宋）朱熹撰，赵长征点校：《诗集传》，中华书局2013年版，第107页。
③ （宋）朱熹撰，赵长征点校：《诗集传》，中华书局2013年版，第159页。

标准就是要做事"中节",即"性之已发者,情也,其皆中节则所谓和也"①,与前辈儒家学者一样,"和"的观念在朱熹的价值体系中也占有非常重要的位置,《诗集传》也透露了朱熹价值取向在这一方面的重要信息。例如《卫风·淇奥》,《诗集传》云:"善戏谑不为虐者,言其乐易而有节也……可观而必有节焉。则其动容周旋之间无适而非礼,亦可见矣。"② 又如《魏风·葛屦》,《诗集传》云:"俭之过则至于吝啬迫隘,计较分毫之间而谋利之心始矣。"③可见,不论是音乐演奏还是日常生活,都要把握一个"度"的问题,"过犹不及","中节"也就是合度,这样才能最终在实践中达到"和"的理想境界。可见,朱熹释《诗》,发掘诗篇本义是一个方面,而其最根本目的在于通过对诗篇的解释,将自己的价值观念像细雨润物般浸透其中,使读《诗》者在不知不觉间受到思想的洗礼,从而最终完成其"以诗为教"的目标。

另外,与汉儒的"以诗为教"相比,《诗集传》明显体现出更为鲜明的普世教化取向。汉儒《毛诗序》在解释上述诗篇的时候,往往将其与具体的历史事件和历史人物相比附,如上述《邶风·静女》,《诗序》云:"刺时也。卫君无道,夫人无德。"④《卫风·木瓜》,《诗序》云:"美齐桓公也。"⑤ 汉儒这种历史化解《诗》同样是要实现"以诗为教"的目的,正如《毛诗大序》所说:"故正得失,动天地,感鬼神,莫近于诗。先王以是经夫妇,成孝敬,厚人伦,美教化,移风俗。"⑥ 然而,汉儒囿于先秦《诗》说及时代思潮的影响,对"男女之大防"的关注远不如对反思历史更为重要,并且受传播条件

---

① (清)王梓材、(清)冯云濠编撰:《宋元学案补遗》卷一二,中华书局2012年版,第1127页。

② (宋)朱熹撰,赵长征点校:《诗集传》,中华书局2013年版,第46页。

③ (宋)朱熹撰,赵长征点校:《诗集传》,中华书局2013年版,第82页。

④ (汉)毛亨传,(汉)郑玄笺,(唐)陆德明音义,孔祥军点校:《毛诗传笺》,中华书局2018年版,第61页。

⑤ (汉)毛亨传,(汉)郑玄笺,(唐)陆德明音义,孔祥军点校:《毛诗传笺》,中华书局2018年版,第93页。

⑥ (汉)毛亨传,(汉)郑玄笺,(唐)陆德明音义,孔祥军点校:《毛诗传笺》,中华书局2018年版,第1页。

的限制，读《诗》者往往集中在一小部分知识群体中，对于这个群体而言，对历史知识的熟悉和悠久史官文化传统的熏染，使他们在面对这些爱情诗的时候，更喜欢通过比附历史来解说诗意，它实际上是要为读《诗》者（那些有可能成为未来执政者的知识群体）树立一个历史的榜样，希望借此达到"以史为鉴"的终极目的，使其日后可以完成那种"经夫妇，成孝敬、厚人伦、美教化、移风俗"（《毛诗大序》）的政治理想。朱熹解《诗》尽管同样是以"教化"为旨归，但在经历了魏晋南北朝以及唐代、北宋近几百年的思想发展后，作为社会活动主体的"人"的地位日渐凸显，与生俱来的七情六欲的本性也不再是人所讳言的禁地，对男女情爱的认识更有逾于汉儒。在这种时代潮流中，通过解《诗》来树立榜样或提供借鉴的方法已经不能满足时代思想发展的需要了，而如何合理调控人的情感，使其不至于失控而对世风造成不良的影响，进而不会危害到现实的统治秩序，就成为思想家们普遍关心的话题了。朱熹非常敏锐地把握到了这种时代的脉搏，将他的解《诗》策略及时调整到与大众生活更为贴近的路数上来，并且随着纸张等传播手段的改善，知识的普及程度越来越广泛，隋唐和宋代的科举考试又为普通民众提供了晋身之阶，在现实利益的诱惑下，作为考试必读书目的"五经"也在民间迅速地广泛传播开来，于是乎通过解释《诗经》等经书来达到教化百姓的目的也必然性地成为思想家们的不二选择，因此他们除将那些比附在《诗经》中的历史逐渐剥离出来（当然也有一定程度的保存），代之以与人自身生活更为贴近的价值观念，使受众更容易理解和接受，如朱熹《诗集传·序》所云："凡《诗》所谓风者，多出于里巷歌谣之作，所谓男女相与咏歌，各言其情者也。"① 不难看出，这种对风诗的判断明显是立足于民间价值立场的，而其目的也在于使这些作品的传播多一份为大众认同的理由，从而能够更顺利地接受"以诗为教"的价值理念，朱熹的良苦用心于此可见一斑。另外，《诗集

---

① （宋）朱熹撰，赵长征点校：《诗集传》，中华书局 2013 年版，第 2 页。

传》简明扼要的注释方式也可以理解为朱熹要广其读的有意为之之举，毕竟烦琐的注释对任何人来说都可能成为一种负担。

二、"疑古求真"的价值取向

朱熹"以诗为教"价值取向的形成与朱熹批判地继承前代思想文化遗产存在着极为密切的关系。如果说"以诗为教"更多体现的是朱熹对前代儒家教化思想的自觉接受和发展的话，那么受宋代疑古辨伪思想的影响，朱熹的价值观念中也体现出一种疑古求真的取向，这也是有别于汉唐诸儒价值观的一个重要方面。

汉代《毛诗》学派以《序》《传》释《诗》，后经东汉郑玄、唐代孔颖达继承并发挥其说，在唐代《毛诗》最终实现一统"江湖"的局面，《序》《传》释诗过程中体现的价值观念也逐渐被无数治《诗》者奉为圭臬，较少疑者。至宋代欧阳修始批评毛、郑，开有宋一代疑古风气之先，后经苏辙、郑樵推波助澜，至朱熹而集其大成。朱熹受前辈学者疑古思想影响，逐渐由以《序》说《诗》向以《诗》说《诗》转变。《诗集传》随处可见与《诗序》说解不同之处，上文"淫诗"数例即是明证。除此，《诗集传》中还有许多诗篇也可为证，如《邶风·击鼓》，《诗序》云："怨州吁也。卫州吁用兵暴乱，使公孙文仲将而平陈与宋，国人怨其勇而无礼也。"① 《诗集传》云："卫人从军者自言其所为，因言卫国之民或役土工于国，或筑城于漕，而我独南行，有锋镝死亡之忧，危苦尤甚也。"② 《诗序》将诗意比附历史，而《诗集传》则从诗作本身出发体味从军者的危苦，孰优孰劣似乎很难判断，但如果结合诗作来看，还是会发现二者是有高下之别的，《邶风·击鼓》云：

> 击鼓其镗，踊跃用兵。土国城漕，我独南行。

---

① （汉）毛亨传，（汉）郑玄笺，（唐）陆德明音义，孔祥军点校：《毛诗传笺》，中华书局 2018 年版，第 43 页。

② （宋）朱熹撰，赵长征点校：《诗集传》，中华书局 2017 年版，第 25 页。

> 从孙子仲，平陈与宋。不我以归，忧心有忡。
>
> 爰居爰处，爰丧其马。于以求之，于林之下。
>
> 死生契阔，与子成说。执子之手，与子偕老。
>
> 于嗟阔兮，不我活兮。于嗟洵兮，不我信兮。①

细读诗作，的确能够体味到其中"怨"的味道，但完全找不到《诗序》所说的"国人怨其勇而无礼也"的内容。朱熹避开了这种单纯的历史比附，全从作诗者的角度立论，先明确指出这首诗是"卫人从军者自言其所为"，接着从"从军者"立场来看待卫国无休止的劳役和兵役，并体味到这个群体那种"危苦尤甚"的生存状况和独特感受。两相比较，《诗集传》的解说更符合诗篇本意。可见，朱熹并未盲从《诗序》，而是经过深思熟虑之后得出的一个较为中肯的结论，而其中也包含着朱熹求真的价值取向。对此，可以进一步通过《诗集传》和《诗集解》对这首诗的不同解释来窥其一斑。在《诗集传》的编写之前，朱熹曾作《诗集解》，其中多据《诗序》立论，对于《邶风·击鼓》，《诗集解》云："按《左传》州吁与宋、陈伐郑，围其东门，五日而还，出师不为久，而卫人之怨如此，身犯大逆，众叛亲离，莫肯为之用尔。"在《诗序》等传统诗说仍有强大影响力的背景的影响下，这种怀疑是对《诗序》解说的进一步阐释，并没有跳出《诗序》的范围，而《诗集传》已经基本上摆脱了《诗序》的影响，对具体的历史事件采取了模糊的处理，而对诗中并没有表现的内容则完全不予评述，这种以《诗》说《诗》方式本身就体现出朱熹对前人成说的怀疑精神，这可能会受到一些学者的诟病，但正是这种怀疑精神恰恰体现了朱熹一种严谨求真的学术态度，而这种严谨求实、疑古存真价值观的形成也并非朝夕之功，它是朱熹不断否定自我，调整自身价值立场的必然产物，正如朱熹自己的概括：

> 某向作《诗解》，文字初用《小序》，至解不行处，亦曲为之

---

① （宋）朱熹撰，赵长征点校：《诗集传》，中华书局2017年版，第25—26页。

说。后来觉得不安，第二次解者，虽存《小序》，间为辨破，然终是不见诗人本意。后来方知，只尽去《小序》，便自可通。于是尽涤旧说，诗意方活。①

从上面这段文字不难看出，朱熹早年读《诗》深受《诗序》的影响，在代表其早期《诗》学思想的《诗集解》（已佚，吕祖谦《吕氏家塾读诗记》多存其说）中多用《小序》之说，即使感觉解释不通的地方，也囿于《诗序》在《诗》学体系中的经典地位不敢随意推翻，只能"曲为之说"，跟在汉儒《诗》说后面人云亦云。即使后来对《集解》做了一定的修改，即"第二次解者""间为辨破"，但仍然没有跳出《小序》《诗》学体系划定的范畴。然而在这个过程中，思想家兼具文学家的那种独特感受使朱熹始终没有放弃对《小序》的怀疑，正如《朱子语类》中所云：

> 某自二十岁时读《诗》，便觉《小序》无意义。及去了《小序》，只玩味诗词，却又觉得道理贯彻。当初亦尝质问诸乡先生，皆云，《序》不可废，而某之疑终不能释。后到三十岁，断然知《小序》之出于汉儒所作，其为缪戾，有不可胜言。②

经过了思想痛苦的挣扎和选择，朱熹最终觉悟到只有完全抛开《小序》划定的思想轨迹，放弃以《序》说《诗》，代之以"玩味诗词"，以《诗》说《诗》，这样才能使"《诗》意方活""道理贯彻"。通过朱熹自叙，可以看到他此举是要追索《诗经》中的"诗人本义"，也就是作诗者的真实意图。在朱熹看来，《诗序》历史化的说解方式遮蔽了诗篇本身要表达的真实意图，因而必须废弃《诗序》，他尖锐地指出："今人不以《诗》说《诗》，却以《序》解《诗》，是以委曲牵合，必欲如序者之意，宁失诗人之本意不恤也。此是序者大害处！"③ 进而鲜明地表明了自己的立场："某解《诗》，多不依他《序》。

---

① （宋）朱熹撰，黎靖德编：《朱子语类》卷八〇，中华书局1986年版，第2085页。
② （宋）朱熹撰，黎靖德编：《朱子语类》卷八〇，中华书局1986年版，第2078页。
③ （宋）朱熹撰，黎靖德编：《朱子语类》卷八〇，中华书局1986年版，第2077页。

纵解得不好，也不过只是得罪于作《序》之人。只依《序》解，而不考本诗上下文意，则得罪于圣贤也。"①朱熹认为《诗序》的作者并没有完全按照圣贤之意来解《诗》，要得圣贤之意，《诗序》是不足信的，必须从《诗经》经文本身来找答案，这也就是为什么朱熹最终几乎推翻了《诗集解》的全部观点，又重新作《诗集传》的真正意图所在。这一过程中所体现的朱熹对自我的不断批判、否定，大胆怀疑前人成说、求真求实的价值取向给人留下了深刻的印象。尤其是《诗序》统治《诗》学发展数百年之久，并且已经根深蒂固地留存在人们价值观念中，已经成为一种"集体无意识"的情况下——于上文"（诸乡先生）皆云，《序》不可废"可窥见一斑，朱熹能够冲破《诗序》的束缚，以一种崭新的解读方式来发现《诗经》本身蕴藏的巨大价值和无穷魅力，这种尝试本身就是值得称道的。

三、"兼容并包"的价值取向

朱熹在《诗集传》中表现出的价值取向既有对前代价值观念的继承，同时也有时代的鲜明特色，进而更加突出地呈现出一种融汇古今的更高层次的理念。这种理念又可分作两个层面，一个是思想观念层面，一个是具体操作层面。疑古求真是思想观念层面的问题，从具体操作层面来看，主要是一种综合汉宋学术的建构努力，其具体表现就是他既以阐发义理作为治《诗》的最高目标，又非常重视对《诗经》经文的训诂考据，把阐发义理建立在对经典章句文字训诂的基础上，从而兼采汉宋，把章句训诂之学与义理之学结合起来，即以宋学义理为主，同时也不废汉学文字考据的功夫，如《诗集传·序》中朱熹对如何学《诗》有这样一段论述：

> 本之二《南》以求其端，参之列国以尽其变，正之于《雅》以
>
> 大其规，和之于《颂》以要其止，此学《诗》之大旨也。于是乎章

---

① （宋）朱熹撰，黎靖德编：《朱子语类》卷八〇，中华书局1986年版，第2092页。

句以纲之，训诂以纪之，讽咏以昌之，涵濡以体之，察之情性隐微之间，审之言行枢机之始，则修身及家、平均天下之道，其亦不待他求而得之于此矣。①

这段话可分两个部分来理解。第一部分即"本之二《南》以求其端，参之列国以尽其变，正之于《雅》以大其规，和之于《颂》以要其止，此学《诗》之大旨也"。这里可以看到朱熹对"二《南》"的高度重视。在朱熹的价值观念中，"二《南》"是"《诗》之正经"，包含了前代圣王的政治理想，学好"二《南》"无疑就把握住了儒家政治哲学的核心和纲领，而风诗中的其他部分则均为这种哲学思想在各地政治实践中的具体运用，即"其变"。同时，还要以《雅》和《颂》来加以规范和张大其目，因为这两部分诗作的内容同样也体现了先王礼乐教化的政治理想，可以对"二《南》"起到一种"正""和"的作用，循此就能够把握学《诗》的大旨。这里主要说的是学《诗》过程中对其中各部分诗篇的价值判断问题。

从"于是乎章句以纲之"为第二部分，这部分主要谈了学《诗》的具体方法问题，其中鲜明地体现出上文我们所说的那种"兼采汉宋"的价值取向。首先，朱熹提到作为解《诗》的第一步工作就是要做到"章句以纲之，训诂以纪之"，也就是要通过章句训诂的考释来疏通文字语句上的障碍，因为对于文字语句含义的理解直接影响到对诗作本义的解释。审视《诗》学发展的历史，由于古今词义的差别以及解《诗》者对于词义不同的选择，往往直接导致对诗作主旨认识差异，所谓"诗无达诂"是也，而对不同词义的选择背后恰恰反映的是解《诗》者的不同价值取向问题。如《郑风·扬之水》："终鲜兄弟，维予与女。"郑《笺》云："忽兄弟争国，亲戚相疑，后竟寡于兄弟之恩，独我与女有耳。""终鲜兄弟，维予二人"，郑《笺》："二人者，我身与女忽。"郑玄以《诗序》"闵无臣也。君子闵忽之无忠臣良士，终以死亡，而

---

① （宋）朱熹撰，赵长征点校：《诗集传》，中华书局2017年版，第2页。

作是诗也"① 为依据，将"予""女"解释为"我"与"忽"，这是依从《诗序》历史化释《诗》的一种价值判断，也体现出汉儒的局限性，而朱熹则谓："予、女，男女自相谓也。"直接将二字解释为男子和女子，而没有取郑《笺》的观点，于此可见朱熹在章句训诂中力求摆脱汉儒束缚的创新意识和建设精神。这种字句训诂的根本目的在于为诗旨的确切理解做铺垫，为进一步的理论架构做准备。正是基于对"予""女"二字的如是理解，接下来朱熹对这首诗的主旨得出了这样的判断："淫人（者）相谓，言扬之水，则不流束楚矣，终鲜兄弟，则维予与女矣。岂可以他人离间之言而疑之哉？彼人之言，特诳女耳。"② 将其目之为"淫诗"，借此来完成其"以诗为教"的目标。像上述这样的例子在《诗集传》中还可以找到很多，不赘。总之，可以看到，朱熹《诗集传》修正了宋学重义理轻考据的流弊，兼取汉宋之长而去其短，成为在宋学内部扬弃和发展宋学的代表人物，亦开明清之际《诗经》学汉宋兼采之先声，深刻地影响到宋之后《诗经》研究的走向。

另外，朱熹还广泛地继承了前人对"赋比兴"的解释，创造性地加以总结归纳和升华，同样鲜明地体现出一种包蕴古今的气魄和价值选择。对于"赋""比"，历来争议不大，朱熹融合前人诸说，提出"赋者，敷陈其事而直言之者也"③ "比者，以彼物比此物也"④，这些并无多少创新之处。对于"兴"的解释则历代存在着广泛的争议，宋之前，最有代表性的解说当数唐代孔颖达的《毛诗注疏》，《注疏》融会汉唐诸说指出："兴者，起也，取譬引类，起发已心，诗文诸举草木鸟兽以见意者，皆兴辞也。""兴，见今之美，嫌于媚谀，取善事以喻劝之。"⑤ 可以看到，孔颖达仍然认为"兴"最根本的

---

① （汉）毛亨传，（汉）郑玄笺，（唐）陆德明音义，孔祥军点校：《毛诗传笺》，中华书局 2018 年版，第 121 页。

② （宋）朱熹撰，赵长征点校：《诗集传》，中华书局 2013 年版，第 70 页。

③ （宋）朱熹撰，赵长征点校：《诗集传》，中华书局 2013 年版，第 4 页。

④ （宋）朱熹撰，赵长征点校：《诗集传》，中华书局 2013 年版，第 7 页。

⑤ （汉）毛亨传，（汉）郑玄笺，（唐）孔颖达疏，（唐）陆德明音释：《毛诗注疏》，上海古籍出版社 2013 年版，第 13—14 页。

特点在于譬喻，即"取譬引类""取善事以喻劝之"，这和汉儒在本质上没有多少差别，如汉代郑众云："兴者，托事于物。"即是这种以"兴"为"喻"说的先声。朱熹则明确指出："兴者，先言他物以引起所咏之词也。"① 与郑众和孔颖达的解释比较会发现，朱熹此解既包含了郑众所云"托事于物"的解说，又顾及孔颖达"起发己心"的理解，融合众说，兼采并包，将对"兴"的理解又向前推进了一大步，这一经典的解说也被历代治《诗》者广泛称引，而这种解说的背后其实蕴藏着朱熹那种宏大的历史视野和深邃细密的理论思考，究其根本，"兼容并包"的价值取向无疑在其中起到了决定性的作用。

综上可见，《诗集传》是一个承载朱熹价值观念的重要载体，以此为平台，会发现那些蕴藏在具体说解背后更为深层的价值观念，而对这种价值观念的深入挖掘，又反过来对于重新认识朱熹思想的价值有着重要作用。《诗集传》的影响也许首先并不在于它的具体解释，更主要的还应该在于它在宋学一统天下的时代环境中，能够对前代《诗》说加以扬弃，并从价值观和具体操作手段等层面继承发展了儒学的精髓。同时，在《诗集传》中，朱熹对宋学的空疏又能够保持必要的警惕，疑古求真，实事求是，融合古今，大胆创新，影响了一代学风，《诗集传》也在其产生之后通过科举考试为当时和其后广大的文人士子所接受，并不可避免地影响到了他们的价值观念，这也可以看作《诗集传》的一个历史功绩。

---

① （宋）朱熹撰，赵长征点校：《诗集传》，中华书局 2017 年版，第 2 页。

第七章　独尊与多元的交织

——理宗朝及其后的《诗经》研究

第一节　理宗朝及其后的政治与学术

南宋后期共有理宗（1225—1264）、度宗（1265—1274）、恭宗（1275—1276）、端宗（1276—1278）、赵昺（1278—1279）五位国君，其中理宗在位时间最长，对南宋后期政治的影响也最大，度宗、恭宗等在位时间均不长，且基本上是傀儡皇帝，政治上仍是理宗朝政局的延续，所以厘清南宋后期政治与学术的关键就是要把理宗朝的相关问题搞清楚。理宗朝外患加剧，承受着来自蒙古帝国的压力，理宗宝庆三年（1227）蒙古灭西夏，宝祐二年（1254）忽必烈攻入云南大理城，大理国亡。尽管其间宋与蒙古曾在端平元年（1234）联合灭金，但这股强大的政治力量的崛起，无疑使南宋帝国统治者感受到了巨大的威胁，同时理宗也并非一位贤明有为的国君，如《宋史·理宗纪》赞语所云："理宗享国久长，与仁宗同。然仁宗之世，贤相相继，理宗四十年之间，若李宗勉、崔与之、吴潜之贤，皆弗究于用；而史弥远、丁大全、贾似道窃弄威福，与相始终。治效之不及庆历、嘉祐，宜也。……由其中年嗜欲既多，怠于政事，权移奸臣，经筵性命之讲，徒资虚谈，固无益也。"①理宗重用奸佞，以及对国家治理的懈怠直接造成南宋政治的持续下滑，衰颓之势已无法挽救。

就这一阶段的学术发展状况而言，理宗对学术表面上看是非常重视的，尤其是对程朱理学的表彰，如《宋史·理宗纪》评价其对学术发展的贡献云："宋嘉定以来，正邪贸乱，国是靡定，自帝继统，首黜王安石孔庙从祀，升濂、洛九儒，表章朱熹《四书》，丕变士习，视前朝奸党之碑、伪学之禁，岂不大有径庭也哉！身当季运，弗获大效，后世有以理学复古帝王之治者，考论匡直辅翼之功，实自帝始焉。庙号曰'理'，其殆庶乎！"② 宁宗嘉定元年（1208）宋金重订和约，约为伯侄之国，增岁币，韩侂胄掌权，禁绝程朱理学，对政治、学术均造成极大的损伤，所以《宋史》作者肯定了理宗对理学发展的贡献，尤其是对王安石从祀孔庙的否定，不仅是政治思想的一次调整，更是从国家意识形态的角度，宣告对王学这种更倾向于外在事功之学的抛弃，学术发展的风向开始向着有利于程朱理学的方向发展。当然，这种背后也有着一定的政治因素的推动，有学者指出："南宋后期三朝政坛格局的演变可以概括为'非鄞则婺'、'小元祐'、'福华编'三个阶段，'非鄞则婺'是鄞（四明）人与婺人联合主政时期；'小元祐'是指朱学'正人'在朝廷扮演重要角色时期；'福华编'指贾似道主政时期。"③ 浙学、闽学学者在理宗朝政治格局中地位的凸显，也有力地推动了这一时期学术风气的转向，尤其是《宋史》所言理宗"升濂、洛九儒，表章朱熹《四书》"，从官方立场对程朱理学主流意识形态地位的认可，无疑会更加激发理学学者研究的热情。具体到《诗经》学，这一时期理学家的研究成为主流，尤其是朱熹《诗集传》开始广泛传播，并逐渐成为《诗经》解释的权威读本，围绕这部著作展开的研

---

① （元）脱脱等撰：《宋史》卷四五，中华书局1985年版，第888—889页。
② （元）脱脱等撰：《宋史》卷四五，中华书局1985年版，第889页。
③ 廖寅：《"非鄞则婺"论——南宋后期政治研究之一》，《人文论丛》（辑刊）2003年卷。

究越来越多，一股崇朱学术思潮迅速形成并深刻影响了其后元、明、清三代的《诗经》研究。但是宋理宗对理学的推崇并不是纯粹的个人喜好，而是抱着明显的实用主义态度，不是真正的践履，而主要是一种政治策略和统治手段。同时，这一时期的理学研究也逐渐暴露出空谈心性、义理，缺乏对现实社会关怀的问题，盲从师说，一味回护，缺少了前代学术研究中那种宏大、平实的气象，也预示着包括《诗经》研究在内的理学走向衰落的开始。

具体而言，南宋后期的《诗经》研究仍主要围绕尊《序》废《序》等问题展开，对此前朱熹、吕祖谦等研究成果或提供佐证发展其说，或批驳质疑力求突破，尤其是王应麟对三家《诗》和《诗经》地理学等的研究，既有对此前研究领域和成果的继承，又有极大的发展，成为这一阶段《诗经》研究领域取得的最为重要的成果，而其背后又有着学术思潮发展内在驱动力的影响。对此，在梳理这一阶段相关研究成果时，一定要注意进行必要的讨论和分析。

第二节　朱熹《诗》说独尊局面的初步形成
——以王柏《诗经》研究为讨论中心

自朱熹取郑樵观点，三易其稿，撰成《诗集传》，力倡废《序》之后，其徒众多依从其说，并不断补充发挥，使得废《序》说更加深入人心，朱子《诗经》学也逐渐取得优势地位，开始向着独尊的地位发展，这一过程的完成与政府的提倡以及诸多宣扬理学思想的书院的复兴密不可分。就政府对朱子的态度而言，理宗对其是推崇备至的，宝丰三年（1227）理宗下诏："朕观朱熹集注《大学》、《论语》、《孟子》、《中庸》，发挥圣贤蕴奥，有补治道。朕方励志讲学，缅怀典刑，深用叹慕，可特赠熹太师，追封信国公。"① 其后又

---

① （明）冯琦撰：《宋史纪事本末》卷二一，景印文渊阁《四库全书》本，台湾商务印书馆1986年版。

在淳祐元年（1241）视察国子监时"御书《白鹿洞规》赐诸生"①，对朱熹及其著作的褒奖以及把《白鹿洞书院学规》向官学国子监的推广，无疑对朱子学术思想地位的提升与普及起到了推波助澜的作用。以《诗集传》为核心的朱子《诗经》学在这股潮流中也逐渐成为其时众多学者讨论《诗经》诸多问题必须要面对的权威读本，其独尊地位已初步显现。

在朱子《诗经》学权威地位形成过程中，众多追随者的助推之功不可小觑，其中尤以王柏（1197—1274）最为突出，如《四库全书总目》对其著作《诗疑》的评价云："此书则攻驳毛、郑不已，并本经而攻驳之；攻驳本经不已，又并本经而删削之。"② 不仅批驳毛、郑之非，而且连经文本身也一并质疑，在疑古惑经的道路上越走越远，而这一研究风格的形成与理宗时代整体的学术思潮之间有着密切的关联。理宗表彰理学，尤其是淳祐元年（1241）以周敦颐、张载、二程、朱熹从祀孔庙，这不仅是一个政治事件，而且还是一个重要的学术事件，它意味着通过礼仪形式，官方正式肯定了道学谱系的合法性。这种学统的建立，其实也是具有相同理念的政治家对自身学术根脉的确认，进而通过学术思想上的认同更好地在政治上形成稳定的联盟，而这对包括王柏在内的理学家无疑是一种巨大的鼓舞。这一年，王柏四十四岁，其时他已经完全归于理学阵营。这里需要补充的是王柏学术思想的形成历程，因为通过这个个案，有助于更加清晰地认识这一阶段包括《诗经》学在内的学术发展的走向。王柏的父祖皆与其时学术界有着密切的往来，《宋史·王柏传》载其祖父王师愈"从杨时受《易》、《论语》，既又从朱熹、张栻、吕祖谦游"③，而其父王瀚和诸兄弟也"皆及熹、祖谦之门"④，但王柏在三十岁之前由于仰慕诸葛亮，所以并没有继承这种家学。《宋史》载其"年逾三十，始

① （元）佚名撰，王瑞来笺证：《宋季三朝政要笺证》，中华书局 2010 年版，第 126 页。
② （清）永瑢等纂：《四库全书总目·经部》，广西师范大学出版社 2019 年版，第 431 页。
③ （元）脱脱等撰：《宋史》卷四三八，中华书局 1985 年版，第 12980 页。
④ （元）脱脱等撰：《宋史》卷四三八，中华书局 1985 年版，第 12980 页。

知家学之原，捐去俗学，勇于求道。……从熹门人游，或语以何基尝从黄幹得熹之传，即往从之，授以立志居敬之旨。"① 上述记载有几点是需要注意的：其一王柏祖父及父辈对朱子等理学家思想的学习和接受，并逐渐形成的"家学"。一种学术思潮的形成，单纯依靠官方意识形态的推动是不够的，还需要拥有更为广大的群众基础，其中不断形成的所谓"家学"一方面保证了学术代际传承的稳定，为研究源源不断地提供了人力资源的保障；另一方面这种代际传承对学术基因、学术资源的保存与发展，家族学术荣誉感的获得等也是极为有利的，如王柏的"始知家学之原，捐去俗学，勇于求道"，即有着一种对家族学术传统自觉传承的责任感，而这一阶段理学思潮的形成与众多如王柏家族的参与是密不可分的。其二要注意其中提到的"俗学"。在上述语境中，"俗学"似主要指王柏早年所喜好的诸葛亮的一些学问。诸葛亮的功绩主要在军事、政治领域，王柏对其喜爱的背景应当与其所处时代环境有密切关系，也就是当时外族政权对南宋王朝的压迫，王柏之选择诸葛之学应当是那种举国上下迫切的富国强兵的愿望使然，但政治统治的昏庸又让他们深切地认识到，如果没有人内在德性的提升做保障，外在的事功是无法实现的。所以，王柏三十岁之后转向理学，其实也反映着包括他在内的众多思想家的共识，或者说，学术研究的内在转向和不断深化，是政治、学术发展的一种必然趋势，有意思的是，王柏三十岁之后的这次学术转型，恰逢理宗执政初期提倡道学之际，其中的联系是无须赘言的。

以上我们用了较长的篇幅介绍王柏学术成长的轨迹，目的即在于探寻其与之前学术之间的联系，以及时代学术思潮对他的影响，具体到《诗经》研究，这种联系和影响体现得还是非常明显的，兹择要述之一二。

首先，王柏继承了朱熹等前辈学者对《诗经》成书、性质诸多问题的基本认识，但疑古惑经特点更加明显。王柏之前，学界对《毛诗序》《传》

---

① （元）脱脱等撰：《宋史》卷四三八，中华书局1985年版，第12980—12981页。

《笺》以及《毛诗正义》已经多有批驳，这些在前文已经做过不少讨论，兹不赘述。这些讨论或立足诗文本身语词的意思从情性等角度进行解读，或探察《序》《传》等解释的抵牾之处进行辨析，但对《诗经》经文本身大多还是持肯定态度的。王柏对此却有着不同的看法，他在《诗疑》卷二《诗辨·毛诗辨》中提出："愚尝求三百篇之诗矣，固非唐虞夏商之诗也，固非尽出于周公之所定也，亦非尽出于夫子之所删也。……汉定之后，《诗》忽出于鲁，出于齐、燕，《国风》、《雅》、《颂》之序，篇什章句之分，吾安知其果无脱简殽乱而尽复乎周公、孔子之旧也？"① 汉以后所见《诗经》已经不是周公、孔子时代的原本，在王柏看来其中肯定存在着脱简窜乱等诸多问题。为何如此？王柏进一步以《尚书》的流传为例进行说明，他认为：

> 夫《书》授于伏生之口，止二十有八篇，参之以孔壁之藏又二十有五篇。然其亡失终不可复见者犹有四十余篇。其存者且不胜其错乱讹舛，为万世之深恨。今不知《诗》之为经，藏于何所乃如是之秘，传于何人乃如是之的。遭焚禁之大祸，而三百篇之目宛然如二圣人之旧，无一篇之亡，一章之失。《诗》、《书》同祸而存亡之异辽绝如此，吾斯之未能信。②

关于《尚书》的流传，的确如王柏所说，汉代伏生所传仅二十八篇，其后鲁恭王坏孔府宅之时又新见二十五篇，为伏生所未传，所以王柏大胆做出推测，同样作为儒家经典的《诗经》，经历秦火之后，在汉代肯定也是不完整的，而后世看到的篇目整齐、内容完备的《诗经》必然是汉儒加工改造的结果。对此，在《诗疑》卷一中，他说得更加肯定：

> 愚尝疑今日三百五篇者，岂果为圣人之三百五篇乎？秦法严密，《诗》无独全之理。窃意夫子已删去之诗，容有存于闾巷浮薄者之口。盖雅奥难识，淫俚易传。汉儒病其亡逸，妄取而撺杂，以足三

---

① （宋）王柏撰：《诗疑》卷二《诗辨·毛诗辨》，朴社 1935 年版，第 35—36 页。
② （宋）王柏撰：《诗疑》卷二《诗辨·毛诗辨》，朴社 1935 年版，第 36—37 页。

百篇之数，愚不能保其无也。①

汉以后流传的《诗经》已经不是周公、孔子时代看到的原本，这已经不同于此前刘敞等人对异文的修改，而是从根本上否定了《诗经》中某些作品的价值，因为根据王柏的考订，这些作品在孔子的时代已经被删削掉，只不过是汉儒为了凑足"三百五篇"之数，重新添加了一些仍然流传在民间的曾被孔子删去的俚俗之作，而这显然是不符合"圣人之意"的，例如《诗经》中现存《郑风》《卫风》，而在《论语》中孔子曾对这部分诗作有过"放郑声，远佞人。郑声淫，佞人殆"②。（《卫灵公》）、"恶郑声之乱雅乐也"③（《阳货》）的评价。据此，王柏认为："不奈圣人'放郑声'之一语终不可磨灭，且又复言其所以放之之意，曰'郑声淫'，又曰'恶郑声之乱雅乐'也。愚是以敢谓淫奔之诗，圣人之所必削，决不存于雅乐也审矣。"④ 这是立足于孔子删《诗》说而延伸出的一种观点，同时是对孔子经典解释权威地位的充分认可，进一步来说，这也是强烈的"代圣人立言"愿望的表达，宋儒疑古思辨等学术风潮的产生也无不与此相关。

在"代圣人立言"思想的驱动下，王柏在朱熹"淫诗说"基础之上，更为大胆地提出应当删去那些存留于《诗经》中的所谓三十二首"淫诗"⑤。在他看来，只有这样才能最大限度地恢复周公、孔子时代《诗经》的文本面貌，其去取的标准也主要是这些作品是否具有教化的作用，如《诗疑》卷一云："妄意以刺淫乱如《新台》《墙有茨》之类凡十篇，犹可以存之惩创人之逸志；

---

① （宋）王柏撰：《诗疑》卷一，朴社 1935 年版，第 27 页。
② 杨伯峻著：《论语译注》，中华书局 2017 年版，第 232 页。
③ 杨伯峻著：《论语译注》，中华书局 2017 年版，第 266 页。
④ （宋）王柏撰：《诗疑》卷一，朴社 1935 年版，第 27 页。
⑤ 王柏主张删去的 32 首诗作分别是《野有死麕》（《召南》），《静女》（《邶风》），《桑中》（《鄘风》），《氓》、《有狐》（《卫风》），《丘中有麻》（《王风》），《将仲子》、《遵大路》、《有女同车》、《山有扶苏》、《萚兮》、《狡童》、《褰裳》、《东门之墠》、《风雨》、《子衿》、《野有蔓草》、《溱洧》（《郑风》），《大车》（《王风》），《晨风》（《秦风》），《东方之日》（《齐风》），《绸缪》、《葛生》（《唐风》），《东门之池》、《东门之枌》、《东门之杨》、《防有鹊巢》、《月出》、《株林》、《泽陂》（《陈风》）。

若男女自相悦之词，如《桑中》《溱洧》之类，悉削之以遵圣人之至戒，无可疑者。"① 其中提到的《新台》《墙有茨》《桑中》《溱洧》等诗作，《毛诗序》的解释分别是：

> 《新台》，刺卫宣公也。纳伋之妻，作新台于河上而要之。国人恶之而作是诗也。②

> 《墙有茨》，卫人刺其上也。公子顽通乎君母，国人疾之，而不可道也。③

> 《桑中》，刺奔也。卫之公室淫乱，男女相奔，至于世族在位，相窃妻妾，期于幽远，政散民流，而不可止。④

> 《溱洧》，刺乱也。兵革不息，男女相弃，淫风大行，莫之能救也。⑤

不难看出，《毛诗序》将这些诗作均认定为刺诗，但王柏为何却将其分为两类，并且主张保留刺淫乱的《新台》《墙有茨》等诗，而要删去像《桑中》《溱洧》这些表现男女相悦的作品，这与朱熹的影响以及他的读诗方法有着直接的关系。朱子疑《序》，在读诗方法上主张："章句以纲之，训诂以纪之，讽咏以昌之，涵濡以体之，察之情性隐微之间，审之言行枢机之始"。⑥ 以字词训释为基础，通过涵咏本文，立足于挖掘诗中情性、人伦道德而非历史，进而求得"圣人之意"，所以朱熹对《毛诗序》的去取态度完全是视其是否符合自己解释理路的需要。

---

① （宋）王柏撰：《诗疑》卷一，朴社 1935 年版，第 27—28 页。
② （汉）毛亨传，（汉）郑玄笺，（唐）陆德明音义，孔祥军点校：《毛诗传笺》，中华书局 2018 年版，第 62 页。
③ （汉）毛亨传，（汉）郑玄笺，（唐）陆德明音义，孔祥军点校：《毛诗传笺》，中华书局 2018 年版，第 66 页。
④ （汉）毛亨传、（汉）郑玄笺、（唐）陆德明音义，孔祥军点校：《毛诗传笺》，中华书局 2018 年版，第 69 页。
⑤ （汉）毛亨传，（汉）郑玄笺，（唐）陆德明音义，孔祥军点校：《毛诗传笺》，中华书局 2018 年版，第 124 页。
⑥ （宋）朱熹撰，赵长征点校：《诗集传·序》，中华书局 2013 年版，第 2 页。

上述《桑中》《溱洧》，朱熹的解释是："（《桑中》）卫俗淫乱，世族在位，相窃妻妾。"①"（《溱洧》）此诗淫奔者自叙之词。"② 因为这两首诗从诗文本身看，都包含着强烈的男女相悦之情，如《桑中》中的"爱采唐矣，沫之乡矣。云谁之思，美孟姜矣。期我乎桑中，要我乎上宫，送我乎淇之上矣"③。《溱洧》中的"溱与洧，方涣涣兮。士与女，方秉蕳兮。女曰观乎，士曰既且。且往观乎，洧之外，洵吁且乐。维士与女，伊其相谑，赠之以勺药"④。其中很难看到《毛诗序》所说的"刺奔""刺乱"的意思，而《新台》《墙有茨》一些诗作则不然，如《新台》中"新台有泚，河水浼浼。燕婉之求，蘧篨不鲜"⑤。《墙有茨》中"墙有茨，不可埽也。中冓之言，不可道也。所可道也，言之丑也"⑥。尽管其中也有"燕婉之求""中冓之言"似乎与情爱沾边的描写，但整体而言，主要还是对统治者违背伦理行为的讥刺，所以这些诗作朱子采取的基本上是依从"旧说"的办法。

王柏深受朱子影响，其对《毛诗序》的认识也基本上同于《诗集传》，如其云："自朱子黜《小序》，始求之于诗，而直指之曰此为淫奔之诗。予尝反复玩味，信其为断断不可易之论。"⑦ 不难看出，王氏对朱熹黜《序》言诗以及解读方法深以为然，他采用的也是"反复玩味"的方式。只不过他从《论语》中"郑声淫"等的表述中，进一步大胆地提出连《诗经》经文本身都曾经过汉儒的改造，所以必须加以改正，将所谓"淫诗"统统删去，这是一种更加彻底的对汉唐《诗经》学的批驳。因为既然连《诗经》文本都经过汉儒的加工改造，不可尽信，那么基于此种文本的《毛诗序》《传》就更不可信了。就如何理解诗意，王柏认为："学者但当悼后世之不幸，不得见圣人之旧

---

① （宋）朱熹撰，赵长征点校：《诗集传》，中华书局 2013 年版，第 40 页。
② （宋）朱熹撰，赵长征点校：《诗集传》，中华书局 2013 年版，第 72 页。
③ （宋）朱熹撰，赵长征点校：《诗集传》，中华书局 2013 年版，第 39 页。
④ （宋）朱熹撰，赵长征点校：《诗集传》，中华书局 2013 年版，第 71—72 页。
⑤ （宋）朱熹撰，赵长征点校：《诗集传》，中华书局 2013 年版，第 35 页。
⑥ （宋）朱熹撰，赵长征点校：《诗集传》，中华书局 2013 年版，第 38 页。
⑦ （宋）王柏撰：《诗疑》卷一，朴社 1935 年版，第 32 页。

经。相与沉潜玩味，其所无疑者，斯可矣，则其可疑者，虽圣人之复生亦将阙之也已。"① 既然无法复现先秦时代《诗经》原貌，那么解读时只能通过不断玩味诗文，亦即朱子采用的"章句以纲之，训诂以纪之，讽咏以昌之，涵濡以体之，察之情性隐微之间，审之言行枢机之始"。在《诗疑》中，王柏不止一次地以"熟味""玩味""涵咏"等来总结其治《诗》方法，如"周公祖述虞舜，命夔典乐之教，于是语太师教以六诗。……使学之者，循六义而歌之，玩味其词意而涵咏其情性，苟片言有得而万理冰融"② 。这与朱子的方法如出一辙。在具体解《诗》实践中，王柏也贯彻了这一思想与方法，如其释《鲁颂·闵宫》云："愚尝即其诗而熟味之，固不敢以为非僖公之诗也。"③ 在中国诗歌批评中，以味论诗古已有之④，宋代诗学批评发达，"诗味说"不仅在理论上得到了进一步的阐发，而且在具体的批评实践中也得到了极广泛的运用。朱子、王柏等对《诗经》诗味的分析，不仅仅是对诗歌艺术特质的挖掘，其根本出发点乃是要借着对诗中体现的情思的阐发，说明事理、情理等万物之理的必然性，这与诗人、诗歌批评家的出发点是不一样的，也是在观照宋代《诗经》学与文学及文学批评思潮关系时要特别留意的一个问题。

　　总之，以王柏为代表的南宋后期朱学一系的《诗经》研究，从不同层面逐步强化了朱子《诗经》学，在南宋后期基本形成了一套以《诗集传》为核心的阐释体系，并且借着官方的提倡、朱子后学的推动，这套体系的影响日益增强，逐渐成为元明时代科举考试的依据。⑤ 需要注意的是，朱子《诗集传》在宋末元初的流传范围主要集中于南方，北方士人对其知之甚少，郝经（1223—1275）在为宋末元初重刻的《诗集传》所作序文中即指出："是书行

① （宋）王柏撰：《诗疑》，朴社 1936 年版，第 53—54 页。
② （宋）王柏撰：《诗疑》，朴社 1936 年版，第 61 页。
③ （宋）王柏撰：《诗疑》，朴社 1936 年版，第 54 页。
④ 参见邓新华《"诗味"说的形成和发展》，《三峡大学学报》（人文社会科学版）2004 年第 3 期。
⑤ 参见张祝平《朱熹诗经学论稿》第四章《朱熹〈诗〉学与元代科举》，吉林人民出版社 2000 年版。

于江汉之间久矣，而北方之学者未之闻也。"① 这主要和南北政权的对立，以及辽、金、蒙古统治下北方学术发展的缓慢等因素有关。这一局面的改观也得益于朱子后学的努力，如上述郝经所言重刻的《诗集传》。关于这次重刻，其所作序文云："大行台尚书田侯得善本，命工板行，以传永久。书走保下，属经为序。经喜于文公之《传》之行与学者之幸，且嘉侯用心之仁，故推本论著，以冠诸端。"② 郝经从学赵复，研习程朱之学，在北方学界有着极大的影响，其为重刻的《诗集传》作序，对朱子《诗》学思想在北方的普及无疑具有重要的推动作用，也为北方政权统治阶层对朱子学术的接受提供了参考和依据，其后有元一代《诗集传》独尊地位的形成与此亦有一定的关系。

第三节　尊《序》说的延续与发展

——以严粲《诗经》研究为例

南宋后期，朱子一系《诗经》学逐渐占据主流地位，随之废《序》说似乎也成为解读者一种普遍的选择，而这可能并非其时学术发展的真实状况。传统观念的惯性是持久而强大的，以《毛诗序》《传》为核心的解释体系自汉以后也在不断丰富完善，尤其是科举长期以《毛诗》作为考试内容，与之伴生的教育、出版也基本以其为载体，所以《毛诗序》确立的对《诗经》题旨的认识，对其时广大的读者而言是根深蒂固的，或者可以说，这种认识已经成为一种"常识"，即使在南宋中后期废《序》说声浪甚高的时候，尊《序》说仍然是有相当大影响的，其中严粲《诗缉》对此前尊《序》观点的继承与发展堪称代表。③

---

① （元）郝经撰：《陵川集》，三晋出版社 2006 年版，第 1053 页。
② （元）郝经撰：《陵川集》，三晋出版社 2006 年版，第 1053 页。
③ 《诗缉》书前林希逸序文云："于甲辰余抵京以同舍生见，时出《诗缉》。"甲辰年为理宗淳祐四年（1244），其时严粲已经完成此书。

《诗缉》在宋代乃至其后均有着极高的声誉，如林希逸（1193—1271）为之作序云："《易》尽于伊川，《春秋》尽于文定，《中庸》《大学》《语》《孟》，尽于考亭，继自今，吾知此书与并行也。"① 明末清初朱鹤龄（1601—1683）《诗经通义》亦云："东莱《读诗记》极为宋人所推，华谷《诗缉》其次也。"② 《四库全书总目》也肯定了这种观点，认为："宋代说《诗》之家，与吕祖谦书并称善本，其余莫得而鼎立，良不诬矣。"③ 这种学术史地位的获得，当然与《诗缉》优良的品质密不可分，而这种品质的获得又是当时学术发展环境所赋予的。

首先要注意的是这部著作的学术渊源。在《诗缉·自序》中，严粲云："二儿初为《周南》、《召南》，受东莱义，诵之不能习，余为辑诸家说，句析其训，章括其旨，使之了然易见。"④ 表面看这是在交代自己撰作《诗缉》的缘由，但其中却透露出这一时期《诗经》学发展的一些状况以及严粲的学术旨趣。让自己的两个儿子学习《诗经》时先诵习《二南》，这并不单纯是依据《诗经》的次序，而应当源于《论语》中"子谓伯鱼曰：'女为《周南》《召南》矣乎？人而不为《周南》、《召南》，其犹正墙面而立也与！'"⑤ 这显然是对孔子读《诗》方法的一种自觉继承，而尤要注意的是其后"受东莱义"一句，吕祖谦《吕氏家塾读诗记》在当时已经广为人知，并且还有如严粲这般尝试用其作为童蒙教材的，于中不难看出《读诗记》影响之大，而其尊《序》的观念也必然会随之深入人心，成为进一步构建尊《序》体系的重要支撑，严粲《诗》学观念的形成必定与此有着直接的关系，这也是南宋理宗及之后几朝《诗经》学发展的一条重要线索。通过对比吕、严之治《诗》，大体可见严粲与吕祖谦《诗经》学的内在联系。

---

① 曾枣庄主编：《宋代序跋全编》，齐鲁书社 2015 年版，第 1490 页。
② （清）朱鹤龄撰：《诗经通义》，景印文渊阁《四库全书》本，台湾商务印书馆 1986 年版。
③ （清）永瑢等纂：《四库全书总目·经部》，广西师范大学出版社 2019 年版，第 393 页。
④ （宋）严粲撰：《诗缉·序》，景印文渊阁《四库全书》本，台湾商务印书馆 1986 年版。
⑤ 杨伯峻著：《论语译注》，中华书局 2017 年版，第 263 页。

吕祖谦《读诗记》广采《毛诗》、二程、张载、欧阳修、朱熹等四十余家《诗》学著作，全面梳理《诗经》学的基本问题，如卷一中"纲领""诗乐""删次""大小序""六义""风雅颂""章句音韵""卷帙"等，广取博收，但这样的梳理是建立在学习者熟知《诗经》学史基础之上的，对于初学者而言肯定是有困难的，所以严粲在处理这一问题时，没有采用吕祖谦那种专题讨论的方式，而是删繁就简，按照《大序》的文本顺序将其内容划分为"论《关雎》之化""论名风之义""论诗出于人情之真""论声音与政通"等十六个小节，将各家观点融注其中，并断以己意。明显可见，这是一种"文本细读"的方式。通过细读，既深化了读者对《大序》的理解，同时涉及《诗经》学的一些基本问题也全面地呈现在了读者面前，一举两得，例如其中第一小节"论《关雎》之化"：

> 《关雎》，【音趋○臣粲曰：雎，七胥反。以温公《切韵图》正之，七字在第十八图，属清字母，胥字在第三图，平声，第四等，横寻清字，得疽字，其上声为取，去声为觑，则平声正音，趋也。雎、疽、砠、苴皆同音，俗读为沮；之，平声，其也，后皆仿此。】后妃之德也，【李氏曰：后妃，太姒也。○朱氏曰：太姒未尝称后，此追称之云耳。此诗当时人所作，以美太姒之德。周公取以为《周南》之首篇，以教天下后世，以明凡为后妃者，其德皆当如是也，故《序》者不曰"美太姒之德"，而特言"后妃之德"。】风之始也。【朱氏曰：谓《国风》篇章之始，亦风教之所由始。】所以风天下而正夫妇也，【疏曰：所以风化天下之民，而使之皆正其夫妇焉。】故用之乡人焉，【疏曰：令乡大夫以之教其民也。《仪礼》乡饮酒礼者，乡大夫三年宾兴贤能之礼，其经云："乃合乐《周南·关雎》。"是用之乡人也。○《补传》曰：近而用以化六乡之人。】用之邦国焉。【疏曰：令诸侯以之教其臣也。燕礼者，诸侯饮燕其臣子，其经云："遂歌乡乐《周南·关雎》。"是用之邦国也。○补传曰：远而用以

化六服之国。】①

引《毛诗注疏》《诗补传》以及朱熹等诸家观点对《毛诗大序》中这段文字的音韵、句义进行疏解，紧紧围绕文本内容，不作生涩、过度的阐发，在疏解完文意之后，紧接着又对文中所含主旨进行小结，对学术公案做必要的说明：

> 美后妃之德，所以见文王之德也，故又言此文王风化之始，所以风天下而正夫妇，皆主文王言之，非专美后妃也。治天下自齐家始，善则天下阴蒙其福而人不知，否则国家潜受其蠹而主不悟。夷考千载理乱之故，常必由之，《诗》首《关雎》，渊乎哉！【《释文》曰：旧说云"后妃之德也"至"用之邦国焉"，名《〈关雎〉序》，谓之《小序》；自"风，风也"讫末，名《大序》。沈重云：按郑《诗谱》意，《大序》是子夏作，《小序》是子夏、毛公合作，卜商意有不尽，毛更足成之。或云《小序》是东海卫敬仲所作，今谓此《序》止是《关雎》之序，总论《诗》之纲领，无小大之异。○苏氏曰：《大序》其文反复烦重，类非一人之辞者，凡此皆毛氏之学，而卫宏之所集录也。《后汉·儒林传》云：卫宏从谢曼卿受学，作《毛诗序》，善得风雅之旨，至今传于世。《隋·经籍志》云：先儒相承，谓《诗序》子夏所创，毛公及卫敬仲又加润益。○董氏曰：宏固不能及此，或以师授之言论著于书耳。】②

围绕"《关雎》，后妃之德也"这一核心含义进一步补充说明，重在发挥儒家"修齐治平"的政治理想。此外，又广引《经典释文》、苏辙《诗集传》等各家说法对《毛诗序》的名称、起讫、作者等问题进行交代。这种"辑诸家说，句析其训，章括其旨"的解读方式无疑是有利于初学者学习的，既符合"了然易见"的撰述宗旨，又可使学习者了解相关学术研究的问题，为其

---

① （宋）严粲撰：《诗缉》，景印文渊阁《四库全书》本，台湾商务印书馆1986年版。
② （宋）严粲撰：《诗缉》，景印文渊阁《四库全书》本，台湾商务印书馆1986年版。

后深入探讨奠定一定的基础，这种体例设计的好处是显而易见的。同时需要注意的是，文中严粲使用了"臣粲曰"的表述，这是臣子向国君汇报的口吻，所以虽然他明言这部著作是为初学者学《诗》而创作的，但其真实意图恐怕还是希望能够得到最高统治者的重视，能够在意识形态构建中发挥作用，在学术话语体系中占据一席之地，甚或取得优势地位，他的这种用心也是值得关注的。

此外，严粲的解《诗》不求新奇，往往于守正中创出新意，如林希逸为《诗缉》所作的《序》文云："（粲）且曰：'吾用力与此有年，非敢有以臆决。撼诸家而求其是，要以发昔人优柔温厚之意而已。'"① 这其实也是严氏治《诗》追求的一个重要方面，也就是"温柔敦厚"的《诗》教传统，而这种传统在很大程度上是基于《毛诗》对《诗经》题旨美、刺理解的。但细读《毛诗序》不难发现，其中有不少诗作的《序》文首句与续申之词似乎是有抵牾之处的，例如《郑风·叔于田》，《毛诗序》云："《叔于田》，刺庄公也。叔处于京，缮甲治兵，以出于田，国人说（悦）而归之。"② 《大叔于田》，《毛诗序》亦云："《大叔于田》，刺庄公也。叔多才而好勇，不义而得众也。"③ 首句均为"刺庄公也"，但其后却变成了对共叔段事迹的概括，二者似乎无法在意义上建立起联系。至于为何会出现这种情况，《毛诗正义》、朱熹《诗集传》等的解释似乎都有些牵强，如《诗集传》的解释云："段不义而得众，国人爱之，故作此诗。言叔出而田，则所居之巷若无居人矣，非实无居人也，虽有而不如叔之美且仁，是以若无人耳。或疑此亦民闲男女相悦之词也。"④ 这也是依托《毛诗序》的续申之词，也没有很好地解决首句与后

---

① 曾枣庄主编：《宋代序跋全编》，齐鲁书社 2015 年版，第 1490 页。

② （汉）毛亨传，（汉）郑玄笺，（唐）陆德明音义，孔祥军点校：《毛诗传笺》，中华书局 2018 年版，第 108 页。

③ （汉）毛亨传，（汉）郑玄笺，（唐）陆德明音义，孔祥军点校：《毛诗传笺》，中华书局 2018 年版，第 108 页。

④ （宋）朱熹撰，赵长征点校：《诗集传》，中华书局 2013 年版，第 63 页。

面续申之词抵牾的问题。对此，严粲认为：

> 二《叔于田》皆美叔段之材武，无一辞他及，而《首序》以为刺庄公，盖与《春秋》书郑伯克段，讥失教之意同。《首序》经圣人之手矣，说《诗》不用《首序》，则二《叔于田》皆为美叔段，《椒聊》为美桓叔，叔段、桓叔可美也乎哉？此诗言段出田，而京邑之党相媚说（悦）以从之耳。《后序》谓国人说（悦）而归之，非也。郑师临其境，京人亦叛之矣。①

严粲的处理方法是将《毛诗序》分为"首序"和"后序"。他认为"首序"出自圣人之手，所以必须据此释《诗》，也就是这首诗的主题肯定是"刺庄公也"，但诗中又有"叔于田，巷无居人。岂无居人？不如叔也，洵美且仁"这种对共叔的赞美之词，"刺庄公"的主题似乎也不太能说得通。严粲认为这并不难解释，因为《左传》中记"郑伯克段于鄢"之事，对庄公也是多有指责的。在《左传》作者看来，共叔段的叛逆与庄公对弟弟失德行为的放纵有必然的联系，在儒家的人物形象体系中，庄公始终是一个阴险狡诈的政治家形象。对《叔于田》题旨的解读也借助了这段史料，但严粲认为共叔段的"美且仁"得到了"国人"的拥戴，其实并非如此，这种赞美其实是共叔段党羽的阿谀之词，严氏云：

> 段好田猎驰骋，其党谀说之，谓叔之往田猎也，人皆从之，里巷之内，无复居人。岂尽无居人乎？虽有居人，但不如叔之信美且仁也。段岂真美且仁哉？其党私之之言，犹河朔之人谓安、史为圣也。诗人之意，谓段之不令，而群小相与纵谀如此，必为厉阶以自祸，庄公曷为不禁止之乎？故《序》曰："刺庄公也。"②

也就是说，《毛诗序》的续申之词——"国人说（悦）而归之"的理解是错误的，真正情况是党羽们对共叔段阿谀奉承，助长了他的嚣张气焰，而

---

① （宋）严粲撰：《诗缉》，景印文渊阁《四库全书》本，台湾商务印书馆 1986 年版。
② （宋）严粲撰：《诗缉》，景印文渊阁《四库全书》本，台湾商务印书馆 1986 年版。

作为国君，郑庄公并没有及时加以制止，没有尽到做兄长的责任，归根结底，问题主要还在庄公这里，所以这首诗的主题应当是"刺庄公也"。这相较于吕祖谦《吕氏家塾读诗记》的解释"国人称之如是者，亦不义而得众也。以得众心为仁，以饮酒为好，以善服马为武"①；其实是换了一个角度，吕氏仍依从《毛诗序》"国人说（悦）而归之"的传统观点进行申说，认为共叔段尽管得到国人的赞誉，但其行为本身是"不义"的，吕氏的解读与"后序"的关系似乎更为密切一些。

严粲对《毛诗序》"首序""后序"的划分并非首创，苏辙等早有此说，但严氏相较于前人对"首序"作了更为充分的解读，对"后序"存在的问题也进行了很好的辩驳，而其所有努力，最终的指向仍是要对"诗人之意""圣人之意"的揭示。总而言之，严氏对《毛诗序》是持肯定立场的，其平实的说《诗》风格在疑古思辨学术思潮盛行的时代也显得非常可贵。然而身处理学风潮兴起、思辨学风流行的南宋中后期，严粲也不可避免地受到了一定影响，如其《诗缉·序》云："《诗》之兴几千年于此矣，古今性情一也，人能会孟氏说《诗》之法，涵咏三百篇之性情，则悠然见诗人言外之趣。"②孟子"以意逆志""知人论世"的说《诗》方法在宋代有着广泛的"市场"，这与《孟子》在宋代地位的提升又存在着必然的联系③，而通过涵咏文本的方式，体味诗作蕴含的性情、义理，挖掘诗人之意、圣人之旨也成为这一时期《诗经》研究者的共同追求，严粲也不例外。此外，严氏《诗缉》中也有众多新说，如其对《鲁颂》的讨论：

　　《鲁颂》，颂之变也。周之王也，积累深久，由风而雅，雅而颂。

　　及其衰也，至懿，风始变；至厉，雅始变；至平，雅遂亡。颂声之

---

①　（宋）吕祖谦撰：《吕氏家塾读诗记》，景印文渊阁《四库全书》本，台湾商务印书馆 1986年版。

②　（宋）严粲撰：《诗缉》，景印文渊阁《四库全书》本，台湾商务印书馆 1986 年版。

③　参见徐洪兴《唐宋间孟子的升格运动》，《中国社会科学》1993 年第 5 期。

息，前乎风、雅之变矣。越桓、庄、僖、惠至襄，而鲁乃有颂。雅、颂，天子之诗也，颂非所施于鲁，况颂其郊乎？考其时则非，揆其礼则诛，汰哉克也，不如林放矣。圣笔不删，其以著鲁之僭，而伤周之衰欤？是故雅变而亡，颂亡而变，雅之亡甚于变，颂之变甚于亡也。《駉》实风耳，存其颂名而谓之变颂，可也。①

关于《鲁颂》的性质，《毛诗序》解释为"颂僖公"之作，如谓"《駉》，颂僖公也。""《有駜》，颂僖公君臣之有道也。""《泮水》，颂僖公能修泮宫也。""《閟宫》，颂僖公能复周公之宇也。"② 对此，朱熹《诗集传》云：

> 成王以周公有大勋劳于天下，故赐伯禽以天子之礼乐，鲁于是乎有颂，以为庙乐。其后又自作诗以美其君，亦谓之颂。旧说皆以为伯禽十九世孙僖公申之诗，今无所考。独《閟宫》一篇为僖公之诗，无疑耳。夫以其诗之僭如此，然夫子犹录之者……然因其实而著之，而其是非得失，自有不可揜者，亦《春秋》之法也。③

朱子认为仅《閟宫》一篇可确定为颂美僖公之诗，《鲁颂》里的这些诗其实不应放到《颂》里来，因为按照常理，颂美诸侯的诗作是应当置于《风》中的，在朱子看来，这是孔子运用的"以美为刺"的《春秋》笔法，是对鲁国国君的一种讽喻。而严粲对《鲁颂》性质的辨析则主要基于两点，即"考其时""揆其礼"。就时间上来讲，《鲁颂》如果真如《毛诗序》所言是"颂僖公"之作的话，则其产生时间亦在春秋时期，这个时代颂诗已经不复存在；就礼法而言，《颂》是天子之诗，将《鲁颂》中这几首诗作置于其中，显然也不合乎礼制的要求，所以与《风》《雅》有"变风""变雅"一样，《鲁颂》属于三颂中的"变颂"，也就是尽管看似是颂美僖公的，但其实质却是对其时

---

①　（宋）严粲撰：《诗缉》，景印文渊阁《四库全书》本，台湾商务印书馆 1986 年版。

②　（汉）毛亨传，（汉）郑玄笺，（唐）陆德明音义，孔祥军点校：《毛诗传笺》，中华书局 2018 年版，第 479—485 页。

③　（宋）朱熹撰，赵长征点校：《诗集传》，中华书局 2013 年版，第 317 页。

政治乱象的一种反讽。这一点与朱熹的认识是一致的，由于史料阙如，今天已无法判断严粲"《鲁颂》为变颂"这一观点的提出是否受到了朱熹的影响，但其时朱熹《诗集传》已经流行于世且有着极大的影响力，严粲是有可能受到朱子观点影响而做此发挥的。这一时期有关《鲁颂》性质的讨论也是当时学界较为关注的，如王柏《诗疑》云："《颂》有两体：有告于神明之颂，有期愿福祉之颂。告于神明者类在《颂》中；期愿之颂带在《风》《雅》中。《鲁颂》四篇，有风体，有小雅体，有大雅体，颂之变体也。"① 明确指出《鲁颂》为《颂》之变体。尽管对问题讨论的角度各不相同，但有一个趋势是非常明显的，即《诗经》学在以往研究基础之上，逐步向着更加细致、精微、深入的方向发展，这也是宋代尤其是南宋《诗经》学发展的一种大趋势，而这种风潮的形成与南宋重疑辨、求真实的学术风气有着直接的关系。此外，随着南宋印刷出版业的持续发展，并且伴随着科举、书院教学等需要的提升，各类《诗经》著述广泛刻印，一些集解类著作更如雨后春笋般大量涌现，这些也都在一定程度上促进了《诗经》学公案讨论的深入开展。

　　总之，严粲《诗缉》作为南宋后期非常有代表性的一部《诗经》著述，其鲜明的学术研究风格、谨严的撰述体例对后世《诗经》研究产生了持久而深刻的影响，如《诗缉·自序》所云："既而友朋训其子若弟者，竞传写之。"② 其后刻板印行，广为传布，其对《毛诗序》的遵从、阐发，对众多《诗经》学问题条分缕析的梳理，不仅对《诗》学知识的传播有着极大的贡献，而且对稳固尊《序》说阵营，推动南宋中后期《诗经》学思辨学风的发展也发挥了重要的作用。其后吕学一系《诗经》学不绝如缕，成为推动这一领域学术研究的一股重要力量。

---

① （宋）王柏撰，顾颉刚点校：《诗疑》，朴社 1935 年版，第 23 页。
② （宋）严粲撰：《诗缉·自序》，景印文渊阁《四库全书》本，台湾商务印书馆 1986 年版。

第四节 王应麟的《诗经》研究

在南宋后期的《诗经》研究中，王应麟（1223—1296）是一位风格鲜明、成就杰出的学者，其《诗考》《诗地理考》《六经天文编·诗》《玉海纪诗》等众多著述有力地推动了三家《诗》《诗经》地理学、天文学等领域的研究，堪称典范。南宋后期学术中"崇朱"的风潮对其《诗》学思想的形成有着非常大的影响，同时《毛诗》学在这一时期仍有广泛的市场，王应麟的研究中也能看到他对《毛诗》一定程度的发挥。

首先，王应麟相较于前辈学者更为重视对三家《诗》的整理与研究，其《诗考》专门对三家《诗》说进行了辑佚和整理。对于这项工作，馆臣给予了非常高的评价，《四库全书总目》云："古书散佚，搜采为难。后人踵事增修，较创始易于为力。筚路蓝缕，终当以应麟为首庸也。"① 如前所述，此前曹粹中、董逌等已经注意到对三家《诗》的搜集和利用，但绝大多数是在注解诗文时的引用，并非专门的辑佚之作，真正对三家《诗》进行整理的当是王应麟《诗考》。对于这部著作的体例和特点，《四库全书总目》云：

> 应麟检诸书所引，集以成帙，以存三家逸文。又旁搜广讨，曰《诗异字异义》，曰《逸诗》，以附缀其后。每条各著其所出。所引《韩诗》较夥，齐、鲁二家仅寥寥数条。盖《韩诗》最后亡，唐以来注书之家引其说者多也。卷末别为《补遗》，以掇拾所阙。其蒐辑颇为勤挚。②

王氏对三家《诗》的辑佚是比较全面的，不仅搜集《诗》说，而且还对其异文和逸诗进行了整理，久已沉寂的三家《诗》学逐渐以一种相对较为完整的面貌进入学人视野。在理学、《毛诗》学等占据《诗经》学发展主流的南

---

① （清）永瑢等纂：《四库全书总目·经部》，广西师范大学出版社2019年版，第394页。
② （清）永瑢等纂：《四库全书总目·经部》，广西师范大学出版社2019年版，第394页。

宋后期，这些新的资源的注入，无疑为学术研究提供了新的对象和角度，也为宋以后尤其是清代的三家《诗》研究奠定了坚实的基础。对于为何要从事这项工作，王应麟在《诗考·自序》有所解释：

> 汉言《诗》者四家，师异指殊。贾逵撰《齐鲁韩与毛氏异同》，梁崔灵恩采三家本为《集注》，今惟《毛传郑笺》孤行。《韩》厪存《外传》，而《鲁》《齐诗》亡久矣。诸儒说《诗》，一以毛、郑为宗，未有参考三家者。独朱文公《集传》闳意眇指，卓然千载之上。言《关雎》则取匡衡；《柏舟》妇人之诗，则取刘向；笙诗有声无辞，则取《仪礼》；"上天甚神"，则取《战国策》；"何以恤我"，则取《左氏传》；《抑》，戒自儆；《昊天有成命》，道成王之德，则取《国语》；"陟降庭止"，则取《汉书注》；《宾之初筵》饮酒悔过，则取《韩诗序》；"不可休思""是用不就""彼岨者岐"，皆从《韩诗》；"禹敷下土方"，又证诸《楚辞》。一洗末师专己守残之陋，学者讽咏涵濡而自得之，跃如也。文公语门人："《文选注》多《韩诗章句》，尝欲写出。"应麟窃观传记所述，三家绪言尚多有之。罔罗遗佚，傅以《说文》《尔雅》诸书，粹为一编，以扶微学，广异义，亦文公之意云尔。读《集传》者，或有考于斯。王应麟伯厚甫自序。①

东汉末年郑玄著《毛诗故训传笺》之后，三家《诗》逐渐亡佚，影响日衰，但其在汉代曾有着辉煌的历史，其中亦不乏对于理解《诗经》有重要参考价值的资源，对此王应麟是持肯定态度的。而《诗经》学史发展的实际状况却是汉之后，《毛诗》独兴，学者们有意无意地忽视三家《诗》，这其实是不利于学术发展的。王应麟认为应当像朱熹著《诗集传》那样，对三家《诗》《左传》等资料广取博收，唯其如此，才能更好地理解诗意。这种对朱熹"扶

---

① （宋）王应麟撰：《诗考·自序》，景印文渊阁《四库全书》本，台湾商务印书馆 1986 年版。

微学，广异义"学术理念的景仰是王氏撰述《诗考》的重要动因，而其"读《集传》者，或有考于斯"的交代，似乎也是在告诉读者他的这部书是为羽翼朱子《诗集传》而作。《毛诗》曾长期把持《诗》学话语权，《毛诗序》《传》《笺》的观念早已深入人心，成为常识和传统，要打破这种常识和传统，另创新说，无疑会碰到巨大的阻力。尽管南宋后期，随着理学地位的提升，《诗集传》也逐渐取得优势地位，但朱子之后的治《诗》者其实也面临着一些挑战，其中最重要的是如何进一步丰富《诗集传》的内容，使其体系更加完备。为此，王柏等朱子后学一系的研究者都是紧紧围绕《诗集传》框定的范畴进行发挥的，例如"淫诗说""废《序》说"等。此外，还有如王应麟这样，注意到朱子《诗》说与三家《诗》等的关系，并由此生发开去，在这一领域开疆拓土，从更加宽广的学术史角度验证和提升朱子学说的可信度，这其实已经突破了羽翼朱子《诗经》学的范畴，而进入一个更加新颖、更具开拓价值的研究领域，这也是南宋后期学者在学术研究领域回应时代学术思潮，积极寻求创新突破的一次成功实践。

此外，王应麟还有《诗地理考》《六经天文编·诗》等涉及《诗经》地理学、天文学研究的著作，这些著述在学术史上也均有开山之功，前人虽对其内容多有讨论①，但对王氏在这些著作中体现的学术旨趣与当时学术思潮之间的关系仍缺乏必要的解读，本书选择《诗地理考》作为讨论对象，对此问题述之一二。

地理学研究主要关乎《诗经》中各部分诗作风格如何形成的问题。不同的地域文化对诗歌风格是有极大影响的，如魏徵《隋书·文学传序》在谈到当时诗风时所云："江左宫商发越，贵于清绮；河朔词义贞刚，重乎气质。"②

---

① 除洪湛侯《诗经学史》（中华书局 2002 年版）、戴维《诗经研究史》（湖南教育出版社 2001 年版）等著作中对王应麟《诗经》学有一定介绍外，尚有李凌《论王应麟的〈诗经〉学成就》等论文可供参考。

② （唐）魏徵、（唐）令狐德棻撰：《隋书》卷七六，中华书局 1973 年版，第 1730 页。

《诗经》亦然。由于产生地域的不同，也使其呈现出多样的风貌。对这种不同风貌的解释，由于受政治文化的影响，先秦及汉唐学者多是从各诸侯国政治优劣的角度进行分析的，如《左传》中"季札观乐"："吴公子札来聘。……请观于周乐。使工为之歌《周南》、《召南》，曰：'美哉！始基之矣，犹未也，然勤而不怨矣。'为之歌《邶》、《鄘》、《卫》，曰：'美哉，渊乎！忧而不困者也。吾闻卫康叔、武公之德如是，是其《卫风》乎？'"主要从国家政治风气和国君道德的角度评价了《诗经》各部分的风格特点，而真正从地域文化角度观照《诗经》风格特点应肇始于汉代。东汉班固《汉书·地理志》及郑玄《毛诗谱》等均对《诗经》地理问题有所考察，如《汉书·地理志》云："天水、陇西，山多林木，民以板为室屋。及安定、北地、上郡、西河，皆迫近戎狄，修习战备，高上气力，以射猎为先。故《秦诗》曰：'在其板屋'；又曰'王于兴师，修我甲兵，与子偕行'。及《车辚》、《驷驖》、《小戎》之篇，皆言车马田狩之事。……以材力为官，名将多出焉。孔子曰：'君子有勇而亡谊则为乱，小人有勇而亡谊则为盗。'故此数郡，民俗质木，不耻寇盗。"[1] 不仅引《诗》为证，而且指出了西北地域环境对其地质朴民风产生的影响。在班固看来，这也是《秦风》多慷慨豪迈之作的原因。其后，郑玄《毛诗谱》虽主要是介绍《诗经》各部分产生的历史背景，但对相关地理问题也顺带进行了交代，如其中的《秦谱》云："秦者，陇西谷名，于《禹贡》近雍州鸟鼠之山。尧时有伯翳者，实皋陶之子，佐禹治水。水土既平，舜命作虞官，掌上下草木鸟兽，赐姓曰嬴。历夏、商兴衰，亦世有人焉。周孝王使其末孙非子，养马于汧、渭之间。孝王为伯翳能知兽之言，子孙不绝，故封非子为附庸，邑之于秦谷。至曾孙秦仲，宣王又命作大夫，始有车马礼乐侍御之好。国人美之，秦之变风始作。"[2] 唐代《毛诗正义》以及北宋欧阳修

---

[1] （汉）班固撰，（唐）颜师古注：《汉书》卷二八（下），中华书局1962年版，第1644页。

[2] （汉）毛亨传，（汉）郑玄笺，（唐）陆德明音义，孔祥军点校：《毛诗传笺》，中华书局2018年版，第507页。

《诗本义》等著述尽管对《诗经》的地理也多有考察，但大的趋势仍主要集中于诗作中所涉地域的考证，而南宋以朱子《诗集传》为代表的《诗经》研究也多属此类，如《诗集传》中关于《秦风》的介绍：

> 秦，国名。其地在《禹贡》雍州之域，近鸟鼠山。初伯益佐禹治水有功，赐姓嬴氏。其后中潏居西戎，以保西垂。六世孙大骆生成及非子。非子事周孝王，养马于汧、渭之间，马大繁息。孝王封为附庸，而邑之秦。至宣王时，犬戎灭成之族。宣王遂命非子曾孙秦仲为大夫，诛西戎，不克，见杀。及幽王为西戎、犬戎所杀，平王东迁，秦仲孙襄公以兵送之。王封襄公为诸侯，曰："能逐犬戎，即有岐丰之地。"襄公遂有周西都畿内八百里之地。至玄孙德公，又徙于雍。秦，即今之秦州。雍，今京兆府兴平县是也。[1]

不难看出，这和郑玄《毛诗谱》的解释属于同一种研究思路，而王应麟《诗地理考》的撰写明显有着不同于上述几家的特质，其《自序》云：

> 《诗》可以观广谷大川异制，民生其间者异俗，刚柔、轻重、迟速、异齐，声音之道，与政通矣。延陵季子以是观之。太史公讲业齐鲁之都，其作《世家》，于齐曰："洋洋乎，固大国之风也。"于鲁曰："洙泗之间，断断如也。"盖深识夫子一变之意。班孟坚志《地理》，叙《变风》十三国而不及《二南》，岂知《诗》之本原者哉？夫《诗》由人心生也，风土之音曰《风》，朝廷之音曰《雅》，郊庙之音曰《颂》，其生于心一也。人之心与天地、山川流通，发于声，见于辞，莫不系水土之风，而属三光五岳之气。因《诗》以求其地之所在，稽风俗之薄厚，见政化之盛衰，感发善心而得性情之正，匪徒辨疆域云尔。世变日降，今非古矣，人之性情，古犹今也，今其不古乎？山川能说，为君子九能之一，毛公取而载于《传》，有

---

① （宋）朱熹撰，赵长征点校：《诗集传》，中华书局2013年版，第94页。

　　意其推本之也。是用据《传》、《笺》、义疏，参诸《禹贡》、《职
　　方》、《春秋》、《尔雅》、《说文》、《地志》、《水经》，冈罗遗文古
　　事，传以诸儒之说，列《郑氏谱》一首，为《诗地理考》，读诗者
　　观乎此，亦升高自下之助云。王应麟伯厚父自序。①

　　王应麟指出，尽管《诗经》中存在着《风》《雅》《颂》的不同，但有一
点是相同的，那就是这些诗作都源于人心，是人心性的外化，而这种对《诗
经》产生根源的讨论明显受到了南宋时期流行的心性、义理学说的影响。更
加值得注意的是，王氏指出《诗经》的地理研究"匪徒辨疆域"，不是仅仅停
留在对相关地理问题的考证层面，而是要"因《诗》以求其地之所在，稽风
俗之薄厚，见政化之盛衰，感发善心而得性情之正"，这其实是王氏为自己研
究确立的目标，即考察《诗经》中所涉地理特点、地域风俗、政治得失，进
而通过这些考察，感发读诗者的"善心"，求得性情之正。《诗经》的地理特
点、地域风俗以及由此反映的政治得失，前人虽已多有言及，但王氏的贡献
在于将诸家观点进行整合，使其呈现得更加丰富、全面，也更便于读者参考，
如其释《召南》，引述《经典释文》《水经注》《郡国志》《括地志》《诗集
传》等近二十种材料进行梳理，尽管如四库馆臣所云，这些梳理往往带有
"案而不断"的特点，由此也招致了一些非议。姑且不论王氏研究方法的优
劣，本书关注的是《诗地理考》的集解体式。梳理包括《诗经》学著述在内
的南宋著作不难发现，集解体在这一时期大量出现，这种对已有知识的整合，
不仅仅是一种纯粹的材料堆积，而是包含着南宋学者对于知识、观念的系统
化认识，以及以此为基础继续探究的努力，而这些无疑会更好地促进学术的
发展。作为《诗经》地理学研究的开山之作，《诗地理考》这种对相关资料的
汇集也为其后这一领域的深入探讨奠定了坚实基础。尤其要注意的是，上述
其研究目标中提到的"感发善心而得性情之正"，更是将这一领域的研究提升

---

　　① （宋）王应麟撰：《诗地理考》，中华书局 2011 年版，第 179 页。

了一个层次。

此外，还有一个问题需要注意，有学者指出王应麟的《诗经》研究中存在着前期《诗考》崇朱，后期《诗地理考》尊毛的态度①，之所以出现这种前后期态度的变化，应当与南宋末年出现的学术多元化发展趋势有关，亦即在朱子学逐渐取得主流话语权的同时，在学界仍存在着众多如王应麟这样主张兼容并包的学者，这些学者的研究既有对朱子学的必要补充，又有对朱子学之外其他学术资源的保存和利用，其后元、明、清三代学术的发展其实都得益于此。

---

① 戴维先生认为："（王应麟）对《诗经》学有前后两种观点，前期作《诗考》时，是朱《传》的信徒，继承和发展了朱《传》的思想，偏重于探讨三家遗文，反对《毛诗》一家的独断。后期是做《诗地理考》的时候，赞同《毛诗》派的《传》《笺》，对朱《传》稍微持一种不满意的态度。"见戴维《诗经研究史》，湖南教育出版社2001年版，第394页。

结　语

　　宋代《诗经》学与当时政治文化、学术思潮存在着密切的关系，可以说宋代不同阶段的政治变化对新的思想资源的需求，直接推动了《诗经》学的发展。在这一过程中，《毛诗》以其政治化、历史化释《诗》的特质契合了需求，因而有宋一代，尽管尊《序》废《序》的争论一直存在，但绝大多数学者的研究都是建立在对《毛诗》的批判吸收基础之上的，所以审视宋代《诗经》学一定要注意《毛诗》在不同时期地位的升降以及背后隐含的政治、学术潜台词。同时，宋儒对《诗经》的研究方法是多元的，利用的材料是丰富的，其中不仅有对训诂之学的继承，还有以理释《诗》的深入探究，而三家《诗》、植物学、动物学等诸多知识也被宋儒拿来作为阐释《诗经》的资源，这些都彰显着一种宏阔的学术气象，对后来包括《诗经》学在内的学术发展的影响也必然是持久而深刻的。

　　此外，宋代是一个文化发达的时代，包括《诗经》学在内的学术发展离不开这一时期诸多文化因素的影响和制约。从政治层面讲，科举、经筵、政治改革无不激发着宋儒对《诗经》研究中"明经致用"阐释路径的选择；从教育层面讲，宋代从最基础的蒙学教育，到更高层次的书院教育，无不有着《诗经》的学习和研究；从文艺的层面讲，宋代诗歌、绘画等艺术形式中也浸染着《诗经》的影响。作为儒家重要的经典，《诗经》已经全方位地融入了宋人的生活之中。从《诗经》的传播趋势来看，随着宋代文化知识的进一步下移，《诗经》尤其是《毛诗》"经夫妇，成孝敬，厚人伦，美教化，移风俗"的教化功能也逐渐深入民间，深刻地影响了中国人的思想和审美，婚丧嫁娶、生儿育女、祝福祝寿、祭祀、日常用品……人们的生活中似乎处处都能找到它的影子。这种对《诗经》的应用，不仅使表情达意更加文雅、简洁、贴切，而且也反映着儒家经典对百姓生活的深刻影响，或可说这构成了一部生动的《诗经》接受史，这也是在以后研究中需要重视的一个领域。

由于能力所限，书中肯定存在诸多不足之处，主要表现在：一是由于时间跨度大，学术思潮的形成、发展又是一个极为复杂的过程，本书在对这些学术文化思潮特点的把握上仍存在大而化之的问题，只抓住了其中最突出的特点，而对其丰富性、复杂性缺乏更为细致深入的分析，由此造成在结合学术文化思潮讨论《诗经》学问题时也出现了类似问题；二是相关文献资料的梳理仍显粗疏，更多的文献资料需要通过更为细致的爬梳和研读，挖掘其学术史价值，如宋人别集中涉及《诗经》的文章数量不少，但目前对这些文献的使用整体而言仍不够充分，宋代类书、目录学著作等中亦有一定数量的相关文献，有待进一步整理和讨论。此外，一些问题尚需继续深入研究，如宋代学者的交游与互相学习对其治《诗》的影响，某些地域性《诗》学研究中心的形成、南北《诗经》学的交流对不同时期《诗经》学研究的影响，以及南宋政治变革对包括《诗经》学在内的学术发展的具体影响等，这些问题都有待在以后的研究工作中加以解决。

参 考 文 献

一 著作类

（一）《诗经》研究类

通论

1. 赵沛霖：《〈诗经〉研究反思》，天津教育出版社 1989 年版。

2. 林叶连：《中国历代〈诗经〉学》，台北学生书局 1993 年版。

3. 滕志贤：《〈诗经〉引论》，江苏教育出版社 1996 年版。

4. 胡朴安：《〈诗经〉学》，《胡朴安学术论著》，浙江人民出版社 1998 年版。

5. 鲁洪生：《〈诗经〉学概论》，辽海出版社 1998 年版。

6. 夏传才：《〈诗经〉研究史概要》（修订版），清华大学出版社 2007 年版。

7. 戴　维：《〈诗经〉研究史》，湖南教育出版社 2001 年版。

8. 洪湛侯：《〈诗经〉学史》，中华书局 2002 年版。

宋代《诗经》学研究

1. 裴普贤：《欧阳修〈诗本义〉研究》，台湾东大图书公司 1981 年版。

2. 张祝平：《朱熹〈诗经〉学论稿》，吉林人民出版社 2000 年版。

3. 谭德兴：《宋代〈诗经〉学研究》，贵州人民出版社 2005 年版。

4. 张民权：《宋代古音学与吴棫〈诗补音〉研究》，商务印书馆 2005 年版。

5. 郝桂敏：《宋代〈诗经〉文献研究》，中国社会科学出版社 2006 年版。

6. 陈战峰：《宋代〈诗经〉学与理学——关于诗经学的思想学术史考察》，陕西人民出版社 2006 年版。

7. 李冬梅：《苏辙〈诗集传〉新探》，四川大学出版社 2006 年版。

8. ［日］种村和史著：《宋代〈诗经〉学的继承与演变》，李栋译，上海古籍出版社 2017 年版。

《诗经》研究目录

1. ［日］村山吉广、江口尚纯编：《〈诗经〉研究文献目录》，汲古书院 1992 年版。

2. 朱守亮编：《〈诗经〉论著目录》，洪叶文化事业有限公司 2000 年版。

3. 寇淑惠：《二十世纪〈诗经〉研究文献目录》，学苑出版社 2001 年版。

4. 刘毓庆：《历代〈诗经〉著述考（先秦—元代）》，中华书局 2002 年版。

5. 夏传才、董治安主编：《〈诗经〉要籍提要》，学苑出版社 2003 年版。

6. 陈文采：《两宋〈诗经〉著述考》，花木兰文化工作坊 2005 年版。

（二）学术思想史类

通论

1. （清）朱彝尊：《经义考》，中华书局 1998 年版。

2. （清）皮锡瑞：《经学历史》，中华书局 1959 年版。

3. （清）皮锡瑞：《经学通论》，中华书局 1954 年版。

4. 屈守元：《经学常谈》，巴蜀书社 1982 年版。

5. 徐复观：《中国经学史的基础》，台北学生书局 1982 年版。

6. 何耿镛：《经学概说》，湖北人民出版社 1984 年版。

7. 周予同：《周予同经学史论著选集》，上海人民出版社 1983 年版。

8. 谢祥皓、刘宗贤：《中国儒学》，四川人民出版社 1998 年版。

9. 赵吉惠、赵馥洁、郭厚安主编：《中国儒学史》，中州古籍出版社 1991 年版。

10. 何耿镛：《经学简史》，厦门大学出版社 1993 年版。

11. 李　申：《中国儒教史》，上海人民出版社 1999 年版。

12. 步近智、张安奇：《中国学术思想史稿》，中国社会科学出版社 2007 年版。

13. 冯天瑜、邓建华、彭池编著：《中国学术流变》，华东师范大学出版社 2003 年版。

14. 许道勋、徐洪兴：《中国经学史》，上海人民出版社 2006 年版。

宋代学术思想研究

1.（清）黄宗羲：《宋元学案》，中华书局 1986 年版。

2. 侯外庐、邱汉生、张岂之主编：《宋明理学史》，人民出版社 1984 年版。

3. 卢国龙：《宋儒微言》，华夏出版社 2001 年版。

4. 漆　侠：《宋学的发展和演变》，河北人民出版社 2002 年版。

5. 余英时：《朱熹的历史世界——宋代士大夫的政治文化研究》，生活·读书·新知三联书店 2004 年版。

6. 张岂之主编，李似珍著：《中国学术思想编年》（宋元卷），陕西师范大学出版社 2006 年版。

7. 张立文主编，张立文、祁润兴著：《中国学术通史》（宋元明卷），人民出版社 2004 年版。

8. 章权才：《宋明经学史》，广东人民出版社 1999 年版。

9. 关长龙：《两宋道学命运的历史考察》，学林出版社 2001 年版。

10.［美］田浩编：《宋代思想史论》，杨立华、吴红艳等译，社会科学文献出版社 2003 年版。

11. 李祥俊：《道通于一——北宋哲学思潮研究》，北京师范大学出版社 2006 年版。

12. 萧永明：《北宋新学与理学》，陕西人民出版社 2001 年版。

13. 顾永新：《欧阳修学术研究》，人民文学出版社 2003 年版。

14. 李祥俊：《王安石学术思想研究》，北京师范大学出版社 2000 年版。

15. 刘成国：《荆公新学研究》，上海古籍出版社 2006 年版。

16. 杨天保：《金陵王学研究——王安石早期学术思想的历史考察（1021—

1067）》，上海人民出版社 2008 年版。

17. 张立文：《朱熹思想研究》，中国社会科学出版社 2001 年版。

18. 邹永贤主编：《朱熹思想论丛》，厦门大学出版社 1993 年版。

19. 邹重华、粟品孝主编：《宋代四川家族与学术论集》，四川大学出版社 2005 年版。

20. 周淑萍：《两宋孟学研究》，人民出版社 2007 年版。

21. 刘京菊：《承洛启闽——道南学派思想研究》，人民出版社 2007 年版。

（三）历史、年谱类

1. （宋）司马光编撰：《资治通鉴》，上海古籍出版社 1987 年版。

2. （宋）李焘撰，（清）黄以周等辑补：《续资治通鉴长编》，上海古籍出版社 1986 年版。

3. （宋）李心传：《建炎以来系年要录》，中华书局 1988 年版。

4. （元）脱脱等：《宋史》，中华书局 1977 年版。

5. （清）徐松辑：《宋会要辑稿》，中华书局 1957 年版。

6. （清）蔡上翔：《王荆公年谱考略》，上海人民出版社 1959 年版。

7. （清）王懋竑撰，何忠礼点校：《朱熹年谱》，中华书局 1998 年版。

8. 《宋大诏令集》，中华书局 1962 年版。

9. 陈震：《宋史》，上海人民出版社 2003 年版。

10. 荣孟源编：《中国历史纪年》，生活·读书·新知三联书店 1956 年版。

11. 姚瀛艇主编：《宋代文化史》，河南大学出版社 1992 年版。

12. 刘泽华：《中国古代政治思想史》，南开大学出版社 1992 年版。

13. 孔凡礼：《三苏年谱》，北京古籍出版社 2004 年版。

14. 杜海军：《吕祖谦年谱》，中华书局 2007 年版。

15. 彭东焕：《魏了翁年谱》，四川人民出版社 2003 年版。

16. 刘德清：《欧阳修纪年录》，上海古籍出版社 2006 年版。

（四）其他

1. 李春青：《宋学与宋代文学观念》，北京师范大学出版社 2001 年版。

2. 周光庆：《中国古典解释学导论》，中华书局 2002 年版。

3. 周裕锴：《中国古代诠释学研究》，上海人民出版社 2003 年版。

4. 李春青：《诗与意识形态——西周至两汉诗歌功能的演变与中国诗学观念的生成》，北京大学出版社 2005 年版。

5. 祝尚书：《宋代科举与文学考论》，大象出版社 2006 年版。

二 论文类

通论

1. 杨鸿烈：《道学先生研究〈诗经〉在内容和形式方面的根本错误》，载《中国文学杂论》，上海亚东图书馆 1928 年版。

2. 夏传才：《论宋学〈诗经〉研究的几个问题》，《文学遗产》1982 年第 2 期。

3. 石文英：《宋代学风变古中的诗经研究》，《厦门大学学报》（哲学社会科学版）1985 年第 4 期。

4. 冯宝志：《宋代〈诗经〉学概论》，《古籍整理与研究》1986 年第 1 期。

5. 殷光熹：《宋代疑古惑经思潮与〈诗经〉研究——兼论朱熹对〈诗经〉学的贡献》，《思想战线》1996 年第 5 期。

6. 檀作文：《汉宋〈诗经〉学的异同》，《北京大学研究生学志》1999 年第 2 期。

7. 吴贤哲《从美刺言诗到废序言诗〈诗经〉宋学的进步意义和局限》，《西南民族学院学报》（人文社会科学版）1999 年第 4 期。

8. 常森：《论〈诗经〉汉宋之学的异同》，《文史哲》1999 年第 4 期。

9. 张祝平：《熙宁科举变革与〈诗经〉》，载《第四届诗经国际学术研讨会论文集》，学苑出版社 2000 年版。

10. 郝桂敏：《论宋代〈诗经〉学的主要发展阶段及其特点》，《沈阳师范大学学报》（社会科学版）2003 年第 5 期。

11. 郝桂敏：《北宋〈诗经〉研究的新气象》，《辽宁教育学院学报》2002 年第
3 期。

12. 郝桂敏：《南宋〈诗经〉研究的主要特征》，《辽宁大学学报》（哲学社会科学
版）2002 年第 2 期。

13. 张祝平：《北宋熙宁科举变革对宋代〈诗经〉学的影响》，《南通师范学院学
报》（哲学社会科学版）2002 年第 4 期。

14. 石明庆《理学通向诗学的一个中介——宋代理学家的〈诗经〉研究》，《盐城
师范学院学报》（人文社会科学版）2002 年第 4 期。

15. 黄忠慎：《宋代〈诗经〉学研究》，台湾政治大学 1984 年博士论文。

16. 焦雪梅：《宋代〈诗经〉学研究的新变》，山东大学 2006 年硕士学位论文。

17. 胡晓军：《宋代〈诗经〉文学阐释研究》，四川大学 2007 年博士学位论文。

18. 李冬梅：《宋代〈诗经〉专题研究》，四川大学 2007 年博士学位论文。

个案研究

期刊论文：

1. 莫砺锋：《朱熹〈诗集传〉与〈毛诗〉的初步比较》，《中国古典文学论丛》第
2 辑，人民文学出版社 1985 年版。

2. 谢谦：《试论朱熹的"美刺"之辩》，《西南师范大学学报》（社会科学版）
1987 年第 1 期。

3. 谢谦：《朱熹"淫诗"之说平议》，《四川师范大学学报》（社会科学版）1987
年第 2 期。

4. 李开金：《〈诗集传〉与毛诗郑笺训诂相通说》，《武汉大学学报》（哲学社会科
学版）1987 年第 3 期。

5. 梁宗华：《朱熹〈诗集传〉对〈诗经〉研究的贡献》，《东岳论丛》1990 年第
3 期。

6. 原新梅：《朱熹〈诗集传〉对〈毛诗序〉的批判和继承》，《徐州师范学院学
报》（哲学社会科学版）1990 年第 4 期。

7. 朱杰人：《朱子诗论》，《上海师范大学学报》（哲学社会科学版）1991 年第

4 期。

8. 张祝平：《以〈诗〉为教——朱熹〈诗〉论张目》，《南通师专学报》1992 年第 1 期。

9. 杨天宇：《朱熹的〈诗经〉说与〈毛诗序〉》，《河南大学学报》（社会科学版）1992 年第 2 期。

10. 金五德：《朱熹诗论初探》，《吉安师专学报》1994 年第 2 期。

11. 张启成：《论朱熹〈诗集传〉》，《贵州文史丛刊》1995 年第 3 期。

12. 乐文华：《从〈诗集传〉看朱熹的婚恋观念》，《江西教育学院学报》1995 年第 5 期。

13. 邹然：《"新义日增，旧说几废"——欧阳修〈诗本义〉的经学贡献》，《吉安师专学报》1996 年第 3 期。

14. 许龙：《朱熹新儒家诗学思想的情性观》，《嘉应大学学报》1997 年第 5 期。

15. 姚海燕：《论朱熹〈诗集传〉之"淫诗说"》，《上海师范大学学报》（哲学社会科学版）1998 年第 1 期。

16. 褚斌杰，常森：《朱子〈诗〉学特征论略》，《河北师范大学学报》（哲学社会科学版）1998 年第 2 期。

17. 徐有富：《读〈郑樵诗辨妄辑本〉》，《南京大学学报》（哲学社会科学版）1998 年第 2 期。

18. 吴培德：《〈朱子语类〉论〈诗经〉》，《云南师范大学学报》（哲学社会科学版）1999 年第 2 期。

19. 张启成：《论欧阳修〈诗本义〉的创新精神》，《贵州社会科学》1999 年第 5 期。

20. 李珑：《朱熹注评"二南"诗得失初探》，《社科纵横》1999 年第 5 期。

21. 莫砺锋：《论朱熹对〈诗序〉的态度》，《文献》2000 年第 1 期。

22. 汪大白：《传统〈诗经〉学的重大历史转折朱熹"以〈诗〉言〈诗〉"说申论》，《安徽师范大学学报》（人文社会科学版）2001 年第 2 期。

23. 莫砺锋：《从经学走向文学朱熹"淫诗"说的实质》，《文学评论》2001 年第

2 期。

24. 郝桂敏：《欧阳修与苏辙〈诗〉学研究比较论》，《辽宁大学学报》（哲学社会科学版）2001 年第 3 期。

25. 邹然：《欧阳修的〈诗经〉批评》，《江西师范大学学报》（哲学社会科学版）2001 年第 3 期。

26. 郝桂敏：《王质和他的〈诗总闻〉》，《沈阳师范学院学报》（哲学社会科学版）2001 年第 4 期。

27. 郝桂敏：《朱熹〈诗〉学研究转变论》，《辽宁师范大学学报》（哲学社会科学版）2002 年第 2 期。

28. 郝桂敏：《从〈诗集解〉和〈诗集传〉诗旨差异看朱熹〈诗〉学观念的转变及原因》，《孔子研究》2002 年第 3 期。

29. 李冬梅：《从苏辙对〈毛诗序〉的辩驳论其诗学思想》，《乐山师范学院学报》2002 年第 5 期。

30. 檀作文：《朱熹废〈诗序〉详考》，载赵敏俐主编《中国诗歌研究》第 2 辑，中华书局 2003 年版。

31. 杜海军：《〈读诗记〉及其权属与影响》，《中国社会科学院研究生院学报》2003 年第 6 期。

32. 舒大刚：《苏辙佚文两篇〈诗说〉.〈春秋说〉辑考》，《文学遗产》2004 年第 1 期。

33. 李梅训：《欧阳修〈诗本义〉对〈诗序〉的批评及影响》，《安徽师范大学学报》（人文社会科学版）2004 年第 4 期。

34. 杜海军：《吕祖谦的〈诗〉学观》，《浙江社会科学》2005 年第 5 期。

35. 张三夕：《诗歌与政治——读王安石〈诗义〉札记》，载蒋寅、张伯伟主编《中国诗学》第 10 辑，人民出版社 2005 年版。

36. 杨新勋：《郑樵"淫诗"说考论》，载蒋寅、张伯伟主编《中国诗学》第 11 辑，人民出版社 2006 年版。

37. 张思齐：《魏了翁诗学论》，载蒋寅、张伯伟主编《中国诗学》第 11 辑，人民出版社 2006 年版。

38. 郝桂敏：《袁燮〈絜斋毛诗经筵讲义〉的特点及其成因》，《辽宁教育行政学院学报》2007 年第 7 期。

硕士博士学位论文：

1. 姜亚林：《郑樵〈诗经〉学研究》，中央民族大学 2004 年硕士学位论文。

2. 姚永辉：《朱熹与吕祖谦关于〈诗经〉的四大论辩平议》，四川大学 2005 年硕士学位论文。

3. 陈海燕：《戴震与朱熹〈诗经〉学比较》，安徽大学 2005 年硕士学位论文。

4. 董芬：《朱熹〈诗集传〉阐释方法研究》，安徽师范大学 2005 年硕士学位论文。

5. 胡琴：《朱熹〈诗集传〉研究》，南昌大学 2005 年硕士学位论文。

6. 杨延：《吕祖谦〈吕氏家塾读诗记〉的宗毛倾向》，新疆师范大学 2006 年硕士学位论文。

7. 杨秀娟：《范处义及其〈诗补传〉研究》，华东师范大学 2006 年硕士学位论文。

8. 骆瑞鹤：《〈毛诗叶韵补音〉研究》，武汉大学 2006 年博士学位论文。

9. 杨丽萍：《欧阳修〈诗本义〉诠释思想研究》，首都师范大学 2007 年硕士学位论文。

10. 张洁：《〈诗经新义〉研究》，山西大学 2007 年硕士学位论文。

11. 高晓成：《郑樵〈诗经〉学简论》，山西大学 2007 年硕士学位论文。

12. 叶洪珍：《王质〈诗总闻〉考论》，新疆师范大学 2007 年硕士学位论文。

13. 程颖颖：《论〈吕氏家塾读诗记〉》，山东大学 2007 年硕士学位论文。

附录一：印刷术普及与宋代《诗经》学

宋代是我国古代印刷术发展的高峰，同时也是《诗经》学发展的一个重要阶段。随着印刷技术的进步，各类《诗经》著述在宋代开始大量刻印，出现了众多版本。同时更为重要的是这种技术的进步，改善了《诗经》学发展的学术环境，对研究者的阅读习惯、思维方式和注解方法等都产生了重要影响。

一、《毛诗》著述的刻印与宋人《诗》学一般观念的形成

宋代印刷术高峰时代的到来不是一蹴而就的。印刷技术在唐代即已出现，但由于史料阙如，这一时期《诗经》等儒家文献的刻印情况仍不甚清楚，但以当时的技术发展而言，当不会有大规模的刻印。就目前所见文献记载来看，五代儒家经籍的大规模刻印却是可以肯定的，如《资治通鉴》卷二九一周太祖广顺二年（953）条云：

> 自唐末以来，所在学校废绝，蜀毋昭裔出私财百万营学馆，且请刻板印九经，蜀主从之。由是蜀中文学复盛。……初，唐明宗之世，宰相冯道、李愚请令判国子监田敏校正九经，刻板印卖，朝廷从之。丁巳，板成，献之。由是，虽乱世，九经传布甚广。①

---

① （宋）司马光撰：《资治通鉴》，中华书局 1956 年版，第 9495 页。

唐末和五代的战乱直接导致学校教育陷于停滞状态，儒家思想传播的主要渠道也随之被掐断，但其巨大的影响仍是存在的。毋昭裔出私财经营学馆，并且请刻板印九经以及后唐冯道、李愚"请令判国子监田敏校正九经，刻板印卖"① 等，即反映了这一时期有识之士在衰颓的世风中希望能够重新恢复儒家教育的努力，而这种努力也同时获得了统治集团的肯定和支持，不论蜀主还是后唐明宗均展现了一种积极推动的态度。在刻板印行九经的过程中，统治者也是极为认真的，以后唐刻印九经为例，宋代王溥《五代会要》卷八《经籍》云：

> 后唐长兴三年（932）二月，中书门下奏请依石经文字刻九经印板。敕令国子监集博士儒徒，将西京石经本，各以所业本经句度钞写注出，仔细看读。②

这次刻印活动是一种政府行为，明宗也极为重视，从底本的选择、校对、书写、刻印以及刻印后学习者的抄写等方面都做出了严格的规定，而其目的之一即在于统一儒家经典的文本标准，正如宋代朱翌《猗觉寮杂记》所云：

> 雕印文字，唐以前无之。唐末，益州始有墨板。后唐方镂《九经》，悉收人间所有经史，以镂板为正。③

可见当时社会上流传着《九经》的一些不同版本，而这次刊印目的就是要"以镂板为正"，明宗还以"诸色人要写经书，并须依所印敕本，不得更便杂本交错"的强制性规定保证了这次刻印经籍的权威性。

上述刻印的"九经"中当然包括《诗经》，而这类文本的大量刻印和广泛传播，也逐渐构筑了五代时期《诗经》学的基础，这一时期人们关于《诗经》学的一般知识应当主要是由此获得的。

---

① （宋）司马光撰：《资治通鉴》，中华书局 1956 年版，第 9495 页。
② （宋）王溥撰：《五代会要》，上海古籍出版社 1978 年版，第 128 页。
③ （宋）朱翌撰：《猗觉寮杂记》，载王云五主编《丛书集成初编》，商务印书馆 1939 年版，第 78 页。

　　宋初，百废待兴，重构意识形态尤其是复兴儒学成为这一时期文化建设的一项重要工作，而没有学习和研究的媒介——儒家经籍，复兴儒学是无从谈起的，所以宋初统治者自王朝建立之初，就把刻印经书提上了议事日程，如太宗端拱（988—989）时诏令国子监镂板孔颖达《五经正义》，咸平二年（999）真宗令邢昺等人重新校订《周礼》《孝经》《论语》等典籍，经过不懈的努力，到真宗时各类经书已蔚为大观，如邢昺所说："国初不及四千，今十余万，经、传、正义皆具。臣少从师业儒时，经具有疏者百无一二，盖力不能传写。今板本大备，士庶家皆有之，斯乃儒者逢辰之幸也。"① 其后宋代儒学的大发展和这项刊刻经书的工作密不可分，《诗经》学的繁荣也得益于此。

　　为更好展现这一时期《诗经》著述刻印的情况，有必要对相关文献的刻印进行一个全面的梳理，以见宋代印刷术发达之一斑。

宋代《毛诗》及其相关著述刻印情况统计表

序号	刻印版本	著录情况
1	《毛诗》国子监单经本	尤袤《遂初堂书目》："京本毛诗。"（按：北宋监本《毛诗》单经本）王国维《五代两宋监本考》："《毛诗正文》……然北宋胄监固已有单经本。""南宋监本《毛诗正文》，景定《建康志·书籍类》皆冠以'本监'二字，此南监本也。"
2	《毛诗》地方刻单经本	王国维《两浙古刊本考》云："《毛诗正文》……有婺本。"《江苏省图书馆图书总目》著录："《毛诗》，宋刊巾箱本。"另外还有四卷本，《天禄琳琅书目》："《毛诗》四卷，不依风、雅、颂分卷，只列诗序、经文，其小雅分什依《集传》，是南宋季年本。然'家伯维宰'、'降予卿士'之类，尚从古本，与后来诸本不同，宋活字本《唐风》内'自'字横置可证。"叶德辉《书林清话》亦云："有《毛诗》四卷，云是南宋季年本。"缪荃孙《艺风藏书记》载《毛诗》单经本还有一卷小字本

---

① （元）脱脱等撰：《宋史》卷四三一，中华书局1985年版，第12798页。

序号	刻印版本	著录情况
3	《毛诗》《郑笺》合刻本（官本）	陈振孙《直斋书录解题》云："《毛诗》二十卷，《毛诗故训传》二十卷，汉河间王博士赵人毛公撰，后汉大司农郑康成笺。"晁公武《郡斋读书志》亦云："《毛诗故训传》二十卷……汉郑康成笺。"其后王国维《五代两宋监本考》："北宋监本。《毛诗》二十卷，郑玄笺。"又《两浙古刊本考》："《诗古注》，此南宋监本传笺二十卷，明初板亡。"
4	《毛诗》《郑笺》合刻本（私刻本）	季振宜《宋元杂板书》："《毛诗郑笺》七卷，六本。"这应当是当时的私刻本
5	《毛诗》《郑笺》《释文》合刻本	瞿镛《铁琴铜剑楼藏书目录》："《毛诗》二十卷，宋刊本，此南宋巾箱本，分卷与唐石经同，第一卷首行题'毛诗卷第一'，次三行题'唐国子监博士兼太子中允，赠齐州刺史、吴县开国男陆德明释文'，附四行题'周南·关雎诂训传第一'，以下题'毛诗国风'，以下题'郑氏笺'。第二卷以后无唐国子云云。二行余悉同前，每半叶十行，行大字十七，小字廿二，传、笺下即接释文，不加识别，惟所音经注字皆作阴文，于释文多所删改，与原书及注疏本不同。宋讳'匡、殷、桓、构、慎'字有缺笔，而'敦'字不缺，孝宗以后刻本也。是本胜处往往与唐石经及宋小字、相台本合。"
6	《毛诗》《郑笺》《孔疏》合刻本	叶德辉《书林清话》："北宋各经注疏皆单行……黄唐刻注疏跋绍兴题年，谓合注于疏，在南北宋之间。"陈鳣《经籍跋文》云："正义原书与经、注别行，后来合并始于北宋之末，而《毛诗》又在南宋绍兴初……其初合时，尚无《释文》。"王闻远《孝慈堂书目》："《毛诗注疏》，郑氏笺，孔颖达疏，二十卷，北监板，十六册。"

序号	刻印版本	著录情况
7	纂图重言重意互注《毛诗》	《天禄琳琅书目》："宋版监本《纂图重言重意互注点校毛诗》，二函十册。首《毛诗图谱》，正文全录《汉·毛苌传》、郑康成笺，附唐陆德明音义，复加重言、重意、互注三例，共二十卷。朱彝尊《经义考》载《纂图互注毛诗》二十卷，引陆元辅语曰：'此书不知何人编辑。锓刻甚精，首之以《毛诗举要图》二十五，次之以《毛诗》篇目，其卷一至终，则全录大小序、毛传、郑笺、陆氏释文，而采《左传》、《三礼》有及于《诗》者为互注。又标诗句之同者为重言，诗意之同者为重意。盖唐宋人帖括之书也。'此书证以所言，虽无图目，而体例适符。惟书中于篇目相同者为重篇，诗句相似者为似句，乃元辅所未及。盖因书名未经标出，遂不加详考耳。至其字画流美，纸墨亦佳，信为侵本之精者。"

有宋一代，《毛诗》《郑笺》《孔疏》刻印的版本颇多，"就人而言，有官刻、私刻、坊刻。就卷本而言，有一卷、四卷、七卷、二十卷、四十卷本。就合本而言，有诗传笺本、诗经笺释文本、纂图重言重意互注本、附释音诗传笺疏本，后者最系统完备，是为定本"①。并且《毛诗》及其相关著述的这种大规模刻印，对宋人《诗经》学基本观念的形成产生了决定性的影响。

一种知识、思想只有为大众普遍接受，这种知识、思想才能够真正流传广远，最大限度地发挥其作用。由上可见，与《毛诗》相关的著述刊刻种类众多，这些著述在宋代社会广泛传播，成为在国子监、书院、私塾等教学活动中的最基本、最重要的教材，其中所包含的《诗》学思想也必然会伴随着这种教学活动深刻地影响宋人对《诗经》的基本认识，从而构成了宋人最为基本的《诗》学观念，如陆游《家世旧闻》载其祖父陆佃事迹，云："楚公尤爱《毛诗》，注字皆能暗诵，见门生或轻注疏，（佃）叹曰：'吾治平中至金陵，见王介甫有《诗正义》一部在案上，揭处悉已漫坏穿穴，盖翻阅频所致。

---

① 参见陈振行《宋代〈诗经〉版本述略》，《古汉语研究》1994 年增刊。

介甫观书，一过目尽能（记），然犹如此。'"① 其中透露了一个重要信息，即《毛诗正义》是王安石《诗经》学的基础和来源，事实也正是如此，王安石在《诗经新义》中尽管努力创新，但其阐释的思路和方法基本上还是源自《毛诗正义》的，由此可见《正义》影响之一斑。此外，《毛诗序》由于其集中体现了儒家基本的《诗》教观，其篇幅又较《传》《笺》《疏》更为短小凝练，所以在构筑宋人《诗》学一般观念的过程中发挥的作用也更大，例如宋代基础教育的主体——乡先生们在教学过程中即主要以《毛诗序》教授学生，司马光《家范》中依《序》立说也是建立在阅读者对《诗序》充分熟悉基础之上的，由此可见《毛诗序》影响之大。② 可以说，《毛诗序》构成了宋代《诗经》学发展的底色，宋人《诗经》研究的基础几乎均来自此。

二、刻印校勘与宋代《诗经》学疑古之风的产生

宋代书籍在进行雕版印刷之前，都要进行严格精审的校勘，这种校勘表面看来属于书籍刊刻的一个必要程序，而如果放到宋代学术发展的大背景下来审视，这一活动对宋代学术风气的转变也是有推动之功的。

太宗端拱时即诏令国子监镂版孔颖达《五经正义》，以扩大发行面，据王应麟《端拱校〈五经正义〉》载："端拱元年（988），司业孔维等奉敕校勘孔颖达《五经正义》百八十卷，诏国子监镂板行之。《易》则维等四人校勘，李说等六人详勘，又再校。十月，板成以献。《书》亦如之，二年十月以献。《春秋》则维等二人校，王炳等三人详校，邵世隆再校。淳化元年十月，板成。《诗》则李觉等五人再校，毕道升等五人详勘，孔维等五人校勘，淳化三年四月壬辰以献。《礼记》则胡迪等五人校勘，纪自成等七人再校，李至等详

---

① （宋）陆游撰，孔凡礼点校：《家世旧闻》卷上，中华书局 1993 年版，第 194 页。
② 参见易卫华《"乡先生"与宋代〈诗经〉学》，《河北师范大学学报》（哲学社会科学版）2010 年第 6 期；王长华、易卫华著《〈毛诗〉与中国文化精神》第 12 章《〈毛诗〉与宋代文化精神建构》，人民出版社 2014 年版。

定，淳化五年五月以献。"① 此次校订《五经正义》从端拱元年（988）至淳
化五年（994），历时近七年，参加者包括孔维、李说、王炳、邵世隆、李觉
等数十人，其中校勘《诗经》者多达十五人。尽管这次校订集数人之力，但
其中仍出现了不少错讹之处，据其时判国子监李至上书云：

> 本监先校定诸经音疏，其间文字讹谬尚多，深虑未副仁君好古
> 诲人之意也。盖前所遣官多专经之士，或通《春秋》者未习《礼
> 记》，或习《周易》者不通《尚书》，至于旁引经史，皆非素所传
> 习，以是之故，未得周详。伏见国子博士杜镐、直讲崔颐正、孙奭
> 皆苦心强学，博贯九经，问义质疑，有所依据。望令重加刊正，冀
> 除舛谬。②

此外，李至认为《五经正义》之外的经学注疏也要加以校雠刊刻，"《五
经》书疏已板行，惟二《传》、二《礼》、《孝经》、《论语》、《尔雅》七经疏
未备，岂副仁君垂训之意。今直讲崔颐正、孙奭、崔偓佺皆励精强学，博通
经义，望令重加雠校，以备刊刻"③。太宗批准了李至的奏疏，并命其总领其
事，这一工作一直延续到真宗朝。真宗咸平二年（999），真宗又令邢昺总领
校勘之事，舒雅、李维、李慕清、王涣等人协助重新校订《周礼》《孝经》
《论语》等典籍，使镂版质量又提高了一步。至咸平四年（1001）九月完成校
勘，十月命杭州刻版，直到景德二年（1005）六月雕印完成。此外，政府通
过法令的形式，禁止《诗经》著述的私刻，也在一定程度上保证了版本的质
量。如政和二年（1112）正月二十四日，臣僚言：

> 鬻书者以《三经新义》并《庄子》《老子说》等作小册刊印，
> 可置掌握，人竞求买，以备场屋检阅之用。……印行《三经义》，亦

---

① （宋）王应麟撰：《玉海》卷四三，江苏古籍出版社、上海书店影印浙江书局本1987年版，
第764页。

② （元）脱脱等撰：《宋史》卷四三一，中华书局1985年版，第12822页。

③ （元）脱脱等撰：《宋史》卷二六六，中华书局1985年版，第9177页。

乞严降睿旨，禁止施行。徽宗从之。①

淳祐八年（1248），贡士罗樾刊印段昌武《丛桂毛诗集解》，书前印有国子监禁止翻版的公文：

> 行在国子监据迪功郎新赣州会昌县丞段维清状：

> 维清先叔朝奉昌武，以《诗经》而两魁秋贡，以累举而擢第春官，学者咸宗师之。印山罗史君瀛尝遣其子侄来学，先叔以《毛氏诗》口讲指画，笔以成编。本之东莱《诗记》，参以晦庵《诗传》，以至近世诸儒，一话一言，苟足发明，率以录焉，名曰《丛桂毛诗集解》。独罗氏得其缮本，校雠最为精密，今其侄漕贡樾锓梓以广其传。维清窃惟先叔刻志穷经，平生精力，毕于此书。倘或其他书肆嗜利翻板，则必窜易首尾，增损音义，非惟有辜罗贡士锓梓之意，亦重为先叔明经之玷。今状披陈，乞备牒两浙、福建路运司备词约束，乞给据付罗贡士为照。未敢自专，伏候台旨。呈奉台判牒，仍给本监。除已备牒两浙路、福建路运司备词约束所属书肆，取责知委文状回申外，如有不遵约束违戾之人，仰执此经所属陈乞，追板劈毁，断罪施行。须至给据者。

> 右出给公据付罗贡士樾收执照应。淳祐八年七月日给。②

这种精审的校勘，一方面为学习和研究提供了较为可信的版本；另一方面在不断的校勘过程中，异文等问题不断被发现，从而又在一定程度上激发了宋人的怀疑意识，如北宋刘敞《诗经小传》即梳理了《诗经》中存在的文字、章句等存在的问题：

> 1.《常棣》之四章曰："兄弟阋于墙，外御其侮。每有良朋，烝也无戎。"案：此诗八章，七章合韵，惟此戎字不合韵，疑"戎"当作"戍"，戍亦御也，字既相类，传写误也。

---

① （清）徐松撰：《宋会要辑稿·选举》四之七，中华书局 1957 年版，第 1435 页。

② （宋）段昌武撰：《丛桂毛诗集解》，景印文渊阁《四库全书》本，台湾商务印书馆 1986 年版。

2. "无将大车，祇自尘兮。无思百忧，祇自疧兮。"博士读"疧"为"邸"，非也。"疧"当作"痞"，病也，字误耳。

3.《伐木》三章，章十二句，每一章首辄云伐木。凡三云伐木，故知当三章也。今毛氏《诗》断六句为一章，盖误矣。

4.《小旻》四章，章八句，二章章七句，乃得其理。今误为三章八句，三章七句。

5.《北山》五章，章六句。故言六章，三章六句，三章四句非。

6.《小明》四章，章十二句。故言五章，三章十二句，二章六句非。

7.《假乐》故言四章，章六句。以文理考之，实六章，章四句。[1]

表面上看，这种改动似乎仅是对《毛诗》文本的一点质疑，但实际情况可能是刘敞当时所见《毛诗》版本即是如此，也就是说尽管经过多次校勘，通行版本中可能仍存在很多文字、章句的问题。如果没有一个准确可信的文本做保障，那么基于文本展开的关于义理的讨论肯定也会随之出现一系列问题，因此有必要对这些尚不完善的版本进行进一步修订。随之带来的一个直接影响就是既然连《诗经》的文本都是有问题的，那么汉唐《诗经》学中肯定也存在众多的问题，而在宋儒看来，这些问题正是需要他们清理和解决的，唯其如此，才能还原《诗经》的本义，宋代《诗经》学疑辨思潮即由此发端。尽管宋代《诗经》学疑辨思潮的产生，有着诸如时代政治、文化形势的需要等诸多复杂原因，但《诗经》著述刊刻过程中校勘产生的影响也是一个不容忽视的因素。

三、《诗经》著述的刊刻与宋人治《诗》方式的转变

《毛诗》等著述在宋代的大量刻印，使书籍的获得变得越来越容易，这又

---

[1] （宋）刘敞撰：《公是七经小传》，景印文渊阁《四库全书》本，台湾商务印书馆1986年版。

直接影响了宋人读《诗》治《诗》方式的转变。清代皮锡瑞《经学历史》曾比较过汉代与后世在阅读方式和治学上的一些不同之处，其云："汉人无无师之学，训诂句读皆由口授；非若后世之书，音训备具，可视简而诵也。书皆竹简，得之甚难，若不从师，无从写录；非若后世之书，购买极易，可兼两而载也。"① 先秦至汉唐的书写媒介主要是简帛，竹简笨重，丝帛昂贵，一般人家是难以置备的，学习《诗经》的主要途径也只能靠口耳相传和抄写，所以更加强调记诵之学，而且自己的手抄本也往往会视若珍宝，独自研习，就算共享，一般也只限于一个很小的范围，比如拥有同样思想的人，或者同一个学派内部。这就直接造成了这一时期的研习者多拘于章句训诂，不敢越一家之言、一经之见。宋代《诗经》印刷品的大量出现，改变了这一局面。吴澄认为，宋代版刻的普及使得这一时期的学习者："无汉以前耳受之艰，无唐以前手抄之勤，读书者事半而功倍，宜矣!"② 如前所述，《毛诗》及其相关著述被大量刻印出来，学习者极易获得，这就使得其学习方式也随之发生了很大的转变，对于《毛诗》序、传、笺、疏等不用再强调诵读、记忆，同时印本的标准化一般来说是优于手抄本的，可以在一定程度上排除异文带来的文字上的干扰，学习者就可以将精力转移到文本意思的理解上来，宋代《诗经》学的思辨之风当与此有着直接的关系。需要特别强调的是，宋代除了政府刻印书籍外，书肆、书院、私人刻书也非常流行，很多《诗》学著作在其完成后一个较短的时间段内即被刻印出来，在社会上开始流通，如下表所示。

---

① （清）皮锡瑞撰：《经学历史》，中华书局 2008 年版，第 131 页。

② （元）吴澄撰：《吴文正集》卷三四《赠鬻书人杨良辅序》，景印文渊阁《四库全书》本，台湾商务印书馆 1986 年版。

宋人《诗经》研究著述刊刻情况统计表

序号	《诗经》研究著述	宋代刊刻情况
1	刘敞《诗经小传》	《天禄琳琅后目》载一部北宋本："书中匡字、殷字阙笔，桓字不阙笔，可证为北宋本。"
2	欧阳修《诗本义》	清代潘祖荫《滂喜斋藏书记》云："宋刻《诗本义》十五卷，四册，宋欧阳修撰，后附《诗谱补亡》。《四库提要》作十六卷，合《诗谱》言之也。每半叶十行，行二十字。前五卷、末一卷皆钞补。卷十之末有点校周见成姓氏，中有顾元庆印，即阳山大石顾家也。"
3	苏辙《诗集传》	该书现存最早为宋孝宗淳熙七年公使库刻本，卷二〇后镌有"庚子淳熙七年四月十九日，曾孙朝奉大夫，权知筠州军州事、兼管内劝农营田事诩重校证刊于本州公使库。"
4	王安石《诗经新义》	陈文采《两宋〈诗经〉著述考》云是书"凡二次改本、三次镂板：熙宁八年（1075）《三经义》成，欲以副本送国子监镂板颁行，旋安石罢相，居金陵，阅《诗义》八月，惠卿兄弟乃于经义局改窜昔日所定经义，同年九月，安石上劄请改复，诏许，并吕惠卿所解《诗序解》删正以闻，十二月，安石上再撰《诗关雎义解》，诏付国子监镂板施行，此第一次改本，第二次镂板矣，元丰三年（1080）安石劄乞改正三经误字，旨令国子监依所奏照会改正，此第二次改本，第三次镂板矣。"
5	吕祖谦《吕氏家塾读诗记》	此书在宋代曾经被多次翻刻，陈文采《两宋诗经著述考》根据历代目录文献著录，整理出宋刊巾箱本、建宁刻本、邱宗卿重刻本、宋刊巾箱本（尤跋本）、贺春卿重刻本、宋末刻本共六类①，后顾永新先生又进一步梳理出三个版本系统，即淳熙江西漕台本、建宁本和眉山贺春卿重刻本

---

① 陈文采著：《两宋〈诗经〉著述考》，台湾花木兰文化工作坊2005年版，第10—11页。

序号	《诗经》研究著述	宋代刊刻情况
6	郑樵《诗辨妄》	《通志·艺文略》云："臣于作《诗辨妄》，可以见其得失。"陈振孙《直斋书录解题》亦有著录，其书在南宋初期亦有广泛流传
7	朱熹《诗集传》	据陈文采《两宋〈诗经〉著述考》梳理，宋刊本有江西刊本、宋宁宗时刊本、宋刊残本三类
8	严粲《诗缉》	《诗缉·自序》云："南宋淳祐八年，缉诸家之说，句析其训，章括其旨，使之了然易见……命锓之木。"
9	段昌武《丛桂毛诗集解》	淳祐八年（1248）贡士罗樾刊印段昌武《丛桂毛诗集解》，书前印有国子监禁止翻版的公文
10	魏了翁《毛诗要义》	《宋元旧书经眼录》载，宋本一部，半页十八行，行十八字，首尾完整
11	刘克《诗说》	《四库未收书目提要》："昆山徐氏传是楼有藏本，乃宋时雕刻，前有总说，惜第二、第九、第十卷都阙。"
12	王质《诗总闻》	据淳熙癸卯（1183）陈日强跋云："宋雪山王先生《诗说》二十卷，其家楼藏且五十年，未有发挥之者，临川贰车国正韩公摄守是邦，慨念前辈著述不可湮没，乃从其孙宗旦求此书锓梓，以广其传。"

　　基于宋代印刷业飞速发展的状况，当时刊刻的《诗经》学著作肯定不止上述这些，其品类应当更为丰富，数量也应当更多。这些著作的大量刻印，一方面使《诗经》的传播更加广泛，为宋代《诗经》学的发展提供了一个相较于汉唐更为有利的学术发展环境；另一方面众多《诗经》学著作的传播，也使得宋代学者获得信息的效率极大提高，进而能够在汲取他人研究成果的基础上进行创新，这也促成了宋代学术疑辨思潮的出现，有力地推动了宋代《诗经》学的进一步发展。总之，《诗经》著述的大量刻印强化了这一时期研习者的思辨能力，带来更加抽象化的思想发展趋势——对道德本源问题的思考，宋代《诗经》学的风格也由此形成。

印刷术普及对宋代《诗经》文献的生产、传播和研究均产生了巨大影响，《诗经》著述的产量迅速增加，传播速度也随之加快，这些文献由此逐步成为社会公众的共同知识财富，不同《诗》学思想的交流和对话也得以扩大，宋代《诗经》学的品格在这一过程中被逐渐塑造出来，并随着其后印刷术的进一步发展在后世得到延续和弘扬。

附录二：乡先生与宋代《诗经》学

宋代私学教育甚为发达，其中就包含着众多的《诗经》教育内容。自汉代以来形成的《诗经》学的准绳通过各种地方私学教育，广泛渗透到平民阶层之中，从而构成了宋代《诗经》学发生、发展的新的文化生态，因而从思想的渗透力和对民众产生影响的角度来说，私学中的《诗经》教学比起国子监、太学等官学的作用要大得多；从文化延续的角度论，也当如此。本节即以私学教育中"乡先生"这一群体的《诗经》教学和研究为例，深入解读私学对于推动宋代《诗经》学发展的独特作用。

一、"乡先生"对宋代教育和学术发展的影响

"乡先生"之名最早见于《仪礼》。《仪礼·士冠礼》云："遂以挚见于乡大夫、乡先生。"东汉郑玄注："乡先生，乡中老人为卿大夫致仕者。"① 又《乡射礼》云："以告于乡先生君子可也。"唐代贾公彦疏："先生，谓老人教学者。"② 据此可知，"乡先生"在先秦两汉主要是对辞官居乡或在乡任教老人的一种尊称。

汉以后"乡先生"的演变尚待稽考，但至少到宋代"乡先生"的数量已

---

① （汉）郑玄注，（唐）贾公彦疏：《仪礼注疏》，中华书局 1980 年版，第 965 页。
② （汉）郑玄注，（唐）贾公彦疏：《仪礼注疏》，中华书局 1980 年版，第 1009 页。

经非常庞大，并且含义也有了新的变化。① 北宋学者杨天惠在《乐善郭先生（绛）诔》中云："孟子论士，以为入而独善其身，则仁义忠信，乐善不倦；出而私淑诸人，则孝弟忠信，诲人不倦。如此人者，盖古之所谓天之君子，而今之所谓'乡先生'者也。"② 这里对"乡先生"的评价主要立足于对其道德品格的推崇，并未强调"辞官居乡"和"老人"二意，可见"乡先生"这一称谓在宋代已经不仅指辞官居乡或在乡任教的老人，凡是在民间或乡里以教授儒家经典，传播儒家伦理道德为己任，且德高望重者均被称为"乡先生"③。

乡先生的大量出现主要是由于当时平民阶层接受教育的客观需要促成的。为了更加广泛地延揽人才，宋代科举彻底打破了门第限制，无论士、农、工、商，只要被认为稍具文墨的优秀弟子都被允许应举入仕④，这无疑为中小地主和自耕农阶层出身的知识分子提供了一条进入国家政权，参与国家治理的终南捷径，因而学习儒家经典成为一时之风尚。《宋史·许骧传》云：

> 郡人戚同文以经术聚徒，（许）唐携骧诣之，且曰："唐顷者不辞父母，死有余恨，今拜先生，即吾父矣。又自念不学，思教子以兴宗绪，此子虽幼，愿先生成之。"骧十三，能属文，善词赋。唐不识字，而馨家产为骧交当时秀彦。⑤

宋代科举制度的改革以及儒家经学地位的提升，使得平民的生活方式和价值观念也随之发生了很大的变化，像许唐这样倾尽家产供儿子完成学业并

---

① 遍检汉至五代的别集，得涉及"乡先生"的条目共计6条，而在两宋别集中共得254条，通过这一数字的对比可以看出乡先生这一群体在宋代已经成为士大夫们非常关心的一个阶层，其所发挥的文化建设作用也一定相较于前代更大。

② 傅增湘著：《宋代蜀文辑存》，龙门书局1971年版，第305页。

③ 宋代文献中的乡先生主要包括民间私学教师和乡贤，我们这里所用的资料，或为明指私学教师，或为两者意思都有，凡意义不明确者，一律不用，以免误解。

④ 参见何忠礼《科举制度与宋代文化》对宋代与唐代科举的不同多有论述。见何忠礼著《科举与宋代社会》，商务印书馆2006年版，第67—95页。

⑤ （元）脱脱等撰：《宋史》卷二七七，中华书局1985年版，第9435—9436页。

结交当时秀彦之士的家庭不在少数，许多"世业农""世业医"的家庭也开始转而让子弟跟随乡先生们学习儒家经典。尽管其中包含着非常功利的目的，但这种社会风气的形成却客观上推动了儒家思想在社会上的广泛流传，乡先生在这一过程中就扮演着非常重要的角色，前文提到的戚同文就是一个典型的例子。戚同文，北宋初年人，《宋史·隐逸传》云：

> （戚同文）宋之楚丘人，世为儒。……筑室聚徒，请益之人不远千里而至。登第者五六十人，宗度、许骧、陈象舆、高象先、郭成范、王励、滕涉皆践台阁。……颇有知人鉴，所与游皆一时名士。①

尽管其中并未明确交代戚同文的身份是"乡先生"，但从文中"筑室聚徒，请益之人不远千里而至"来看，他也是乡先生群体中的一员当不会错。其弟子，除文中提到的宗度、许骧等人外，大名鼎鼎的范仲淹亦尝依其学。宋代各地存在着大量像戚同文一样"世为儒"的乡先生，儒学世家的背景使得他们在乡间具有很高的声望和影响力，而儒学不绝如缕的流传也得益于这种家学的代代相传。乡先生这一群体构成了宋代社会儒学复兴和发展一股不可或缺的重要力量。

宋代的乡先生继承了儒家好学的传统，维系着儒家典籍的传承，以传播儒家伦理道德为己任，同时在学风变革之际也在一定程度上发挥了推波助澜的作用。北宋吕南公《讲师李君（彖）墓表》云：

> 灌园公曰：自唐衰亡，天下文鄙学谬，积百许年，极陋且羞，而士未知变也。中间有工俪语，即见推为辞伯；有知记诵经疏，即被请为儒师，承习仿佛如此，又数十年，而后奇特之士相望出焉，其变遂臻乎大。若建昌之曾子固、李泰伯，则肇荒一郡者也。其余号乡先生，力通辞语，以是非予夺传注为事，以不堕于路听耳剽之浮，则蓝田李君亦其人也。君六七岁时，闻占毕之风而悦之，不俟

---

① （元）脱脱等撰：《宋史》卷四五七，中华书局1985年版，第13418页。

父兄敦饬，而晓夕黾勉，盖家愈贫而志愈笃。既壮则以讲劝取赀衣食。其阖户方且承颜竭力，躬行孝悌，衣无定主，甑无我粟，而没齿安之。乡人叹咨，以为不可亚。①

这段文字对宋初学术的发展状况以及乡先生的作用做了很好的概括。李象，字材叔，据《墓表》"熙宁九年（1076）十二月乙未君卒，寿六十三"，可推知其生于真宗大中祥符六年（1014）。李象所处的时代正是北宋政治改革和思想变革的高潮阶段，范仲淹的"庆历新政"和王安石的"熙宁变法"以及由此带来的思想世界的巨大变化，成为当时社会取得的最重要成果。这两场由士大夫阶层推动的政治改革尽管均以失败告终，但由此掀起的变革潮流却一发不可收，尤其是思想界的疑古惑经之风由是而兴盛。这种改变首先体现在那些站在时代最前列的学者身上，如文中所说的曾巩和李觏，他们和吕南公都是建昌人，因而吕氏举此乡贤中的"奇特之士"作为唐及宋初之后思想变革的代表，这些人物对时代学术风气的变革有着引领之功。同时，从中国古代思想发展的实际来看，精英阶层思想观念的转变要转化为社会大众的群体意识需要很长时间的调整和积累，尤其需要一些中间阶层的过渡和传递，而这个中间阶层的构成，在宋代主要是以乡先生为代表的私学教育者。从文中明显可见，吕南公对乡先生李象的评价丝毫不亚于曾巩、李觏等人，究其原因，也正是在于这一群体能够广泛影响社会下层的思想和价值观念，在学术风气变革之际，他们同样发挥了相当大的作用。宋初沿袭五代学风，经学学习只重记诵，墨守注疏，无甚发明，马端临《文献通考·选举考》载："景德二年（1004），亲试举人，得进士李迪等二百四十余人。……迪与贾边皆有声场屋，及礼部奏名，而两人皆不与。考官取其文观之，迪赋落韵，边论'当仁不让于师'，以'师'为'众'，与注疏异，特奏，令就御试。参知政事王旦议：落韵者，失于不详审耳；舍注疏而立异，不可辄许，恐士子从今

---

① 曾枣庄、刘琳主编：《全宋文》卷二三七三，上海辞书出版社 2006 年版，第 333 页。

放荡，无所准的。遂取迪而黜边。"① 贾边因舍弃注疏自立新意而被黜，于此可见宋初学风的保守。在这种社会环境当中，像李柔这样的乡先生们已经开始注意改变以往经学教育单纯记诵经疏的弊病，而"以是非予夺传注为事"，不盲从古人注疏，在教学中倡导独立思考的风气。经过千千万万个"李柔"的努力也终于汇成了宋代学术疑古惑经思潮的形成。

综上所述，乡先生在宋代学术发展过程中扮演着相当重要的角色，他们在推动宋代《诗经》学发展的过程中也一定发挥了很大的作用。尽管乡先生们的《诗经》学著述多数已经湮没不存，无法详考，但依然可以通过宋代文献资料中残存的那些碎片来还原他们《诗经》教学和研究的一些情况。

二、乡先生的《诗经》教学

宋代统治者非常重视经学的教育，并将其作为选拔人才的主要依据。《宋史·真宗纪》载咸平四年（1001）真宗诏云："州县学校及聚徒讲诵之所，并赐《九经》。"② 将儒家经书赐予各地的学校以及聚徒讲诵的私学场所。有宋一代的科举考试，经学也始终是必考的科目，其中《诗经》的地位尤显重要。《宋史·选举志》载：

> （太祖）初，礼部贡举，设进士、《九经》、《五经》、《开元礼》、《三史》、《三礼》、《三传》、学究、明经、明法等科。……凡学究，《毛诗》对墨义五十条，《论语》十条，《尔雅》、《孝经》共十条，《周易》、《尚书》各二十五条。③

单就学究科的考试而言，对《诗经》的考察要远远多于其他经典，又如宋太宗《〈周易〉〈尚书〉各为一科〈毛诗〉专习并复置明法科诏》云：

> 夫经术者，王化之本也。故悬科取士，要在得宜，明经入用，

① （元）马端临撰：《文献通考》，中华书局1986年版，第183页。
② （元）脱脱等撰：《宋史》，中华书局1985年版，第115页。
③ （元）脱脱等撰：《宋史》卷一五五，中华书局1985年版，第3604—3605页。

期于专业。向者以《毛诗》、《周易》、《尚书》三经各为一科，顾其本大小不相伦等，况复选序之一致，岂容艺学之不侔？今后以《周易》、《尚书》各为一科，而附以《论语》、《尔雅》、《孝经》三小经，《毛诗》卷帙差大，可令专习。①

诏书中对《毛诗》自为一科的理由是"卷帙差大，可令专习"，这是其获得重视的一个原因，我们认为还有一个重要原因是《毛诗》具有"经夫妇，成孝敬，厚人伦，美教化，移风俗"②的政治教化作用，这种作用恰恰满足了统治阶层"明经入用"的社会治理的现实需要，因而这才有将《毛诗》单独拿出来进行考察的科考实践。其后，王安石熙宁变法中作为变法依据以及科举取士答卷标准的《诗经新义》更是突出了《诗经》在经学体系中的地位。上述种种均可见《诗经》在国家政治话语建构中的重要性，而统治阶层的这种价值取向又直接影响了处于社会下层的乡先生们的《诗经》教学和研究。杨万里《诚斋集·罗氏一经堂集序》保留了乡先生《诗经》教学的一条重要史料，由此可窥见彼时乡先生的《诗经》传授之一斑：

本朝三舍养士之胜，至宣、政间极矣。是时庐陵有乡先生曰罗天文，以《诗》学最高，学者争从之。在庠序从之倾庠序，在乡里从之倾乡里，盖来者必受，受者必训，训者必成也。于束修之间虽不却亦不责，往往贫者从多于富者之从之也。尝荐名至京师，闻教而归，自是不复试有司。建炎戊申，其仲子上行始登第。绍兴丙戌，其长孙全略又登第。后几年，其孙维藩、维翰同年又登第。后几年，其孙全材又登第。后几年，其孙全德又登科。后几年，其曾孙瀛又登第。至于荐名者，上达先生之长子也。曰维申、曰孚，皆先生之孙也；曰瀚，亦先生之曾孙也。维申以特奏名得官，上达之子瀛之父也。自先生至瀛，荐名登第皆以《诗》学，猗欤盛哉！予观乡里

---

① 曾枣庄、刘琳等主编：《全宋文》卷六八，上海辞书出版社2006年版，第171页。

② （汉）毛亨传，（汉）郑玄笺，（唐）孔颖达疏：《毛诗正义》，中华书局1980年版，第270页。

士大夫之家，盖有儒其躬而农其子者矣，盖有儒其躬儒其子而农其孙者矣，如先生儒其躬又儒其子，又儒其孙，又儒其曾孙，不亦鲜乎哉？天下之事不积不精，不传不永。如先生之家以《诗》学世相传焉，所谓积而精，传而永者欤？里之士，见其业儒之盛，明经之专，争求其以经义对有司之文，而谒余序之，因名以《罗氏一经集》。予之于天文，亲也，犹李汉之于昌黎云，序其可辞？①

《罗氏一经集》已佚。据文意，"一经"当指《诗经》而言。罗天文是一位非常喜爱《诗经》且有相当研究的乡先生，这种喜爱不仅表现在对其子孙持续不断的《诗经》教育上，甚至还体现在为子孙的命名中，其孙维藩、维翰、维申的名字皆源于《诗经》②，罗氏真正可以称得上是一个《诗》学世家。罗天文的教学对象除自己的子孙外，以"贫者"居多，这些"贫者"从学的主要目的当然是为着能够在罗天文的指导下熟练地掌握《诗经》，以便在日后的科举考试中能够有所斩获，"争求其以经义对有司之文"正是从学者普遍心理的一种真实写照。罗天文长于此道，《罗氏一经集》中也必然包括历代《诗经》的重要注解以及科举考试中以《诗经》为题之策论文章的写法等内容。同时，罗氏子孙通过《诗经》的学习顺利登第无疑会增强从学者的信心，因而才有了"学者争从之"的盛况出现，而在这一区域内自然也就形成了《诗经》学习和研究的热潮。罗天文至其曾孙的《诗经》学习、教学和研究很好地证明了宋代社会"乡先生"在《诗经》教学过程中发挥的重要作用。又如金代元好问在《大中大夫刘公（汝翼）墓碑》亦云：

（刘汝翼）师事乡先生单雄飞、张元造。初治《书》，改授《易》，卒业于《诗》，山东诸儒间声名籍甚。……百年以来，御题魁选，以赵内翰承元赋《周德莫若文王》超出伦等，有司目为"金

---

① （宋）杨万里著，王文锦点校：《杨万里集笺校》，中华书局2007年版，第3561页。
② "维藩""维翰"出自《大雅·板》"价人维藩，大师维垣，大邦维屏，大宗维翰"；"维申"出自《大雅·崧高》"维申及甫，维周之翰"。

字品"。及公经义第一，《诗传》三题，绝去科举蹊径，以古文取之，亦当在优等，故继有"金字"之褒。……其铭曰：风雅三百正而葩，何以蔽之思无邪。诂训琐细春官科，苴政弗达奚取多。公昔治《诗》始萌芽，真积力久无复加。石磨玉琢绝类瑕，内美信厚外柔嘉。……会与毛郑俱名家，墓碑有铭岂浮夸，刘宗淄川其未涯。①

刘汝翼受学于乡先生，且后以治《诗》得中经义第一，元好问认为他可以与毛苌、郑玄相比肩，并特意交代这并非浮夸之词，由此可见，刘汝翼治《诗》当具相当的水平，而这其中肯定又有着单雄飞、张元造两位乡先生的启蒙引导之功。尽管这只是金代的例子，但可以想见，在同时代经学教育和研究水平更为发达的南宋统治区域，乡先生的《诗经》教学和研究水准应当更高。

三、乡先生《诗经》教学的特点及其对宋代《诗经》学的影响

乡先生的教学对象主要是需要启蒙的童子和准备应试的举子，因而在教学内容的选择上必然也要考虑对象的特点。这里重点就其针对应试举子的需要而在《诗经》教学中体现出的一些特点略作申述。

宋代科举学究考试中对《诗经》的考察主要是"墨义"，着重考察考生对《毛诗序》《毛传》等经典注疏的熟悉程度，并无多少创新理解要求。制科等考试所出题目也多依据《序》《传》郑《笺》和孔《疏》，如嘉祐六年（1061）制科考试所出题目——《〈既醉〉备五福论》，此题源自《大雅·既醉》中"介尔景福"句郑玄笺"成王女有万年之寿，天又助女以大德，谓五福也"②。此类题目作者尽管可以有所发挥，但其阐释的范围大体也跳不出《序》《传》等所划定的概念范围。因而举子们要想在科举考试中折桂，则一定要熟悉《序》《传》等经典注疏。基于此，乡先生的《诗经》教学也主要

---

① 阎凤梧主编：《全辽金文》，山西古籍出版社 2002 年版，第 2980 页。
② （汉）毛亨传，（汉）郑玄笺，（唐）孔颖达疏：《毛诗正义》，中华书局 1980 年版，第 536 页。

以前代经典解释的传授为主，这是宋代乡先生传《诗》的一大特点。① 元代虞集在《送赵茂元序》中谈到南宋时期故乡的教育时说：

> 百十年前，吾蜀乡先生之教学者，自《论语》、《孟子》、《易》、《诗》、《书》、《春秋》、《礼》，皆依古注疏句读，授之正经，日三百字为率；若传注史书文章之属，必尽其日力乃止，率晨兴至夜分，不得休，以为常。……及稍长，而后专得从于周、程之学焉。故其学者虽不皆至博洽，而亦无甚空疏。及其用力于穷理正心之学，则古圣贤之书、帝王之制度固已先着于胸中。及得其要，则触类无所不通矣。②

这段文字尽管说的是蜀地乡先生的教学特点，但这种特点在宋代应当是具有普遍性的，因而亦可看作对宋代乡先生教学特点的整体概括。乡先生的教学侧重于基础的培养，教授的内容也基本上是经文和历代的经典注疏。具体到《诗经》的教授则主要针对《毛诗序》《毛传》郑《笺》和孔《疏》，其中尤以《毛诗序》最被看重。《朱子语类》卷八十载：

> 问："《诗传》多不解《诗序》，何也？"曰："某自二十岁时读《诗》，便觉《小序》无意义。及去了《小序》，只玩味《诗》词，却又觉得道理贯彻。当初亦尝质问诸乡先生，皆云，《序》不可废，而某之疑终不能释。"③

可见，在朱熹早年接受的乡先生教育中，《毛诗序》仍是理解《诗》义最

---

① 唐代科举重诗赋，尽管经学也是考试的内容之一，但并不为这一时期士人所重，正如明人胡震亨《唐音癸签》卷二七《谈丛三》所云："唐试士初重策，兼重经，后乃觭重诗赋。中叶后，人主至亲为批阅，翘足吟咏所撰，叹息移时。或复微行，咨访名誉，袖纳行卷，予阶缘。士益竞趋名场，殚工韵律。诗之日盛，尤其一大关键。"（见胡震亨《唐音癸签》，上海古籍出版社1981年版，第281页）因而《毛诗》虽然也是考试的不二标准，但并不被普通士子重视，唐代更缺乏专门以传授儒家经典为业的民间私学教育群体。就此而言，尽管乡先生传授的仍是前代的《诗》学经典，但对于《诗》学的"大众化"而言，他们的贡献是巨大的。
② （清）王梓材、（清）冯云濠编撰：《宋元学案补遗》卷九二，中华书局2012年版，第5529页。
③ （宋）黎靖德编，王星贤点校：《朱子语类》，中华书局1986年版，第2078页。

主要的依据。另外，南宋后期周密的《癸辛杂识》中"渴字无对"条亦有相关内容的记载：

> 卫山斋云："凡字皆有对，如饥之对饱，寒之对暖，悲之对欢之类是也。独有渴字，无不渴一字对之。"此虽戏言，亦似有理。又云："向见乡先生言'《关雎》，后妃之德'，注家皆指后为太姒，非也。盖后即君耳，妃乃夫人；以夫人为后，乃自秦始耳。"①

南宋末年牟巘有《次韵寄卫山斋》，元代黄庚有《挽卫山斋》，则卫山斋为宋末元初人。"《关雎》，后妃之德"出自《毛诗序》，则直至宋末元初乡先生言《诗》仍主要依据《诗序》。现在一般认为，南宋除吕祖谦、戴溪、严粲等坚持尊《序》的立场外，其余基本上是废《序》说的天下，郑樵、程大昌、王质等对《毛诗序》进行了猛烈的批驳，至朱熹《诗集传》出现更是代表了废《序》派的最高成就。然而，结合上述两则资料不难发现，南宋社会中《诗序》一直是以乡先生为代表的普通知识阶层理解《诗经》最为重要的依据，而朱熹《诗集传》等废《序》派著述还没有形成对民间思想普遍性的渗透和影响。南宋《诗经》学的建立和完善基本上也是依据《毛诗序》来完成的。朱熹《诗集传》取代《诗序》的位置被定为一尊那是元代以后的事情了。

尽管绝大多数乡先生的《诗经》教学仅仅是一种单纯的知识传授，于经义无甚发明，但这一群体中也不乏精通《诗》学者，他们对推动宋代《诗经》学的革新方面发挥了一定作用。如上文中提到的李彖，吕南公对其经学成就的评价甚高：

> （李彖）于经无所不悦，而尤用意于《诗》、《易》。尝著《诗讲义》二十卷，《易统论》三十卷，《孟子讲义》十四卷。书成，不远千里以献当代闻人。②

《诗讲义》已佚，但据李彖"乡先生"的社会身份和作品的题目可判断，

---

① （宋）周密著，吴企明点校：《癸辛杂识》，中华书局1988年版，第302页。
② 曾枣庄、刘琳主编：《全宋文》卷二三七三，上海辞书出版社2006年版，第333页。

这部著作是李彖用于《诗经》教学的教材。并且，吕南公称赞李彖的著作"耻乎无得而称者"①，其撰述的立场乃是要发明经义，务使有得，《诗讲义》也应当是按着这样一种原则来撰写的，其中也一定包含着某些不同于前代的见解。又如冯损之，吕陶《净德集》中《长乐冯先生墓志铭》云：

> （损之）读五经，尤专《诗》、《书》，探深抉奥，志其本统。……
> 每正席横经，演明大旨，凡训传之殊骋及其肤说，则判别是否归于至
> 当。学者多信向之，往往化而博强。②

冯损之生于太宗雍熙二年（985），卒于神宗熙宁八年（1075），与范仲淹、欧阳修等人大体同时。据《墓志铭》中言其事迹，此公也是一位乡先生。冯氏讲读五经已经完全不同于宋初的记诵经疏，而是言说经文的主旨，旨在挖掘其中的微言大义，从而直追孔子开创的道统，这与欧阳修《诗本义》在研究的价值取向上是一致的。再如茅知至，《福建通志·儒林传》载：

> 茅知至，仙游人，操尚介洁，不求闻达。讲明六经之道，以淑
> 后进。邑自五季以来，文士多尚词赋，知至始以经学倡。③

茅知至有《周诗义》二十卷，已佚，又《经义考》引《姓谱》曰："茅知至，仙游人，隐于县之西山，以六经教授乡里。"④ 则其亦具有乡先生的身份。茅知至主要活动于仁宗时代，此期正是宋代学术疑古风气形成的关键时期，而他的"讲明六经之道"正是这一时期学术研究重要的价值取向之一。依此立场，他撰作《周诗义》也是要倡导复归《诗经》的"风雅"传统，并以此来改变"文士多尚词赋"的地方学风。另外，宋代以"讲义""口义"为名的《诗经》学著作非常多，其中也一定不乏乡先生作品。这些作品不仅充实和丰富了宋代《诗经》学的内涵，同时其中承载的变革信息也随着乡先

---

① 曾枣庄、刘琳主编：《全宋文》卷二三七三，上海辞书出版社 2006 年版，第 333 页。
② （宋）吕陶《净德集》卷二十六，商务印书馆 1935 年版，第 283 页。
③ （清）郝玉麟等监修：《福建通志》，景印文渊阁《四库全书》本，台湾商务印书馆 1986 年版。
④ （清）朱彝尊：《经义考》，中华书局 1998 年版，第 812 页。

生的教授快捷而有效地传递给了普通民众，从而为宋代《诗经》学的进一步发展做了必要的普及性准备。

总之，宋代乡先生的《诗经》教学具有广泛的社会影响力，他们通过教育活动将《诗经》传递给更为下层的社会普通民众，是宋代平民《诗》学观念形成的主要推动者。同时，这一群体也是宋代《诗》学话语重构的积极参与者，正是有了他们的参与，也才使得宋代《诗经》学风格的转变不仅局限在少量重要学者身上，而是在一个更为广阔的范围内推动了宋代《诗》学风格的形成和发展。

附录三：经筵讲读与宋代《诗经》学

经筵讲读是宋代政治和学术发展过程中出现的一个重要现象。经筵之名起于北宋，自太宗始设经筵，至仁宗发展成为一种比较成熟的对皇帝进行经史教育的制度，经筵成为君臣议论时政、探讨治术的重要场合。①

宋代士大夫借助经筵这一平台将《诗经》的读解与政治问题紧密联系在一起，无论是通过解释经义以讽喻时政，还是以提高道德修养为原则的一般性阅读，这两种倾向在经筵讲《诗》过程中都得到了巩固和增强。伴随经筵讲《诗》活动的开展，还出现了一批专门的《诗》学著作，较著名者如袁燮《絜斋毛诗经筵讲义》、张栻《经筵诗讲义》、徐鹿卿《诗讲义》等。经筵讲《诗》对于推动宋代《诗经》的流传和《诗经》学研究新高峰的出现无疑起到了推波助澜的作用，因此有必要对其进行认真的梳理和讨论。

---

① 关于宋代经筵的研究，现见主要成果有邹贺《宋朝经筵制度研究》，陕西师范大学 2010 年历史学博士学位论文；姜鹏《北宋经筵与宋学的兴起》，复旦大学 2006 年历史学博士学位论文；李莉萍《宋代经筵制度与经筵讲史研究》，中国人民大学 2002 年历史学硕士学位论文；朱瑞熙《宋代经筵制度》，载《中华文史论丛》第 55 辑；吴国武《北宋经筵讲经考论》，《国学学刊》2009 年第 3 期；［日］横山健一《北宋经筵考》，《中国哲学论集》2003 年 10 月。以上成果对宋代经筵制度及其对宋代学术的影响多有讨论，但缺乏对其中《诗经》讲读尤其是北宋仁宗经筵讲读的深入讨论，本文即在前人研究基础之上，希望对这一问题能有更为全面深入的分析解读。

一、宋代经筵讲《诗》的发展脉络

《诗经》的讲读其实早在汉代就已出现，史载汉武帝曾召蔡义说《诗》，其后魏晋南北朝和隋唐的宫廷经学学习也不乏讲读《诗经》的情况。① 但这些讲读均较为随意，没有明确的制度规定，内容也仅涉及《诗经》中不多的几篇，规模和影响都非常有限。

真正将《诗经》讲读制度化则是从宋代开始的，且经筵讲《诗》从北宋初期一直持续到南宋末年，基本上没有中断。它的发展受着时代政治环境和学术思想整体发展大势的影响，体现出较为鲜明的阶段性特点。具体来说，可分为三个阶段，即仁宗庆历之前，这是经筵讲《诗》的发端期；仁宗庆历年间及其后神宗，这是经筵讲《诗》的高潮期；神宗之后的北宋后期和整个南宋，这是经筵讲《诗》的持续发展期。

为便于讨论，兹将史料中宋代经筵讲《诗》的相关内容列表如下。

宋代经筵讲《诗》一览表

时间	讲官	相关内容	出处	备注
至道二年三月癸卯	邢昺	诸王府侍讲邢昺上言：皇太子召臣于府内讲《毛诗》，久之，宾客李至、李沆皆列坐共听	《玉海》卷三八	
大中祥符三年六月	邢昺	昺在东宫及内庭侍讲，说《孝经》《礼记》者二、《论语》十、《书》十三、《易》二、《诗》《左氏春秋》各一，据传疏敷绎之外，多引时事为喻，深被嘉奖	《续资治通鉴长编》卷七三	

① 蔡义说《诗》事见《汉书》卷六六《蔡义列传》，唐代宫廷经学学习中的《诗经》讲读，如《旧唐书》卷十六《穆宗本纪》："（元和十五年三月）壬子，召侍讲学士韦处厚、路随于太液亭讲《毛诗·关雎》"，见（后晋）刘昫等著《旧唐书》，中华书局 2000 年版，第 477 页。

时间	讲官	相关内容	出处	备注
庆历四年正月辛卯	曾公亮	天章阁侍讲曾公亮讲《毛诗》	《续资治通鉴长编》卷一四六	
庆历四年三月丁亥	章得象	帝谓辅臣曰："朕每令讲读官敷经义于前，未尝令有讳避。近讲《诗·国风》，多刺讥乱世之事，殊得以为监戒。"章得象对曰："陛下留思六经，能远监前代兴亡之迹，此诚图治之要也。"	《续资治通鉴长编》卷一四七	
庆历五年二月戊戌	曾公亮	讲《诗》，起《鸡鸣》，尽《南山》篇。先是，讲官不欲讲《新台》，帝谓曾公亮，曰："朕思为君之道，善恶皆欲得闻，《诗》三百皆圣人所删定，义存劝戒，岂当有避也。"乃命自今讲读经史，毋得辄遗	《续资治通鉴长编》卷一五四	
庆历五年三月戊午	丁度	迩英阁讲《诗·匪风》篇："谁能烹鱼？溉之釜鬵。"帝曰："老子谓'治大国若烹小鲜'，义与此同否？"丁度对曰："烹鱼烦则碎，治民烦则散，非圣学深远何以见古人求治之意乎？"	《续资治通鉴长编》卷一五五	
庆历五年三月己卯	杨安国	迩英阁讲《诗·六月》篇，上曰："此序自《鹿鸣》至《菁菁者莪》，皆帝王常行之道，或止当时事耶？"杨安国对曰："昔幽王失道，《小雅》尽废，四夷交侵，中国道微，先儒所以作此序，为万世鉴也。"于是上再令讲之	《续资治通鉴长编》卷一五五	《续资治通鉴长编》卷一九二载："（嘉祐五年九月）辛丑，翰林侍读学士、给事中杨安国卒，赠被礼侍郎。安国讲说一以注疏为主，无他发明，引论鄙俚，世或传以为笑。尤不喜纬书，及注疏所引纬书，则尊之与经等。在经筵二十七年，上称其行义淳质，以比先朝崔遵度。"

续表

时间	讲官	相关内容	出处	备注
庆历五年四月壬辰	赵师民	（1）尝讲《诗》"如彼泉流"，曰："水之初出，喻王政之发。顺行则通，通故清洁；逆乱则壅，壅故浊败。贤人用，则王政通而世清平；邪人进，则王泽壅而世浊败。幽王失道，用邪绌正，正不胜邪，虽有善人，不能为治，亦将相牵而沦于污浊也。"帝曰："水何以喻政?"对曰："水者，顺行而润下，利万物，故以喻政，此于比兴，义最大。"（2）《诗·小旻》篇曰："如彼泉流，无沦胥以败。"帝谓师民曰："以水喻政，其有指哉?"对曰："水性顺，故通，通则清。逆故壅，壅则败。喻用贤则王政通而世清，用邪则王泽壅而世浊。幽王失道，绌正用邪，正不胜邪，虽有善人不能为治，亦将相牵以沦于污败也。"	（1）《宋史》卷二九四（2）《续资治通鉴长编》卷一五五	
庆历五年四月丁未		讲《诗》至《巷伯》篇，注有鲁男子独处之事。帝曰："嫌疑之隙，古人所谨，此不著鲁人姓氏，岂圣人特以设教耶。"	《续资治通鉴长编》卷一五五	
庆历五年十一月甲午	杨安国	迩英阁讲《诗·角弓》篇，上曰："幽王不亲九族，以至于亡。"杨安国对曰："冬至日，陛下亲燕宗室，人人抚藉，岂不广骨肉之爱也。"上又曰："《书》载'九族既睦，平章百姓'，此帝尧之圣德也，朕甚慕之。"	《续资治通鉴长编》卷一五七	

时间	讲官	相关内容	出处	备注
庆历五年十一月乙未		迩英阁讲《诗·都人士》篇，上曰："古人冠服必称其行，今冠服或过之，行未必如古人也。"	《续资治通鉴长编》卷一五七	
庆历六年十一月癸巳		以讲《诗》彻，宴近臣、宗室及讲读官于崇政殿	《续资治通鉴长编》卷一五九	
熙宁五年二月癸亥		上幸束宫，念藩邸旧僚以推恩。翰林侍讲学士、礼部郎中韩维为吏部郎中兼侍读学士，翰林侍读学士、右谏议大夫王陶为给事中。先是，维以不习《诗》辞侍讲，故改侍读	《续资治通鉴长编》卷二三〇	
熙宁十年八月丙午	沈季长	上问侍讲沈季长曰："《丰年》言秋冬报，《良耜》何以止言秋报？"季长对毕，上又问："《丰年》不言报上帝，《良耜》何以迭言报社稷？"季长对毕。上曰："此终始之诗也。"	宋范祖禹《帝学》卷八	《诗讲义》十卷，佚。(1)《江南通志》卷一六三：沈季长，字道原，真州人，举进士第，累官崇政殿说书。元丰初，帝御迩英殿，季长进讲《周礼》，称旨，帝论汉武帝学神仙为贪生以固位，因言人臣固位，天下之士能轻爵禄者少。季长曰："士轻爵禄，为士言之则可，为国言之非福也。人主有尊德乐道之心，士皆以不得爵禄为耻。至于言违谏愎，士有去志，始以爵禄为轻。"帝曰："诚如卿言。"后官至国子监直讲

时间	讲官	相关内容	出处	备注
				（2）《文献通考》：八年，颁王安石《诗》《书》《周礼》义于学官，谓之《三经新义》。先是，安石奏学官试文，且言黎㣧、张谔文胜而违经旨，帝曰："今谈经者人人殊，何以一道德？卿有所著，其以颁行，使学者归一。"安石曰："已令陆佃、沈季长训释《诗义》矣。"帝曰："佃辈信能发明奥旨乎？"安石曰："虽命之训，而臣实商度也。"
熙宁十年十月庚辰	沈季长、黄履	侍读沈季长、黄履奏："讲《诗》毕，请讲何经？"上曰："先王礼乐法度莫详于周，宜讲《周礼》。"	《续资治通鉴长编》卷二八五	
熙宁十年十月甲申	沈季长、黄履	时黄履、沈季长以讲《诗》毕下殿谢，上谕之曰："《诗》言政，其详载于《雅》、《颂》，而奥义尤在末篇。卿等发明微意，朕甚嘉叹。"	《续资治通鉴长编》卷二八五	
元丰元年十二月乙巳		建州进士虞蕃劾太学讲官，有"经筵劝讲，尚不数年而《诗》毕，今讲官讲《周礼》七年，才及四卷。"云云	《续资治通鉴长编》卷二九五	

时间	讲官	相关内容	出处	备注
神宗时		吴旦生曰：宋时黄安中为神宗讲《诗》至《祈父》之卒章，上问曰："独言聪而不言明，何也?"黄曰："臣未之思。"上曰："岂非军事尚谋，聪作谋故耶!"一日讲《诗》至《噫嘻》、《振鹭》、《丰年》，又问曰："有祈则有报，间之以振鹭，何也?"黄对曰："得四海之欢心以奉先王，是以获丰年之应。"此则从来说家所未及	《历代诗话》卷三	
绍圣四年十月癸未		御迩英阁，召讲读官讲《诗》，读《宝训》，蔡京侍读，经筵奏事，与上论及王安石《日录》	《续资治通鉴长编》卷四九二	
绍圣四年十月戊申	沈铢	(1) 讲《诗·南山有台》，至"万寿无期"，以为此太平之基，立而可久之应，哲宗屡首肯之。 (2) 权吏部侍郎安惇为右谏议大夫、起居郎，充崇政殿说书。沈铢为中书舍人兼侍讲。皆中批也。曾布等对，上以铢除命谕之，且曰："铢讲说极佳，近讲《南山有台》，极条畅有理。"上欣然，颇自以为得人	(1)《宋史》卷三五四 (2)《续资治通鉴长编》卷四九二	
哲宗			《宋大诏令集》卷九	

时间	讲官	相关内容	出处	备注
南宋初期	张栻	（张栻）兼侍讲，除左司员外郎。讲《诗·葛覃》，进说："治生于敬畏，乱起于骄淫。使为国者每念稼穑之劳，而其后妃不忘织纴之事，则心不存者寡矣。"因上陈祖宗自家刑国之懿，下斥今日兴利扰民之害。上叹曰："此王安石所谓'人言不足恤'者，所以为误国也。"	《宋史》卷四二九	《经筵诗讲义》，存，见《南轩集》卷八
	朱熹			《经筵诗讲义》，存，见《晦庵集》卷一五
绍兴末年	张纲	（1）秦桧用事久，纲卧家二十年绝不与通问。桧死，召为吏部侍郎兼侍读。初讲《诗·关雎》，因后妃淑女事，历陈文王用人，寓意规戒。上曰："久不闻博雅之言，今日所讲析理精详，深启朕心。"纲言："比年监司资浅望轻，请择七品以上清望官，或曾任郡守有治状者为之，庶位望既重，材能已试，可举其职。"从之 （2）二十六年兼侍讲。初讲《诗·关雎》一篇，因后妃淑女之事，历陈文王用人以致规谏之意。上褒谕再三。且曰："久不闻卿博雅之言，今日所讲析礼详明，深启朕意。"公乃奏比年举子鲜知经术，宜令词赋之士兼一经，如绍兴十四年故事，庶免偏废之患，上深然之。明年省试毕，事遂施行	（1）《宋史》卷三九〇 （2）《华阳集·张公行状》	《周南讲义》一卷，存，《丹阳县志》着录 按：《华阳集》卷二四、卷二五作"《经筵诗讲义》"

时间	讲官	相关内容	出处	备注
	袁燮	(1) 其中《式微》《黍稷》《扬之水》诸篇，尤于振兴恢复之事三致意焉 (2) 讲《诗·二南》，于先王正始之本，自身而家，自家而天下者，深寓规儆之意。列国变风，有关君德治道者，亦托其义以讽	(1)《郑堂读书记》 (2)《延祐四明志》卷四	《絜斋毛诗经筵讲义》，存
孝宗	蔡幼学	朕践阼十五载，尤先讲贯之勤，诵《诗》三百篇，端赖缉熙之益，谈经既毕，第赏可稽，具官某，早冠时髦寝为朝，望践扬已久既昭，着夫外庸献纳于今喜时陈夫谠论谨凤掖代言之职当金华卒业之辰序进文阶以酬儒效其馨格心之学用为报上之忠	《蔡幼学讲〈诗〉终篇转官》，见（宋）楼钥《攻媿集》卷四一	
	楼钥			
光宗初年	孙逢吉	朱熹在经筵持论切直，小人共不便，潜激上怒，中批与祠。刘光祖与逢吉同在讲筵，吏请曰："今日某侍郎轮讲，以疾告，孙侍郎居次，请代之。"逢吉曰："常所讲《论语》，今安得即有讲义？"已而问某侍郎讲义安在，取观之，则讲《诗·权舆》篇刺康公与贤者有始而无终，与逐朱熹事相类，逢吉欣然代之讲。因于上前争论甚苦。上曰："朱熹言多不可用。"逢吉曰："熹议祧庙与臣不合，他所言皆正，未见其不可用。"浸失上意		

时间	讲官	相关内容	出处	备注
南宋中后期南宋中后期	高斯得	进读之际，每于天命去留之际，人心得失之因，前代治乱之故，祖宗基业之难，必反复陈之	《宋史》卷四〇九	《诗肤说》，佚。绍定二年举进士，淳祐二年，四朝《帝纪》书成，上之。六年正月朔，日有食之，斯得应诏上封事
	陈文蔚			《诗讲义》一篇，存，见《克斋集》卷八。陈氏另有《读诗杂记》一篇，可参见《克斋集》卷七
	徐鹿卿			《诗讲义》七篇，存，见《清正存稿》卷四。《宋史》卷四二四有传云："淳祐三年，以右司召，犹辞。……逾年，兼权吏部侍郎。……兼国子祭酒，权礼部侍郎，兼同修国史，兼实录院同修撰，兼侍讲，兼权给事中
	文天祥	此先生兼崇政殿说书日讲篇也（按：指《熙明殿进讲敬天图·周易贲卦》）。讲篇非一，如讲《诗》之《定之方中》一篇，讽当时修缮事	《文山集》卷一五	

　　宋初太祖、太宗、真宗三朝虽设经筵，但其中的讲《诗》基本上与前代差别不大，乏善可陈。仁宗时代的经筵讲读逐渐完善并臻至成熟，吕中《宋

大事记讲义》卷八"庆历四年著《危竿论》一篇分赐近臣"条云：

> 祖宗好学，世为家法。盖自太祖幸国庠谒先圣，劝宰臣以读书，戒武臣以知学，其所以示后世子孙者，源远而流长矣。自太平兴国开设经筵，而经筵之讲自太宗始。自咸平置侍讲学士，而经筵之官自真宗始，乾兴末，双日御经筵，体务亦不废。而日御经筵自仁宗始，于是崇政殿始置说书，天章阁始制侍读，中丞始预讲席，宰相始预劝讲，旧相始入经筵以观讲，史官始入经筵以侍立，而经筵之上文物宪度始大备矣。……自古经筵之官非天下第一流不在兹选，盖精神气貌之感发，威仪文词之著见于讲磨丽习之间，有熏染浸灌之益，此岂謏闻单见之士所能办。①

这段文字清晰地梳理了宋代经筵产生、发展的情况并特别肯定了仁宗的贡献。仁宗在位四十余年，除庆历三年（1043）因西夏事起暂罢经筵外，讲读活动从未中断，孙复、赵师民等其时"天下第一流"的人才均参与其中，可谓盛况空前。

其后从神宗熙宁五年（1072）至十年（1077），由于变法的需要以及荆公新学的巨大影响，经筵讲《诗》者主要是沈季长、黄履、陆佃、王雱等新学中人，其中由王雱执笔的《诗经新义》正是这一时期经筵讲读的产物。同时，沈季长、陆佃在经筵也各有《诗讲义》。② 受此影响，其他学者的《诗经》学著作也纷纷出现，如乔执中《毛诗讲义》、彭汝砺《诗义》、刘彝《诗经中义》、鲜于侁《诗传》等。

二、宋代经筵讲《诗》"通经致用"的特点

作为皇帝教育重要组成的经筵讲读鲜明地体现了"通经致用"的特点。

---

① （宋）吕中撰：《宋大事记讲义》，景印文渊阁《四库全书》本，台湾商务印书馆1986年版。
② 参见程元敏《三经新义修撰人考》，载《三经新义辑考汇评——〈诗经〉》，台湾"国立"编译馆1986年版。

这种制度的价值预设是希望君主能够通过对经典范式和历史经验的学习，不断提高道德修养，并从中获取正确处理国家事务的能力。因此，以士大夫为主体的经筵讲官往往借诠释经书，在道德修为、政事处理以及政策制定等方面对君主进行明确的方向性引导，甚至直接发表政见，意图影响最高决策，从而也构成了宋代士大夫参政的一个重要途径。宋人论经筵时明确表示："我国家所以为天地立心、为生民立极、为天下开太平者，未有不源流于经也。"①司马光云："国家本设经筵，欲以发明道谊，裨益圣德。"② 哲宗时程颐亦认为："天下重任，惟宰相与经筵：天下治乱系宰相，君德成就责经筵。"③ "朝廷置劝讲之官，辅导人主，岂止讲明经义？所以薰陶性质。"④ 经筵讲读的方式也得到了国君的肯定，如光宗绍熙五年八月诏云："经筵官开陈经旨，救正阙失。"⑤ 这些都很好地反映了宋代皇帝对经筵讲读的态度，而且他们也多以实际行动直接参与并推动着这一活动，如仁宗皇帝在位四十余年，除庆历三年（1043）因西夏事起暂罢经筵之外，讲读活动从未中断，其后神宗也始终"间日御经筵，风雨不易"⑥，可见宋代国君对经筵讲读的重视。

讲读中，《诗经》无疑是士大夫们向国君宣扬政治理念、阐述政治观点的重要资源，这乃是因为《诗经》中不仅有对文王、武王、周公兴邦建国的歌颂以及对宣王中兴事迹的描写，还有大量对无道君主的讽刺和劝谏，这些都是极好的讲读内容。尤其庆历之后，如何实现中兴始终是国君和士大夫们不断思考的问题，因此借着《毛诗》序、传、笺的阐释，挖掘其中的历史经验

---

① （宋）林马同撰：《古今源流至论续集》卷九《经筵》，景印文渊阁《四库全书》本，台湾商务印书馆1986年版。

② （宋）赵汝愚编：《宋朝诸臣奏议》卷五〇《上英宗论既开讲未宜遽罢》，上海古籍出版社1999年版，第541页。

③ 《河南程氏文集》卷六《论经筵第三札子·贴黄》，见《二程集》，中华书局2004年版，第540页。

④ 《河南程氏文集》卷六《乞六参日上殿札子》，见《二程集》，中华书局2004年版，第541页。

⑤ （元）脱脱等撰：《宋史》卷三七，中华书局1985年版，第716页。

⑥ （宋）范祖禹撰：《帝学》卷八，景印文渊阁《四库全书》本，台湾商务印书馆1986年版。

和教训以培养君主的德行和才能，引导君主励精图治，就自然成为经筵讲读的一个基本选择。以仁宗庆历年间经筵讲《诗》为例。从庆历四年（1044）正月到庆历五年（1045）十一月，仁宗庆历年间的经筵讲《诗》活动持续了整整两年时间，讲《诗》者计有曾公亮、章得象、丁度、赵师民、杨安国等人，讲读的诗篇也涵盖了《诗经》中十五国风和二雅等各个部分，可见规模之大。就讲读内容而言，仁宗和讲读官们也非常注意从《诗经》中挖掘为治世所需的政治思想，《续资治通鉴长编》载：

> 帝谓辅臣曰："朕每令讲读官敷经义于前，未尝令有讳避。近讲《诗·国风》，多刺讥乱世之事，殊得以为监戒。"章得象对曰："陛下留思六经，能远监前代兴亡之迹，此诚图治之要也。"①

通过对《诗经》中那些反映乱世诗作的讲读，以史为鉴，避免重蹈覆辙，这正是宋代统治者设计经筵讲读制度的直接目的。讲读官也积极配合了皇帝的这一需要，庆历五年（1045）四月赵师民讲《诗》"如彼泉流"云："水之初出，喻王政之发。顺行则通，通故清洁；逆乱则壅，壅故浊败。贤人用，则王政通而世清平；邪人进，则王泽壅而世浊败。幽王失道，用邪绌正，正不胜邪，虽有善人，不能为治，亦将相牵而沦于污浊也。"② 借题发挥，以水喻政，明显可见讲官的良苦用心，这也是庆历士大夫阶层政治参与情结的一个典型例证，这样的解《诗》在经筵讲读中比比皆是。值得玩味的是，庆历之前《诗》学著述寥寥可数，而庆历及之后的不长时间，众多学者开始研习《诗经》，如苏子才、刘宇于皇祐中分别撰成《毛诗大义》三卷（今佚）、《诗折中》二十卷（今佚），苏辙也于嘉祐三年始作《诗集传》，尤其是这一时期《诗经》研究的动向也明显表现出经世致用的价值取向，欧阳修、刘敞即是其中的杰出代表，如欧阳修言："《诗》三百五篇不言性，其言者政教兴衰之美

---

① （宋）李焘撰：《续资治通鉴长编》卷一四七，中华书局 2004 年版，第 3567 页。

② （元）脱脱等撰：《宋史》卷二九四，中华书局 1985 年版，第 9824 页。

刺也。"① 刘敞言："《诗》者温厚，仁之质也。"② 明显承续了《毛诗大序》和《礼记》中的"《诗》教"思想，而经筵讲《诗》产生的影响在这一过程中发挥的作用亦不容小觑。

神宗熙宁年间的经筵讲《诗》也同样值得注意的。这次讲《诗》活动从熙宁五年（1072）一直持续到熙宁十年（1077），与仁宗一样，神宗皇帝对《诗经》的政治价值同样充满了期待，《续资治通鉴长编》载：

> 时黄履、沈季长以讲《诗》毕下殿谢，上谕之曰："《诗》言政，其详载于《雅》、《颂》，而奥义尤在末篇。卿等发明微意，朕甚嘉叹。"③

熙宁二年（1069）王安石开始推行变法，这次讲《诗》活动恰值变法期间，沈季长、陆佃各有《诗讲义》④，其讲者也多为支持和参与变法的改革派，通过经筵讲《诗》强化了对诗义政治内涵的挖掘，而这种说解必然会在一定程度上巩固变法的理论基础。王安石主持撰写的《诗经新义》完成于熙宁七年（1074），这部作品最大限度地阐释了《诗经》中的政治思想，并借助官方力量，将学术研究意识形态化，把诗歌的政治功用发挥到了极致，如其注《七月》篇云："仰观星日霜露之变，俯察昆虫草木之化，以知天时，以授民事。女服事乎内，男服事乎外。上以诚爱下，下以忠利上。父父子子，夫夫妇妇。养老而慈幼，食力而助弱。其祭祀也时，其宴飨也节。此《七月》之义也。"⑤ 这里表达的正是"王术""王功"的具体内容，亦即通过对天时物候的观察，使民以时，让百姓能够有效地从事农业生产，同时就人伦关系、

---

① （宋）欧阳修撰，李逸安点校：《欧阳修全集·答李诩第二书》，中华书局 2001 年版，第668 页。

② （宋）刘敞撰：《公是先生弟子记》卷一，景印文渊阁《四库全书》本，台湾商务印书馆1986 年版。

③ （宋）李焘撰：《续资治通鉴长编》卷二八五，中华书局 2004 年版，第 6974 页。

④ 参见程元敏《三经新义修撰人考》，载《三经新义辑考汇评——诗经》，台湾"国立"编译馆 1986 年版。

⑤ （宋）王安石撰，邱汉生辑校：《诗义钩沉》，中华书局 1982 年版，第 111 页。

社会关系而言，男主外、女主内，以诚爱下、以忠事上，等等。而且，王安石利用政治地位的优势，在熙宁八年（1075）以政府诏令的形式将《新义》颁行全国，成为朝廷科举取士的标准，更是将《诗》之政治功用发挥到了极致。这一时期士大夫的《诗》学著作也骤然增多，如乔执中《毛诗讲义》、彭汝砺《诗义》、刘彝《诗经中义》、鲜于侁《诗传》等，且多为借说经言政之作。

在《絜斋毛诗经筵讲义》中，袁燮同样希望通过诗篇的解读来讽劝皇帝，以有补于今之治道，他在《讲义》卷一中云：

> 诗人作之以风其上，太师采之以献诸朝，以警君心，以观民风，以察世变，一言一句皆有补于治道。人君笃信力行，则可以立天下风化之本；公卿大夫精思熟讲，则可以感人君心术之微。《诗》之功用如此，自王者之迹熄而微言奥义于是遂绝，虽然《诗》则亡矣，此情此性古今无间。①

袁氏认为《诗经》"一言一句皆有补于治道人君"，又认为古今情性无间，因此他欲借解《诗》讽谏君主。袁燮生活的时代，南宋朝廷偏安一隅，金人又不断南侵，袁燮深怀济世之心，在《讲义》中力劝君主应立志图强，收复失地，如解《邶风·式微》云："臣闻人君有志，则危弱可为安强。苟惟无志，则终于危弱而不振。"② 希望人君立大志，使国家能够转危为安。又于《卫风·芄兰》云："臣闻人君之德，莫大于刚健，人君之患，莫甚于柔弱，刚健则日进无疆，足以有为于当世，柔弱则安于苟且，不能少见于事业。"③ 劝诫皇帝不要柔弱而安于苟且，而应刚健而日进无疆。又于《王风·黍离》云：

> 我国家建都于汴既九朝矣，宗庙宫阙于是乎在靖康之祸鞠为禾

---

① （宋）袁燮撰：《絜斋毛诗经筵讲义》卷一，清《武英殿聚珍版丛书》本。
② （宋）袁燮撰：《絜斋毛诗经筵讲义》卷三，清《武英殿聚珍版丛书》本。
③ （宋）袁燮撰：《絜斋毛诗经筵讲义》卷三，清《武英殿聚珍版丛书》本。

黍，非能如东周之在境内，神皋未复，敌久据之，往时朝会之地，今为敌人之居，此天地之大变，国家之大耻……圣主诚能反其所为，卧薪尝胆，以复仇刷耻自期，则大勋之集，指日可候也，人情之惨戚将转而为歌谣，岂不伟哉？惟圣主亟图之。①

袁氏认为在靖康之祸中，国都为金人所居，乃国家之大耻，圣主应该卧薪尝胆，复仇刷耻，早日收复失地，其拳拳忠君之心由此可见一斑。

总之，宋代国君和讲官们对《诗经》实用价值的认知和期待，一定程度上营造和引导了其时《诗经》研究"通经致用"的氛围，必然对当时学风产生一定的导向作用。

三、宋代经筵讲《诗》对《序》《传》等注疏的利用与发挥

宋代《诗经》学主要是建立在对《毛诗》、郑《笺》等经典注疏的继承和发挥的基础之上，究其原因，主要是自初唐以来一直以这些经典注疏作为《诗经》正解而产生的巨大惯性作用。

这种作用也深切地影响到宋代的经筵讲《诗》活动，如《续资治通鉴长编》庆历五年（1045）十一月甲午条载：

迩英阁讲《诗·角弓》篇，上曰："幽王不亲九族，以至于亡。"杨安国对曰："冬至日，陛下亲燕宗室，人人抚藉，岂不广骨肉之爱也。"上又曰："《书》载'九族既睦，平章百姓'，此帝尧之圣德也，朕甚慕之。"②

又庆历五年三月己卯条载：

迩英阁讲《诗·六月》篇，上曰："此序自《鹿鸣》至《菁菁者莪》，皆帝王常行之道，或止当时事耶？"杨安国对曰："昔幽王失道，《小雅》尽废，四夷交侵，中国道微，先儒所以作此序，为万世

---

① （宋）袁燮撰：《絜斋毛诗经筵讲义》卷三，清《武英殿聚珍版丛书》本。
② （宋）李焘撰：《续资治通鉴长编》卷一五七，中华书局 2004 年版，第 3807 页。

鉴也。"于是上再令讲之。①

《角弓》，《毛诗序》曰："父兄刺幽王也。不亲九族而好谗佞，骨肉相怨，故作是诗也。"仁宗亦能结合《尚书》中"九族既睦，平章百姓"来表达自己希望像帝尧一样能够和睦宗族的政治愿望。而《六月》，《毛诗序》云："宣王北伐也。……《小雅》尽废，则四夷交侵，中国微矣。"② 杨安国据此言之，《诗序》所反映的"四夷交侵，中国微"的内容正与北宋的政治形势类似，自宋开国，边患不断，如太祖乾德二年（964）辽败宋于石州，太宗太平兴国四年（979）辽大败宋于高梁河，真宗景德元年（1004）契丹大举攻宋，双方订澶渊之盟以及仁宗景祐五年（1038）党项首领元昊称帝建夏，等等。因而仁宗命杨安国再讲之，其实也包含了以史为鉴的用意在内。

此外，袁燮《絜斋毛诗经筵讲义》虽不直接抄写《小序》，但基本仍是依《序》解诗，他常常依据部分《序》说来阐发自己的主张，如解《周南·卷耳》：

> 臣闻志者，心之所期也。所期者如此，故所就亦如此。登高山者期至于顶，斯至之矣；涉巨川者期达于岸，斯远之矣。所期者大，则其规模亦大。所期者远，则期谋虑亦远。夫惟远且大也，故谓之志。古之人君耻以中常自处，而必欲成大有为之事业，斯可谓人君之志也。古之后妃不以小善自足，而必以辅人君之所欲为，斯可谓后妃之志矣。③

这显然是对《卷耳·序》"后妃之志"的阐释，虽然是解释"后妃之志"，但更多的是激励君主立人君之大志，成大有为之事业。袁氏依《序》解诗，不是就《序》本身作解，而和王安石一样，借对《序》的阐释劝诫君主，

---

① （宋）李焘撰：《续资治通鉴长编》卷一五五，中华书局 2004 年版，第 3761 页。
② （汉）毛亨传，（汉）郑玄笺，（唐）陆德明音义，孔祥军点校：《毛诗传笺》，中华书局 2018 年版，第 234—235 页。
③ （宋）袁燮撰：《絜斋毛诗经筵讲义》卷一，清《武英殿聚珍版丛书》本。

为现实政治服务，体现了较强的经世致用特点。

作为北宋《诗经》传播过程中的一个重要环节，仁宗经筵讲《诗》以《毛诗》和郑《笺》为准的特征一方面是当时学术思潮的必然产物，同时，它又作为推动这种思潮的一股重要力量，强化了这种学风，也必然会在一定程度上对当时士大夫的《诗经》研究产生影响。

四、经筵讲《诗》对宋代《诗经》学革新的影响

就经筵讲读而言，其制度设计本身也极有利于酝酿革新的因子，如宋代有名的经筵讲官范祖禹曾说："国之本在君，君之本在心，人君之学当正心诚意，以仁为体，使邪僻浮藻之说无自而入，岂务章通句解以资口舌之辨哉。"① 南宋名臣周必大也强调："经筵非为分章析句，欲从容访问，裨圣德，究治体。"② 所谓"非为分章析句，欲从容访问"，即经筵官讲经须精道，不为章句之学，而是以皇帝质疑、问对并加君臣讨论。皇帝多发疑义，经筵官不得不出新意，这也在一定程度上促进了疑经惑传风气的形成，即如曾巩所言："入阁侍读，所以考质疑义，非专诵习而已。"③ 所谓"裨圣德"，即侧重于君道，从正心诚意讲到修齐治平，如史载："（吕希哲）劝导人主以修身为本，修身以正心诚意为主。"④ 所谓"究治体"，即结合政事求大义，如余靖所言："天子之学，简而不烦，上曰靖所言诚知治体，命侍臣讲读有该教化者周悉议论。"⑤

此外，《宋史·职官志》载："自庆历以来，台丞多兼侍读。"⑥ 随着仁宗时代经筵制度的日趋成熟和规范，讲读中还吸纳了宰相、史官、中丞等参与

① （宋）朱熹：《三朝名臣言行录》卷一一，《四部丛刊》初编本。
② （元）脱脱等撰：《宋史》卷三九一，中华书局1985年版，第11965页。
③ （宋）曾巩撰：《曾巩集》卷二五《侍读制》，中华书局1998年版，第392页。
④ （元）脱脱等撰：《宋史》卷三三六，中华书局1985年版，第10778页。
⑤ （宋）祝穆等编《古今事文类聚遗集》卷三引《仁宗实录》，景印文渊阁《四库全书》本，台湾商务印书馆1986年版。
⑥ （元）脱脱等撰：《宋史》卷一六二，中华书局1985年版，第3813页。

其中，此制也必然会将台谏议论之风带到经筵之上，有助于推动宋学疑经惑传风气的形成，因而有学者指出："有宋台谏兼侍读的制度以及由此促成的'议论多于事功'的风气，更进一步把儒家传统文化与现实政治的距离拉近。……宋学的勃起受北宋大开言路、鼓励台谏并由此推广到学校、经筵的议论之风之推动。"① 如仁宗年间的经筵讲《诗》就已经表现出北宋经典诠释风格转变的端倪，《诗经》诠释方式从以名物为主的汉学一路逐步开始过渡到以诠释义理为主的宋学上来，以满足帝王读书择术的现实需求。最明显的表现就是不论皇帝还是讲官都在刻意地挖掘《诗经》中的"微言大义"。就现有仁宗时代的经筵讲《诗》资料来看，几乎没有对《诗经》字词的任何疏解，而全是人生修养或治国道理的阐发。《续资治通鉴长编》庆历五年（1045）四月丁未条载：

> 讲《诗》至《巷伯》篇，注有鲁男子独处之事。帝曰："嫌疑
> 之隙，古人所谨，此不著鲁人姓氏，岂圣人特以设教耶。"②

仁宗之言虽依《毛传》，但认为《毛传》不注明鲁人姓氏是圣人的特殊安排，包含着道德训诫的良苦用心，已是在发挥《诗经》的"微言大义"了。又同年三月戊午迩英阁讲《诗》：

> 迩英阁讲《诗·匪风》篇："谁能烹鱼？溉之釜鬵。"帝曰：
> "老子谓：'治大国若烹小鲜'，义与此同否？"丁度对曰："烹鱼烦
> 则碎，治民烦则散，非圣学深远，何以见古人求治之意乎？"③

《桧风·匪风》，《毛诗序》曰："《匪风》，思周道也。国小政乱，忧及祸难，而思周道焉。"《毛诗故训传》释"谁能烹鱼？溉之釜鬵"云："亨（烹）鱼烦则碎，治民烦则散。知亨鱼，则知治民矣。"丁度对仁宗问全用《传》意，而仁宗引老子"治大国若烹小鲜"来理解诗义，虽不出《传》意，但能

---

① 参见陈植锷《北宋文化史述论》，中国社会科学出版社1992年版，第58页。
② （宋）李焘撰：《续资治通鉴长编》卷一五七，中华书局2004年版，第3769页。
③ （宋）李焘撰：《续资治通鉴长编》卷一五七，中华书局2004年版，第3757页。

由此及彼，借他书之说来阐释诗篇的"微言大义"。

其后，有宋一代经筵讲《诗》进一步继承并强化了这种诠释义理的讲读之风。《麈史》卷上载：

> 神宗皇帝圣学渊远，莫窥涯涘。黄安中履任崇政说书，讲《诗》至《噫嘻》《振鹭》《丰年》。上问曰："有祈则有报，间之以《振鹭》，何也？"黄曰："得四海之欢心以奉先王，维其如此，乃获丰年之应。"一日，又讲至《祈父》之篇，其卒章"祈父，亶不聪"。上问曰："独言聪而不言明，何也？"黄曰："臣未之思也。"上曰："岂非军事尚谋，聪作谋故耶？"侍臣莫不叹服。①

又《宋史》卷四二九载：

> （张栻）兼侍讲，除左司员外郎，讲《诗·葛覃》。进说："治生于敬畏，乱起于骄淫。使为国者每念稼穑之劳，而其后妃不忘织纴之事，则心不存者寡矣。"因上陈祖宗自家刑国之懿，下斥今日兴利扰民之害。上叹曰："此王安石所谓'人言不足恤'者，所以为误国也。"②

吴旦生、张栻的讲说已经跃出了《毛诗》和郑《笺》的范围，相较于此前仁宗时代的讲读，他们的新说似乎更多一些，这也构成了整个宋代《诗经》学变革过程不可或缺的重要一环，其价值也当引起充分重视。

---

① （宋）王得臣撰：《麈史》，上海古籍出版社 1986 年版，第 5 页。

② （元）脱脱等撰：《宋史》卷四二九，中华书局 1985 年版，第 12773 页。

附录四：辅广《诗经协韵考异》版本考辨

　　《诗经协韵考异》，宋辅广撰，为羽翼朱熹《诗集传》之作。辅广，字汉卿，号潜庵，南宋著名理学家，嘉泰间（1201—1204）筑传贻堂教授学生，因之亦称传贻先生。其一生著述宏富，有《诗童子问》《诗经协韵考异》《晦庵先生语录》《六经集解》《四书纂疏》等多种著作。他在南宋《诗经》学史上是一位承前启后的重要人物，周中孚《郑堂读书记》云："潜庵受学于朱子，故专主阐发师说，其攻击《小序》，较朱子更甚，所谓变本加厉也。于是黄勉斋（干）之再传弟子王柏有《诗疑》之作，流及明代，则丰坊伪托《诗传》、《诗说》，何楷自撰《诗序》出焉，亦势所必然矣。"[①] 其所撰《诗经协韵考异》（以下简称《考异》），由于"于《集传》固时有纠正"[②]，因此自问世以来，广为学者称引，版本众多，由此也不可避免地出现了一些讹误，所以有必要进行认真厘定。以下仅就目前所见《考异》的各种版本和前人著录，对其版本流变及不同版本的优劣得失进行一个全面的梳理。

---

① 周中孚：《郑堂读书记》，《续修四库全书》本，上海古籍出版社 2011 年版，第 87 页。
② 中国科学院图书馆编：《续修四库全书总目提要》，中华书局 1993 年版，第 315 页。

一、《诗经协韵考异》版本流变

（一）十卷《诗童子问》附刻本《考异》

《考异》版本众多，其中最为常见的是《诗童子问》附刻本，这种附刻本又包括十卷本和二十卷本两种类型。现知十卷本《诗童子问》最早版本为元代至正四年（1344）余志安勤有堂刊本，叶德辉《书林清话》云："辅广《诗童子问》十卷，末有'至正甲申上元'印记，又有'崇化余志安刻于勤有堂'印记，见《森志》。"①明代毛晋汲古阁刻印《诗童子问》亦为十卷，《邵亭知见传本书目》云："汲古单刊《童子问》十卷，末附《诗叶韵考异》一卷。"② 此本为文渊阁《四库全书》所本，《四库全书总目》云："此则汲古阁所刊广原本，故卷数减半，非有所阙佚也。"③《郑堂读书记》"《童子问》十卷，汲古阁刊本"条亦云："是本省去一'诗'字，不知毛氏又何所据也。其书卷首先为《诗传纲领》，备载《大序》，并采《尚书》、《周礼》、《礼记》、《论语》、《孟子》、程子、张子、谢氏说《诗》之言，各为注释，次备载《小序》，亦如之，又次为《师友粹言》，则皆采录《朱子语录》中论《诗》之说也。自卷一至卷八，不载经文，惟载其篇目章次，一一训解大意，以补《集传》之未备。卷末为《协韵考异》，仅止四页，盖以《集传》已详，此不过考其异耳。"④《四库全书》本《诗童子问》用浙江吴玉墀家藏本，即上言汲古阁刊本，其体例为"卷首载《大序》、《小序》，采录《尚书》、《周礼》、《论语》说《诗》之言，各为注释。又备录诸儒辨说，以明读《诗》之法。

---

① 叶德辉：《书林清话》，岳麓书社1999年版，第39页。
② （清）莫友芝撰，傅增湘订补，傅熹年整理：《藏园订补邵亭知见传本书目·经部·诗类》，中华书局1993年版，第11页。
③ （清）永瑢等纂：《四库全书总目·经部》，广西师范大学出版社2019年版，第391页。
④ （清）周中浮撰：《郑堂读书记》卷八，上海书店出版社2009年版，第116页。

书中不载经文，惟录其篇目，分章训诂。末一卷则惟论叶韵。"① 与汲古阁刊本体例完全一致。四库馆臣选择这一版本应当是经过慎重考虑的，除相较于二十卷本简明扼要外，汲古阁刊本用"广原本"，更接近于《诗童子问》的文本原貌，这也符合《四库全书》选书的标准。

（二）二十卷《诗童子问》附刻本《考异》

二十卷本《诗童子问》现存最早版本亦为元本，王重民《中国古籍善本书目》载："《诗童子问》二十卷，元至正三年（1343）余志安勤有堂刻本。"② 莫友芝《邵亭知见传本书目》亦云："路小洲有元刊本二十卷，载文公《诗传》于上及《师友粹言》。"③ 焦竑《国史经籍志》、朱彝尊《经义考》俱云该书二十卷。据《中华再造善本》影印上海图书馆藏元至正三年建安余志安勤有堂刻二十卷本《诗童子问》，可见该书体例。④ 书前有胡一中序文，卷首依次为《朱子诗集传序》《十五国风地理之图》《朱氏诗传纲领》《诗传童子问协韵考异》《师友粹言》《诗序朱子辨说》，其后二十卷为正文。这一体例安排源于元代胡一中，《诗童子问》书前胡一中序文云："今阅建阳书市，至余君志安勤有堂，昉得是书而锓诸梓，且载文公《传》于上，而附《童子问》于下，粲然明白。"⑤ 又《四库全书总目》云："朱彝尊《经义考》载是书二十卷，有胡一中《序》，言：'阅建阳书市购得而锓诸梓。'……盖一中与《集传》合编，故卷帙加倍。"⑥ 可见，二十卷本出现之前，十卷本已通行于世，上言十卷《诗童子问》元至正四年（1344）余志安勤有堂刊本当为十卷本系统中后出的一个版本。《诗童子问》为羽翼朱熹《诗集传》之作，在崇朱

① （清）永瑢等纂：《四库全书总目·经部》，广西师范大学出版社 2019 年版，第 391 页。

② 王重民著：《中国古籍善本书目》，上海古籍出版社 1985 年版，第 134 页。

③ （清）莫友芝撰：《藏园订补邵亭知见传本书目·经部·诗类》，中华书局 2009 年版，第 60 页。

④ 《中华再造善本丛书·金元编·经部》，北京图书馆出版社 2006 年版。

⑤ 《中华再造善本丛书·金元编·经部》，北京图书馆出版社 2006 年版。

⑥ （清）永瑢等纂：《四库全书总目·经部》，广西师范大学出版社 2019 年版，第 391 页。

风气盛行的元代社会肯定会有很大的市场，但十卷本未录朱传，读者在阅读过程中如果对朱传不甚熟悉，要搞清楚辅广的发明之处是有一定难度的，还需要回过头来不断地去翻阅朱传。尽管《诗集传》在元代极易获得，但从阅读效率的角度来讲，这肯定是极为耗时费力的。因此，胡一中将《诗集传》刻入《诗童子问》，前有朱传，后有辅广的申述，这样读起来自然会"粲然明白"。明代亦有《诗童子问》二十卷抄本存世，王重民《中国古籍善本书目》云："《诗童子问》二十卷，明抄本。"①

（三）丛书本《考异》

据现有资料来看，元、明二代，《考异》均附刻于《诗童子问》中，未见有单行本问世。至清代，随着小学研究的兴盛，一些学者将《考异》析出，收入所编丛书之中。目前所见收录《考异》的清代丛书主要有两种，即清初曹溶辑、陶樾增订《学海类编》及道光、咸丰间黄秩模所辑《逊敏堂丛书》。《学海类编》出现最早，现存清道光十一年（1836）安晁氏木活字排印本，民国九年（1920）上海涵芬楼据以影印，后张元济与王云五组织辑印的《丛书集成初编》亦有收录。《逊敏堂丛书》系黄秩模所辑丛书，有清道光、咸丰间木活字排印本，其中所收《考异》文后著录有"道光戊申岁（1848）二月初吉中和节曹山黄秩模小树氏重校摆于鹄园"的款识。黄秩模虽对《考异》重新校勘，但与《逊敏堂丛书》比较可见，这两种版本除版式、刻印字体稍有不同外，内容上几乎没有任何差别。由此可以断定，《逊敏堂丛书》所收《考异》当源自《学海类编》。同时，这一版本系所收《考异》与元本、《四库》本存在着众多不同之处，孰优孰劣，需要进一步考订。

---

① 王重民著：《中国古籍善本书目》，上海古籍出版社1985年版，第134页。

二、《诗经协韵考异》版本比较

(一) 两种附刻本的比较

《诗童子问》二十卷本与十卷本存在着一定的渊源关系，但由于编排者的用意不同以及后人的重新校订，所以二者在体例安排及内容上又存在着很多的不同之处，尤其是其中附刻的《考异》，差别更为明显。以元至正二十卷本和文渊阁《四库全书》十卷本为例，对比两个版本中所收《考异》，会发现二者有所不同。

首先，题目不同。《四库》本《诗童子问》附刻《考异》题目作"协韵考异"，而元本则作"诗传童子问协韵考异"，明其乃考证朱子《诗集传》协韵所作，较"协韵考异"之名更为贴切。其次，作者不同。《四库》本《诗童子问》中《考异》附刻于卷末，明确著录其为"宋辅广撰"，元本则将其置于卷首，并在题目下著录："南康胡泳伯量传，门人辅广辑录。"胡伯量亦为朱熹门人，陈振孙《直斋书录解题》"朱子《诗集传》"条云："今江西所刻晚年本，得于南康胡泳伯量。校之建安本，更定者几什一云。"① 胡伯量是朱子《诗》学的维护者和传播者。如据元本的著录，则《考异》当为胡伯量所传，而辅广辑录之，这与《四库》本将辅广视为撰作者是有区别的。由于史料阙如，对这一问题尚无法做出最终的判定，只能留待日后解决。最后，文字差异。为使文章眉目清晰，兹将二者在文字上的不同之处列表如下。

---

① （宋）陈振孙撰：《直斋书录解题》，上海古籍出版社 1987 年版，第 39 页。

元本、《四库》本《诗童子问》附刻《考异》文字差异对照表

序号	条　目	元至正二十卷本	文渊阁《四库全书》十卷本
1	《陈·月出》"心惨"	惨本音采早反	盖本音采早反
2	《桧·素冠》"蕴结"	陈反："力"当作"栗"	陈云："力"当作"栗"
3	《小雅·大田》"祁祁"	大田祁祁。本多作"祈"	大田祁祁。本多作"祁"
4	《大雅·旱麓》"弟"	陈云："弟"本音"悌"，当存叶音	陈云："弟"本音"悌"，当从叶音

表中第1条，下文将做辨析，后3条，《四库》本对元本的文字之误进行了勘正。因此，就文本的准确性而言，《四库》本较元本为优。

（二）丛书本与元本、《四库》本的比较

清代《学海类编》《逊敏堂丛书》所收《考异》较元本与《四库》本有很大的不同，其中有改元本、《四库》本之误者，但也有很多误改之处，下面将其分为两大类进行讨论。

1. 《学海类编》本、《逊敏堂丛书》本与元本、《四库》本著录条目不同。《学海类编》本、《逊敏堂丛书》本对元本、《四库》本的删减共有三处，一处为《周南·关雎》"采之"条最后，元本、《四库》本俱作"后凡同音者放此。后请问，遂改从'履'字。其未经请问者，不敢易，并附于卷末"。《学海类编》本、《逊敏堂丛书》本无；一处为《小雅·蓼萧》"寿岂"条后，元本、《四库》本俱有"《菁菁者莪》，旧以为比，今改为兴，又下三章四比字皆失改"一条，《学海类编》本、《逊敏堂丛书》本无；一处为《商颂·长发》"不动"条后，元本、《四库》本俱有"《噫嘻》，'《序》误'，以后改本参之，当去'序误'二字"一条，《学海类编》本、《逊敏堂丛书》本无。其中第1条，当是由于两部丛书仅收《考异》，"卷末"之说无从谈起，因此删

之。第2、3条,一谈比兴、一谈衍字,均与"协韵"无涉,因此亦删之。这种删减是有一定道理的。

2.《学海类编》本、《逊敏堂丛书》本与元本、《四库》本字词差异。《学海类编》本、《逊敏堂丛书》本较元本、《四库》本,在字词上有很多改动,列表以明之。

《考异》四种版本字词差异对照表

序号	条　目	元至正二十卷本 文渊阁《四库全书》 十卷本	《学海类编》本 《逊敏堂丛书》本
1	《周南·关雎》"采之"	永嘉陈填器之	永嘉陈瑱器之
2	《鄘·桑中》"采麦"	今作讫力反,乃是殛字,切响不同,失其母矣。不知吴氏如何用音	今作讫力反,乃是殛字,切响不同,失其母矣。吴氏如何用音
3	《鄘·干旄》"纰之"	陈云:按韵书,"纰",篇夷反	陈云:按《集韵》,"纰",篇夷反
4	《齐·东方未明》"晨夜"	将"晨夜"作为诗作中的词语,对"晨"进行解释	将"晨夜"作为《齐风》中的诗作,对"晨"进行解释
5	《魏·园有桃》	"行闻行陆",音下孟反	"行国",音下益反
6	《陈·月出》"心惨"	元至正二十卷本作"惨,本音采早反";文渊阁《四库全书》本作"盖本音采早反"	慅,本音采早反
7	《小雅·南有嘉鱼》"燕又"	或如字,为盈之	或如字,为盈之反
8	《小雅·小旻》	小旻	小闵
9	《小雅·頍弁》"维霰"	"而搏",按古注,"搏"作"抟",《释文》徒端反	"而搏",按古注,作"抟",《说文》徒端反
10	《小雅·宾之初筵》	宾之初延	宾之初筵

序号	条　目	元至正二十卷本 文渊阁《四库全书》 十卷本	《学海类编》本 《逊敏堂丛书》本
11	《小雅·宾之初筵》"不识"	叶 失、志 二 音，陈 云："失"字误	叶失、志二音，云："失"字误
12	《小雅·瓠叶》"亨"	普庚反	晋庚反
13	《大雅·荡》	"靡海"	"靡晦"
14	《大雅·常武》"卿士"	叶音所，谏云："士"音误	叶音所，陈云："士"音误

表中第4条，考之《集韵》，"纸"作"篇夷切"，《学海类编》本、《逊敏堂丛书》本据此，将元本、《四库》本中的"韵书"改为"《集韵》"，更为明确。除此之外，其他13条的不同是非常明显的，这种不同又包括以下几种情况。

其一，元本、《四库》本正确，《学海类编》本、《逊敏堂丛书》本错误者，如第2、4、8、9、11、12条。其中第2、4、8、11条，《学海类编》本、《逊敏堂丛书》本的错误非常明显，无须多作解释。第9条，考之《经典释文》"搏"作"徒端反"①，《说文解字》"搏"作"补各切"，"搏（抟）"作"度官切"②，《学海类编》本、《逊敏堂丛书》本将"《释文》"误作"《说文》"。第12条，考之《诗·豳风·七月》"七月亨葵及菽"，孔颖达疏云："亨，普庚反。"③ 又《汉书·陈胜项籍传》"卒买鱼亨食"，颜师古注："亨，音普庚反"④，《学海类编》本、《逊敏堂丛书》本将"普"改为"晋"，明显属于形近而误。

其二，元本、《四库》本错误，《学海类编》本、《逊敏堂丛书》本正确

---

① （唐）陆德明撰，黄焯汇校：《经典释文汇校》，中华书局2006年版，第194页。
② （汉）许慎撰：《说文解字》，中华书局2009年版，第251、256页。
③ （汉）毛亨传，（汉）郑玄笺，（唐）孔颖达疏：《毛诗正义》，中华书局1980年版，第391页。
④ （汉）班固撰：《汉书》，中华书局2007年版，第1787页。

者，如第 6、7、10、13、14 条，其中第 7、10、13、14 条，元本、《四库》本的错误较为明显，不用多加辨析。第 6 条，诸本的差别较大。元本作"憯，本音采早反"，《四库》本作"盖本音采早反"，《学海类编》本、《逊敏堂丛书》本作"懆，本音采早反"。考之《集韵》《古今韵会举要》等书，"憯"俱作"七感切"，并无"采早反"，又"懆"作"采早切"，则文渊阁《四库》本"盖本音采早反"即指"懆"字读音而言，《学海类编》本、《逊敏堂丛书》本进一步明确其说，值得肯定。

其三，各有得失者，如第 5 条。《魏·园有桃》中只有"行国"，而无"行闻行陆"，又考之《经典释文》，"行"作"下孟反"①。所以此条当为："'行国'，行，《陆音》下孟反。"元本、《四库》本将"国"误作"闻"，且将"行闻行陆"合在一起致误，而《学海类编》本、《逊敏堂丛书》本尽管改为"行国"，但其后"音下益反"则又失之，"益"与"孟"形近致误。

除上述所言几种情况外，四种版本中还存在着一些共同的问题。第 1 条，元本、《四库》本作"永嘉陈填"，《学海类编》本、《逊敏堂丛书》本作"永嘉陈瑱"。考之宋史，并无"永嘉陈填""永嘉陈瑱"，只有"永嘉陈埴"。《宋元学案·木钟学案》"通直陈潜室先生埴"条云："陈埴，字器之，永嘉人，举进士。少师水心，后从文公学。"②又《庄子·马蹄》曰："我善治埴。"《说文解字》云："埴，黏土也。从土，直声。"可见，"埴"为做器的一种黏土，"埴"与"器"相关，而考之《尔雅》《说文》等书，"填""瑱"均与"器"无涉，《考异》中云陈氏字"器之"，因此其名当为"埴"无疑，四本俱误。又如《召南·何彼秾矣》"秾"条，四本俱作："古注本作'襛'，从衣，《陆音》、《说文》：'衣厚貌'。二字不同。"考之《经典释文》"何彼秾矣"条下云："如容反，犹戎戎也。《韩诗》作'莪'，'莪'音戎。《说文》

---

① （唐）陆德明撰，黄焯汇校：《经典释文汇校》，中华书局 2006 年版，第 153 页。
② （明）黄宗羲：《宋元学案》，中华书局 1996 年版，第 2087 页。

云：'衣厚貌。'"① 可见，《经典释文》仅是引用《说文》，其并未对"襛"字进行释义，四个版本的注解均易使人产生误解，《续修四库全书总目提要》对此做了修正："《何彼秾矣》'秾'，谓：古注本作'襛'，从衣。《陆音》：如容反，《说文》：衣厚貌。二字不同。"② 这样就清楚多了。

通过以上梳理和比较，《诗经协韵考异》版本的流变及较为常见版本的优劣得失已经较为清楚了。整体而言，文渊阁《四库全书》本错误最少，元本次之，《学海类编》本、《逊敏堂丛书》本最差。因此，在利用《考异》进行研究时当慎之又慎，尤其涉及上述问题时要格外注意。

---

① （唐）陆德明撰，黄焯汇校：《经典释文汇校》，中华书局 2006 年版，第 128 页。
② 中国科学院图书馆整理：《续修四库全书总目提要·经部·诗类》，中华书局 1993 年版。

后　记

这本书是在国家社科基金结项成果基础之上修改完成的，从 2019 年结项到出版，前前后后又用了近三年的时间。尽管努力希望能够有所创新，对读者有一定的帮助，但由于水平有限，能否达到大家的期望，我的心中仍是非常忐忑的。然而，丑媳妇终归要见公婆，把这些年对宋代《诗经》学的一些思考呈现给学界同人，得到大家的批评指正，我想这对以后我的学术研究而言也是一件非常有意义的事情。

自 2000 年攻读硕士学位，我就开始将《诗经》学作为自己学术研究的主要方向，在王长华老师的指导下相继完成了几篇讨论汉、唐《诗经》学史的文章之后，我的研究视角逐渐转向了宋代《诗经》学，并大量阅读了与此相关的文献资料。2007 年蒙王老师不弃，又收入门下继续攻读博士学位，并最终确定以"北宋政治变革与《诗经》学发展"作为博士学位论文的选题，希望通过对《诗经》与政治文化关系的考察来丰富和深化宋代《诗经》学史研究。博士毕业后，经过三年的进一步积累和打磨，终于在 2013 年以"宋代学术文化思潮与《诗经》研究"为题获批国家社科基金青年项目，并于 2019 年顺利结项。这是我学术成长的简单回顾，也是这部书的由来。

　　这本书如果有一些可取之处的话，那么首先要感谢我的导师王长华老师，从选题到写作，其中倾注了长华师的大量心血。不知不觉间，已经在长华师身边学习、工作二十多年了，从 2000 年投入先生门下攻读硕士学位，毕业后留校任教，再到 2007 年又忝列门墙随先生继续攻读博士学位。二十余年，没有恩师的悉心教导，就不会有今天的我。聆听先生的谆谆教诲，沐浴先生的道德文章，在思想、学术和修养上都多受启迪。至今仍记得与先生交谈中那缜密睿智的分析带来的醍醐灌顶的享受，记得先生为我修改论文时的细致入微，记得在申报国家社科基金迷茫时先生对我的鼓励！……然而由于我生性愚钝，加之学力有限，这本书离先生的要求还有着很大的差距，因而心怀感激的同时，也感到万分的惭愧。

　　还要感谢我的师母——谢志梅老师，每次去先生家里，师母总是忙前忙后，无微不至，给予了我们慈母般的关爱！

　　夏传才先生对后辈的提携和关爱也是我终生难忘的，他以九十余岁的高龄仍笔耕不辍，在学术园地辛勤耕耘，为后学树立了榜样。夏先生也非常关心我的研究，从选题到收集资料等都给予过非常多的帮助，使我能够有幸聆听大家教诲，并省去了许多查找资料的麻烦。夏先生已经驾鹤西去，希望这本书能够告慰他老人家的在天之灵吧。

　　此外，在攻读硕士、博士学位期间以及书稿写作、出版过程中也得到了王洲明、詹福瑞、张国星、李山、阎福玲、霍现俊、邵永忠等先生的指点和帮助，文学院的领导和同人多年来对我也照顾有加，在此也衷心地表达我的谢意！

　　最后，还要感谢我的父母、岳父母和我的妻子，没有他们照看孩子，料理家庭，使我能够抽出身来读书、写作，这本书是无法按时完成的。我的妻子刘华丽，在我最苦恼的时候，她的关爱和鼓励使我有信心继续完成本书的写作。

回首往事，感慨良多！这本书凝聚了太多的关爱！

学力有限，文笔粗糙，书中肯定会有很多疏漏之处，敬请方家批评指正！

易卫华

2022 年 10 月 10 日于石家庄

责任编辑:邵永忠

封面设计:黄桂月

图书在版编目(CIP)数据

宋代学术文化思潮与《诗经》研究/易卫华 著. —北京:人民出版社,2023.5

ISBN 978-7-01-025506-4

Ⅰ.①宋… Ⅱ.①易… Ⅲ.①学术思想-思想史-研究-中国-宋代

②《诗经》-诗歌研究 Ⅳ.①B244.05②I207.222

中国版本图书馆 CIP 数据核字(2021)第 041560 号

宋代学术文化思潮与《诗经》研究

SONGDAI XUESHU WENHUA SICHAO YU SHIJING YANJIU

易卫华 著

人民出版社 出版发行

(100706 北京市东城区隆福寺街 99 号)

环球东方(北京)印务有限公司印刷 新华书店经销

2023 年 5 月第 1 版 2023 年 5 月北京第 1 次印刷

开本:710 毫米×1000 毫米 1/16 印张:25 字数:390 千字

ISBN 978-7-01-025506-4 定价:90.00 元

邮购地址 100706 北京市东城区隆福寺街 99 号

人民东方图书销售中心 电话 (010)65250042 65289539